郑州大学厚山人文社科文库
ZHENGZHOU UNIVERSITY HOUSHAN
HUMANITIES&SOCIAL SCIENCES LIBRARY

中原理学史

李晓虹 ◎ 著

中国社会科学出版社

图书在版编目(CIP)数据

中原理学史 / 李晓虹著 . —北京：中国社会科学出版社，2024.1
（郑州大学厚山人文社科文库）
ISBN 978-7-5227-2993-0

Ⅰ.①中… Ⅱ.①李… Ⅲ.①理学—哲学史—中国 Ⅳ.①B244

中国国家版本馆 CIP 数据核字（2024）第 033956 号

出 版 人	赵剑英
责任编辑	郝玉明
责任校对	谢　静
责任印制	张雪娇

出　　版	中国社会科学出版社
社　　址	北京鼓楼西大街甲 158 号
邮　　编	100720
网　　址	http://www.csspw.cn
发 行 部	010-84083685
门 市 部	010-84029450
经　　销	新华书店及其他书店
印刷装订	北京市十月印刷有限公司
版　　次	2024 年 1 月第 1 版
印　　次	2024 年 1 月第 1 次印刷
开　　本	710×1000　1/16
印　　张	24
插　　页	2
字　　数	391 千字
定　　价	148.00 元

凡购买中国社会科学出版社图书，如有质量问题请与本社营销中心联系调换
电话：010-84083683
版权所有　侵权必究

郑州大学厚山人文社科文库编委会

主　　任：刘炯天

副 主 任：屈凌波

委　　员：（以姓氏笔画为序）

方若虹　孔金生　刘春太　李旭东　李建平
张玉安　和俊民　周　倩　徐　伟　樊红敏
戴国立

丛书主编：周　倩

总　序

　　哲学社会科学是人们认识世界、改造世界的重要工具，是推动历史发展和社会进步的重要力量。习近平总书记在哲学社会科学工作座谈会上深刻指出："一个没有发达的自然科学的国家不可能走在世界前列，一个没有繁荣的哲学社会科学的国家也不可能走在世界前列。"郑州大学哲学社会科学研究工作面临重大机遇。

　　一是构建中国特色哲学社会科学的机遇。历史表明，社会大变革的时代，一定是哲学社会科学大发展的时代。党的十八大以来，以习近平同志为核心的党中央高度重视哲学社会科学。习近平总书记在全国哲学社会科学工作座谈会上的重要讲话为推动哲学社会科学研究工作提供了根本遵循。《关于加快构建中国特色哲学社会科学的意见》为繁荣哲学社会科学研究工作指明了方向。进入新时代，我国将加快向创新型国家前列迈进。站在新的历史起点上，更好进行具有许多新的历史特点的伟大斗争、推进中国特色社会主义伟大事业，需要充分发挥哲学社会科学的作用，需要哲学社会科学工作者立时代潮头、发思想先声，积极为党和人民述学立论、建言献策。

　　二是新时代推进中原更加出彩的机遇。推进中原更加出彩，需要围绕深入实施粮食生产核心区、中原经济区、郑州航空港经济综合实验区、郑洛新国家自主创新示范区、中国（河南）自贸区、中国（郑州）跨境电子商务综合试验区、黄河流域生态保护和高质量发展等重大国家战略，为加快中原城市群建设、高水平推进郑州国家中心城市建设出谋划策，为融入"一带一路"国际合作和推进乡村振兴、推动河南实现改革开放、创新发展，提供智力支持，需要注重成果转化和智库建设，使智库真正成为党委、政府工作的"思想库"和"智囊团"。因此，站在中原现实发展的土壤之上，我校哲学社会科学研究必须立足河南实际、面向全国、放眼世界，弘扬焦裕禄精神、红旗渠精神、愚公移山精神、大别山精神和中原文化的优秀传统，建设具有中原特色的学科体系、学术体系，构建具有中原特色的话语体系，为经济社会发展提供理论支撑。

三是加快世界一流大学建设的机遇。学校完成了综合性大学布局，确立了综合性研究型世界一流大学的办学定位，明确了建设一流大学的发展目标，世界一流大学建设取得阶段性、标志性成效，正处于转型发展的关键时期。建设研究型大学，哲学社会科学研究承担着重要使命，发挥着关键作用。为此，需要进一步提升哲学社会科学研究解决国家和区域重大战略需求、科学前沿问题的能力；需要进一步提升哲学社会科学原创性、标志性成果的产出质量；需要进一步提升社会服务水平，在创新驱动发展中提高哲学社会科学研究的介入度和贡献率。

把握新机遇，必须提高学校的哲学社会科学研究水平，树立正确的政治方向、价值取向和学术导向，坚定不移实施以育人育才为中心的哲学社会科学研究发展战略，为形成具有中国特色、中国风格、中国气派的哲学社会科学学科体系、学术体系、话语体系做出贡献。

"十三五"时期以来，郑州大学科研项目数量和经费总量稳步增长，走在全国高校前列。高水平研究成果数量持续攀升，多部作品入选《国家哲学社会科学成果文库》。社会科学研究成果奖不断取得突破，获得教育部第八届高等学校科学研究优秀成果奖（人文社会科学类）一等奖 1 项，二等奖 2 项，三等奖 1 项。科研机构和智库建设不断加强，布局建设 14 个部委级科研基地。科研管理制度体系逐步形成，科研管理的制度化、规范化、科学化进一步加强。哲学社会科学团队建设不断加强，涌现了一批优秀的哲学社会科学创新群体。

从时间和空间上看，哲学社会科学面临的形势更加复杂严峻。我国已经进入中国特色社会主义新时代，开始迈向全面建设社会主义现代化国家新征程，逐步跨入高质量发展新阶段；技术变革上，信息化进入新一轮革命期，元宇宙、云计算、大数据、移动通信、物联网、人工智能日新月异。放眼国际，世界进入到全球治理的大变革时期，面临百年未有之大变局。

从哲学社会科学研究本身看，无论是重视程度、发展速度等面临的任务依然十分艰巨。改革开放40多年来,我国已经积累了丰厚的创新基础,在许多领域实现了从"追赶者"向"同行者""领跑者"的转变。然而,我国哲学社会科学创新能力不足的问题并没有从根本上改变,为世界和人类贡献的哲学社会科学理论、思想、制度性话语权、中国声音的传播力、影响力还很有限。国家和区域重大发展战略和经济社会发展对哲学社会科学研究提出了更加迫切的需求,人民对美好生活的向往寄予哲学社会科学研究以更高期待。

从高水平基金项目立项、高级别成果奖励、国家级研究机构建设上看,各个学校都高度重视,立项、获奖单位更加分散,机构评估要求更高,竞争越来越激烈。在这样的背景下如何深化我校哲学社会科学研究体制机制改革,培育发展新活力;如何汇聚众智众力,扩大社科研究资源供给,提高社科成果质量;如何推进社科研究开放和合作,打造成为全国高校的创新高地,是我们面临的重大课题。

为深入贯彻习近平新时代中国特色社会主义思想和习近平总书记关于哲学社会科学工作重要论述以及《中共中央关于加快构建中国特色哲学社会科学的意见》等文件精神,充分发挥哲学社会科学"思想库""智囊团"作用,更好地服务国家和地方经济社会发展,推动学校哲学社会科学研究的繁荣与发展,郑州大学于2020年度首次设立人文社会科学标志性学术著作出版资助专项资金,资助出版一批高水平学术著作,即"厚山文库"系列图书。

厚山是郑州大学著名的文化地标,秉承"笃信仁厚、慎思勤勉"校风,取"厚德载物""厚积薄发"之意。"郑州大学厚山人文社科文库"旨在打造郑州大学学术品牌,集中资助国家社科基金项目、教育部人文社会科学研究项目等高层次项目以专著形式结项的优秀成果,充分发挥哲学社会科学优秀成果的示范引领作用,推进学科体系、学术体系、话语体系创新,鼓励学校广大哲学社会科学专家学者以优良学风打造更多精品力作,增强竞争力和影响力,促进学校哲学社会科学高质量发展,为国家和河南经济社会发展贡献郑州大学的智慧和力量,助推学校世界一流大学建设。

"厚山文库"出版资助的程序为:学院推荐,社会科学处初审,专家评审。对最终入选的高水平研究成果进行资助出版。

河南省政协副主席、郑州大学党委书记、郑州大学校长刘炯天院士,郑州大学副校长屈凌波教授等对"厚山文库"建设十分关心,进行了具体指导。

学科与重点建设处、高层次人才工作办公室、研究生院、发展规划处、学术委员会办公室、人事处、财务处等单位给予了大力支持。国内多家知名出版机构提出了许多建设性的意见和建议。在这里一并表示衷心感谢。

我校哲学社会科学研究工作处于一流建设的机遇期、制度转型的突破期、追求卓越的攻坚期和风险挑战的凸显期。面向未来，形势逼人，使命催人，需要我们把握科研规律，逆势而上，固根本、扬优势、补短板、强弱项，努力开创学校哲学社会科学研究新局面。

周　倩
2022 年 01 月 01 日

目　录

前　言 ·· 1

第一章　儒佛道交融视域下理学的发生 ······································ 4
第一节　宋前儒佛道论争的情态 ·· 5
第二节　理学义理之学的构建 ·· 10

第二章　两宋时期中原理学思想 ·· 18
第一节　邵雍的理学思想 ·· 18
第二节　程颢的理学思想 ·· 32
第三节　程颐的理学思想 ·· 83
第四节　谢良佐的理学思想 ·· 146
第五节　吕希哲的理学思想 ·· 166
第六节　尹焞的理学思想 ··· 181

第三章　元代时期中原理学思想 ··· 191
第一节　姚枢的理学思想 ··· 191
第二节　许衡的理学思想 ··· 195

第四章　明朝时期中原理学思想 ··· 225
第一节　曹端的理学思想 ··· 225
第二节　何瑭的二元论理学思想 ·· 236

第三节　王廷相的理学思想 ………………………………… 245
　　第四节　吕坤的理学思想 …………………………………… 257
　　第五节　杨东明的理学思想 ………………………………… 273
　　第六节　高拱的理学思想 …………………………………… 278

第五章　清朝时期中原理学思想 …………………………………… 291
　　第一节　孙奇逢的理学思想 ………………………………… 291
　　第二节　耿介的理学思想 …………………………………… 318
　　第三节　汤斌的理学思想 …………………………………… 332
　　第四节　张伯行的理学思想 ………………………………… 340

第六章　中原理学的现实关怀功能 ………………………………… 348
　　第一节　"理"与"孝" ……………………………………… 348
　　第二节　仁与孝 ……………………………………………… 352
　　第三节　礼与孝 ……………………………………………… 355

结　语 ………………………………………………………………… 362

主要参考文献 ………………………………………………………… 367

后　记 ………………………………………………………………… 372

前　言

宋明理学又称宋明新儒学，理学所讨论的主要哲学问题是"性与天道"，同时也涉及政治、教育、道德、史学、宗教等各方面的问题。作为中国哲学的一个重要发展阶段，宋明理学既是对先秦儒学的继承和回归，又是对先秦儒学的发展。诚如陈寅恪先生在冯友兰《中国哲学史·审查报告三》中所说："佛教经典言：'佛为一大事因缘出现于世。'中国自秦以后，迄于今日，其思想之演变历程，至繁至久。要之，只为一大事因缘，即新儒学之产生，及其传衍而已。"① 宋明理学作为中国思想史、中国哲学史上的一大事因缘，对中国文化、中国社会产生了深远影响。

自从佛教传入中国，便以其独特的思维方式和修行理念对中国的文人志士产生影响；而道教的发展和兴盛也使儒家人士面临着重塑儒学形象、重构儒学体系的任务。从隋代大儒王通作《中说》重新诠释《中庸》倡导"仁政"、希图恢复王道政治、挺立儒学开始，唐代的韩愈、李翱、柳宗元、刘禹锡等从不同角度或批判或汲取或扬弃佛学理论，发掘《大学》《中庸》《论语》《孟子》思想，重构儒学"天人之学""心性之学"，尤其是韩愈、李翱所构建的以孔孟思想为主线的道统观念和人性思想，为宋明理学的诞生开了先河。

在唐宋之际儒佛道三教思想融合的背景下，在佛教哲学和道教哲学的影响与刺激下，北宋儒家人士开始反省儒学自身的理论体系，在吸取佛教、道教思想精华的同时，发掘儒学原始典籍，从本体论的理论高度而非感性的或经验的角度重新构建一套观念体系，来回应佛道极高的抽象能力所建构的极

---

① 冯友兰：《中国哲学史》（下册），《三松堂全集》（第三版），中华书局2014年版，第900页。

其博大精深的理论体系，从而使儒家哲学思想除了官方的提倡以及长期以来在社会中形成的传统影响外，在义理的建构角度消融并超越了佛道，重新确立了儒学在政治领域和世俗社会中的主导地位和影响。在回应佛道挑战、挺立儒学本位的过程中，中原地区的理学人士作出了不可估量的巨大贡献。

从学界研究现状来看，自20世纪中国哲学这一学科产生以来，理学一直是中国哲学史研究中的重要部分，国内外涌现了许多研究成果。其中既有把理学作为重要研究内容的通史性著作（如谢无量①、冯友兰②、钟泰③、任继愈④等人的《中国哲学史》、贾丰臻《中国理学史》⑤以及侯外庐⑥、葛兆光⑦等人的《中国思想史》），又有对宋明理学的断代史研究（如冯友兰《新理学》⑧、徐敬修《理学常识》⑨、吕思勉《理学纲要》⑩、侯外庐等主编的《宋明理学史》⑪、牟宗三《心体与性体》⑫、《从陆象山到刘蕺山》⑬、陈来《宋明理学》⑭、向世陵《理气心性之间——宋明理学的分系与四系》⑮、张立文《宋明

---

① 参见谢无量《中国哲学史》，中华书局1940年版。
② 参见冯友兰《三松堂全集》（第三版），中华书局2014年版。
③ 参见钟泰《中国哲学史》，辽宁教育出版社1998年版。
④ 参见任继愈主编《中国哲学史》，人民出版社1964年版。
⑤ 贾丰臻在《中国理学史》一书"代序"中说"我敢大胆地说中国以前只有理学，没有什么叫做哲学"，其所谓"理学"就是"从古至今一般人说的性理之学"。《中国理学史》一书分四编：第一编绪言；第二编上古理学史，分"三代以前的理学、三代的理学（夏、商、周）、儒家（孔子、子思、孟子、荀子）、道家（老子、杨子、列子、庄子）、墨家、其他诸家（法家、名家、杂家）"六章；第三编中古理学史，分"两汉理学（董仲舒、刘安、扬雄）、后汉学术的经过、魏晋南北朝隋学术的经过、唐代学术的经过"四章；第四编近世理学史，分"宋代理学（周敦颐、邵雍、张载、程颢、程颐、程学后继、朱熹、朱子门人、陆九渊、陆子门人、浙东独立学派、朱学后继）、元代理学（许衡、刘因、吴澄、赵偕、郑玉）、明代理学（守仁以前的明儒、王守仁、守仁同时的学说、王子门人）、清代理学"四章。——详见贾丰臻《中国理学史》[上海书店1984年版（据商务印书馆1937年版复印）]一书。
⑥ 参见侯外庐、赵纪彬、杜国庠《中国思想通史》，人民出版社2022年版。
⑦ 参见葛兆光《中国思想史》，复旦大学出版社2004年版。
⑧ 参见冯友兰《新理学》，生活·读书·新知三联书店2007年版。
⑨ 参见徐敬修编辑《理学常识》，大东书局1928年版。
⑩ 参见吕思勉《理学纲要》，东方出版社1996年版。
⑪ 参见侯外庐、邱汉生、张岂之主编《宋明理学史》（上、下卷），人民出版社1997年版。
⑫ 参见牟宗三《心体与性体》，上海古籍出版社1999年版。
⑬ 参见牟宗三《从陆象山到刘蕺山》，上海古籍出版社2001年版。
⑭ 参见陈来《宋明理学》，辽宁教育出版社1991年版。
⑮ 参见向世陵《理气性心之间——宋明理学的分系与四系》，人民出版社2008年版。

理学研究》①等)。学者们主要对宋明理学的名称、理学繁兴的缘由、理学的演进、理学不同流派的划分、理学重要人物、理学的研究方法以及理学不同派别的形成、发展及各学派间的互动等进行了研究。

上述研究无疑是有启发性的,也是后续研究的基础。然而,翻检研究资料可以发现,这些研究大都侧重北宋五子、朱熹、陆九渊、王阳明、王夫之等人物或者程朱理学、陆王心学等学派;并且,在地方性理学研究逐渐兴起的情况下(比较有影响的地方性理学研究主要有湖湘学派研究、闽学研究、徽学研究、四川理学研究和关学研究),对作为中华文化发祥地的中原地区的理学思想的研究却存在着明显的不足,目前学界关于中原理学的研究视野多集中在北宋时期的邵雍、程颢程颐及其弟子,其他人物如王廷相、许衡、孙奇逢等人的思想则散见于《中国哲学史》《中国理学史》等通史之中。

中原地区理学人士在理学的创立、传承过程,在儒学的发展中有着怎样的作为和贡献?他们是如何应对佛老的挑战、弘扬儒学真精神的?又是如何超越汉唐儒学,把原始儒家人文精神与当下的具体场域中的具体问题、现实生命对接起来的?理学产生之后不同历史时期的中原理学思想有着怎样的特点?在整个中国哲学史中有着什么样的历史影响?中原理学人士传承儒学、实践儒学的精神有何现代意义和启示?这些问题始终是模糊不清的,也是以前研究的薄弱之处。

因此,系统全面地对中原理学、中原哲学进行研究是十分必要的。本书在分析此前儒家人士对复兴儒学所作的贡献的基础上,选取中原地区理学人士的思想作为切入点,深入解读中原理学人士的著作资料,运用比较分析等方法,对中原理学进行系统全面的历史的研究,以期找到这些问题的合理答案。

---

① 参见张立文《宋明理学研究》,中国人民大学出版社1985年版。

第一章 儒佛道交融视域下理学的发生

理学是如何产生的？是"儒佛道三教融合（尤其是儒佛融合）的产物"，"阳儒阴佛"，"上承孔孟的成德之教"（牟宗三、蔡仁厚、唐君毅），还是"佛学之反动"（吕思勉、蒋维乔），抑或是"北宋儒学复兴运动的产物"（余英时）？① 本章试图从历史的、文化的角度，在分析两宋之前的儒佛道各自发展的情态的基础上，探索宋儒所肩负的重构儒学理论体系的历史使命，进一

---

① 早在宋元明清时期已有古代学者思考理学发生问题，有不少认为理学的产生受到了佛道的影响，如宋元李道纯、金代李纯甫、清代陆陇其等，但绝大多数儒家人士自认上承孔孟，"讳言"其与佛道的关系，且对佛道多持否定态度，如张载、二程、朱熹、孙奇逢、戴震等。但不管如何"讳言"，我们还是能看到其中诸多相似之处，学界也涌现很多研究理学与佛道关系的成果，如季羡林《佛教对于宋代理学影响之一例》、唐君毅《论谈宋明儒学与佛学之关系》、张立文《佛教与宋明理学的和合人文精神》、蒋义斌《宋儒与佛教》、麻天祥《理学与禅学》、李承贵《儒士视域中的佛教——宋代儒士佛教观研究》、陈少峰《宋明理学与道家哲学》、高建立与王蕾《佛道与宋代儒学内部结构调整研究》（河南人民出版社 2017 年版）等；国外有代表性的是日本学界，成果有荒木见悟《儒教と佛教》、久须本文雄《宋代儒学の禅思想研究》等。中国近现代学者由此前"讳言"转而"明言"与佛道关系，认为理学是三教融合的产物，但谈及佛道影响程度时意见不一。其一，认为理学应是佛道尤其是佛教刺激所致，如谢无量《中国哲学史》，王国维《静安文集》，张君劢《儒家哲学之复兴》，钟泰《中国哲学史》，熊十力《读经示要》，刘述先《儒家思想与现代化》，蒋伯潜、蒋祖怡《诸子与理学》，冯友兰《新理学》，吕思勉《理学纲要》，蒋维乔《宋明理学纲要》，贾丰臻《中国理学史》，徐敬修《理学常识》，陈寅恪（冯友兰《中国哲学史·审查报告三》），韦政通《中国思想史》，侯外庐《中国思想通史》，崔大华《儒学引论》等。其二，认为理学产生受佛道影响，但道家道教影响较大，如胡适《胡适文存》、容肇祖《明代思想史》、林科棠《宋儒与佛教》等。其三，认为理学产生受佛道影响，但主要是上承先秦儒学而更臻于精微彻尽的逻辑发展，如任继愈《中国哲学发展史》，牟宗三《心体与性体》，唐君毅《中国哲学原论》，蔡仁厚《宋明理学》等。目前学界一般认为理学是在特定历史情境下三教相互作用的产物，如杜维明、陈荣捷、成中英、余英时、冯契、石峻、严北溟、葛兆光、潘富恩、汤一介、崔大华、蒙培元、楼宇烈、陈来、杨国荣、方立天、张立文、赖永海、郭齐勇、洪修平、徐小跃、王中江、宋志明、颜炳罡、冯达文、蔡方鹿、陈少峰、陆建猷、刘学智、向世陵、徐洪兴、范立舟等。

步凸显中原理学人士在重塑儒学思想体系过程中产生的历史影响和意义。

第一节 宋前儒佛道论争的情态

儒佛道三教关系在中国文化史、思想史上历来备受关注。作为不同文化形态的儒学、道家道教与佛教，在佛教传入伊始就处于一种既相互冲突又相互吸收、融合的关系之中。在这种复杂的演变关系中，佛教面对本土文化的排斥和打击，吸取儒家的伦理道德、假借道家哲学的语言表达和形上玄思，不断调整自己的角色，逐渐站稳了脚跟，并渐渐融入传统文化之中，与儒、道两家形成了三足鼎立的格局，成为中华传统文化不可或缺的一部分。而儒学，在与佛、道二教的砥砺、磨合之中①，在对外来佛教文化的批驳、辩难中，亦不断吸收佛教的思想精华，重新发掘、解读儒家经典（儒家经典《论语》《孟子》《大学》《中庸》的升格和儒家心性理论的彰显在很大程度上受佛教丰富的心性理论的影响和启发②），构建、完善自己的理论体系，最终保持了自己传统文化主流的地位。

汉唐之际，随着佛教在中土的传播，社会中"三教合一"的呼声越来越高，并且出现了三教相互融合的趋势。早在汉末的《牟子理惑论》中就记载有大量的论证三教一致、儒佛道并行不悖的言论。牟子援儒道解佛，"佛者谥号也，犹名三皇神、五帝圣也。佛乃道德之元祖，神明之宗绪"③，认为佛教思想至仁至孝，与儒家思想一样有益于国家社稷，并重塑佛教出世之道与道

---

① 儒佛道三教在论及三教关系时，一般多以己方为本，以其他二教为末，比如《抱朴子》内道外儒，在解释儒道先后问题时说"道者儒之本也，儒者道之末也"。[（晋）葛洪著，王明校释：《抱朴子内篇·明本》，《抱朴子内篇校释》，中华书局1985年版，第184页]博通儒佛道三教的明僧绍在《正二教"论"》中则说"佛开三世，故圆应无穷；老止生形，则教极浇淳。所以在形之教，不议殊生；圆应之化，爱尽物类。是周、孔、老、庄，诚帝王之师，而非前说之证"，"经世之深，孔、老之极也。为于未有，尽照穷缘，殊生共理，练伪归真，神功之正，佛教之弘也。是乃佛明其宗，老全其生；守生者蔽，明宗者通"。[（南朝梁）僧祐撰，李小荣校笺：《弘明集卷第六·正二教"论"》，《弘明集校笺》，上海古籍出版社2013年版，第318—324页。下引《弘明集》皆自此书]

② 详见李晓虹《批判·汲取·消融——从儒对佛的批判看儒对佛的消融》，《兰州学刊》2006年第10期。

③ （南朝梁）僧祐撰，李小荣校笺：《弘明集卷第一·牟子理惑论》，《弘明集校笺》，上海古籍出版社2013年版，第16页。

家的自然之道，把二者统一到儒家的修齐治平、经世致用的理论中来。

> 天道法四时，人道法五常。《老子》曰："有物混成，先天地生，可以为天下母，吾不知其名，强字之曰道。"道之为物，居家可以事亲，宰国可以治民，独立可以治身。履而行之，充乎天地；废而不用，消而不离。子不解之，何异之有乎？①
>
> 尧、舜、周、孔，修世事也。佛与老子，无为志也。仲尼栖栖七十余国，许由闻禅洗耳于渊。君子之道，或出或处，或默或语，不溢其情，不淫其性。故其道为贵，在乎其用。②

《弘明集》载孙绰《喻道论》云"周、孔即佛，佛即周、孔，盖外内名之耳"③。晋宋之际的隐士宗炳在《明佛论》中从社会作用的角度也提出三教一致的言论："孔、老、如来，虽三训殊路，而习善共辙也。"④宋文帝从佛教具有的安定社会的功用的角度倡信佛教，梁武帝则以帝王的身份舍身佛教并撰文论说"三教同源"⑤。隋唐大儒王通更是把佛教作为与儒、道等中国本土文化完全等同的思想体系来看待，进而提出"三教可一""使民不倦"的观点⑥，此与其他各家从儒佛道三家殊途同归的角度融合三教的做法有着重要

---

① （南朝梁）僧祐撰，李小荣校笺：《弘明集卷第一·牟子理惑论》，《弘明集校笺》，上海古籍出版社2013年版，第16页。
② （南朝梁）僧祐撰，李小荣校笺：《弘明集卷第一·牟子理惑论》，《弘明集校笺》，上海古籍出版社2013年版，第26页。
③ （南朝梁）僧祐撰，李小荣校笺：《弘明集卷第三·喻道论》，《弘明集校笺》，上海古籍出版社2013年版，第151页。
④ （南朝梁）僧祐撰，李小荣校笺：《弘明集卷第二·明佛论》，《弘明集校笺》，上海古籍出版社2013年版，第107页。
⑤ 参见李晓虹《圆融二谛——梁武帝思想研究》，中州古籍出版社2008年版。
⑥ 王通在《中说·问易》中记载程元、魏征和王通讨论三教问题，程元问："三教何如？"王通回答说："政恶多门久矣。"程元说："废之何如？"王通说："非尔所及也。真君、建德之事，适足推波助澜、纵风止燎耳。"及读《洪范谠议》则说"三教于是可一矣"。程元和魏征进而问其原因时，王通回答说"使民不倦"。这里的"真君、建德之事"指北魏太武帝太平真君七年和北周武帝建德三年灭佛法难。很显然，王通既不主张像北魏太武帝和北周武帝那样沙汰佛教，也不像孙绰、宗炳等人从社会功用、三教源头等角度曲释三教殊途同归，而是主张佛教中国化、儒家化。王通汲取《洪范谠议》中和之道处理天地人三才关系的做法，主张"使民不倦"，使"民"安适自在于天地之间，此是儒佛道三教"可一"之点，从而兼采三教，共致"天地位，万物育"之境。

的区别。诚如洪修平先生所说,"'三教虽殊,劝善义一,途迹诚异,理会则同'实成为当时一股比较普遍的思潮"①。

虽然如此,儒家对佛教反驳的声音一直没有停止过。《弘明集》记载此一时期的儒家人士主要是从社会经济、王道政治、纲常伦理、夷夏之别等现实的经验的社会功用层面对佛教进行批判,当然也有从形神、生死轮回等问题方面的辩难。这里我们以比较有代表性的《牟子理惑论》为例对其加以分析,此书主要从四个方面进行反驳。

1. 夷夏之别——问者援引中华文化正统观念来驳斥牟子舍周孔之道而事夷狄之术的行为:"问曰:'孔子曰:"夷狄之有君,不如诸夏之亡也。"孟子讥陈相更学许行之术,曰:"吾闻用夏变夷,未闻用夷变夏者也。"吾子弱冠学尧、舜、周、孔之道,而今舍之,更学夷狄之术,不亦惑乎?'"②

2. 援引儒家先圣孔子、孟子之言来反驳牟子,认为佛教所说非圣贤之语:"孔子云:'未能事人,焉能事鬼?未知生,焉知死?'此圣人之所纪也。今佛家辄说生死之事,鬼神之务,此殆非圣哲之语也。"③

3. 同时又从佛教违逆纲常伦理、虚无难证等方面对佛教展开辩驳。其中又以批判佛教违礼悖德为多。

> 今沙门剃头,何其违圣人之语,不合孝子之道也。④
>
> 夫福莫逾于继嗣,不孝莫过于无后。沙门弃妻子,捐财货,或终身不娶,何其违福孝之行也?⑤
>
> 黄帝垂衣裳,制服饰;箕子陈《洪范》,貌为五事首;孔子作《孝经》,服为三德始。……今沙门剃头发,被赤布,见人无跪起之礼,威仪

---

① 洪修平:《中国佛教文化历程》,江苏教育出版社1995年版,第180页。
② (南朝梁)僧祐撰,李小荣校笺:《弘明集卷第一·牟子理惑论》,《弘明集校笺》,上海古籍出版社2013年版,第29页。
③ (南朝梁)僧祐撰,李小荣校笺:《弘明集卷第一·牟子理惑论》,《弘明集校笺》,上海古籍出版社2013年版,第28页。
④ (南朝梁)僧祐撰,李小荣校笺:《弘明集卷第一·牟子理惑论》,《弘明集校笺》,上海古籍出版社2013年版,第21页。
⑤ (南朝梁)僧祐撰,李小荣校笺:《弘明集卷第一·牟子理惑论》,《弘明集校笺》,上海古籍出版社2013年版,第23页。

无盘旋之容止，何其违貌服之制，乖摺绅之饰也？①

不敬其亲而敬他人者，谓之悖礼。不爱其亲而爱他人者，谓之悖德。须大挐不孝不仁，而佛家尊之，岂不异哉？②

4. 从形神和生死轮回方面对佛教进行反驳。《牟子理惑论》中问者认为"人死神灭，无有三世"，孔子云："未能事人，焉能事鬼？未知生，焉知死？"不语"怪、力、乱、神"，而佛教认为人死"身自朽烂"但"魂神"不灭，"人死当复更生"③，此与圣人之言不合。但牟子援引孔子、《孝经》、周公、老子说明佛所说"生死之事，鬼神之务"乃神道设教，方便说法，不仅"见外"，而且"识内"。④

《牟子理惑论》中儒佛的论争说明此一时期时人对佛教的认识已经不再仅归之于神仙方术一类，而是认识到了佛教与本土文化尤其是与儒家文化的区别和对儒家文化的冲击，因此从夷夏之别、貌服之制、摺绅之饰、孝道伦常、形神和生死轮回等方面对佛教展开批判，显然，在《牟子理惑论》中形神轮回等问题尚不是论争的主要问题。到魏晋南北朝之时，儒佛之间则掀起一场关于"神灭"与"神不灭"的大的论辩，如刘宋时何承天与宗炳、颜延之，萧梁时范缜与曹思文、萧琛、梁武帝等所展开的历时长久的辩论。但是，诚如葛兆光所言，这种关系到人生意义的讨论由于种种原因，常常悬浮在文字辩论之上：提倡"神灭"的学者把"神"与中国本土依附于肉体的灵魂等量齐观，而主张"神不灭"的佛教徒则把"神"当成一种

---

① （南朝梁）僧祐撰，李小荣校笺：《弘明集卷第一·牟子理惑论》，《弘明集校笺》，上海古籍出版社2013年版，第25页。

② （南朝梁）僧祐撰，李小荣校笺：《弘明集卷第一·牟子理惑论》，《弘明集校笺》，上海古籍出版社2013年版，第31页。

③ （南朝梁）僧祐撰，李小荣校笺：《弘明集卷第一·牟子理惑论》，《弘明集校笺》，上海古籍出版社2013年版，第27页。

④ "牟子曰：若子之言，所谓见外未识内者也。孔子疾子路不问本末以此抑之耳。《孝经》曰：为之宗庙以鬼享之。春秋祭祀以时思之。又曰：生事爱敬。死事哀戚。岂不教人事鬼神知生死哉。周公为武王请命曰：旦多才多艺能事鬼神。夫何为也。佛经所说生死之趣，非此类乎？老子曰：知其子复守其母。没身不殆。又曰：用其光，复其明，无遗身殃。此道死之所趣，吉凶之所住。至道之要，实贵寂寞。佛家岂好言乎，来问不得不对耳。"[（南朝梁）僧祐撰，李小荣校笺：《弘明集卷第一·牟子理惑论》，《弘明集校笺》，上海古籍出版社2013年版，第28页]

虚玄而超越的本原。① 梁武帝萧衍及其臣下更是从敬祖飨亲的情感体验上把"神"当作经验的实存者加以体认。梁武帝在《敕答臣下神灭论》中说："《祭义》云：'惟孝子为能飨亲。'《礼运》云：'三日斋，必见所祭。'若谓飨非所飨，见非所见，违经背亲，言语可息。神灭之论，朕所未详。"② 并且，这种讨论没有深入形上的理论层面，而是掺入了现实的政治、经济等一些实用因素，很快挪转到佛教与社会的冲突之上：主张"神灭"的只是基于"浮屠害政，桑门蠹俗"③，"释氏蠹俗伤化，费货损役"④，扰乱了社会的正常发展，而主张"神不灭"的只是因为"佛之有无，寄于神理存灭"⑤，神灭则佛无。由是，一场关系人生价值和哲理思辨的辩论，就这样被搁浅在现实的经验的层面之上而失去了进一步展开的可能。

唐时，韩愈在承袭此前反佛者持有的论据（诸如华夷之变、纲常伦理、王道政治等）批佛的同时，也吸取佛教传法世系的"法统"说，从历史的、文化的角度，概括、挺举出儒家之"道"来拒斥佛教，并赋予儒家文化以一种世代相传的传统——道统。其界定"道"为"博爱之谓仁，行而宜之之谓义，由是而之焉之谓道，足乎己，无待乎外之谓德"。并且，"尧以是传之舜，舜以是传之禹，禹以是传之汤，汤以是传之文、武、周公，文、武、周公传之孔子，孔子传之孟轲"（《原道》）。陈寅恪先生曾说："退之自述其道统传授渊源因由《孟子》卒章所启发，亦从新禅宗所自称者摹袭得来也。"⑥

韩愈所倡导的儒家"道统说"在理论上给了儒家整体性的解释，明确地指出了尧、舜、禹、汤、文、武、周公、孔、孟递相传授，乃中华文化的传道正统，对儒学进行了历史的、文化的梳理，同时也是对儒学精神内涵传承

---

① 参见葛兆光《中国思想史》（第一卷），复旦大学出版社2001年版，第441页。
② （南朝梁）僧祐撰，李小荣校笺：《弘明集卷第十·大梁皇帝敕答臣下神灭论》，《弘明集校笺》，上海古籍出版社2013年版，第498页。
③ （南朝梁）僧祐撰，李小荣校笺：《弘明集卷第九·难神灭论》，《弘明集校笺》，上海古籍出版社2013年版，第477页。
④ （南朝梁）僧祐撰，李小荣校笺：《弘明集卷第九·难神灭论》，《弘明集校笺》，上海古籍出版社2013年版，第478页。
⑤ （南朝梁）僧祐撰，李小荣校笺：《弘明集卷第九·难神灭论》，《弘明集校笺》，上海古籍出版社2013年版，第478页。
⑥ 陈寅恪：《论韩愈》，《金明馆丛稿初编》，上海古籍出版社1980年版，第285页。

脉络的梳理，从而使从佛教传入以来即相伴随的斥佛理论上升到一个层次截然不同的理论高度。但是，因为没有摆脱汉唐章句训诂思维方式的苑囿，韩愈"未能卓然有以自拔于流俗"①，其所彰显的性命学说仅在伦理道德规范这一较浅的层面对佛教进行批判。更重要的是如朱熹所说，"韩公之学见于《原道》者，虽有以识夫大用之流行，而于本然之全体，则疑其所未睹，且于日用之间，亦未见其有以存养省察而体之于身也"②，"于道，知其用之周于万事，而未知其体之具于吾之一心。知其可行于天下，而未知其本之当先于吾之一身也。是以其言常详于外而略于内，其志常极于远大而其行未必能谨于细微"③，"见得大意已分明，但不曾去子细理会"④，其心性理论未能上升到形上的本体论的高度回应佛教详备的心性论挑战。李翱在韩愈的基础上虽然较为系统地提出了自己的心性修养体系，但是却没能揭示儒家心性论与佛教心性论的本质区别，从而给人以类佛的嫌疑，并且也没有上升到本体论的高度去批判、消融佛教思想。

第二节　理学义理之学的构建

汉唐时期，儒学之所以没有形成系统的形上理论以与佛教思辨的理论体系相抗衡，这一方面是因为原始儒学过多地关注的是社会现实，对人心及其形上的超越层面较少关注，而佛教以出离为起点，以解脱为目的，其心性论思想深入个体之生命，详备于终极关怀之途辙，是独有于中国之形上学，颇能满足知识阶层的心灵诉求，合于其形上冲动；另一方面，汉唐解经训诂的学术理路使其与佛学思辨的思维方式无法抗衡。当时之名儒也多是继承汉人学风的经学家（如《十三经注疏》皆汉唐时人所著），因此时人多认为"六

---

① （宋）朱熹：《韩集第十八卷·与孟尚书》，《昌黎先生集考异》卷五，上海古籍出版社、安徽教育出版社2001年版，第130页。（下引《昌黎先生集考异》皆自此书）

② （宋）朱熹：《韩集第十八卷·与孟尚书》，《昌黎先生集考异》卷五，上海古籍出版社、安徽教育出版社2001年版，第130页。

③ （宋）朱熹：《宋景文公新书本传》，《昌黎先生集考异》卷十，上海古籍出版社、安徽教育出版社2001年版，第263页。

④ （宋）黎靖德编：《朱子语类》卷一三七，中华书局1986年版，第3260页。（下引《朱子语类》皆自此书）

经典文，本在济俗为治耳，必求性灵真奥，岂得不以佛经为指南耶？"① 并且，随着佛教在中土的传播和发展，"佛"的体性、内涵已经从原始佛教的"圣人""觉者"而渐渐转变成大乘佛教的本体。在大乘佛教中，作为万法乃至诸佛本原的所谓"真如""实相""法界""法性"等，尽管佛经里用了许多诸如"即有即无""非有非无""超相绝言""忘言绝虑"等字眼对其加以形容、表述，但丝毫不能排除它是一个本体。而且整个大乘佛教都建立在这个既抽象而又无所不在的本体基础之上。② 如天台宗之"性具实相论"，实相是万法的本原，学佛的旨归亦在体证实相；华严宗修证的目的就是"离妄还源"，与"法界"（又叫"一真法界""清静佛智"或"如来藏自性清静心"）合一；禅宗之"本心本体本来是佛"更是因其"心本体"而反对离心外求。佛学这种"体用无先后"的总体性的本体论运思特征，使其与道家从根源性和超验性角度界定本体性之"道"显然不同。③ 崔大华先生认为，理学家的本体论观念与其先儒学受道家影响的本体观念不同之处，正在于理学强调作为本体之"理"与其显现之现象间的不可分离性。理学的"体用一际"思想，在包括中国佛学在内的完整的中国思想背景中，就其观念的哲学内涵和命题形式而言，是更为接近佛学的。④ 理学"显微无间""体用一源"思想显然受到了禅宗"平常心是道"，华严宗"体用一际""理事互融"的运思方式的启发。

儒学若想超越佛学、消融佛学，必须突破章句训诂的思维定式，在批判佛教的同时，汲取其形上的思维方式，挖掘、解读儒家原典资料，完善儒学固有的理论体系。在佛教本体论思维方式影响下、有着"出佛归儒"经历的宋明理学家们，在对佛学的批判中认识到，若想突破汉唐烦琐的训诂解经的

---

① （南朝梁）僧祐撰，李小荣校笺：《弘明集卷第十一·何令尚之答宋文皇帝赞"扬"佛教事》，《弘明集校笺》，上海古籍出版社2013年版，第576页。

② 参见赖永海《中国佛教文化论》，中国青年出版社1999年版，第102—103页。

③ 道家本体性之"道"更多地注重的是其根源性与超验性。"道冲而用之或不盈。渊兮，似万物之宗；湛兮，似或存。吾不知谁之子，象帝之先。"（《老子》第四章）"道可道，非常道；名可名，非常名。无，名天地之始；有，名万物之母。故常无，欲以观其妙；常有，欲以观其徼。此两者，同出而异名，同谓之玄。玄之又玄，众妙之门。"（《老子》第一章）本体之"道"与其所显现事物之关系可以用先后、主次、微显等来表述，它缺乏程颢所说的"体用无先后"的总体性的内涵，而此点正是佛教本体论的特征所在。（所引《老子》均自陈鼓应《老子注译及评介》，中华书局1984年版）

④ 参见崔大华《儒学引论》，人民出版社2001年版，第452—456页。

思维方式，消化佛学，必须从理论的高度揭示佛教的"缺弱"，在儒学自身中发掘并彰显、升华其完全不逊于佛学的对人生的最终归宿的安顿，为时人提供安身立命的终极依托和形上关怀。事实证明，宋明时期的儒家学者完成了时代赋予的历史课题，形成了中国哲学的繁荣时期，也成功地消融了佛学。

因此，宋明之际，儒家人士对佛教虽然在社会功能、纲常伦理等现实的层面仍有大量的批判，比如二程曾从儒家伦理的立场批"佛逃父出家，便绝人伦，只为自家独处于山林，人乡里岂容有此物！"①朱熹也骂佛教"弃君背父"，"殄灭彝伦，堕于禽兽之域，而犹不自知其有罪"②，但是并没有仅仅停留在伦理道德、王道政治等经验层面的批判，而是从形上的本体的高度厘定了佛学理论与实践中的缺憾。

而之所以称宋明理学为"新儒学"，是因为宋明理学虽然以孔孟思想为旨归，以《周易》《论语》《孟子》《大学》《中庸》等先秦儒家典籍为主要依据，但其所讨论的却主要是先秦孔子所罕言的"性与天道"问题，他们批判佛道二教"以无为本""以空为本"，否定仁义礼智、世俗礼法、道德伦常的做法，直面社会现实，提倡从本体论的高度探讨宇宙与人生问题，因此，在某种程度上来说，宋明理学或宋明新儒学可以说是"佛家无常说、无我论及世界幻有说的对立理论"③，是以儒学为主，兼摄佛道思想，包括宇宙论、人性论、伦理学和知识论的新的思想体系。在这套理论系统中，理学家们用不同于先秦儒家所用的学术术语来诠释和构建自己的思想体系，比如，用虚与气、理与气、道与器、太极阴阳、理一分殊、神化、一两、形上与形下、体与用等来诠释宇宙论和本体论；用性与命、心与性、性与情、天命之性与气质之性、未发已发、道心人心、天理人欲等来诠释人生论和心性论；用知与行、格物与致知、德性之知与见闻之知、涵养省察、主敬与主静等来诠释知行观和修养论；用天人合一、心理合一、诚、仁、乐等来诠释天人观和境界

---

① （宋）程颢、程颐撰：《二程遗书》卷十五，上海古籍出版社1992年影印版，第114页。（下引《二程遗书》皆自此书）
② （宋）黎靖德编：《朱子语类》卷一二六，中华书局1986年版，第3039页。
③ 张君劢：《新儒家思想史》，中国人民大学出版社2009年版，第11页。（下引《新儒家思想史》皆自此书）

论①，他们以宇宙论来诠释宇宙的创生、天地万物的生成，以伦理学来探讨整个人类问题以及人生的意义及价值，以知识论来确立实然和应然知识的基础。因此，张君劢先生说"新儒学时期表示中国人对自己文化传统的觉醒"，而宋明新儒学之所以叫作"理学"或"性理学"，主要是因为"理是知识的共同基础，而自然和伦理知识的普遍性也只有借人性中的理来建立"②。

与大多数西方思想家把注意力集中在对自然世界和知识的追求不同，儒家的关注点是人与人之间的关系以及伦理道德，作为继承者，宋明新儒家虽然把目光投向了形上的"天道""太虚""理""道""太极""一两"等问题，但其落脚点却是现实的人生和社会，换句话来说，宋明理学家对现实的人生和社会的思考是放置在对宇宙、对天地、对万物的思考的基础之上的。

在理学家们看来，"天地之大德曰生""生生之谓易""生生之理""万物之生意最可观"，此"生德""生意""生理"即孔子所说之"仁"，即《中庸》所说之"诚"，人与万物都禀赋此"生德""生理""仁""诚"以生，所不同的是，此"生德""生理""仁""诚"所在不同，称谓随之不同，"在天为命，在义为理，在人为性，主于身为心，其实一也"③，在物则称为"物之理""物之性"，在人称为人之"仁心""仁性""仁德""性""良知""善性""心（心即理之心）"或"本心"，究其实则异名同谓。

但也正因此，个人的"仁德""仁性"与天地之间的万物之性相贯通，与形上之天之理、天之道也建立了联系，从而使人的仁性、善性、仁心具有了超越的价值和意义。并且，理学家们认为，一个自觉到自身所禀赋的"仁德""仁性""仁心"，并能"观天地生物气象"④、"观万物自得意"（程颢语）的"仁者"在依据此"仁德""仁性""仁心"而实践修为时会自然地贯通天人，融摄物我："一方面，'仁者'之'仁心''仁性'具有一种不容已之万物一体之情，故'仁者'能以天地万物为一体，亦即把天下生民万物

---

① 参见郭齐勇编著《中国哲学史》，高等教育出版社2006年版，第247页。
② 张君劢：《新儒家思想史》，中国人民大学出版社2009年版，第11页。
③ （宋）程颢、程颐著，王孝鱼点校：《河南程氏遗书》卷十八，《二程集》，中华书局2004年版，第204页。（下引《二程集》皆自此书）
④ （宋）程颢、程颐著，王孝鱼点校：《河南程氏遗书》卷六，《二程集》，中华书局2004年版，第83页。

看成是与自己息息相关的一部分，予以关切和关爱；另一方面，'仁者'之'仁心''仁性'的发动、展开表现为'亲亲而仁民，仁民而爱物'这样一种自然的次第与条理，此自然的次第与条理在社会生活中则体现为亲亲长长尊贤之道、夫子兄弟夫妇朋友之伦，其具体表现也就是礼。"① 在亲亲、仁民、爱物这样三种次第中，把看似高远具有理想化的万物一体之情落实在由亲亲而仁民，由仁民而爱物的次第修为之中，这就使其理想具有了现实的可操作性和可实践性，而践行孝道、恪守孝悌则是实践这一理想的始端。

在整个宋明理学中，最有影响的理学派别主要有以二程（程颢、程颐）为代表的洛学，以张载为代表的关学，以周敦颐为代表的濂学，以邵雍为代表的先天象数学，以朱熹为代表的闽学，以陆九渊、王阳明为代表的心学以及以陈亮、叶适为代表的事功学派。从对问题的思考路径来分，则可以分为"气学"（张载）、"理学"（程颐、朱熹）、"心学"（陆九渊、王阳明为主要代表，而程颢则开其源）。在这些学派中，对宋明理学和中国哲学、中国文化影响最大的则是"理学"和"心学"。

程朱派以"理"作为世界本体，此"理"是先于现实世界的绝对存在："未有天地之先，毕竟也只是理，有此理，便有此天地"②，"万一山河大地都陷了，毕竟理却只在这里"③，但是此本体之理与现实世界不是绝然两分的，而是不即不离的，二者本无先后可言，但是如果一定要分出个先后，"则须说先有是理。然理又非别为一物，即存乎是气之中；无是气，则是理亦无挂搭处"④。正是基于此种"体用一源"的理念，朱熹批判佛教性用二分："释氏自谓识心见性，然其所以不可推行者何哉？为其于性与用分为两截也。圣人之道，必明其性而率之，凡修道之教，无不本于此。故虽功用充塞天地，而未有出于性之外者。"⑤

佛教所说作用，只是手能持、足能履、耳能听、目能视，犹如告子所说"食色性也"，而朱子谓其性、用两分，是指现世人生之修齐治平及参天地、

---

① 郭齐勇编著：《中国哲学史》，高等教育出版社2006年版，第248页。
② （宋）黎靖德编：《朱子语类》卷一，中华书局1986年版，第1页。
③ （宋）黎靖德编：《朱子语类》卷一，中华书局1986年版，第4页。
④ （宋）黎靖德编：《朱子语类》卷一，中华书局1986年版，第3页。
⑤ （宋）黎靖德编：《朱子语类》卷一二六，中华书局1986年版，第3039页。

赞化育之一切用而言。在朱子看来，只有如此，才是功用充塞天地但又不拂逆人性。由此程朱提出"敬以直内，义以方外"①的修养方式。

陆王一派则以"心"作为宇宙本体，主张"心即理"说，认为"吾心即是宇宙，宇宙便是吾心"，天理、人理、物理只在主体心中，"心"才是唯一实在。其所谓"格物"是"格其心之物也，格其意之物也，格且知之物也"。也就是格"心"之不正以归于正，并由此提出"为善去恶""致良知"的修养方式。

虽然程朱与陆王两派对世界终极的看法和修养方式不同，但二者都是把儒学精神境界中所固有的伦理道德理论自觉地提升到本体论的高度，在本体论的高度下观照主体的道德修为和社会实践，"使本来仅仅针对'人'的伦理原则得到宇宙与社会的支持，也使过去关于宇宙天地的时空原则与社会伦理共享一个终极依据"②，从而形成了不弱于佛学的那种属于信仰性质的精神力量，回应了佛教关于人生最高的，即终极追求或归宿的问题，达到了消化佛学的目的。

这里我们再以程朱理学在本体论的高度批判佛教为例，分析理学对佛学的消融：程朱从"理"作为世界本体的意义上认为在变动不居的现象世界之后有变动不居之理，在虚空之后亦有虚空之理，并以此来对佛教之"空"提出批判："物生死成坏，自有此理，何者为幻？"③与佛教人生疾苦、四大皆空的理念不同，理学家虽然同样认为世间万物皆有运动变化、成住坏灭，但在此变动不居的现象之后却有恒常存在之理，此理是万物的根源，它是深微的，是事物得以存在之体；而事物却是显著的，是理具显于物之用；事、理，体、用是不即不离、相互统一的。从而完全避免了此前诸儒从经验层面去言说佛教形上层面观念的无力的妄议。

在理学家看来，社会生活的纲常伦理的理论及其实践，是一种周延的理论和完满的人生所不可或缺的，佛教于道体及人生实践上的不足亦在于此。二程说"释氏谈道，非不上下一贯，观其用处，便作两截"④，"彼固曰出家

---

① （宋）黎靖德编：《朱子语类》卷一二一，中华书局1986年版，第2919页。
② 葛兆光：《洛阳与汴梁：文化重心与政治重心的分离》，《历史研究》2000年第5期。
③ （宋）程颢、程颐撰：《二程遗书》卷一，上海古籍出版社1992年影印版，第9页上。
④ （宋）程颢、程颐撰：《二程外书》卷十一，上海古籍出版社1992年影印版，第51页上。

独善，便于道体自不足"①，并比喻说"释氏说道，譬之以管窥天，只务直上去，惟见一偏，不见四旁，故皆不能处事。圣人之道，则如在平野之中，四方莫不见也"②。同时认为佛教不仅在社会伦理的理论和实践方面有所缺乏，而且对于"穷神知化"的形上理论也有所不足："有生者，必有死；有始者，必有终，此所以为常也。为释氏者，以成坏为无常，是独不知无常乃所以为常也。"③"只如一株树，春华秋枯，乃是常理，若是常华，则无此理，却是妄也。今佛氏以死为无常，有死则有常，无死却是无常。"④ 春华秋实、成住坏灭，这本是自然界万物恒常不变的规律，佛教智者由此消极地得出四大皆空、人生皆苦的理论，并劝导世人勘破对尘世的迷恋和执着，皈依常、乐、我、净的佛国净土。理学家则从积极的角度，彰显虚幻的现象背后实存的变动不居之理，并以此参天地、赞化育。二程在这里虽然是从经验的、感性的角度对佛教进行批判，但是在这种感性经验之中却渗透进了一种视生死为一体的升华了的理性精神和宽广胸襟，朝朝暮暮压在佛教修行者内心、衍生烦恼苦闷的精神顽石——死亡，在这里被积极地淡化、消解了。在理学家看来，生死不再是截然两分的对立体，而是人类生存的两种自然样态："存，吾顺事；没，吾宁也。"⑤

与理学形上的本体论思维方式形成相一致的是，儒学在发展到宋明之时，表现在人生的价值追求和人生境界方面也发生了变化。

孔子即世间而构建"天下大同"、博施济众、恢复尧舜周公之治的理想，虽然是后世儒者所推崇的"内圣外王"的典范，但其"修己""安人"的人生理想限定在佛教所说的有情众生——人。《论语·公冶长》记载，在弟子子路、颜渊各述己志后，孔子也向弟子们表达了自己的志向："老者安之，朋友信之，少者怀之。"⑥孔子在马厩被焚之时"不问马，问人"，对人的价值和意义的发掘虽产生了不可估量的历史文化意义，但相较于理学所说的"民胞

---

① （宋）程颢、程颐撰：《二程遗书》卷十三，上海古籍出版社1992年影印版，第106页下。
② （宋）程颢、程颐撰：《二程遗书》卷十三，上海古籍出版社1992年影印版，第106页下。
③ （宋）程颢、程颐撰：《二程外书》卷七，上海古籍出版社1992年影印版，第34页下。
④ （宋）程颢、程颐撰：《二程外书》卷十，上海古籍出版社1992年影印版，第44页。
⑤ （宋）张载著，章锡琛点校：《正蒙》，《张载集》，中华书局1978年版，第63页。（下引《张载集》皆自此书）
⑥ （宋）朱熹撰：《四书章句集注》，中华书局1983年版，第82页。（下引《论语》《孟子》《大学》《中庸》《四书章句集注》皆自此书）

物与"、化育万物的境界，可见其把注意力主要投注在现实人生和理想社会的构建之上。① 孔子曾自言其修身的目的是"修己以安人""修己以安百姓"（《论语·宪问》），是促进整个社会、人生良性发展，它具有更多的现实性而缺乏对无情、彼岸世界的关照，其对《诗经》的学习是增长知识，"多识于草木之名"，更重要的是学有所用。草木在他那里只是其认知的对象之一，而不是与人同具"理"之"一殊"的平等的存在者。而其时之圣人境界即有情众生之圣人，其功德亦是"博施济众"、泽被后人。

至宋明之时，无论是理本体还是心本体，本体之理皆是天地万物存在的根源和依据，"人人有一太极，物物有一太极"②，有情之人与无情之物同具天理之"一殊"，二者不再仅仅是被动施与的关系，而是平等对待的关系。其时之圣人境界也已不仅仅限定于德被天下、泽被后世，而且是施及万物，上升到与天地同在、与大化同流的境界。关于此点，我们在二程对孔子"疏饮之乐"的解释中可以看出："孔子所遇而安，无所择，惟其与万物同流，便能与天地同流。"③ "孔子之志，在于老者安之，朋友信之，少者怀之，使万物莫不遂其性。"④ 把孔子之志从现实人事的谋求推广至使天地万物各得其所，把孔颜之乐升华为在主体道德理性和道德感情驱动下将自己完全融入天地万物之间、与大化同流的精神境界。"使万物莫不遂其性"，仅此一句尽显先秦诸儒与宋明诸儒的区别所在。在这种与大化同流、与天人一体的境界中，"富贵福泽，将厚吾之生也；贫贱忧戚，庸玉女于成也。存，吾顺事，没，吾宁也"⑤。困扰世人、滋生烦恼的贫富、贵贱、生死等诸多因素，皆是或皆能转化为对人的生命价值实现具有积极、肯定意义的存在。从这种与天地同存、与大化同流的宇宙情怀中虽说能窥见些许佛教"佛性遍在""无情有性"思想的痕迹，但它更是对《中庸》"天地位焉，万物育焉"⑥，《周易·象传》"保和太和，乃利贞"⑦ 境界的彰显。

---

① 详见王党辉、李晓虹《孔子现世世界的宗教情结》，《江淮论坛》2004 年第 1 期。
② （宋）黎靖德编：《朱子语类》卷九十四，中华书局 1986 年版，第 2371 页。
③ （宋）程颢、程颐撰：《二程遗书》卷六，上海古籍出版社 1992 年影印版，第 71 页上。
④ （宋）朱熹撰：《论语章句集注·先进》，《四书章句集注》，中华书局 1983 年版，第 131 页。
⑤ （宋）张载著，章锡琛点校：《乾称篇》，《张载集》，中华书局 1978 年版，第 63 页。
⑥ （宋）朱熹撰：《四书章句集注》，中华书局 1983 年版，第 18 页。
⑦ 金景芳、吕绍纲：《周易全解》，吉林大学出版社 1989 年版，第 10 页。

第二章 两宋时期中原理学思想

宋代时期，位于中原地区的洛阳不仅是世家贵族聚集的地方，也是知识阶层集中的地方，"洛实别都，乃士人之区薮"①。在理学史上特别重要的"北宋五子"之中，除了周敦颐（1017—1073）和张载（1020—1077）外，其余三个理学大家邵雍（1011—1077）、程颢（1032—1085）、程颐（1033—1107）都同时居住在这里，这些学者与闲居在洛阳的司马光、文彦博、吕公著、富弼等议论时政、讲道劝义，在士人中产生了很大的影响，"士之从学者不绝于馆，有不远千里而至者"，"十来年中，就在这个离京城（汴梁）不远的地方，形成了一个以道德伦理为标榜，以思想与学术为号召的知识集团，表达着当时知识、思想与信仰世界的另一种声音"，从而也形成了文化重心与政治重心的严重分离。② 在某种程度上来说，两宋时期中原地区的理学思想在整个宋明理学史乃至中国哲学史上有着举足轻重的历史地位，以邵雍为代表的象数学派和以程颢、程颐为代表的理学不仅影响着宋明理学的发展路向，而且奠定了宋明理学的中心议题。

第一节 邵雍的理学思想

邵雍，字尧夫，因曾隐居共城（今河南辉县）苏门山下，筑室苏门山百源之上，世称"百源先生"；又因死后赐谥"康节"，后人又称"康节先生"。

---

① （宋）程颢、程颐著，王孝鱼点校：《明道先生行状》附《门人朋友叙述并序》，《二程集》，中华书局2004年版，第332页。

② 葛兆光：《中国思想史》第二卷"七世纪至十九世纪中国的知识、思想与信仰"，复旦大学出版社2001年版，第185—186页。

据《宋史》卷四二七《道学一·邵雍传》记载，邵雍先祖是河北范阳（今河北涿州市）人，其父邵古后移家衡漳（今河南林县，位于黄河北安阳市西南）。邵雍年少时随父亲迁徙到共城（今河南辉县，位于黄河北新乡西北），后来又移居位于黄河南边的洛阳。邵雍年少时"自雄其才，慷慨欲树功名。于书无所不读，始为学，即坚苦刻厉，寒不炉，暑不扇，夜不就席者数年"，又"逾河、汾，涉淮、汉，周流齐、鲁、宋、郑之墟"，游学四方。后来师从共城令李之才学"物理性命之学"，受《河图》《洛书》《宓义》八卦六十四卦图像。

邵雍一生不求功名，过着隐逸的生活。在洛阳时，由于才德操守受到时人敬仰，当时退居在洛阳的前任首辅富弼（1004—1083）、资政殿学士司马光（1019—1086）、御史中丞吕公著（1018—1089）等人"雅敬［邵］雍，恒相从游，为市园宅"，邵雍命名其宅"安乐窝"，因而自号安乐先生。宋仁宗嘉祐年间"诏求遗逸"，授邵雍将作监主簿，补颍州团练推官，邵雍以生病为借口辞官。宋神宗熙宁十年（1077）病逝，时年六十七岁，"赠秘书省著作郎。元祐中赐谥康节"。邵雍为人"清而不激，和而不流，人与交久，益尊信之"，可见其人格魅力之大。当时中原地区的另外两个重要的理学家程颢、程颐与邵雍交往密切，程颢"初侍其父识［邵］雍，论议终日，退而叹曰：尧夫内圣外王之学也"。并且邵雍知虑超人，遇事能够前知，程颐认为"其（邵雍）心虚明，自能知之"。邵雍的著作有《观物篇》《皇极经世》《渔樵问对》《伊川击壤集》《先天图》等书。①

邵雍的学术思想贯穿经、史、子、集，我们从清朝乾隆年间编纂的《四库全书》中可以看到，其中不但录有邵雍的主要著作，还有大量引用他学术思想或语录的著作。

据《宋史·邵雍传》记载，邵雍"探赜索隐，妙司神契，洞测蕴奥，汪洋浩博"②，在自己体悟的基础上融合儒家学说和道家道教"图书先天象数之学"思想③，制成《先天图》，构建了一套宇宙构造图式和思想体系，开创了宋

---

① 详见《道学一·邵雍传》，载（元）脱脱、阿鲁图修撰《宋史》卷四二七，中华书局1977年标点版，第12727页。(下引《宋史》皆自此书)

② 《道学一·邵雍传》，载（元）脱脱、阿鲁图修撰《宋史》卷四二七，中华书局1977年标点版，第12726页。

③ 朱熹认为邵雍融合老子和孟子"合而用之"以解《易》，建构自己"日月星辰高照耀，皇王帝伯大铺舒"，"能包括宇宙，终始古今"的"大"学问。［（宋）黎靖德编：《朱子语类》卷一〇〇，中华书局1977年标点版，第2542—2543页］

明以来象数学传统。我们从邵雍的主要代表作《皇极经世书》中可以看到，其中包括了宇宙起源论、自然观、历史观及为政之道等理论，而邵雍在易学史上的主要贡献"一是综合河洛之学与《易经》象数之学的成果，对宇宙、历史盛衰治乱的规律建立了一个完整的体系；二是将以往这门经院哲学式的科学化繁为简，化难为易，使其迅速走向民间，它的实用价值日益显示，日渐扩大"①。

一　宇宙自然观与先天象数学

与周敦颐一样，邵雍也用"太极"的自我运动来解释说明世界的起源及其发展，但与其不同的是，邵雍利用象数的数量关系来推演世界的发展及其周期过程。

在邵雍看来，宇宙间的一切都蕴含着"数"，天地间的万事万物都是由其所蕴含的象数决定并发生变化的。在宇宙演化过程中，太极是"道"之极致，它既是"无体"之"一"，也是天地万物产生的始源；而"神"在其中则起着特殊的作用，它无所在，又无所不在，可以潜藏于天地之间，不行而至，但又不为阴阳所牵制，并且可以"乘气而变化，出入于有无生死之间，无方而不测"②，"太极不动，性也；发则神，数则象，象则器，器则变，复归于神也"③，可见，邵雍所谓的"神"是表示太极在创化天地万物的过程中能起到微妙变化的作用，是"气"的主宰，而不是像张载那样认为"鬼神，二气之良能也"，用"气"的清浊来界定"神"。

也正是在"神"的作用下，由数生象，又由象生器，从而由"无体"的太极产生出无限多样的"有体"的天地万物（"象"和"器"）："太极，一也。不动，生二，二则神也。神生数，数生象，象生器。""天以一而变四（四象），地以一而变四（四象）。四者有体也，而其一者无体也，是谓有无之极也。"④

---

①　（宋）陈抟著，（宋）邵雍述，陈明点校：《河洛真数》，《康节说易全书》，学林出版社2003年版，第2页。（下引《康节说易全书》皆自此书）

②　（宋）邵雍著，（明）黄畿注：《观物外篇·先天圆图卦数第三》，《皇极经世书》，中州古籍出版社1993年第2版，第334—335页。（下引《皇极经世书》皆自此书）

③　（宋）邵雍著，（明）黄畿注：《观物外篇》，《皇极经世书》，中州古籍出版社1993年第2版，第358页。

④　（宋）邵雍著，郭彧整理：《邵雍集》，中华书局2010年版，第51页。（下引《邵雍集》皆自此书）

"太极"这个"一"是天地万物产生的根源,由于邵雍又说"心为太极,又曰道为太极"①,"道与一,神之强名","以道生天地,则天地亦万物也",所以"道"即其所谓"太极"或"一",但是,邵雍有时又认为"太极,道之极也"(《观物外篇》之十二),"能造天地者,太极也。太极其可得而名乎,故强名之曰'太极'"(《邵子全书》卷七《无名公传》),所以在邵雍的思想体系中,"'道'是产生万物的根源,而'道'存在于'太极'之中;'太极'是无穷无尽的"②。由此"一"一分为二,则有"阴阳"两仪,就具体事相来说则有了天与地;就事物的属性来说,则有了阴阳或刚柔。在阴阳二气的此消彼长、相互转化之下,就由无体的"太极"化生有体的阴、阳两仪;由阴、阳两仪相互作用而化生太阴、少阳、少阴、太阳四象;由阴、阳相交而化生"天之四象",刚、柔相交化生"地之四象",而天之四象与地之四象相合即八卦;再由八卦相错而生品类多样的万物。具体来说,就是"天"以一而变四(太阳、太阴、少阳、少阴,即日月星辰四象),"地"以一而变四(太柔、太刚、少柔、少刚,即水火土石四象),而"日月星辰之'变'就有了寒暑昼夜;水火土石之'化'就有了风雨露雷;暑寒昼夜之'变'就有了性情形体;雨风露雷之'化'就有了飞走木草"③,于是"一分为二,二分为四,四分为八,八分为十六,十六分为三十二,三十二分为六十四……十分为百,百分为千,千分为万,犹根之有干,干之有枝,枝之有叶。愈大则愈少,愈细则愈繁。合之斯为一,衍之斯为万"(《观物外篇》),在邵雍看来,整个宇宙就是按照"一分为二"的模式从太极本体中不断地分化产生无限多样的万事万物的,其间不仅包含着宇宙的演变历史,而且还统摄着人类的进化历史,而万物产生之后又经变化复归于太极。朱熹在评价邵雍的象数体系时说:"自有《易》以来,只有康节说一个物事如此齐整。"④ 在此齐整的象数体系中,虽然每一个事物有具体的形体和方所,但促使此一事物发生变化的"神"和探究、体现事物变化规律的《易》是无方、无体的,之所以如此,是因为"神者,《易》之主也,所以无方;《易》者,神之

---

① (宋)邵雍著,郭彧整理:《观物外篇下之中》,《邵雍集》,中华书局2010年版,第152页。
② 侯外庐、邱汉生、张岂之主编:《宋明理学史》(上卷),人民出版社1997年版,第198页。(下引《宋明理学史》皆自此书)
③ 肖萐父、李锦全主编:《中国哲学史》(下卷),人民出版社1983年版,第23页。
④ (宋)黎靖德编:《邵子之书》,《朱子语类》卷一〇〇,中华书局1986年版,第2546页。

用也，所以无体。神无方而《易》无体，滞于一方而不能变化，非神也；有定体则不能变通，非《易》也"①。

  为了论证说明这个象数模式，邵雍作了许多图象，并进行细致的推理论证。《伏羲始画八卦图》《伏羲八卦方位图》《经世衍易八卦图》《经世天地四象图》等即邵雍为了论证天地万物以及人类社会而作的。在此基础上，邵雍吸取佛教成劫、住劫、坏劫、空劫四劫的世界生灭变化的思想，提出其元、会、运、世的历史演变观。邵雍认为，自然界的历史是可以用"元、会、运、世"的名称来计算时间的。从形体上来说，天地的形体虽然很大，但也只是众多具体的"形器"中的两种，所以天地是有始有终的，所谓"天有四变，地有四变，有长也，有消也，十有六变，而天地之数穷矣"②。他根据古代历法中一年十二月、一月三十日、一日十二时辰、一时辰三十分的数字来规定"一元"的时间及其变化：一元十二会，包括十二万九千六百年；一会三十运，包括一万零八百年；一运十二世，包括三百六十年；一世三十年。每"一元"之中都经历子、丑、寅、卯、辰、巳、午、未、申、酉、戌、亥十二"会"，代表着自然界的一次生灭迁变；其中，子、丑、寅、卯、辰、巳前六会为天地万物的生长阶段，午、未、申、酉、戌、亥六会为天地万物的衰退阶段。并且，在此一变化过程中，"当子会之中，轻清之气腾上，有日有月，有星有辰，日、月、星、辰成象共为天"，所以"天开于子"，即在十二会中的第一会——子会中产生天的日、月、星、辰四象；当丑会之中"水火土石成形而共为地"，所以"地辟于丑"，即在十二会中的第二会——丑会中产生大地的水、火、土、石四象；"当寅会之中，两间人物始生"所以"人生于寅"，即在十二会中的第三会——寅会中产生了人类（清王植《皇极经世全书解》卷首）。自然界变化发展到第六会（巳会）的时候达到了人类的理想社会——唐尧盛世；到第七会——午会的时候整个社会开始由盛而衰，此一时期相当于历史中的夏、商、周到唐宋时期；到第十一会——戌会的时候万物归于消灭；到第十二会——亥会的时候天地也归于消灭。"一元"之后，新的"一元"又会重新产生，而整个自然的历史就是这样周而

---

  ① （宋）邵雍著，（明）黄畿注：《观物外篇·后天周易理数第六》，《皇极经世书》，中州古籍出版社1993年第2版，第356页。

  ② （宋）邵雍著，（明）黄畿注：《观物外篇下·以元经会大小运数第七》，《皇极经世书》，中州古籍出版社1993年第2版，第366页。

复始地循环发展，以至于无穷的，正如王植在《皇极经世全书解》中所说，邵雍的《皇极经世》一书"但著一元之数，使人引而伸之，可至于终而复始也"（清王植《皇极经世全书解》卷六）。

此外，邵雍还从声音唱和来推算万物之数，此也是在当时历史条件下象数学的一个组成部分。①

我们从《经世天地四象图》《经世天地始终之数图》和《经世一元消长之数图》等易图可以看出，邵雍的时间概念不是向前发展，而是一种命定式的往复循环。但是，在"开物"（世界的开辟）到"闭物"（这一世界的坏灭）再到新的"一元"的"开物""闭物"的循环往复的过程中，却蕴含着世界无穷无尽的道理。同时，邵雍构建象数学思想体系的主要目的并不是上升到抽象的形上的高度去论证天地万物存在的本体依据，"此只表示康节欲以四象之论，代替汉儒五行之论，而见上天下地间之物，其阴阳刚柔皆可两两相对而观耳"②。邵雍用他的先天易图的"心法"思路，用一分为二、二分为四的四象架构和元、会、运、世的时间图式构建起一个极具规律的宇宙演变体系，并把天地万物，包括日月星辰、水火土石、寒暑昼夜、雷露风雨、性情形体、木草飞走、目耳鼻口、气味色声、岁月日时、皇帝王霸、《易》、《书》、《诗》、《春秋》，乃至人的心胆脾肾、肺肝胃膀胱等都纳入进去，整齐排列，形成一个看似极具规律的事物关系的连接性知识系统，从而在阴阳五行的角度外，为世人开辟一个认识天地万物的新的视角。③ 重要的是，邵雍这一庞大的宇宙图式并不是深不可测、不可认知的，而是可以被人的感官职能掌握的，圣人通过对天地万物规律的认识和掌握，可以更好地博施济物、治国治民，从而达到其究天人之际、通古今之变的目的。

二 "皇""帝""王""伯"的历史观与为政之道

和宋代其他理学人士穷天道以尽人事一样，邵雍用象数学构建宇宙演变

---

① 参见侯外庐、邱汉生、张岂之主编《宋明理学史》（上卷），人民出版社1997年版，第197页。
② 唐君毅：《中国哲学原论·原教篇》，中国社会科学出版社2006年版，第21页。
③ 详见杜保瑞《北宋儒学》第三章"邵雍易学与历史哲学进路的儒学建构"，台北：台湾商务印书馆2005年版，第107—162页。

理论的目的之一就是探赜索隐，究天人之际，通古今之变，从而解释社会的治乱兴衰。所以，邵雍把他的易学称为"衍易之学"，"衍易之学者，衍之于观物，衍之以经世，而不离世物"①，在邵雍看来，天地万物的发展变化与一定的象数相符应，而社会的治乱兴衰与天地万物的发展变化是相联系的，因此，通过推研卦象就可以探究天地万物发展变化的规律，进而推知社会的治乱兴衰；同样，治乱兴衰的社会现象也都与一定的象数相符应，因此，既可从社会的治乱兴衰观察天地的变化规律，又可从卦象探知社会的治乱兴衰的规律，从而借助对天地万物常则的掌握更好地经世治物。

在社会历史观上，邵雍在用元、会、运、世的时间史宇宙论体系解说人类历史的同时，提出皇、帝、王、伯（霸），认为整个人类历史经历了由皇而帝、由帝而王、由王而伯（霸）的变化阶段。据《皇极经世·观物内篇》记载，三皇之世"以道化民"，而民也以道归顺，所以崇尚自然，不固为、不固有；五帝之世"以德教民"，而民也以德归顺，所以崇尚谦让，先人而后己；三王之世"以功劝民"，而民也以功归顺，所以崇尚政令，用政令来纠正不正之事；五伯（五霸）之世"以力率民"，而民也以力归附，所以崇尚竞争；并且，"五伯（五霸）者，借虚名以争实利者也。帝不足则王，王不足则伯，伯不足则夷狄矣"②。从这些材料可以看出，邵雍是用道、德、功、力等伦理观念来区分"皇、帝、王、伯（霸）"的历史演化阶段的，并且，在三皇、五帝、三王这三个阶段的君主是实行仁政的，而王伯（五霸）时期的君主则是以武力治理国家，"夫争也者，争夫利者也，取以利，不以义……小争交以言，大争交以兵"，这是邵雍所反对的。同时也可以看出，邵雍是站在儒家本位的立场，以儒家仁义价值作为品评历史事件和历史人物的标准的："皇之皇以道行道之事也，皇之帝以道行德之事也，皇之王以道行功之事也，皇之伯（霸）以道行力之事也。帝之皇，以德行功之事也，帝之帝以德行德之事也，帝之王以德行功之事也，帝之伯（霸）以德行力之事也。王之皇以功行道之事也，王之帝以功行德之事也，王之王以功行功之事也，王之伯（霸）以功行力之事也。伯之皇以力行道之事也，伯之帝以力行德之事也，伯之王以力

---

① 唐君毅：《中国哲学原论·导论篇》，中国社会科学出版社2005年版，第271页。
② （宋）邵雍著，（明）黄畿注：《观物内篇之四》，《皇极经世书》，中州古籍出版社1993年第2版，第259页。

行功之事也，伯之伯（霸）以力行力之事也。"①

此外，邵雍还把皇、帝、王、伯的社会历史观与春、夏、秋、冬四季及历史上的各个时代联系起来，认为"三皇春也，五帝夏也，三王秋也，五伯冬也，七国之余冽也。汉，王而不足；晋，伯而有余；三国，伯之雄者也；十六国，伯之丛者也；南五代，伯之借乘者也；北五代，伯之传舍者也；隋，晋之子也；唐，汉之弟也；隋季诸郡之治，江汉之余波也；唐季诸镇之伯，日月之余光也；后五代之伯，日未出之星也"②，并且认为，在人类历史中，当君子之道与中国之道盛行的时候，整个社会就会秩序井然，繁荣兴旺；当小人之道与夷狄之道盛行的时候，整个社会就会违礼悖常，动荡不安。邵雍认为君子之道与小人之道、中国之道与夷狄之道是"二道对行"，而从整个人类历史来看却是"治世少而乱世多""君子少而小人多"③。但是，邵雍并不因此而悲观，而是乐观地认为这种局面是可以改变的，"俟化之必洽，教之必浃"，而整个社会民情也会随之一变。因此，邵雍希望出现一个"命世之人"继世而兴，奋起而作，改变这种每况愈下的社会局面，能如此的话，经过"狄变而伯，伯变而王，王变而帝"的三次变换，"虽民如夷狄，三变而帝道可举矣"。④

与其皇、帝、王、伯的历史观相一致，在社会治理方面，邵雍主张实行儒家的仁政，反对战争和杀戮，认为"夫以力胜人者，人亦以力胜之"⑤，而秦朝在疆域上虽然"起于西夷，迁于岐山，徙于咸阳……并吞四海，更革古今"，但却很快覆亡，其原因就是秦朝"兵渎宇内，血流天下"，"用法太酷，杀人太多"。在邵雍看来，"夫好生者，生之德也。好杀者，死之徒也。周之好生也，以义。汉之好生也亦以义。秦之好杀也以利，楚之好杀也以利。……天之道，

---

① （宋）邵雍著，（明）黄畿注：《观物内篇之十》，《皇极经世书》，中州古籍出版社1993年第2版，第284页。

② （宋）邵雍著，（明）黄畿注：《观物内篇之十》，《皇极经世书》，中州古籍出版社1993年第2版，第285页。

③ （宋）邵雍著，（明）黄畿注：《观物内篇之九》，《皇极经世书》，中州古籍出版社1993年第2版，第280页。

④ （宋）邵雍著，（明）黄畿注：《观物内篇之十》，《皇极经世书》，中州古籍出版社1993年第2版，第286页。

⑤ （宋）邵雍著，（明）黄畿注：《观物内篇之六》，《皇极经世书》，中州古籍出版社1993年第2版，第269页。

人之情，又奚择于周秦汉楚哉，择于善恶而已"①，虽然时代变迁，时移事移，但百姓好生恶死的心理却没有随之改变，因此，为政者必须顺乎天而应乎人，顺从民意，取得民心，以仁德为本，"上好德，则民用正；上好佞，则民用邪"。

因此，在具体的治国措施上，邵雍认为治理国家要务实崇尚仁义（尚"行"尚"义"），反对空谈、功利（尚"言"尚"利"），因为"尚行，则笃实之风行焉"，"尚义，则谦让之风行焉"，而"尚言，则诡谲之风行焉"，"尚利，则攘夺之风行焉"。②并且，邵雍认为天下将要大治的时候，人们都会笃厚务实、仁义谦让；而天下将要大乱的时候，人们都会虚华空谈、急功近利。针对当时"以无为有，以枉为直，违法徇情，灭亲害义，无所不有"③的社会现象，邵雍还强调圣贤的作用，希望能有圣贤体天道、察民意，实现天下大治的局面。在治国的策略上，邵雍强调"人伦"的重要性，把"人伦"作为评判社会治乱的标准，认为"三代之世治，未有不治人伦之为道也；三代之世乱，未有不乱人伦之为道也。后世之慕三代之治世者，未有不正人伦者也；后世之慕三代之乱世者，未有不乱人伦者也"④。

三 "以物观物"的成"人"之道

与周敦颐教人"立诚"、张载教人"穷神知化"不同的是，邵雍教人观象、观数、观物，借由对客观外物及象数的观察来推知天地万物变化的规律，从而更好地修身修心、知天知命，而其以象数理论建构对宇宙万物规律的认识路径的最终落实处就是修身养性、践履圣人之学。

据徐必达《邵子全书序》可知，《皇极经世》一书总名为《观物篇》，其在《皇极经世》序言中指出，其"观物"的标准不是"以我观物"、从主体主观的见解出发展开对"物"（所观照对象）的体察，而是"以物观物"、以"理"观物，此"理"即"物之理"。《观物内篇之十二》记载："夫所以谓

---

① （宋）邵雍著，（明）黄畿注：《观物内篇之六》，《皇极经世书》，中州古籍出版社1993年第2版，第270—271页。
② （宋）邵雍著，郭彧整理：《伊川击壤集·外诗·渔樵问对》，《邵雍集》，中华书局2010年版，第556页。
③ （宋）洪迈著，孔凡礼点校：《张浮休书》，《容斋随笔》卷四，中华书局2015年版，第35页。
④ （宋）邵雍著，（明）黄畿注：《观物内篇之九》，《皇极经世书》，中州古籍出版社1993年第2版，第280页。

第二章 两宋时期中原理学思想

之观物者,非以目观之也,非观之以目而观之以心也,非观之以心而观之以理也。"① 由此可见,所谓的"观物"并不是一般所说的用能看之眼、能思之心观察事物,而是根据"物"本身之"理"来观"物",即抛开个人主观成见机心而根据所观察对象自身的客观特点来观察,而之所以"以物观物"而不"以我观物",是因为"以目观物,见物之形;以心观物,见物之情;以理观物,见物之性"②,"以物观物,性也;以我观物,情也。性公而明,情偏而暗","任我则情,情则蔽,蔽则昏矣。因物则性,性则神,神则明矣"。③ 目有局限,仅能观物之形;相比于眼耳鼻舌等感官认知,心既可外观物之形,又可内观物之质,但心有好恶,在观物过程中易移情于物而影响观物之客观,只有以理观物方能见物本然之性。以客观事物的根本规律来观察物理,所得到的认知是客观的;如果在观察的时候掺入个人的感情因素,以主观意愿、个人偏见来观察物之理,就会偏离事物的客观事实,使观察发生偏差,所得到的"物"之"理"也会因背离"物"之理而失去意义。因此,邵雍认为人们在观察物理的时候应该排除主观见解和感情因素,"无思无为","顺理"④而为,按照事物的本来面目去认识客观事物。

很显然,邵雍提出的"观物"之方与庄子"道观"的观物方式都认识到了耳目之观的局限性⑤,借由对耳目之观局限性的突破达成对自我的超越,所

---

① (宋)邵雍著,(明)黄畿注:《观物内篇之十二》,《皇极经世书》,中州古籍出版社1993年第2版,第295页。

② (宋)邵雍著,郭彧、于天宝点校:《皇极经世下》,《邵雍全集》,上海古籍出版社2021年版,第1175页。

③ (宋)邵雍著,(明)黄畿注:《观物外篇下·心学第十二》,《皇极经世书》,中州古籍出版社1993年第2版,第429页。

④ (宋)邵雍著,(明)黄畿注:《观物外篇下·心学第十二》,《皇极经世书》,中州古籍出版社1993年第2版,第442页。

⑤ 庄子"道观"的"观物"的思想可以从《庄子·人间世》和《庄子·秋水》篇两段话看出。《庄子·人间世》记载庄子借孔子和颜回的讨论解释何谓"心斋":"若一志,无听之以耳而听之以心;无听之以心而听之以气。听止于耳,心止于符。气也者,虚而待物者也。唯道集虚。虚者,心斋也。"庄子分别指出感官之耳与心各自的特点与局限性:耳可听"声"但"止于声","心"可越"声"而达"无声"但"止于符",而"气"因无形无象而可虚而待物,与"道"相契,可周流万物而等观万象。《庄子·秋水》:"北海若曰:'以道观之,物无贵贱;以物关注,自贵而相贱;以俗观之,贵贱不在己。以差观之,因其所大而大之,则万物莫不大;因其所小而小之,则万物莫不小。知天地之为稊米也,知毫末之为丘山也,则差数睹矣。'"

不同的是庄子以"气"之虚凸显"物"之客观之"理"之"道",以"道观"物则与道合一,"齐万物""一是非";而邵雍则是直接点出以"物"之"理"观物,以此观物则超凡成圣。在邵雍看来,人之所以能够灵于万物、圣人之所以能超出常人,是因为人"目能收万物之色,耳能收万物之声,鼻能收万物之气,口能收万物之味",是"物之至者";而圣人是"人之至者"。①圣人之所以能够超出常人、洞察天地万物真相,关键是其能"以物观物"而不是"以我观物","圣人之所以能一万物之情者,谓其能反观也,所以谓之能反观者,不以我观物也,不以我观物者,以物观物之谓也,既能以物观物,又安有于其间哉"②,"不我物,则能物物,圣人利物而无我"③,所以,如果能够做到"以物观物""以理观物"的话,即使在当世不能亲见圣人,但通过"察其心,观其迹,探其体,潜其用"等方法,也可以"以理"知晓圣人的心迹和体用。

由此可见,邵雍以"太阴、太阳、少阴、少阳"及"太刚、太柔、少刚、少柔"的四象的认知系统确立认识天地万物的宇宙论图式④的最终目的就是"以一己之知能体贴察知万心、万身、万物、万事,然后就能以己替天,知天心、代天言,从而代行天功、天事"⑤,也就是其在《观物内篇》中所说的"穷理""尽性""尽命":"天下之物莫不有理焉,莫不有性焉,莫不有命焉,所以谓之理者,穷之而后可知也;所以谓之性者,尽之而后可知也;所以谓之命者,至之而后可知也。此三知者,天下之真知也,虽圣人无以过之也。

---

① (宋)邵雍著,(明)黄畿注:《观物内篇之二》,《皇极经世书》,中州古籍出版社1993年第2版,第250—251页。

② (宋)邵雍著,(明)黄畿注:《观物内篇之十二》,《皇极经世书》,中州古籍出版社1993年第2版,第295—296页。

③ (宋)邵雍著,(明)黄畿注:《观物外篇下·心学第十二》,《皇极经世书》,中州古籍出版社1993年第2版,第428页。

④ 《观物内篇》第一篇:"一阴一阳交,而天之用尽之矣……一柔一刚交,而地之用尽之矣……动之大者谓之太阳,动之小者谓之少阳,静之大者谓之太阴,静之小者谓之少阴。太阳为日,太阴为月,少阳为星,少阴为辰。日月星辰交,而天之体尽之矣。静之大者谓之太柔,静之小者谓之少柔,动之大者谓之太刚,动之小者谓之少刚。太柔为水,太刚为火,少柔为土,少刚为石。水火土石交,而地之体尽之矣。"[(宋)邵雍著,郭彧整理:《邵雍集》,中华书局2010年版,第1—2页]

⑤ 杜保瑞:《北宋儒学》第三章"邵雍易学与历史哲学进路的儒学建构",台北:台湾商务印书馆2005年版,第137页。

而过之者，非所以谓之圣人也。"① 这里的"穷理""尽性""至命"是对《易经》"穷理尽性以至于命"，《中庸》"天命之谓性"②的进一步发挥，在邵雍看来，天地万物皆有理、有性、有命，其中的"穷理"即观察天地万物规律，"尽性"即由观察天地万物规律而尽量发挥自己天赋的本性，进而知天命以尽人事，而能穷理尽性至命则会无所不通。

因此，邵雍的"以物观物""穷理尽性"并不是纯粹为了形上的玄思，而是落实到主体自身的实践，由主体自身的认知能力而遍及天地万物，再借由对天地万物的认知而达圣人"一万物之情"的境界。

在成"人"的过程中，邵雍突出"诚"的重要性，反对"作伪任数"、尔虞我诈的行为，认为先天之学以"诚"为主，至诚之人则可以通神明、得至理，不"诚"则不可以得天道，而作为任数在短时期内或许可以欺瞒他人，但却不能长久，"持久必败"，"先天学主乎诚，至诚可以通神明，不诚则不可以得道"，"至理之学，非至诚不至"，"诚者，主性之具，无端无方者也"③，而"言发于真诚，则心不劳而逸，人久而信之。作伪任数，一时或可以欺人，持久必败"，"智数或能施于一朝，盖有时而穷"。在邵雍看来，只至诚才能与天地同其长久："惟至诚与天地同久。天地无，则至诚可息。苟天地不能无，则至诚亦不息也。"④

同时，邵雍还根据阴阳动静规律强调"静"的工夫对养"心"的重要性，认为"心为太极，人心当如止水则定，定则静，静则明"。此举虽然如朱熹所说"近似释氏"⑤而与佛教中的禅定观心相似，但其"静"是为了排除个人私心杂念，保持"明""一"的心境，以客观的心态"观物"察理："心一而不分，则能应万物。此君子所以虚心而不动也。"⑥ 邵雍之"静"的工夫

---

① （宋）邵雍著，（明）黄畿注：《观物内篇之十二》，《皇极经世书》，中州古籍出版社1993年第2版，第295页。
② （宋）朱熹撰：《四书章句集注》，中华书局1983年版，第17页。
③ （宋）邵雍著，（明）黄畿注：《观物外篇下·心学第十二》，《皇极经世书》，中州古籍出版社1993年第2版，第425—426页。
④ （宋）邵雍著，（明）黄畿注：《观物外篇下·心学第十二》，《皇极经世书》，中州古籍出版社1993年第2版，第431—432页。
⑤ （宋）黎靖德编：《邵子之书》，《朱子语类》卷一〇〇，中华书局1986年版，第2544页。
⑥ （宋）邵雍著，（明）黄畿注：《观物外篇下·心学第十二》，《皇极经世书》，中州古籍出版社1993年第2版，第431页。

是以"诚"为主导的，在其看来，"为学养心，患在不由直道。去利欲，由直道，任至诚，则无所不通。天地之道直而已，当以直求之。若用智数由径以求之，是屈天地而徇人欲也"①，因此，"诚"成了邵雍体察宇宙万物规律、修身养性的关键所在，而其一生只是以"明诚"见性自许。

在现实生活中，邵雍以"诚"要求自己，反对"意、必、固、我"，为人谦和，严于律己，宽以待人，具有儒者风范，在当时有很大的影响。据《宋史》记载，邵雍"德气粹然，望之知其贤，然不事表襮，不设防畛，群居燕笑终日，不为甚异。与人言，乐道其善而隐其恶。有就问学则答之，未尝强以语人。人无贵贱少长，一接以诚，故贤者悦其德，不贤者服其化。一时洛中人才特盛，而忠厚之风闻天下"②。邵雍在诗集中也表达了自己追求圣人境界的愿望："天加一倍寒，我添一重被。不出既往言，不为已甚事。责己重以周，与人不求备。唯是大圣人，能立无过地。"③

邵雍希望能以自己的人格修养和道德完善起到贤者悦不贤者化，从而移风易俗的作用，其在《君子吟》中对君子和小人界限的划分标准就是儒家的道德信条："君子与义，小人与利。与义日兴，与利日废。君子尚德，小人尚力。尚德树恩，尚力树敌。君子作福，小人作威。作福福至，作威祸随。君子乐善，小人乐恶。乐恶恶至，乐善善归。君子好誉，小人好毁。好毁人怒，好誉人喜。君子思兴，小人思坏。思兴召祥，思坏召怪。君子好与，小人好求。好兴多喜，好求多忧。君子好生，小人好杀。好生道行，好杀道绝。"④我们在其对君子小人的这种程式化、理想化的划分之中，既可以看到邵雍对社会现实的批判，也可以看到其对理想社会的追求，同时，邵雍这种乐道乐天知天知命、"从心所欲不逾矩"的人生境界亦实践了宋明新儒家"胸次悠然，直与天地万物上下同流，各得其所之妙，隐然自见于

---

① （宋）邵雍著，（明）黄畿注：《观物外篇下·心学第十二》，《皇极经世书》，中州古籍出版社1993年第2版，第433页。

② （元）脱脱、阿鲁图修撰：《道学一·邵雍》，《宋史》卷四二七，中华书局1977年标点版，第12727页。

③ （宋）邵雍著，郭彧整理：《伊川击壤集》卷之九，《邵雍集》，中华书局2010年版，第313—314页。

④ （宋）邵雍著，郭彧整理：《伊川击壤集》卷之九，《邵雍集》，中华书局2010年版，第450页。

言外"① 的理想境界,乃至于时人认为邵康节"似老子。只是自要寻个宽间快活处,人皆害他不得"②。其在《安乐吟》中说:"安乐先生,不显姓氏。垂三十年,居洛之涘。风月情怀,江湖性气。色斯其举,翔而后至。无贱无贫,无富无贵。无将无迎,无拘无忌。窘未尝忧,饮不至醉。收天下春,归之肝肺。盆池资吟,瓮牖荐睡。小车赏心,大笔快志。或戴接䍦,或著半臂。或坐林间,或行水际。乐见善人,乐闻善事。乐道善言,乐行善意。闻人之恶,若负芒刺。闻人之善,如佩兰蕙。不佞禅伯,不谀方士。不出户庭,直际天地。三军莫凌,万钟莫致。为快活人,六十五岁。"③ 由此可见其超越名利富贵、无拘无束、适意逍遥、快乐安逸的人生态度,程颢称其"与人言必依于孝弟忠信,乐道人善,而未尝及其恶","真风流人豪"。

邵雍融合儒、道思想,把《周易》归结为"象"和"数",以"四象"代替"五行"作为认知宇宙万物的新的途径,形成其象数之学,并按照自己推演的象数体系解释天地万物的构成和发展变化,构造出宇宙发生的图象体系,从对宇宙万物规律的总结中寻求修己治人、安身立命的方法。邵雍所开创的象数学系统对于宋明理学的产生与发展有重大影响,《宋史》把邵雍列入《道学传》与周敦颐、张载、程颢、程颐并列的重要理学人士——"北宋五子"之中。清儒黄宗羲撰《宋元学案》专立"百源学案",以述其思想源流。清儒全祖望言:"康节之学,别为一家。或谓《皇极经世》只是京、焦末流,然康节之可以列圣门者,正不在此。亦犹温公之造九分者,不在《潜虚》也。"④ 邵雍之后出现了许多研究邵雍思想的专门著作,其子邵伯温撰《皇极系述》《观物内篇解》,蔡元定撰《经世指要》,朱元升撰《邵易略例》,无俞琰撰《易外别传》,明黄畿撰《皇极经世传》,余本撰《皇极经世释义》,清王植撰《皇极经世直解》等⑤,对邵子之学加以诠释和阐发,使邵雍之学成为宋明时期与程朱理学、陆王心学并立为三的重要学派之一。

---

① (宋)朱熹撰:《论语章句集注》,《四书章句集注》,中华书局1983年版,第130页。
② (宋)黎靖德编:《朱子语类》卷一〇〇,中华书局1977年标点版,第2544页。
③ (宋)邵雍著,郭彧整理:《伊川击壤集》卷之十四,《邵雍集》,中华书局2010年标点版,第413页。
④ (清)黄宗羲著,全祖望补修,陈金生、梁运华点校:《百源学案》,《宋元学案》,中华书局1986年版,第365页。(下引《宋元学案》皆自此书)
⑤ 参见林忠军《象数易学发展史》,齐鲁书社1998年版,第241—247页。

第二节　程颢的理学思想

程颢（1032—1085），字伯淳，又称明道先生，洛阳（今河南洛阳）人。与程颐一起同是北宋理学的奠基者，世称"二程"。据《宋史》记载，程颢十五六岁时与程颐在南安军（今江西省大余一带）从北宋濂学的创始人周敦颐学习，"遂厌科举之习，慨然有求道之志"。嘉祐元年（1056）随父亲程珦到京师汴梁，开始听被后人称为"宋初三先生"之一的胡瑗讲学，并且与关学的创始人张载结为师友，探讨《易》道的微言大义。嘉祐二年（1057）登进士第，历任鄠县、上元县主簿，晋城县令。熙宁元年（1068）初被吕公著推荐为太子中允、监察御史里行，但是后来因为与主张变法新政的王安石政见不合而"改签叔镇宁军判官"。此后的时间，程颢一般在洛阳家中讲学，潜心于性命之学。宋哲宗即位，召程颢为宗正丞，但"未行而卒"。

因为长期在洛阳讲学，后人称二程的学说为"洛学"。据《宋元学案》记载，程颢的弟子主要有刘绚、李籲、谢良佐、杨时、游酢、吕大忠、吕大钧、吕大临、侯仲良、刘立之、朱光庭、田述古、邵伯温、苏昞、邢恕等。宋宁宗嘉定十三年（1220），赐谥号"纯公"；宋理宗淳祐元年（1056），封河南伯，从祀孔子庙庭。

程颢德性纯粹，待人温和，据《宋元学案》记载刘安礼评论说"从先生三十余年，未尝见其忿厉之容"①。在洛阳讲学十余年，弟子有"如坐春风"的美谈："侯仲良曰：朱公掞见明道于汝州，归谓人曰：'某在春风中坐了一月。'"②

关于程颢一生的学问造诣和人格修养，曾有很多评说，其弟子刘立之评价说，"先生德性充完，粹和之气盎于面背，乐易多恕，终日怡悦，未尝见其忿厉之容"，"先生平生与人交，无隐情，虽童仆必托以忠信，故人亦不忍欺之"。③

---

① （清）黄宗羲著，（清）全祖望补修，陈金生、梁运华点校：《明道学案下》，《宋元学案》，中华书局1986年版，第580页。
② （清）黄宗羲著，（清）全祖望补修，陈金生、梁运华点校：《明道学案下》，《宋元学案》，中华书局1986年版，第577页。
③ （清）黄宗羲著，（清）全祖望补修，陈金生、梁运华点校：《明道学案下》，《宋元学案》，中华书局1986年版，第576页。

而清朝学者全祖望在《明道学案序录》中评价说:"大程子之学,先儒谓其近于颜子,盖天生之完器。然哉!然哉!故世有疑小程子之言若伤我者,而独无所加于大程子。"①《宋元学案》记载唐一庵则有更具体的评论说:"明道之学,嫡衍周派,一天人,合内外,主于敬而行之以恕,明于庶物而察于人伦,务于穷神知化而能开物成务,就其民生日用而非浅陋固滞。不求感而物应,未施信而民从。筮仕十疏,足以占王道之端倪。惜早逝,未极其止。"② 我们通过二程所流传下来的著述和世人对程颢的评价可以看出,全祖望、唐一庵等人的评价还是很中肯的。

程颢一生著述很少,他日常讲学的言论被门人弟子记录下来,主要的哲学著作有《识仁篇》《定性书》等,其门人弟子把其著作言论编辑为《二程遗书》《二程外书》《明道文集》《二程粹言》,今保存在中华书局整理的《二程集》中。

一 天理说

(一) 天理

关于"理"的问题,和二程同时代的周敦颐、邵雍、张载都曾提出,但"理"在他们的思想体系中还不具有本体论的意义。周敦颐在《通书》中说:"礼,理也;乐,和也。阴阳理而后和。"③邵雍在《观物内篇》中说:"天所以谓之观物者,非以目观之也。非观之以目而观之以心也,非观之以心而观之以理也。"④而张载则认为"天地之气,虽聚散、攻取百涂,然其为理也顺而不妄"⑤。显然,周、邵、张三者之理皆不具有最高范畴的含义,而程颢与程颐则把"理"提升到本体论的高度,并对之进行系统的阐述,使之成为其

---

① (清)黄宗羲著,(清)全祖望补修,陈金生、梁运华点校:《明道学案序录》,《宋元学案》,中华书局1986年版,第537页。
② (清)黄宗羲著,(清)全祖望补修,陈金生、梁运华点校:《明道学案下》,《宋元学案》,中华书局1986年版,第579—580页。
③ (宋)周敦颐著,陈克明点校:《通书·礼乐第十三》,《周敦颐集》卷二,中华书局2009年第2版,第25页。(下引《周敦颐集》皆自此书)
④ (宋)邵雍著,郭彧整理:《观物内篇》第十二篇,《邵雍集》,中华书局2010年版,第49页。
⑤ (宋)张载著,章锡琛点校:《正蒙·太和篇第一》,《张载集》,中华书局1978年版,第7页。

思想的核心部分。并且,为了阐释各自的思想体系和境界哲学,北宋五子展开了不同的诠释路向。周敦颐把"太极"作为世界的本体,借由本体论及宇宙论的知识体系来解说圣人境界;邵雍把本体的"太极"归之于"心"或"道"①,借由易经哲学与宇宙论建立其历史哲学;张载则从气论的角度入手,系统论述其"知太虚即气则无无"的哲学思想;程颢、程颐则与三者不同,把"心"或"道"归于"理"或"天理"。

程颢曾言:"吾学虽有所授受,'天理'二字却是自家体贴出来。"② 并提出"天者理也"③ 的命题。"天"是最高存在者的名称,以天为理,也就是说"理"是天地万物的最高存在和唯一根源。而我们从程颢所说"天理"是"自家体贴出来","性与天道,非自得之则不知,故曰'不可得而闻'","大抵学不言而自得者,乃自得也。有安排布置者,皆非自得也"④,这些话可以看出,作为宇宙本原和抽象本体的"天理"对程颢来说并不是一个外在的、与其有隔离感的东西,而是已经内化于生命,程颢自己已经实践了天理、体认了天理,"天理"是程颢在生命体验中自体自证的,因此,程颢反对人为的安排布置、私意揣度,强调自己生命的真切体验和实际感受,我们从程颢的言谈举止之中自然流露出的圣人气象也可以看出来。

在程颢看来,"天理"(或"理")就是本体,就是道体,就是"太极",它是宇宙的终极本原和主宰世界的唯一存在,是"极高明"⑤ 的。天地万物只有一个天理,它虽然独立于天地万物之外,但却能产生万物和支配万物。天理既是作为天道的本意,也是人生追求和体认的价值和对象,在某种程度上来说,天理既可以是天地万物的生生之理,也可以是人类社会中的

---

① 邵雍在《观物外篇》下之中说:"心为太极,又曰道为太极。"[(宋)邵雍著,郭彧整理:《邵雍集》,中华书局2010年版,第152页]
② (清)黄宗羲著,(清)全祖望补修,陈金生、梁运华点校:《明道学案上》,《宋元学案》,中华书局1986年版,第569页。
③ (宋)程颢、程颐著,王孝鱼点校:《河南程氏遗书》卷十一,《二程集》,中华书局2004年版,第132页。
④ (清)黄宗羲著,(清)全祖望补修,陈金生、梁运华点校:《明道学案上》,《宋元学案》,中华书局1986年版,第560页。
⑤ 《明道学案上》载程颢语:"理则极高明,行之只是中庸也。"[(清)黄宗羲著,(清)全祖望补修,陈金生、梁运华点校:《宋元学案》,中华书局1986年版,第562页]

仁义礼智信等，"为君尽君道，为臣尽臣道，过此则无天理"，"父子君臣，天下之定理"①，"天下善恶皆天理，谓之恶者非本恶，但或过或不及便如此，如杨、墨之类"②。而天人合一、万物一体的基础不是物质性的"气"，而是"天理"（"理"）："有道有理，天人一也，更不分别。"③ 具体的事物之中虽有善恶好坏的区别，但其中所体现的"天理"却是相同的，相反，正因为天理如此，世间万物才会呈现纷繁复杂的不同和多样："事有善有恶，皆天理也。天理中物，须有美恶，盖物之不齐，物之情也。但当察之，不可自入于恶，流于一物。"④

在程颢的天理说中，"理"既是天地万物产生的根源和最高实体，同时也是事物本身所具有的具体规律和性质。程颢曾借用《诗经》中的话来表明自己的观点说："《诗》曰：'天生蒸民，有物有则，民之秉彝，好是懿德。'故'有物必有则，民之秉彝也，故好是懿德'。万物皆有理，顺之则易，逆之则难，各循其理，何劳于己力哉？"⑤ 又说："天地万物之理，无独必有对，皆自然而然，非有安排也。每中夜以思，不知手之舞之，足之蹈之也。"⑥ 在物来说，"天理"是其所具有的自然特性和发展变化的规律；在人来说，"天理"又是道德伦理的总称，是人应该遵守的社会规范和各种美好的品德，亲君、忠君、孝亲、爱兄、尊祖、尊长等皆是天理的体现，而人与禽兽之所以有所区别就是因为人具备了天理。在程颢看来，"道之外无物，物之外无道，是天地之间无适而非道也。即父子而父子在所亲，即君臣而君臣在所严（一作敬），以至为夫妇，为长幼，为朋友，无所为而非道，此道所以不

---

① （宋）程颢、程颐著，王孝鱼点校：《河南程氏遗书》卷五，《二程集》，中华书局2004年版，第77页。

② （宋）程颢、程颐著，王孝鱼点校：《河南程氏遗书》卷二上，《二程集》，中华书局2004年版，第14页。

③ （宋）程颢、程颐著，王孝鱼点校：《河南程氏遗书》卷二上，《二程集》，中华书局2004年版，第20页。

④ （宋）程颢、程颐著，王孝鱼点校：《河南程氏遗书》卷二上，《二程集》，中华书局2004年版，第17页。

⑤ （宋）程颢、程颐著，王孝鱼点校：《河南程氏遗书》卷十一，《二程集》，中华书局2004年版，第123页。

⑥ （宋）程颢、程颐著，王孝鱼点校：《河南程氏遗书》卷十一，《二程集》，中华书局2004年版，第121页。

可须臾离也"。此处之父子、君臣、夫妇、长幼、朋友皆是物，而"亲""严（敬）"等则是"道"；"道"（"理"）是遍在于万物的，万物皆有此"道"（"理"）。"理"（"道"）是不能离物而存在的，"道"与"物"是一而二、二而一的体用关系，"道"之外无"物"，"物"之外也无"道"（"理"）。"天下只是一个理"①，"天下无实于理者"②。理是唯一实在但又微妙的东西，而万事万物则是此唯一实在的"理"（"道"）的体现，因此，在此意义上来说，程颢认为"理"是宇宙唯一的本体，而其宇宙观即一般所说的理一元论或理本体论。

这种"天理"既是自然万物所具有的"物理"和自然法则（"天道"），也是社会的道德原则（"义理"）和人的道德本质（"性理"）。顺此"天理"而行，则易则昌；逆此"天理"而行，则难则亡。体认到此"理"之后，即可在洒扫应对、举手投足之间达到从心所欲而不逾矩的境界："得此义理在此，甚事不尽，更有甚事出得！视世之功名事业，真譬如间。视世之仁义者，其煦煦孑孑，如匹夫匹妇之为谅也。自视天来大事，处以此理，又曾何足论！若知得这个义理，便有进处。若不知得，则缘何仰高钻坚，在前在后也？竭吾才，则又见其卓尔。"③

同时，程颢之"天理"不仅具有客观性质，而且还是推之四海而皆准的，具有普遍永恒的性质，它是横亘古今、原无欠缺的，不会因为人的穷达顺逆而有所加减少欠，"天理云者，这一个道理，更有甚穷已？不为尧存，不为桀亡。人得之者，故大行不加，穷居不损。这上头来，更怎生说得存亡加减？是它元无少欠，百理具备"④，天理不会因为尧帝的贤德而单独存在，也不会因为夏桀的残暴而消亡；不会因人的荣华富贵、品性高超而增加，也不会因为人穷途末路而减少；天理是百理具备，无有少欠的，也是不能用加减多少

---

① （宋）程颢、程颐著，王孝鱼点校：《河南程氏遗书》卷二上，《二程集》，中华书局2004年版，第38页。
② （宋）程颢、程颐著，王孝鱼点校：《河南程氏遗书》卷三，《二程集》，中华书局2004年版，第66页。
③ （清）黄宗羲著，（清）全祖望补修，陈金生、梁运华点校：《明道学案上》，《宋元学案》，中华书局1986年版，第569页。
④ （宋）程颢、程颐著，王孝鱼点校：《河南程氏遗书》卷二上，《二程集》，中华书局2004年版，第31页。

来衡量的。在程颢看来，智者仁人所敬持信守的正是这个"质诸天地，考诸三王"而不易之"天理"，"理则天下只是一个理，故推至四海而准，须是质诸天地，考诸三王不易之理。故敬则只是敬此者也，仁是仁此者也，信是信此者也。又曰：'颠沛造次必于是。'又言'吾斯之未能信'，只是道得如此，更难名状"①，天理是推之四海而皆准的绝对真理，它不会因时空的推移、朝代的更迭而发生任何变化，历代的志士仁人所敬信备至、终身践履的正是这个难以用具体的言语加以表诠的天理。同时，孟子所说的"万物皆备于我"（《孟子·尽心上》）中的"我"并不是单独指"人"，万物都是这样，都是从天理这里出去的，只是万物不能推己及人，而人能够推己及人。但是，虽然人能够做到推己及人，并没有使天理多出一分来；而万物虽然不能推己及人，也没有使天理少出一分来。众理仍然平铺放着，没有增减。就像尧帝虽然恪守君道并没有使君道增添、舜帝虽然恪守孝道并没有使孝道增添一样。②

（二）格物致知

"格物致知"对于程颢、程颐来说既是认识事物的方法，也是道德修养的途径。在宋明理学人士看来，认识物理的目的在于体察天理，而体察天理的目的在于下学上达，由"明诚"进于"诚明"，推进个人道德修养和人生境界日臻完善，因此，理学的认识论与修养论一般是联系在一起的。

在认识物理、体察天理的方法上，程颢对《大学》中的"格物致知"作出了自己的解释，认为"'致知在格物'，格，至也。或以格为正物，是二本矣"③，"'致知在格物'，格，至也。穷理而至于物，则物理尽"④。程颢把

---

① （宋）程颢、程颐著，王孝鱼点校：《河南程氏遗书》卷二上，《二程集》，中华书局2004年版，第38页。
② 《明道学案上》记载明道的话说："'万物皆备于我'，不独人耳，物皆然。都自这里出去，只是物不能推，人则能推之。虽能推之，几时添得一分？不能推之，几时减得一分？百理具在，平铺放著。几时道尧尽君道，添得些君道多？舜尽子道，添得些孝道多？元来依旧！"［（清）黄宗羲著，（清）全祖望补修，陈金生、梁运华点校：《宋元学案》，中华书局1986年版，第562页］
③ （清）黄宗羲著，（清）全祖望补修，陈金生、梁运华点校：《明道学案上》，《宋元学案》，中华书局1986年版，第559页。
④ （清）黄宗羲著，（清）全祖望补修，陈金生、梁运华点校：《明道学案上》，《宋元学案》，中华书局1986年版，第559页。

"格"解释为"至",即把人心本具的"天德"发而达于"物理",而不是"正物",认为如果解释为"正物"的话是把"物"与"我"对立,主客对立,这样就会因为个人的主观因素而不能真正达到与"物"合一、天人合一,这与程颢反对物我对立,主张"仁者浑然与物同体"是有关系的。其在《识仁篇》中指出"学者须先识仁。仁者,浑然与物同体。义、礼、智、信皆仁也。识得此理,以诚敬存之而已,不须防检,不须穷索"①,而之所以需要有"穷索"("格物穷理")的工夫正是因为没有真正体认"天理":"理有未得,故须穷索,存久自明,安待穷索?"② 如果识得此理之后,只用以诚敬的态度对待它就行了。并且,"此道与物无对,大不足以明之,天地之用皆我之用"③。因此,程颢的"格物致知"注重的是对内在心性的涵养与发掘,而不是对自然规律的认识。

在程颢看来,人心皆具有"知",虽然程颢没有指出"知"的具体所指,但从"人心莫不有知。唯蔽于人欲,则亡天德也"这段话我们可以知道,其所说的"知"即"天德",即"天理"或"良知良能",其在《识仁篇》中还说,"良知良能,元不丧失。以昔日习心未除,却须存习此心,久则可夺旧习。此理至约,惟患不能守",良知良能是每个人都先天具有的,它并不会因为后天环境的影响而丧失,只是由于人出生之后受后天环境和所禀赋气质的不同才使良知良能被蒙蔽不显,因此,只要存习此心,涵养人人具有的这种良知良能,时间长久了自然可以改变恶习。也正因此,当有人问程颢如何做持守工夫时,程颢说"且未说到持守,持守甚事?须先在致知",因为"知至,则便意诚。若有知而不诚者,皆知未至尔。知至而至之者,知至而往至之,乃几之先见,故曰'可与几也'。知终而终之,则可与存义也"④。也就是说,达到"知"的境界后,心性操守就不会再受外物的干扰而能保持本性:"知止则自

---

① (宋)程颢、程颐著,王孝鱼点校:《河南程氏遗书》卷二上,《二程集》,中华书局2004年版,第16—17页。
② (宋)程颢、程颐著,王孝鱼点校:《河南程氏遗书》卷二上,《二程集》,中华书局2004年版,第17页。
③ (宋)程颢、程颐著,王孝鱼点校:《河南程氏遗书》卷二上,《二程集》,中华书局2004年版,第17页。
④ (清)黄宗羲著,(清)全祖望补修,陈金生、梁运华点校:《明道学案上》,《宋元学案》,中华书局1986年版,第560页。

定，万物扰不动。非是别将个定来助知止也。"① 并且这种"定"的境界是在"知"后而自觉达到的，并不是用一个外在的形式和仪则强迫自己必须"知止"，而"悟则句句皆是这个。道理已明后，无不是此事也"②，明白这种道理之后，自己的一言一行、行住坐卧都会自然而然、从心所欲而不逾矩。

在对事物的认识、体察过程中，程颢认识到事物规律中所蕴含的一些辩证因素，提出"万物莫不有对"的观点。在程颢看来，世间万物都是相互对待、相依相成的，有长必有短，有大必有小，有阴必有阳，有善必有恶，有生必有灭，有上必有下，有此必有彼，有质必有文，这是自然界中普遍存在的规律，"万物莫不有对：一阴一阳，一善一恶，阳长则阴消，善增则恶减。斯理也，推之其远乎！人只要知此耳"，"有上则有下，有此则有彼，有质则有文。一不独立，二则为文。非知道者，孰能识之。天文，天之理也；人文，人之理也"③，"夫天之生物也，有长有短，有大有小。君子得其大矣，一作者。安可使小者亦大乎？天理如此，岂可逆哉？"④ 这种普遍存在的规律是自然而然存在，并不是人力所能左右、安排的，是不假人为的。"天地万物之理，无独必有对，皆自然而然，非有安排也。每中夜以思，不知手之舞之，足之蹈之也"⑤，"质必有文，自然之理必有对待"⑥，这是天地万物的"生生之本"，世间并不存在"独阳"或"独阴"的事物，并且，只有真正体察天理、了达天道的有识之士才能体会其中的妙趣。自然现象存在着这种普遍的规律，人类社会也有其自身的规律。与一些厚古薄今的复古人士不同，程颢承认社会人事的变迁，认为真正能做到"识变知化"是很不容易的，而古今的风气不同，在器

---

① （清）黄宗羲著，（清）全祖望补修，陈金生、梁运华点校：《明道学案上》，《宋元学案》，中华书局1986年版，第566页。
② （清）黄宗羲著，（清）全祖望补修，陈金生、梁运华点校：《明道学案上》，《宋元学案》，中华书局1986年版，第559页。
③ （清）黄宗羲著，（清）全祖望补修，陈金生、梁运华点校：《明道学案上》，《宋元学案》，中华书局1986年版，第550页。
④ （宋）程颢、程颐著，王孝鱼点校：《河南程氏遗书》卷十一，《二程集》，中华书局2004年版，第125页。
⑤ （宋）程颢、程颐著，王孝鱼点校：《河南程氏遗书》卷十一，《二程集》，中华书局2004年版，第121页。
⑥ （清）黄宗羲著，（清）全祖望补修，陈金生、梁运华点校：《明道学案上》，《宋元学案》，中华书局1986年版，第550页。

用设备上也时移事移,"惟善通变,便是圣人"①,圣人之所以为圣人就是因为他能够洞达这种变化并根据这种变化制定新的措施治理国家,通达人事。②

在自然界普遍存在的规律中,程颢特别强调"中庸",认为"中庸"是天下正道和定理③,"中之理至矣。独阴不生,独阳不生,偏则为禽兽,为夷狄,中则为人。中则不偏,当则不易,惟中不足以尽之,故曰中庸"④,"'中者,天下之大本。'天地之间,亭亭当当,直上直下之正理,出则不是,唯敬而无失最尽"⑤。"中"的这种原则不仅是自然之理,而且也是衡量一个人的行为的价值准则,只有合乎"中庸"原则的才能称为"人",否则就"为禽兽,为夷狄",在某种程度上来说,程颢把"中庸"作为衡量一个人文明程度的基本标准。并且,这种原则"放之则弥六合,卷之则退藏于密","中庸始言一理,中散为万事,末复合为一理"。⑥而所谓的"中"并不是局限在一般所说的空间意义上的"中",如果限定在空间意义上的"中",就会失之偏颇,"且唤做中,若以四方之中为中,则四边无中乎?若以中外之中为中,则外面无中乎?如'生生之谓易,天地设位而易行乎其中',岂可只以今之易书

---

① (清)黄宗羲著,(清)全祖望补修,陈金生、梁运华点校:《明道学案上》,《宋元学案》,中华书局1986年版,第568页。

② "古今异宜,不惟人有所不便,至于风气亦自别也。日月星辰皆气也,亦自别。"[(宋)程颢、程颐著,王孝鱼点校:《河南程氏遗书》卷十一,《二程集》,第122页]又:"识变知化为难。古今风气不同,故事用亦异宜,是以圣人通其变,使民不倦,各随其时而已。"[(宋)程颢、程颐著,王孝鱼点校:《河南程氏遗书》卷十一,《二程集》,第129页]

③ 《河南程氏遗书》卷七:"不偏之谓中,不易之谓庸。中者天下之正道,庸者天下之定理。"依据劳思光先生的说法,《河南程氏遗书》中标题为"二先生语"的一般"出自明道皆在前"[劳思光:《新编中国哲学史》(三卷上),广西师范大学出版社2005年版,第187页],而此段在卷七最后一段,所以应该是伊川的话,在《震泽学案》中也曾有人说此话为伊川所说,但是伊川的门人王苹却认为不是伊川的话或者是伊川早年的说法:"闻之伊川:'不偏之谓中,不易之谓庸。'曰:'是非伊川之言。不然,则初年之说。昔伊川尝批与叔《中庸说》曰:"'不倚之谓中',其言未莹。"吾亲问伊川如何未莹,伊川答甚简,曰:"中无倚著。"盖须是四旁方可言不倚。'"[(清)黄宗羲著,(清)全祖望补修,陈金生、梁运华点校:《震泽学案》,《宋元学案》,中华书局1986年版,第1049页]而结合程颢的资料可以看出,这段话确表达了程颢的中庸思想。

④ (宋)程颢、程颐著,王孝鱼点校:《河南程氏遗书》卷十一,《二程集》,中华书局2004年版,第122页。

⑤ (宋)程颢、程颐著,王孝鱼点校:《河南程氏遗书》卷十一,《二程集》,中华书局2004年版,第132页。

⑥ (宋)程颢、程颐著,王孝鱼点校:《河南程氏遗书》卷十四,《二程集》,中华书局2004年版,第141页。

为易乎？中者，且谓之中，不可捉一个中来为中"①。因此，只能权且叫作"中"，不可以限定在一般所理解的空间意义上的"中间"。

（三）"形而上之道"与"形而下之器"及其对张载气论的批判

在宋儒所共同关心的话题之一"形而上、形而下"（也就是理与事的关系）问题上，程颢严格区分形而上与形而下，形而上的是"理"（"道"）的世界，形而下的是"事"的世界（物质世界）。程颢认为，形而上之道与形而下之器是界限分明的，二者不可以混同，认为"形而上为道，形而下为器，须著如此说。器亦道，道亦器，但得道在，不论今与后，己与人"②。"《系辞》曰：'形而上者之谓道，形而下者之谓器。'又曰：'立天之道曰阴与阳，立地之道曰柔与刚，立人之道曰仁与义。'又曰：'一阴一阳之谓道。'阴阳亦形而下者也，而曰道者，惟此语截得上下最分明，元来只此是道，要在人默而识之也。"③ 从"器"是"道"在现实世界的显现来说，"道"不离器，器不离"道"，"器亦道，道亦器"，形而上之理世界与形而下之器（或"事"）世界乃是一而二、二而一的体用关系；但是，就本体论的角度来说，"道"是"器"所以如此的内在的规律和特性，它与实体性的、形而下的器是有着本质区别的，二者不可混为一谈。

因此，程颢认为形而下的物质世界不是根本的，形而上的"理"世界才是根本的，并且据此观点批判张载以"清虚一大"为"天道"的气一元论观点，"横渠教人，本只是谓世学胶固，故说一个清虚一大，只图得人稍损得没去就道理来，然而又更别处走"④，"立清虚一大为万物之源，恐未安，须兼清浊虚实乃可言神。道体物不遗，不应有方所"⑤。在程颢看来，

---

① （宋）程颢、程颐著，王孝鱼点校：《河南程氏遗书》卷十二，《二程集》，中华书局2004年版，第135页。
② （宋）程颢、程颐著，王孝鱼点校：《河南程氏遗书》卷一，《二程集》，中华书局2004年版，第4页。
③ （宋）程颢、程颐著，王孝鱼点校：《河南程氏遗书》卷十一，《二程集》，中华书局2004年版，第118页。
④ （宋）程颢、程颐著，王孝鱼点校：《河南程氏遗书》卷二上，《二程集》，中华书局2004年版，第34页。
⑤ （宋）程颢、程颐著，王孝鱼点校：《河南程氏遗书》卷二上，《二程集》，中华书局2004年版，第21页。

"道""体物不遗"而不应该有形体性、空间性局限，张载以"清虚一大"为"天道"，把"气"作为宇宙万物的本源的做法是不稳妥的，是把"天道"物质化、实体化，仍然是在说形而下之器，而不是形而上之道。"形而上者谓之道，形而下者谓之器。若如或者以清虚一大为天道，则乃以器言而非道也"①，张载的"清虚一大"虽然是无形的，是"气之本体"②，是物质性的"气"散而未聚的本然状态，在某种程度上来说具有超越具体实物的属性，但是，如劳思光先生所说，所谓的"清""虚""一""大"等范畴，"皆是对一定属性之描写，因此只能用于已受限定之存在上"③，它仍然具有客观实存的特性，而程颢认为"凡有气，莫非天。凡有形，莫非地"④，"有形总是气，无形只是道"⑤，一般所说的"天"是由物质性的"气"构成的，有形体的地更是"气"的聚集体；而其所谓"无形"是抽象意义上的"无形"，与张载所说的从实体性角度判定有与无的"无形"显然不是一个含义。我们从程颢对形而上与形而下的界定、分析中可以看出，张载的"太虚"仍然是属于"形而下"的范畴的，因此，程颢说张载"以清虚一大为天道，则乃以器言而非道也"⑥。

在批判张载"清虚一大"为"天道"观点的同时，程颢还批判张载"形聚为物，形溃反原"的说法："凡物之散，其气遂尽，无复归本原之理。天地间如洪炉，虽生物销铄亦尽，况既散之气，岂有复在？天地造化又焉用此既散之气？其造化者，自是生气。"⑦ 张载"知太虚即气则无无"的观点认为

---

① （宋）程颢、程颐著，王孝鱼点校：《河南程氏遗书》卷十一，《二程集》，中华书局2004年版，第118页。
② （宋）张载著，章锡琛点校：《正蒙·太和篇第一》，《张载集》，中华书局1978年版，第7页。
③ 劳思光：《新编中国哲学史》（三卷上），广西师范大学出版社2005年版，第163页。
④ （清）黄宗羲著，（清）全祖望补修，陈金生、梁运华点校：《明道学案上》，《宋元学案》，中华书局1986年版，第564页。
⑤ （清）黄宗羲著，（清）全祖望补修，陈金生、梁运华点校：《明道学案上》，《宋元学案》，中华书局1986年版，第564页。
⑥ （宋）程颢、程颐著，王孝鱼点校：《河南程氏遗书》卷十一，《二程集》，中华书局2004年版，第118页。
⑦ （宋）程颢、程颐著，王孝鱼点校：《河南程氏遗书》卷十五，《二程集》，中华书局2004年版，第163页。

"太虚不能无气，气不能不聚而为万物，万物不能不散而为太虚"①，气是构成天地万物的基质，太虚是无形的、是"气"散而未聚的本然状态，有形的万物与无形的太虚是"气"存在的两种不同形态，气聚为万物，气散则复归于太虚。而在程颢的思想体系中，"气"只是形而下的实体性的东西，它虽不断地从如洪炉般的天地中产生，又不断地归于消亡，但仍然是一种暂时性的物质，是天地造化的产物，它与普遍永恒性的形而上的"理"或"天道"是有着本质的不同的。因此，物体溃散之后，构成物体的"气"也就随之消失殆尽，是不可能回归"气"的本原状态的。

二 为政之道

我们从《宋元学案》和《二程集》中有关程颢的记载可以看出，程颢是一个能脚踏实地做实事的学者，无论是做一般的职员，做一县的县令，还是做太子中允、监察御史里行，程颢都兢兢业业，恪尽职守。

程颢二十余岁（从 1058 年开始，时年二十六岁）就开始在各地任地方官，在从政的十多年间，一直恪守孔子所提倡的"为政以德"（《论语·为政》）的宗旨，身体力行孔子所向往推行的"仁政"理想，并且，在以"诚敬"修身的同时，还以"诚敬"的态度对待政事。在其看来，"诚者天之道，敬者人事之本"②。但其所说之"敬"是发自内心的真情流露，并不是虚假的伪装行为，也不是太过矜持的谨小慎微："执事须是敬，又不可矜持太过。"③也正因其"与人交，无隐情，虽童仆必托以忠信"，所以"人亦不忍欺之"，而其所到之处，所管辖的区域，皆"不严而令行"④，"在县（晋城）三岁，民爱之如父母"⑤，"民无强盗及斗死者"⑥。

---

① （宋）张载著，章锡琛点校：《正蒙·太和篇第一》，《张载集》，中华书局 1978 年版，第 7 页。
② （宋）程颢、程颐著，王孝鱼点校：《河南程氏遗书》卷十一，《二程集》，中华书局 2004 年版，第 127 页。
③ （清）黄宗羲著，（清）全祖望补修，陈金生、梁运华点校：《明道学案上》，《宋元学案》，中华书局 1986 年版，第 557 页。
④ （清）黄宗羲著，（清）全祖望补修，陈金生、梁运华点校：《明道学案上》，《宋元学案》，中华书局 1986 年版，第 537 页。
⑤ （元）脱脱、阿鲁图修撰：《宋史》卷四二七，中华书局 1977 年标点版，第 12715 页。
⑥ （清）黄宗羲著，（清）全祖望补修，陈金生、梁运华点校：《明道学案上》，《宋元学案》，中华书局 1986 年版，第 538 页。

程颢"视民如子"①，勇于任事，解决百姓疾苦，展现治世之才。程颢在任职县令之时，"常于坐右书'视民如伤'"，并且说："颢每日尝有愧于此。"② 其在任晋城令期间，大力推行自己所继承并发展的儒家仁政哲学。据《宋元学案》和《宋史》记载，概括来说，具体内容包括以下几个方面。

第一，视民如子。民以事至邑者，必告以孝悌忠信，入所以事其父兄，出所以事其长上。

第二，根据乡村距离远近情况，建立伍保互助制度，使百姓"力役相助，患难相恤"，作奸犯伪之徒无所容身。

第三，体恤孤茕残废者，责之亲戚乡党，使孤茕残废者不流离失所。

第四，救助需要帮助的过往行人："行旅出于其途者，疾病皆有所养。"

第五，设立乡校，正风易俗。还在空闲的时候亲自到学校与父老乡亲座谈，并亲自校正儿童所读书本的读法，"教者不善，则为易置。择子弟之秀者，聚而教之。乡民为社会，为立科条，旌别善恶，使有劝有耻"③。

在任晋城令"秩满"之后，程颢被荐举到朝廷任"太子中允，权监察御史里行"，在这期间，程颢依然坚守自己仁政的见解，向宋神宗进谏，"大要以正心窒欲，求贤育材为言"，劝神宗"防未萌之欲，及勿轻天下士"，而"未有一语及于功利"。④

程颢希望实行儒家所向往的仁心、仁政的理想，希望通过以德治人、对百姓施行仁教而达到其政治理想。因此，他一再告诉宋仁宗说："先圣后圣，若合符节。非传圣人之道，传圣人之心也。非传圣人之心也，传己之心也。己之心无异圣人之心，广大无垠，万善皆备。欲传圣人之道，扩充此心焉耳！"⑤ 认为古圣相传的并不是典章制度的具体细节，而是"圣人之心"，而

---

① （清）黄宗羲著，（清）全祖望补修，陈金生、梁运华点校：《明道学案上》，《宋元学案》，中华书局1986年版，第538页。

② （清）黄宗羲著，（清）全祖望补修，陈金生、梁运华点校：《明道学案下》，《宋元学案》，中华书局1986年版，第573页。

③ （元）脱脱、阿鲁图修撰：《宋史》卷四二七，中华书局1977年标点版，第12715页。

④ （清）黄宗羲著，（清）全祖望补修，陈金生、梁运华点校：《明道学案上》，《宋元学案》，中华书局1986年版，第538页。

⑤ （清）黄宗羲著，（清）全祖望补修，陈金生、梁运华点校：《明道学案上》，《宋元学案》，中华书局1986年版，第560页。

圣人之心并不是与普通人之心不同，它是一切人都具备的"仁心"，此心广大无垠，完善具足。程颢由此希望仁宗能够推其仁心，实行仁政。而明白此理之后，只要以诚敬态度待人处世，天下自然可以大治。程颢强调说："'毋不敬，俨若思，安定辞，安民哉'，君道也。君道即天道也。'出门如见大宾，使民如承大祭'，此仲弓之问仁而仲尼所以告之者，以仲弓为可以事斯语也。'雍也可使南面'，有君之德也。"① 所谓"君道"即天道，是推己及人、立己立人、修己治人的具体展开，以一种"出门如见大宾，使民如承大祭"的诚敬态度要求自己，处理政事自然会谨慎负责。在程颢看来，这才是为人君者最应该重视的问题。也正因此，程颢在政治上追随司马光，反对王安石急功近利，而且只是少部分人获利的变法主张。程颢希望为政之人能在"仁由亲施"的基础上推己及人，"人各亲其亲，然后能不独亲其亲"②。并且，以仁民爱物的"公心"为准则，选用贤德之人，推荐贤德之人，从而达到国泰民安的理想境界："仲弓曰：'焉知贤才而举之？'子曰：'举尔所知，尔所不知，人其舍诸？'便见仲弓与圣人用心之大小。推此义，则一心可以丧邦，一心可以兴邦，只在公私之间尔。"③ 在王安石的新法施行之后，程颢"居职八九月，数论时政"，强调"圣人之言为可必行，先王之道为可必行"，最后坦陈自己的政治见解说："智者若禹之行水，行所无事。自古兴治立事，未有中外人情交谓不可而能有成者。就使徼幸小成，而兴利之臣日进，尚德之风浸衰，尤非朝廷之福。"并且坚持"道不同不相为谋"的原则，"乞去言职"。④

在对学生讲解为政之道时，程颢特别强调纲纪文章的重要性，他曾告诉其门人弟子说："为政须要有纲纪文章，先有司、乡官读法、平价、谨权量，皆不可缺也。"⑤ 在程颢看来，为政之道首先要有纲纪文章，这是一个国家的

---

① （清）黄宗羲著，（清）全祖望补修，陈金生、梁运华点校：《明道学案上》，《宋元学案》，中华书局1986年版，第556页。
② （宋）程颢、程颐著，王孝鱼点校：《河南程氏遗书》卷十一，《二程集》，中华书局2004年版，第133—134页。
③ （宋）程颢、程颐著，王孝鱼点校：《河南程氏遗书》卷十一，《二程集》，中华书局2004年版，第133—134页。
④ （清）黄宗羲著，（清）全祖望补修，陈金生、梁运华点校：《明道学案上》，《宋元学案》，中华书局1986年版，第538页。
⑤ （宋）程颢、程颐著，王孝鱼点校：《河南程氏遗书》卷十一，《二程集》，中华书局2004年版，第133—134页。

立国关键，有了纲常法纪百姓才会有章可循，有法可依，这是立国之本；然后再设置一些具体的管理机构，比如有司（具体官员）、乡官读法①、平价、谨权量，这些都是不可或缺的机构。

结合程颢一生从政期间的所作所为和上疏宋神宗的《陈治法十事》可以看出，程颢不仅自己身体力行孔子"为政以德"的政治理想，而且把自己在从政生涯中所贯彻实行的儒家的仁政思想加以具体化、条理化，就师傅、六官、经界、乡党、贡士、兵役、民食、四民、山泽、分数十个方面②向宋神宗建议，希望神宗能够推行仁政，改善当时的社会局面。在程颢看来，由仁心发之于仁政是古往今来历代圣王所共同遵循的施政之道，而先圣后圣所力图弘扬的也是这种仁政爱民的精神，这种精神广大无垠，万善具备，而作为个人来说，对这种精神的承继和弘传，即对圣人之道的承继和弘传；对圣人之道的承继和弘传就是对圣人之心的承继和弘传；对圣人之心的承继和弘传也就是对自己之心的广大和弘扬，因此，仁政爱民的理想并不是距离自己很遥远的、难以实践的，只要扩充自己心中所具有的仁爱之心即可："先圣后圣，若合符节。非传圣人之道，传圣人之心也。非传圣人之心也，传己之心也。己之心无异圣人之心，广大无垠，万善皆备。欲传圣人之道，扩充此心焉耳！"③ 我们从程颢对宋神宗的这番话中可以发现，程颢的这种政治理想一方面是对其"天理"思想的实践，另一方面也可以说是陆九渊"人同此心，心同此理"思想的先导。

而我们就《陈治法十事》可以看出，程颢确实看到了当时社会存在的尖

---

① 为了让法令更好地通行，让百姓更好地了解法律条文，各朝各代帝王勒令各地方乡官定期向百姓宣读朝廷新出的法令条文，讲解各种法令条文。早在《管子·首宪》篇中就有记载，"有一体之治，故能出号令、明宪法矣"，"正月之朔，百吏在朝，君乃出令，布宪于国。五乡之师、五属大夫，皆受宪于太史。大朝之日，五乡之师、五属大夫，皆习宪于君前。太史既布宪，入籍于太府，宪籍分于君前。五乡之师出朝，遂于乡官，致于乡属，及于游宗，皆受宪"。管子早已明确认知宪法条文对于国家治理的重要性，在"正月之朔"春季之首的新年的第一天这一特殊时间，在"百吏在朝"、诸官共同见证之下，君主颁布政令于天下，足见"宪"之重要性。在宪法颁布之后，举国上下"令则行，禁则止，宪之所及，俗之所被，如百体之从心，政之所期也"。

② 详见（宋）程颢、程颐著，王孝鱼点校《河南程氏文集卷一·论十事札子》，《二程集》，中华书局2004年版，第452—453页。

③ （清）黄宗羲著，（清）全祖望补修，陈金生、梁运华点校：《明道学案上》，《宋元学案》，中华书局1986年版，第560页。

锐的问题,而他希望实施的改革措施是具体而微的,并不是像一般学者所认为的那样仅仅是流于空泛、不切实际的,他结合自己任职晋城令时治理晋城的实际经验和北宋当时存在的社会问题,希望从经济、教育、制度规范、资源利用、兵役情况、百姓生存状况等各个方面解决当时棘手的社会问题,而在这十事之中,尤强调土地分配问题(即经界),在程颢看来,土地分配问题是治理国家的根本问题("此为治世之大本"),而当时"富者田连阡陌,跨州县而莫之止;贫者日流离,饿殍而莫之恤;倖民猥多,衣食不足而莫为之制"① 的局面是造成社会动荡、百姓疾苦的根源,因此,要想改变当时富者田连阡陌、贫者流离失所的局面,必须对土地问题加以解决,"经界必正,井地必均"。

在某种程度上来说,程颢把"经界""土地"作为社会安定的重要因素的做法,有一定的深远意义。其所向往的为政以德的仁政理想虽然与当时的社会现实有些脱节而显得有些理想化,但是,正是这种理想指引着后世儒家人士为理想盛世而努力奋斗,而程颢本人也因此"使圣人之道焕然复明于世"②,成了后世的楷模。

三 成圣之道

理学的主要问题是孔子所说的"性与天道",是下学如何上达而最终成圣成贤、天人合一的问题。程颢在其天理论的基础上提出了识仁定性、持敬涵养、由理善而证性善、由性善而达理善的成圣之道,从而在形而上之天理与形而下之个人之间的贯通方面构建了一座动态的桥梁,并为宋明理学尤其是陆王心学奠定了基础,产生了深远影响。

(一)天理与仁性

"理"(即"天理")是二程思想体系中的最高范畴,二程所说之"道"都包含"理"与"性"两层含义。但是通过细致的比较研究可以发现,二程所讲之"理"却有着不同。如唐君毅先生所说,程颐更侧重指出"性即理之

---

① (清)黄宗羲著,(清)全祖望补修,陈金生、梁运华点校:《明道学案上》,《宋元学案》,中华书局1986年版,第572页。

② (元)脱脱、阿鲁图修撰:《宋史》卷四二七,中华书局1977年标点版,第12717页。

义,及理与气之或不相即,而为二之义",以当然之理言自然之理,而程颢之"天理"则与个人的生命感悟密切相关,由自然之道见当然之理。①

对程颢来说,"天理"不是外在的,而是与个人的身心性命紧密联系的,是个人生命感悟所得,因此他说,"吾学虽有所授受,天理二字却是自家体贴出来",并提出"天者理也"②的命题。"天"是最高存在者的名称,以天为理,也就是说"理"是天地万物的最高存在和唯一根源。而我们从程颢所说"天理"是"自家体贴出来","性与天道,非自得之则不知,故曰'不可得而闻'"③,"大抵学不言而自得者,乃自得也。有安排布置者,皆非自得也"④这些话可以看出,作为宇宙本原和抽象本体的"天理"对程颢来说并不是一个与其有隔离感的东西,而是已与生命融为一体,是生命中最真切笃实的体会,程颢反对人为的安排布置、私意揣度,强调自己生命的真切体验和实际感受。

因此,与程颐强调理与气为二,即气言理不同,程颢继承《周易》"生生之化"的思想,紧扣生命之"生"来看天理与仁性、心与性,强调天人一体。在程颢看来,"天地之大德曰生。天地氤氲,万物化生。生之谓性。万物之生意最可观,此元者善之长也,斯所谓仁也"⑤,"生生之理,自然不息"⑥,"生生之谓易","万物皆有春意"⑦,而此"生德""生意""生理"即程颢所说之"天理"、孔子所说之"仁"、《中庸》所说之"诚"。

程颢认为人与万物都禀赋此"生德""生理""仁""诚"以生。"理则

---

① 参见唐君毅《中国哲学原论·原性篇》,中国社会科学出版社2005年版,第220—221页。
② (宋)程颢、程颐著,王孝鱼点校:《河南程氏遗书》卷十一,《二程集》,中华书局2004年版,第132页。
③ (清)黄宗羲著,(清)全祖望补修,陈金生、梁运华点校:《明道学案上》,《宋元学案》,中华书局1986年版,第560页。
④ (清)黄宗羲著,(清)全祖望补修,陈金生、梁运华点校:《明道学案上》,《宋元学案》,中华书局1986年版,第560页。
⑤ (清)黄宗羲著,(清)全祖望补修,陈金生、梁运华点校:《明道学案上》,《宋元学案》,中华书局1986年版,第555页。
⑥ (宋)程颢、程颐著,王孝鱼点校:《河南程氏遗书》卷十五,《二程集》,中华书局2004年版,第167页。
⑦ (宋)程颢、程颐著,王孝鱼点校:《河南程氏遗书》卷二上,《二程集》,中华书局2004年版,第29页。

天下只是一个理,故推至四海而准,须是质诸天地,考诸三王不易之理"①,此天理不仅是人与物共禀的天地之德、形而上依据,也是人与物所以能彼此"豁然贯通"的内在桥梁,更是现实之人超凡入圣、贯通天人的伦理本体和价值源头。在天地之间,在天理面前,天地万物与人类本身"生则一时生,皆完此理",因此具有平等无碍的地位,并不是只有人才是最尊贵最灵异的存在者,草木鸟兽之心与人的心一样,平等地具有天理、体现天理,"非独人为至灵,自家心便是草木鸟兽之心也"②,而"'范围天地之化而不过'者,模范出一个天地耳,非在外也。如此曲成万物,岂有遗哉"③,所谓的参天地、赞化育并不是要在天地之外、主体之外重新拟造一个与己对立的天地,而是在与物一体的境界中曲成万物,天地万物在主体自身的观照、体察之下,自然就无有遗弃了。而一个能够关爱万物、心系万物的人,必定能以推己及人之心对世人有所助益:"一命之士,苟存心于爱物,于人必有所济。"④

显然,与孔子把"仁"提升解释为忠、孝、义、礼、智、信等众多德目的总德,汉代训"仁"为"爱",韩愈训"仁"为"博爱",张载使"仁"扩充而涵盖整个宇宙不同,程颢进一步发挥了"仁"的意蕴,认为"仁者,浑然与物同体,义、礼、智、信皆仁也"⑤,"义、礼、智、信"皆是"仁"之表德,把"仁"从通常所说的仁、义、礼、智、信五常之中单提出来,解释为一体连贯、生生不息之德,并从生命的感受和情感角度赋予流于形式、抽象的"仁"以真情实感,称"仁"即人禀赋自天之"仁义之性""仁性"。

因此,在心、性、情三者之间,程颢论"心",虽然有时也指含性、情之心或现实之心,但不像程颐吸取张载"心统性情"的思维模式从性(心之体)与情(心之用)两个方面论"心",而是直接以仁义之性、心之本然、

---

① (宋)程颢、程颐著,王孝鱼点校:《河南程氏遗书》卷二上,《二程集》,中华书局2004年版,第38页。

② (宋)程颢、程颐著,王孝鱼点校:《河南程氏遗书》卷一,《二程集》,中华书局2004年版,第4页。

③ (清)黄宗羲著,(清)全祖望补修,陈金生、梁运华点校:《明道学案上》,《宋元学案》,中华书局1986年版,第563页。

④ (清)黄宗羲著,(清)全祖望补修,陈金生、梁运华点校:《明道学案上》,《宋元学案》,中华书局1986年版,第560页。

⑤ (清)黄宗羲著,(清)全祖望补修,陈金生、梁运华点校:《明道学案上》,《宋元学案》,中华书局1986年版,第540页。

心之本体界定"心","只心便是天,尽之便知性,知性便知天"①,"在天为命,在义为理,在人为性,主于身为心,其实一也"②。其所论之"心"即"仁心""仁性",即程颐所说心之体——性,因此可以直接说"心即是理"、心理合一、心性一元。也正因此,个人的"仁德""仁性"与天地之间的万物之性相贯通,与形而上之天之理、天之道也建立了联系,从而使人的仁性、善性、仁心具有了超越的价值和意义。

(二)识仁与定性

既然天理遍在,人人皆赋,现实之人何以又有诸多分别?是天理本身有其潜在的缺陷,还是天理在下贯个人而成其"性"的过程中出现了问题?既然同是禀赋天理的存在者,人为什么又要希圣希贤,而不是当下的自我肯认?此一问题是理学人士共同面临、亟待解决的问题。对此问题,二程从人性与人形的角度作了说明,认为人禀天地之性为其性(为人之性)、人禀气而成其形,在禀气成形的过程中又因所禀之气清浊不同而有了千差万别,二程据此提出了"识仁""养气""持敬""存天理灭人欲""格致诚正"等修身养性的工夫,其中"养气""持敬""存理"借明性而存理,是从内入手,养清正之气而澄明污浊之气,由本具之气质清浊而存养省察,明理体性,是"诚明"的工夫;另一方面借格物而明理,则是从外入手,通过格物之理而明理之一贯,是"明诚"的工夫。

但经过细致分析可以发现,程颢、程颐在对这些具体的修身方式的择取上因其对天理的体认不同而有所区别。程颐明确指出"性即理",在肯定人性本善的同时,从"才"与"气"、未发已发的角度具体分析影响人性的因素,认为情由心发,才因气殊,在讲"养气""持敬"的同时,更强调格物穷理的工夫③,从外入手,借物格而理明,达物理性理"豁然贯通"的境界,此方法被朱熹继承。程颢也认为气禀之性会使人私心用智,受物欲诱惑而在义

---

① (清)黄宗羲著,(清)全祖望补修,陈金生、梁运华点校:《明道学案上》,《宋元学案》,中华书局1986年版,第552页。
② (清)黄宗羲著,(清)全祖望补修,陈金生、梁运华点校:《明道学案上》,《宋元学案》,中华书局1986年版,第551页。
③ 详见李晓虹《理善、性善与程颐的成圣之道》,《郑州大学学报》(哲学社会科学版)2008年第3期。

利、公私等问题上迷失方向，但这不是主要原因，主要原因是人对人之为人、对人之性（为"人"之性，非生理之性）没有清醒的认识，没有立其本而定其性，即没有"识仁"、确立"其大者"，而人禀自天地的仁义之性或德性之知即人之为人的根本、"大本"，"'穷理、尽性，以至于命'，三事一时并了，元无次序。不可将穷理作知之事。若实穷得理，即性命亦可了"①。因此，程颢强调为学之人首先应该"识仁"（察识自己本应具有且本已具有的天赋的"仁义之性"），应该涵养自己的浩然之气，使之充塞于天地之间，在涵养此气的过程中不能有一己私意或个人私欲，否则就会"气亏""欿然而馁"，"气直养而无害，便塞乎天地之间，有少私意，即是气亏。无不义便是集义，有私意便是馁"②，"浩然之气，乃吾气也。养而无害，则塞乎天地。一为私意所蔽，则欿然而馁，知其小也"③。

程颢《识仁篇》开篇即说："学者须先识仁。……识得此理，以诚敬存之而已，不须防检，不须穷索。"④ 在这段话中，程颢在向我们指出"仁"在现实社会的具体所指（众德以"仁"为本，"义理智信皆仁也"）之外，首先指出为学关键即"识仁"，也即察识自己本已具有且本应具有的"仁义之性"，并点明具体的"识仁"方法和成德工夫："以诚敬存之，不须防检，不须穷索。"这里的"识"并不是一般意义上的认知性的认识、识别，而是对"仁"的终极意义——"天理"（"道"）所具有的"脉脉不断""生生之理"内涵的证悟和体察，"以诚敬存之"是一种不同于求理于物、与物有对的外在的"防检""穷索"式的格致之法，是沛然自发的、"率性之谓道"式的、与物无对的反观内求的内在的体察方式。

在对"仁"的体察过程中，"仁"虽然落实在现实社会就是具体的义、礼、智、信、忠、孝等道德品目，但这些道德品目只是"仁"之"用"而不

---

① （清）黄宗羲著，（清）全祖望补修，陈金生、梁运华点校：《明道学案上》，《宋元学案》，中华书局1986年版，第552页。
② （宋）程颢、程颐著，王孝鱼点校：《河南程氏遗书》卷五，《二程集》，中华书局2004年版，第78页。
③ （清）黄宗羲著，（清）全祖望补修，陈金生、梁运华点校：《明道学案上》，《宋元学案》，中华书局1986年版，第558页。
④ （宋）程颢、程颐著，王孝鱼点校：《河南程氏遗书》卷二上，《二程集》，中华书局2004年版，第17页。

是"仁"之体，仁之体是超越这些具体的道德品目的。程颢在解释《论语》中的"孝弟"时说："'孝弟也者，其为仁之本与。'言为仁之本，非仁之本也。"一般在解释这句话时，把"为仁之本"中的"为"字解释为肯定意义的"是"的意思，按照此解，是直接肯定"孝弟"是"仁"的根本，在某种程度上二者具有等同的含义；但程颢在这里却特意突出"为"的能动意义，即实践、践履的意思，按照这种解释，则"孝悌"仅是仁心最基本的表现而已，正如劳思光先生所说①，"为仁"是"仁心"的具体展现与落实，它与"仁"本身是体与用的关系，而不是可以直接等同的含义。

程颢认为德性之知也是人人具备的，只是因为人欲的蒙蔽使之被覆盖而不能彰显："人心莫不有知。唯蔽于人欲，则亡天德也。"② 同时，浩然之气是人人都具有的，为学之人应该涵养自己的浩然之气，使之充塞于天地之间，在涵养此气的过程中不能有一己私意或个人私欲，否则就会"气亏""歉然而馁"，"气直养而无害，便塞乎天地之间，有少私意，即是气亏。无不义便是集义，有私意便是馁"③，"浩然之气，乃吾气也。养而无害，则塞乎天地。一为私意所蔽，则歉然而馁，知其小也"④。因此，程颢秉承孔子的旨意，主张克己复礼，认为"克己"则私心自然去除，自然能够在举手投足之间符合礼节；在这种情况下，即使没有通过系统的学习，但对礼所蕴含的本意已经心领神会。⑤此外，在人己关系上，最难处理的就是"舍己从人"："舍己从人，最为难事。己者我之所有，虽痛舍之，犹惧守己者固而从人者轻也。"⑥ 因为要做到真正的

---

① 劳思光先生在《新编中国哲学史》中指出："明道特指出'为仁之本'与'仁之本'不同，盖'为仁'即落在'仁心'之具体表现上说，是'用'非'体'也。"[劳思光：《新编中国哲学史》（三卷上），广西师范大学出版社2005年版，第158页]

② （清）黄宗羲著，（清）全祖望补修，陈金生、梁运华点校：《明道学案上》，《宋元学案》，中华书局1986年版，第559页。

③ （宋）程颢、程颐著，王孝鱼点校：《河南程氏遗书》卷五，《二程集》，中华书局2004年版，第78页。

④ （清）黄宗羲著，（清）全祖望补修，陈金生、梁运华点校：《明道学案上》，《宋元学案》，中华书局1986年版，第558页。

⑤ "克己则私心去，自然能复礼。虽不学文，而礼意已得。勿忘勿助之间，正当处也。"[（清）黄宗羲著，（清）全祖望补修，陈金生、梁运华点校：《明道学案上》，《宋元学案》，中华书局1986年版，第559页]

⑥ （清）黄宗羲著，（清）全祖望补修，陈金生、梁运华点校：《明道学案上》，《宋元学案》，中华书局1986年版，第553页。

天人合一、与物同体，首先在人与人之间关系的处理上就存在很多问题。一方面是因为"己者我之所有"，每个人都有自己的主观见解，看问题时往往从自己的立场出发，不可能做到真正的客观公正；另一方面，即使自己完全从客观出发，从对方的立场考虑，也要考虑对方是否与自己一样固执己见，不肯轻易听从自己的见解。从根本上来讲，这仍然是"人欲""私心"在起作用。

程颢还据此批判佛教以人生为生死苦海的观点是自私用意的做法，"人能放这一个身公共放在天地万物中一般看，则有甚妨碍？虽万身，曾何伤？乃知释氏苦根尘者，皆是自私者也"[1]。在程颢看来，一个人如果能把自己无私地放在天地万物之中、与万物平等地看待的话，就会超越地看待生老病死的问题，也就不会因为个人的生老病死等痛苦而烦恼不堪了。因此，程颢认为佛教讲五蕴皆苦、一切皆苦是没有超越个人的生命感受而自私用智的做法。

黄百家在《宋元学案》中总结程颢的治学工夫时说："其（程颢）学本于识仁；识仁，斯可以定性。"[2] 黄百家在这里向我们指出了程颢人生哲学中不同于周敦颐、邵雍、张载等人从宇宙论或阴阳五行的角度论证圣人境界及其修养工夫的思路：识仁——定性。而程颢由识仁而定性的成圣之道也指出了凡圣之别。其在《答横渠张子厚先生书》（《定性书》）中所指"定性"，其实是以己所禀赋天地之仁义之性为根本而定其心，其所说的"定"并不是与"动"相对的绝对静止，而是体认动静之后超越于具体动静之上的一种境界："动亦定，静亦定，无将迎，无内外。"在程颢看来，人心本来是没有内外之分的，圣人的喜怒哀乐并不是因为一己之私而有喜怒哀乐，而是随顺物理，因物之喜怒哀乐自然而发（"圣人之喜怒，不系于心而系于物也"）；同样，圣人的无情，并不是说没有常人的情感，只是没有只从一己私利出发的自私的情感，圣人效法自然，其感情是遵循物理、顺应事物的，所以说"圣人之常，以其情顺万物而无情"。但是，常人往往从自己的立场出发，只考虑自己的主观感受，"自私而用智"，把外物与自己对立起来，并且以"恶外物之心，而求照无物之地"，这种"反鉴而索照"的做法结果便是"自私则不能以有

---

[1] （宋）程颢、程颐著，王孝鱼点校：《河南程氏遗书》卷二上，《二程集》，中华书局2004年版，第30页。
[2] （清）黄宗羲著，（清）全祖望补修，陈金生、梁运华点校：《明道学案下》，《宋元学案》，中华书局1986年版，第580页。

为为应迹,用智则不能以明觉为自然",从而出现张载所说"性未能不动,犹累于外物"的现象。因此,程颢所说的"定"既不是摒弃思虑,使内心停止活动,也不是心住一境,使内心仅仅集中在某种事物上,更不是形同枯槁,对外物不作任何反应,而是内外两忘,"廓然而大公,物来而顺应",并且,"内外两忘,则澄然无事矣。无事则定,定则明"。

对此,程颢就养气存诚问题作了进一步的说明。当时人们一般认为采用佛教、道教禅定(虚静)、养气的方法可以帮助个人道德修养的完善,而程颢认为用"虚静"的方法说明学者思虑受到纷扰,又不能循礼而为,所以想着采取以静制动的方法来强迫自己,结果"欲得如槁木死灰,又却不是",之所以如此,是因为人是能活动会思考的动物,与槁木死灰不同;非要做槁木死灰的话,除非是死了才行:"盖人,活物也,又安得为槁木死灰?既活,则须有动作,须有思虑。必欲为槁木死灰,除是死也。"[1] 因此,程颢指出只要非礼勿视、非礼勿听、非礼勿言、非礼勿动,自然可以摒除杂念,进德存诚,并不需要"身如槁木,心如死灰","非礼而勿听言动,邪斯闲矣!以此言之,又几时要身如槁木,心如死灰?又如绝四后毕竟如何,又几时须如槁木死灰?敬以直内,则须君则是君,臣则是臣。凡事如此,大小直截也"[2],在"绝四"(指孔子所说的"勿意""勿必""勿固""勿我")之后,只要敬以直内、义以方外,则君是君,臣是臣,君臣上下、人我内外,自然一团和气,"应物而勿累于物"。

以"大心"("公心")为前提,"学者识得仁体,实有诸己,只要义理栽培。如求经义,皆是栽培之意"[3],即识得"仁"的真谛之后,其"性"自然而然会定其所定、止所当止,并不需要刻意地去"防检""穷索"或正襟危坐,只要以义理栽培,使自己不丧失自己本来具有的"仁心""公心",把自己本来就具有的仁义之性由内自外扩充出来,使仁与义之气"睟然达于外"[4]

---

[1] (清)黄宗羲著,(清)全祖望补修,陈金生、梁运华点校:《明道学案上》,《宋元学案》,中华书局1986年版,第554页。

[2] (清)黄宗羲著,(清)全祖望补修,陈金生、梁运华点校:《明道学案上》,《宋元学案》,中华书局1986年版,第554页。

[3] (清)黄宗羲著,(清)全祖望补修,陈金生、梁运华点校:《明道学案上》,《宋元学案》,中华书局1986年版,第561页。

[4] (宋)程颢、程颐著,王孝鱼点校:《河南程氏遗书》卷四,《二程集》,中华书局2004年版,第70页。

就可以了,因此,程颢说"识得此理,以诚敬存之而已,不须防检,不须穷索"①。

(三) 持敬与和乐

如果说"学者须先识仁""识仁斯可定性"给现实中为学之人确立了为学之道的"大本"和信念的话,那么持敬与和乐则是程颢实践和落实此一"大本"的修身的具体方法和所达到的境界,二者相依相成。

周敦颐在《太极图说》中提出"主静立人极"的方法,而程颢用"敬"来代替周子的"静",在提出"格物致知""性静者可以为学"②的同时,提出既持敬又和乐的修养方法。

在程颢看来,"诚"是天之道,"敬"则是人事之本,是由"人道"上达"天道"的中介和途径,"诚者天之道,敬者人事之本。敬者用也。敬则诚"③,以一种虔敬的心态待人接物自然就会诚实无欺,循理践性。并且,程颢认为《论语》中孔子所说的"居处恭,执事敬,与人忠"的格言是"彻上彻下"的言论,"圣人元无二语"④,并对弟子说:"'思无邪','勿不敬',只此二句,循而行之,安得有差?有差者,皆由不敬不正也。"⑤ 程颢认为,只要按照《论语》中所说的"思无邪"和《礼记》中所说"勿不敬"这两句话来做,自己的行为就不会有差池;言行举止之所以有差池就是因为"不敬不正"。又:"敬以直内,是涵养意。言不庄不敬,则鄙诈之心生矣;貌不庄不敬,则怠慢之心生矣。"⑥ 言语不庄敬的话,就会产生鄙诈的心理,容貌不庄敬的话就会滋生怠慢的心理,而鄙诈和怠慢这两种心理是为人处世时最应

---

① (宋)程颢、程颐著,王孝鱼点校:《河南程氏遗书》卷二上,《二程集》,中华书局2004年版,第17页。
② (清)黄宗羲著,(清)全祖望补修,陈金生、梁运华点校:《明道学案上》,《宋元学案》,中华书局1986年版,第560页。
③ (宋)程颢、程颐著,王孝鱼点校:《河南程氏遗书》卷四,《二程集》,中华书局2004年版,第70页。
④ (清)黄宗羲著,(清)全祖望补修,陈金生、梁运华点校:《明道学案上》,《宋元学案》,中华书局1986年版,第562页。
⑤ (清)黄宗羲著,(清)全祖望补修,陈金生、梁运华点校:《明道学案上》,《宋元学案》,中华书局1986年版,第558页。
⑥ (清)黄宗羲著,(清)全祖望补修,陈金生、梁运华点校:《明道学案上》,《宋元学案》,中华书局1986年版,第568页。

该注意避免的问题。而"敬胜百邪"①,"勿不敬,可以对越上帝"②,让门人弟子以一种虔敬的态度生活。

程颢把"识仁"作为教学的主旨,从根本上讲是要通过内心的涵养与反省来体认天理的存在,上达天道,其所说持敬是与和乐自然的心理状态结合在一起的,与程颐要求整齐严肃与主一无适、在外在的容貌举止与内在的思想感情两方面约束自己的修养方法不同,这是一种直觉体认的修行方法,其所主张的持敬既自然又安乐,提倡要放开:"观天理,亦须放开意思,开阔得心胸,便可见,打揲了习心两漏三漏子。……天人无间。夫不充塞则不能化育,言赞化育,已是离人而言之。"③因此,明道一再强调"大心"的工夫,"须是大其心使开阔,譬如为九层之台,须大做脚须得"④,"廓然而大公,物来而顺应"⑤。因此,对"仁"的体认不仅要体察世间百态,而且还应该"观天地生物气象"⑥,从天地万物化育流行的气象之中感受万物生意的流淌、自然的气象,"浑然与物同体",把自己融入天地之间,以一种平和祥乐的心态、宽阔的胸襟待人接物。

程颢认为,当时学者"敬而不见得,又不安","志于义理而心不安乐"的原因就在于为学之人没有体会"仁者浑然与物同体"的真谛,仍然有主客对立的心态,把外物当作外在于自己的事物,同时,在"持敬"方面,也不是发自内心的、油然而生的尊敬之情,而是把"敬"当作一件外在的事来作,"中心斯须不和不乐,则鄙诈之心入之矣"⑦,"只恭而不为自然底道理","此

---

① (清)黄宗羲著,(清)全祖望补修,陈金生、梁运华点校:《明道学案上》,《宋元学案》,中华书局1986年版,第556页。
② (清)黄宗羲著,(清)全祖望补修,陈金生、梁运华点校:《明道学案上》,《宋元学案》,中华书局1986年版,第557页。
③ (宋)程颢、程颐著,王孝鱼点校:《河南程氏遗书》卷二上,《二程集》,中华书局2004年版,第33页。
④ (清)黄宗羲著,(清)全祖望补修,陈金生、梁运华点校:《明道学案上》,《宋元学案》,中华书局1986年版,第567页。
⑤ (宋)程颢、程颐著,王孝鱼点校:《河南程氏文集》卷二,《二程集》,中华书局2004年版,第460页。
⑥ (清)黄宗羲著,(清)全祖望补修,陈金生、梁运华点校:《明道学案上》,《宋元学案》,中华书局1986年版,第564页。
⑦ (清)黄宗羲著,(清)全祖望补修,陈金生、梁运华点校:《明道学案上》,《宋元学案》,中华书局1986年版,第557页。

则正是剩一个助之长"①，勉强地去恭敬地对人对物，或者"持之太甚"，刻意去做，所以浑身不自在，结果"恭敬"一事成了对自己来说很疲惫痛苦的事情，也就是孔子所说的"恭而无礼则劳"，而如此做的人也就成了一个"德孤"②者。

程颢向往孔子所提出的"君子无终食之间违仁，造次必于是，颠沛必于是"（《论语·里仁》）的人生态度，并拿古今学者的生活态度作比较，教育学生注重日常生活细节中的德性涵养问题，"古之人，耳之于乐，目之于礼，左右起居，盘盂几杖，有铭有戒，动息皆有养"③，"今之学者，惟有义理以养其心。若威仪辞让以养其体，文章物采以养其目，声音以养其耳，舞蹈以养其血脉，皆所未备"④，在程颢看来，就像宴舞和射箭这种日常娱乐活动也能"见人诚"一样，"自洒扫应对上，便可到圣人事。洒扫应对便是形而上者，理无大小故也。故君子只在慎独"⑤，但当时之人不是把涵养的工夫做在平时，而是企图仅仅通过礼节规范、文章物采、声音舞蹈等外在形式来培养德性，这种做法无异于缘木求鱼，不得其途。

因此，程颢认为，学者不必远求，只要鞭辟入里，近取诸身，从"人理"入手，持守诚敬即可，"学者不必远求，近取诸身，只明人理，敬而已矣，便是约处"⑥，"鞭辟近里，著己而已"，"'能近取譬'，反身之谓也"⑦。这里所说的"近取诸身""能近取譬"也就是宋明理学人士所推崇的"反躬""内省""慎独"式的修养方法。之所以强调从近处入手开始个人的道德修养问

---

① （清）黄宗羲著，（清）全祖望补修，陈金生、梁运华点校：《明道学案上》，《宋元学案》，中华书局1986年版，第568页。
② （清）黄宗羲著，（清）全祖望补修，陈金生、梁运华点校：《明道学案上》，《宋元学案》，中华书局1986年版，第568页。
③ （清）黄宗羲著，（清）全祖望补修，陈金生、梁运华点校：《明道学案上》，《宋元学案》，中华书局1986年版，第568页。
④ （宋）程颢、程颐著，王孝鱼点校：《河南程氏遗书》卷二上，《二程集》，中华书局2004年版，第21页。
⑤ （清）黄宗羲著，（清）全祖望补修，陈金生、梁运华点校：《明道学案上》，《宋元学案》，中华书局1986年版，第566页。
⑥ （清）黄宗羲著，（清）全祖望补修，陈金生、梁运华点校：《明道学案上》，《宋元学案》，中华书局1986年版，第558页。
⑦ （清）黄宗羲著，（清）全祖望补修，陈金生、梁运华点校：《明道学案上》，《宋元学案》，中华书局1986年版，第559页。

题，是因为程颢认为"能尽饮食言语之道，则可以尽去就之道。能尽去就之道，则可以尽死生之道。饮食言语，去就死生，小大之势一也。故君子之学，自微而显，自小而章"①。一个人如果能体察饮食言语中所蕴含的深刻道理，就能审时度势，领悟进退之机、去就之道；能审时度势，明白进退之机、去就之道，就能领悟生老病死的真谛；从微小的饮食言语到一个人的穷达去就、生死命运，对一个人的重要性虽有轻重不同，但其中蕴含的道理却是一样的，因此，君子为学，必定察小慎微，自微而显，自小而章。

在程颢看来，《易经》乾卦所讲的圣人之事和坤卦所讲的贤人之学中，所言的道理也不外乎"敬以直内，义以方外，敬义立而德不孤"②，如果所守不约、穿凿系累，即使做再多功夫，也是没有用处的："且省外事，但明乎善，惟进诚心，其文章虽不中不远矣。所守不约，泛滥无功。"③

在日常生活中，程颢言传身教，时时刻刻实践着这种诚敬的修养工夫，并不是仅仅要求学生做或仅仅说说而已："某写字时甚敬。非是要字好，即此是学。"④ 我们从程颢自己说写字这种小事也可以看出程颢行事的严谨作风，其对弟子说自己在写字时秉持一种恭敬的态度，并不是要字写得好看，而是因为从日常写字这一细小的活动中也能体察"敬"的学问。

程颢还根据各人的资质不同，提出不同的涵养身心的方法。对于才高质美的人来说，只要以义理养心，自然"容貌必端，言语必正"，言谈举止遵礼而行，浑然与天地同体；对于资质稍逊的人来说，只要"庄敬持养"，假以时日，自然能学以至于圣，达到与物同体的浑然境界。⑤

在以诚敬的态度修身养性的过程中，程颢还指出所应注意的一些问题。

---

① （清）黄宗羲著，（清）全祖望补修，陈金生、梁运华点校：《明道学案上》，《宋元学案》，中华书局1986年版，第562页。

② （清）黄宗羲著，（清）全祖望补修，陈金生、梁运华点校：《明道学案上》，《宋元学案》，中华书局1986年版，第558页。

③ （宋）程颢、程颐著，王孝鱼点校：《河南程氏遗书》卷二上，《二程集》，中华书局2004年版，第20页。

④ （清）黄宗羲著，（清）全祖望补修，陈金生、梁运华点校：《明道学案上》，《宋元学案》，中华书局1986年版，第561页。

⑤ "质美者明得尽渣滓，便浑化，却与天地同体。其次惟在庄敬持养。及其至，则一也。"［（清）黄宗羲著，（清）全祖望补修，陈金生、梁运华点校：《明道学案上》，《宋元学案》，中华书局1986年版，第556页］

第一，不可急功近利或心存一蹴而就的想法。为己之学是死而后已的事情，不是短时间内通过一两次努力就可以达到的。因此，当门人弟子问程颢如何做才能涵养心性时，程颢断然说："若造得到，更说甚涵养！"① 我们从其对弟子回答的语气就可以体会程颢对涵养的看法。在程颢看来，如果把涵养当作一件普通的事去做，那就不叫"涵养"了。因此，程颢告诫门人说，"须敬守此心，不可急迫。当栽培深厚，涵泳于其间，然后可以自得。但急迫求之，终是私己，终不足以达道"②，"但存此涵养意，久则自熟矣"③。这种涵养工夫对于有识之士来说是片刻也不能离开忘记的，只有融入自己的日常生活，亲身实践才能真正体现其价值："一物不该，非中也。一事不为，非中也。一息不存，非中也。何哉？谓其偏而已矣。故曰：'道也者，不可须臾离也。可离，非道也。'修此道者，'戒慎乎其所不睹，恐惧乎其所不闻'而已。由是而不息焉，则'上天之载，无声无臭'，可以驯致矣。"④ 在涵养致知的过程中，程颢一方面强调要事事物物皆合乎中道，不可陷入一偏；另一方面，在弟子问如何"持其志"时说"只这个也是私。然学者不恁地不得"⑤，即：虽然具体的持守志向的方法也是"私"的做法，但不通过这种方法又不能达到"上天之载，无声无臭"的境界，因此，其所"戒慎"的"不睹""恐惧"的"不闻"都是通达天人合一境界道路上的必然经历。就像僧肇在《般若无知论》中所说的，"斯则无名之法，故非言所能言也。言虽不能言，然非言无以传"⑥，程颢在这里也是如此，一方面，要求门人弟子通过具体的日常行为来涵养身心，另一方面又要求门人弟子不为日常的所作所为而累心，不要陷入具体的日常所作所为或所钻研的事物之中，要超越日常所为，"不系于心而系

---

① （清）黄宗羲著，（清）全祖望补修，陈金生、梁运华点校：《明道学案上》，《宋元学案》，中华书局1986年版，第568页。
② （清）黄宗羲著，（清）全祖望补修，陈金生、梁运华点校：《明道学案上》，《宋元学案》，中华书局1986年版，第557页。
③ （清）黄宗羲著，（清）全祖望补修，陈金生、梁运华点校：《明道学案上》，《宋元学案》，中华书局1986年版，第568页。
④ （清）黄宗羲著，（清）全祖望补修，陈金生、梁运华点校：《明道学案上》，《宋元学案》，中华书局1986年版，第568页。
⑤ （清）黄宗羲著，（清）全祖望补修，陈金生、梁运华点校：《明道学案上》，《宋元学案》，中华书局1986年版，第558页。
⑥ （东晋）僧肇著，张春波校释：《般若无知论》，《肇论校释》，中华书局2010年版，第84页。

于物"①，从中体悟天人合一的浑然境界。

第二，注意日常学习与个人德行的完善并不存在必然联系。通过日常的学习积累可以促进自己的修养工夫，但只有体认天道（"天理"）的人才能使二者有机结合起来，通过格致之功促进德性修养。程颢认为，为学一方面要知道自己已掌握的，明白未掌握的知识，另一方面要通过新学习的知识加强巩固自己所掌握的知识，"学在知其所有，又在养其所有"②，正因如此，程颢强调学习对一个人的重要性时说，"不学，便老而衰"③，"学始于不欺暗室"④，程颢认为，学习是使人保持年轻的重要因素，一个人如果不学习的话就会很快衰老，并且，如果能从"不欺暗室"（一个人独处时仍能时时提醒自己注意道德涵养问题，即儒者所说的"慎独"）开始自己的学习，这说明其为学不是"为人"而是"为己"⑤，那么这种学习必有可观之处，也必定能取得很好的成效。

但是，学者要时刻警醒学习不是"要誉于乡党朋友"，也不仅仅是为了广博自己的学识或对某一项专门知识有深入的研究，而是为了完善人格，提升个人的道德境界。在某种程度上来说，程颢是希望通过事功和对事物的省察来达到明善修身的目的，也就是说，其所主张的格物致知只是通往"与物同体"、天人合一境界道路上的一个阶梯："且省外事，但明乎善，务进诚心，其文章虽不中，不远矣。所守不约，泛滥无功。"⑥对"外事"的省察、体认都要以"明乎善，务进诚心"为标的，舍此宗旨，即使泛观博览，对个人的德性修养问题也是没有功效的；相反，如果以明善、诚心为圭臬，就像程颢所说，"其文章虽不中，不远矣"，其文章辞赋作的虽然不好，距离个人的德

---

① （宋）程颢、程颐著，王孝鱼点校：《河南程氏文集卷二·答横渠张子厚先生书》，《二程集》，中华书局2004年版，第461页。
② （清）黄宗羲著，（清）全祖望补修，陈金生、梁运华点校：《明道学案上》，《宋元学案》，中华书局1986年版，第557页。
③ （清）黄宗羲著，（清）全祖望补修，陈金生、梁运华点校：《明道学案上》，《宋元学案》，中华书局1986年版，第553页。
④ （清）黄宗羲著，（清）全祖望补修，陈金生、梁运华点校：《明道学案上》，《宋元学案》，中华书局1986年版，第566页。
⑤ 《论语·宪问》："子曰：'古之学者为己，今之学者为人。'"
⑥ （清）黄宗羲著，（清）全祖望补修，陈金生、梁运华点校：《明道学案上》，《宋元学案》，中华书局1986年版，第560页。

性完善也不会很远了。

《宋元学案》记载一段程颢论述学文（学习具体知识）与进德（增进德性修养）关系的话说："学者须学文，知道者进德而已。有德，则'不习，无不利'。'未有学养子而后嫁'，盖先得是道矣。学文之功，学得一事是一事，二事是二事，触类至于千百，至于穷尽，亦只是学，不是德。有德者不如是。故此言可为知道者言，不可为学者言。如心得之，则施于四体，四体不言而喻。譬如学书，若未得者，须心手相须而学；苟得矣，下笔便能书，不必积学。"[1] 程颢认为，学文是学者必须做的事情，但这不是说学文就必定能够进德，只有知晓天道、道义的人才明白学文的目的是"进德"。有德之人即使没有经过系统的学习，对德性的完善也没有影响，就好像《大学》中所说没有先学会养育孩子的方法再去出嫁的人一样。具体的学习，是学习一事是一事，学习二事是二事，即使能举一反三、触类旁通以至于无穷无尽，也只是广博了知识、扩大了知识面而已，这与个人的道德修养问题还是不相干的。有德之人是不会这样做的。这种道理只能和真正知晓天道的人说，与只知做学问的人是讲不明白的。如果一个人对这种道理能够心领神会，就会自然而然地把它实践出来。拿练习书法来说，不明白这种道理的人必须通过心记手练、心手结合才能学习；而明白这种道理的人呢，拿起笔就可以运用自如，不一定非要通过日积月累才能学习好书法。

学文讲习不仅是个人完善心性涵养的途径，也是个人成就功业的凭借。二程的弟子苏季明曾经以"治经为传道居业之实，居常讲习，只是空言无益"的问题问程颢和程颐，对此，程颢解释说："'修辞立其诚'不可不子细理会。言能修省言辞，便是要立诚。若只是修饰言辞为心，只是为伪也。若修其言辞，正为立己之诚意，乃是体当自家敬以直内、义以方外之实事。道之浩浩，何处下手？惟立诚才有可居之处，有可居之处则可以修业也。"[2] 在当时主张事功一派的人看来，研究经典和日常讲习只是空谈，并没有实际的效用，而程颢认为，通过"修辞"可以"立诚"，这里的"修辞"不是修饰言辞而已，

---

[1] （清）黄宗羲著，（清）全祖望补修，陈金生、梁运华点校：《明道学案上》，《宋元学案》，中华书局1986年版，第561页。

[2] （宋）程颢、程颐著，王孝鱼点校：《河南程氏遗书》卷一，《二程集》，中华书局2004年版，第2页。

而是修身、立己、诚意的入手处,由此可以体会内圣("敬以直内")与外王("义以方外")的实际工夫。天道浩然,只有"立诚"是最好的居身安命之所,有了这个居身安命的场所之后就可以更好地成就功业了。

第三,注意持敬与矜持有着本质的区别。持敬是一种发自内心的真实情感和态度,与矫揉造作、刻意为之的表面行为不同,不可把持敬当成矜持自恃,"执事须是敬,又不可矜持太过"①,太过矜持则超过了"敬"的尺度,容易出现虚假不诚的现象。因此,在"持敬"的过程中,待人接物要真正诚于中而形于外,要有真情实感,同时又循礼而为,这样才不至于流于矜持或造作。

因此,程颢强调,"谓敬为和乐则不可,然敬须和乐,只是中心没事也"②,"须是恭而安。今容貌必端,言语必正者,非是道独善其身,要人道如何,只是天理合如此,本无私意,只是个循理而已"③,持敬并不就是和乐,和乐是持敬要达到的一种修养境界,仅有持敬的行为而不注意持敬要达到的和乐目的就会流于呆板和形式,所谓的"容貌必端,言语必正",并不是要独善其身才这样做或"人道"要求必须这样做,也不是故意安排或强求世人这样做,这是天理如此,等到德性充盈、道德隆盛之后,自然会毫无窒碍,身心释然。"和乐"的这种精神境界是形于内而发于外的,是真性情自然流淌所呈现的一种状态,我们从程颢门人及后世学者对程颢为人一团和气的评价也可以看出。④

(四)"仁者浑然与物同体"

在程颢的人生哲学中,最引人注目的就是关于"仁"的论述与实践。程颢认为,先秦儒家所讲之仁学只注意了博施济众和"克己复礼",这还不

---

① (清)黄宗羲著,(清)全祖望补修,陈金生、梁运华点校:《明道学案上》,《宋元学案》,中华书局1986年版,第557页。

② (清)黄宗羲著,(清)全祖望补修,陈金生、梁运华点校:《明道学案上》,《宋元学案》,中华书局1986年版,第557页。

③ (清)黄宗羲著,(清)全祖望补修,陈金生、梁运华点校:《明道学案上》,《宋元学案》,中华书局1986年版,第568页。

④ 《明道学案下》记载程颢门人刘立之对程颢的评价说:"先生德性充完,粹和之气盎于面背,乐易多恕,终日怡悦,未尝见其忿厉之容。某问以临民,曰:'使民各输其情。'又问御史,曰:'正己以格物。'"[(清)黄宗羲著,(清)全祖望补修,陈金生、梁运华点校:《宋元学案》,中华书局1986年版,第576页]《明道学案》中类似的记载还有很多,不再详列。

是"仁"的最高境界,而只是"仁"之"用"的具体体现,"仁"之"体"在于"与万物一体""浑然与物同体",其所说格物致知与持敬涵养都是为了提升境界、完善人格,达"仁者浑然与物同体"的天人合一境界。程颢在《识仁篇》中向我们描述了这种境界:"学者须先识仁。仁者,浑然与物同体,义、礼、智、信皆仁也。识得此理,以诚敬存之而已,不须防检,不须穷索。"①

在程颢看来:"天人本无二,不必言'合'。若不一本,则安得先天而天弗违,后天而奉天时?"② 又,"道一本也"③,天与人本来就是合而为一的,那种主张"以心包诚,不若以诚包心;以至诚参天地,不若以至诚体人物"的观点是把天与人、物与我对立为二的做法,是"二本也",是不能做到《易经》中所说的"先天而天弗违,后天而奉天时"的,而明白天与人"不二本"的"大人"("圣人")不仅在处理世俗事务上可以达到"笃恭而天下平之道"④,而且可以做到"与天地合其德,与日月合其明"⑤。

程颢多次向我们描述这个与物同体、天人合一的精神境界,在这个境界中,天地万物就像四肢百体,是自己身体的一个组成部分,以爱护自己四肢百体的心态来对待自己之外的万事万物的话,就会对万物无所不爱,如此就可以达到人和万物合而为一:"若夫至仁,则天地为一身,而天地间品物万形为四肢百体。夫人岂有视四肢百体而不爱者哉?圣人,仁之至也,独能体是心而已。"⑥而圣人是至仁之人,也只有圣人才能匠心独运,体会这种境界并实践这种境界。同时,"仁者无对,放之东海而准,放之西海而准,放之南海而准,放之

---

① (清)黄宗羲著,(清)全祖望补修,陈金生、梁运华点校:《明道学案上》,《宋元学案》,中华书局1986年版,第540页.
② (清)黄宗羲著,(清)全祖望补修,陈金生、梁运华点校:《明道学案上》,《宋元学案》,中华书局1986年版,第563页。
③ (清)黄宗羲著,(清)全祖望补修,陈金生、梁运华点校:《明道学案上》,《宋元学案》,中华书局1986年版,第563页。
④ (清)黄宗羲著,(清)全祖望补修,陈金生、梁运华点校:《明道学案上》,《宋元学案》,中华书局1986年版,第563页。
⑤ (清)黄宗羲著,(清)全祖望补修,陈金生、梁运华点校:《明道学案上》,《宋元学案》,中华书局1986年版,第563页。
⑥ (宋)程颢、程颐著,王孝鱼点校:《河南程氏遗书》卷四,《二程集》,中华书局2004年版,第74页。

北海而准"①。仁德之人无论身处何时何地,都会受到人们的拥护和爱戴。

对此境界,钟泰先生认为程颢"得力于禅学为多。夫'仁者浑然与物同体',即所谓心佛众生,三无差别"②,但这里需要指出的是,佛教的心佛众生三无差别主要是肯定众生在成佛的可能性方面所具有的平等性,而程颢的"浑然与物同体"一方面是隋唐两宋时期儒佛道三教关系融合的产物,它与佛教认为一切皆苦而寻求彼岸解脱的出世的人生态度是有本质区别的;另一方面,程颢充分肯定人所应该具有的"公心","强调'一体'一语,以遣去人己之隔;盖所谓'公心',即'人己等视'之意"③。以此"公心"为出发点,随之而来的不是消极避世的出世的人生态度而是积极的入世的人生态度,这也是儒家学说与佛教、道教的最大不同。

程颢曾用形象的比喻——"切脉""医书"来说明仁者与万物浑然同体的境界,"切脉最可体仁"④,"助于手。总是一个诚耳!若手足痿痹,便是不仁矣"⑤,"医书言手足痿痹为不仁,此言最善名状。仁者以天地万物为一体,莫非己也。认得为己,何所不至。若不有诸己,自与己不相干,如手足不仁,气已不贯,皆不属己"⑥。手足是人的身体的重要组成部分,在血脉通畅、与身体一体的情况下,手足的痛痒与身体的其他部分密切相连;在血脉不畅、气息不连的情况下,手足的痛痒与身体的其他部分毫不相干,而手足成了与自己的身体对立的事物。通过切脉,在感受血脉源源不断的过程中,可以感觉肢体与身体主干的贯通性,由此体悟万物与人自身的合一性,在这种状态中,自然界中的一山一水、一草一木都是与生命血脉相连的存在者。

与孔子把"仁"提升解释为忠、孝、义、礼、智、信等众多德目的总德,汉代训"仁"为"爱",韩愈训"仁"为"博爱",张载使"仁"扩充而涵

---

① (清)黄宗羲著,(清)全祖望补修,陈金生、梁运华点校:《明道学案上》,《宋元学案》,中华书局1986年版,第555页。

② 钟泰:《中国哲学史》,辽宁教育出版社1998年版,第207页。

③ 劳思光:《新编中国哲学史》(三卷上),广西师范大学出版社2005年版,第158页。

④ (清)黄宗羲著,(清)全祖望补修,陈金生、梁运华点校:《明道学案上》,《宋元学案》,中华书局1986年版,第552页。

⑤ (清)黄宗羲著,(清)全祖望补修,陈金生、梁运华点校:《明道学案上》,《宋元学案》,中华书局1986年版,第563页。

⑥ (清)黄宗羲著,(清)全祖望补修,陈金生、梁运华点校:《明道学案上》,《宋元学案》,中华书局1986年版,第553页。

盖整个宇宙不同，程颢在这里进一步发挥"仁"的意蕴，认为"义、礼、智、信"皆是"仁"的表德，把"仁"从通常所说的仁、义、礼、智、信"五常"之中单提出来，把"仁"解释为一体连贯、生生不息之德，并从生命的感受和情感角度赋予流于形式、抽象的"仁"以真情实感。"博施济众，乃圣人之功用。仁至难言，故曰：'己欲立而立人，己欲达而达人。能近取譬，可谓仁之方也已。'欲令如是观仁，可以得仁之体。"① 在程颢看来，孔子所向往的博施济众的政治理想正是圣人体达天理而在现实社会施行的功用。这种境界是很难用言语加以表达的，但通过"己欲立而立人，己欲达而达人"，能近取譬的忠恕之道就可以达识仁之本体。

对此明儒刘宗周评断说："脉脉不断，正此仁生生之体无间断，故无痿痹。一断，便死了。不仁者，如邵子所谓'不知死过几万遍，却是不曾生'一般。"②

程颢曾让他的弟子观看鸡雏，并认为由此可以体会何者谓之"仁"，"观鸡雏，可以观仁"③，在程颢看来，"满腔子是恻隐之心"④，他希望通过对幼小鸡雏的恻隐之心和怜爱之情来体会"仁者浑然与物同体""仁者以天地万物为一体"的精神境界。

正因为"天人本无二"，所以，程颢强调要以天地为大我，要泛爱万物，认为这是"至仁"的境界，此时之人把自己看作和宇宙万物息息相关的整体，这种思想与张载"民胞物与"的思想有着很多共同的地方。我们从程颢对张载的《西铭》的充分肯定也可以看出来。"《订顽》之言，极纯无杂，秦、汉以来学者所未到"⑤，"《订顽》立心，便达得天德"⑥，"伯淳言：《西铭》某

---

① （清）黄宗羲著，（清）全祖望补修，陈金生、梁运华点校：《明道学案上》，《宋元学案》，中华书局1986年版，第553页。
② （清）黄宗羲著，（清）全祖望补修，陈金生、梁运华点校：《明道学案上》，《宋元学案》，中华书局1986年版，第553页。
③ （清）黄宗羲著，（清）全祖望补修，陈金生、梁运华点校：《明道学案上》，《宋元学案》，中华书局1986年版，第555页。
④ （清）黄宗羲著，（清）全祖望补修，陈金生、梁运华点校：《明道学案上》，《宋元学案》，中华书局1986年版，第553页。
⑤ （宋）程颢、程颐著，王孝鱼点校：《河南程氏遗书》卷二上，《二程集》，中华书局2004年版，第22页。
⑥ （宋）程颢、程颐著，王孝鱼点校：《河南程氏遗书》卷五，《二程集》，中华书局2004年版，第77页。

得此意，只是须得它子厚（张载）有如此笔力，它人无缘做得。孟子以后，未有人及此。得此文字，省多少言语。且教它人读书，要之仁孝之理备于此，须臾而不于此，则便不仁不孝也"①。程颢认为《订顽》一篇旨意纯正，意境高远，通达天理，这是孟子以后、秦汉以来历代学者所未达到的精神境界，而"仁者，浑然与物同体"的境界张载在《西铭》中早就表达清楚，"《订顽》意思，乃备言此体，以此意存之，更有何事"②。"《订顽》一篇，意极完备，乃仁之体也。学者其体此意，令有诸己，其地位已高。到此地位，自别有见处，不可穷高极远，恐于道无补也。"③ 因此，为学之人不用穷高极远，只要深刻地体察涵养其中意味，认识"仁"的这种境界即可。

而"浑然与物同体"之所以可能，就在于"天理"，如前所说，"理则天下只是一个理，故推至四海而准，须是质诸天地，考诸三王不易之理"④，在天地之间，在天理面前，天地万物与人类本身"生则一时生，皆完此理"，因此具有平等无碍的地位，并不是只有人才是最尊贵最灵异的存在者，草木鸟兽之心与人的心一样，平等地具有天理、体现天理，"非独人为至灵，自家心便是草木鸟兽之心也"⑤，而"'范围天地之化而不过'者，模范出一个天地耳，非在外也。如此曲成万物，岂有遗哉"⑥，所谓的参天地、赞化育并不是要在天地之外、主体之外重新拟造一个与己对立的天地，而是在与物一体的境界中曲成万物，天地万物在主体自身的观照、体察之下，自然就无有遗弃了。而一个能够关爱万物、心系万物的人，必定能以推己及人之心对世人有

---

① （宋）程颢、程颐著，王孝鱼点校：《河南程氏遗书》卷二上，《二程集》，中华书局2004年版，第39页。
② （宋）程颢、程颐著，王孝鱼点校：《河南程氏遗书》卷二上，《二程集》，中华书局2004年版，第17页。
③ （宋）程颢、程颐著，王孝鱼点校：《河南程氏遗书》卷二上，《二程集》，中华书局2004年版，第14页。
④ （宋）程颢、程颐著，王孝鱼点校：《河南程氏遗书》卷二上，《二程集》，中华书局2004年版，第38页。
⑤ （宋）程颢、程颐著，王孝鱼点校：《河南程氏遗书》卷一，《二程集》，中华书局2004年版，第4页。
⑥ （清）黄宗羲著，（清）全祖望补修，陈金生、梁运华点校：《明道学案上》，《宋元学案》，中华书局1986年版，第563页。

所助益："一命之士，苟存心于爱物，于人必有所济。"①

在《定性书》中，程颢描述了体认天理、通达"与物同体"之后的圣人境界："夫天地之常，以其心普万物而无心；圣人之常，以其情顺万物而无情。故君子之学，莫若廓然而大公，物来而顺应。"② 这里的"大公"与"顺应"不是无原则的、消极的等待和应对，而是在遵循天理、合乎道义的基础上心普万物、顺应万物；如果要做到这一点，必须超越个体小我的一己之私，像孔子所说的那样做到"修己以敬""修己以安人""修己以安天下"，只是与孔子不同的是，程颢所要安抚、观照的对象不是仅局限于天下的人类本身，而是包括人类在内的天地万物。

达到这种境界之后的人行住坐卧、言谈举止都会与天理契合，毫无间断，"涵养到著落处，心便清明高远。人虽睡著，其识知自完，只是人与唤觉便是，他自然理会得"③，即使是在睡梦之中，其对天理的视察和知晓仍然清楚明白，而《周易参同契》中所说的"天地设位，而易行乎其中"（《周易参同契》）和《诗经》中所说的"维天之命，于穆不已！于乎不显，文王之德之纯"突出的就是诚敬的品性，只要以诚敬为本，自然会遍爱万物，"体物而不可遗"，无有间断；相反，"不诚则无物"，物我对立，天人相隔，"'天地设位，而易行乎其中'，只是敬也。敬则无间断"④，"'体物而不可遗'者，诚敬而已矣。不诚，则无物也。《诗》曰：'维天之命，于穆不已！于乎不显，文王之德之纯！'纯则无间断"⑤。并且，"至诚可以赞天地之化育，则可以与天地参"⑥。这里的"赞"是参赞的意思，是指"先天而天弗违，后天而奉天

---

① （清）黄宗羲著，（清）全祖望补修，陈金生、梁运华点校：《明道学案上》，《宋元学案》，中华书局1986年版，第560页。

② （宋）程颢、程颐著，王孝鱼点校：《河南程氏文集》卷二，《二程集》，中华书局2004年版，第460页。

③ （清）黄宗羲著，（清）全祖望补修，陈金生、梁运华点校：《明道学案上》，《宋元学案》，中华书局1986年版，第569页。

④ （清）黄宗羲著，（清）全祖望补修，陈金生、梁运华点校：《明道学案上》，《宋元学案》，中华书局1986年版，第557页。

⑤ （清）黄宗羲著，（清）全祖望补修，陈金生、梁运华点校：《明道学案上》，《宋元学案》，中华书局1986年版，第557页。

⑥ （清）黄宗羲著，（清）全祖望补修，陈金生、梁运华点校：《明道学案上》，《宋元学案》，中华书局1986年版，第563页。

时",也就是能洞察天地万物的规律,与时俱进,并不是指帮助天地长养万物、化育万物。

或日理万机,或戎马生涯,或箪食饮水,都会从中发现乐趣,达到像佛教所说的"境随心迁"的境界:"百官万务,金革百万之众,饮水曲肱,乐在其中。万变俱在人,其实无一事。"① 而此时之心,也不会固执一域,而是从心所欲,周流无穷:"人心常要活,则周流无穷,而不滞于一隅。"② 同时对世人所忧惧的死生存亡问题也会了然知晓,不再畏惧:"死生存亡,皆知所从来,胸中莹然无疑,止此理耳。孔子言'未知生,焉知死',盖略言之。死之事,即生是也,更无别理。"③

(五) 对佛道的批判

在对儒学之外的其他各家各派的态度上,程颢虽然早年出入佛老,但坚守儒家立场,对其他各派特别是佛教加以批判。据《宋元学案》记载:程颢"泛滥于诸家,出入于老、释者几十年,返求诸《六经》,而后得之。秦、汉而下,未有臻斯理也"。从黄宗羲对程颢的记述可以看出,程颢早年涉猎甚广,对佛教和道家(道教)尤其熟悉,曾几十年流连老、佛,但最后返归儒家"六经",以儒学为安身立命之所,并成了秦汉以来最著名的儒学大家。

归宗儒学的程颢本着对诸子百家的熟稔,也看到了各派的特点和弊端。程颢曾经评论各家思想说:"杨、墨之害甚于申、韩,佛、老之害甚于杨、墨。杨氏为我,疑于仁;墨氏兼爱,疑于义;申、韩则浅陋易见。故孟子只辟杨、墨,为其惑世之甚也。佛氏其言近理,又非杨、墨之比,此所以为害尤甚。杨、墨之害亦经孟子辟之,所以廓如也。"程颢从儒家的立场出发,认为杨朱为我的思想不合仁爱的主旨,墨子兼爱的思想与义理不合,申不害对术的侧重与韩非对法势术的论述太过浅陋,这四者相比之下,杨朱、墨子的思想却比申不害与韩非的法家思想更危害世人思想,战国之乱就是杨、墨思

---

① (清)黄宗羲著,(清)全祖望补修,陈金生、梁运华点校:《明道学案上》,《宋元学案》,中华书局1986年版,第565页。

② (清)黄宗羲著,(清)全祖望补修,陈金生、梁运华点校:《明道学案上》,《宋元学案》,中华书局1986年版,第563页。

③ (清)黄宗羲著,(清)全祖望补修,陈金生、梁运华点校:《明道学案上》,《宋元学案》,中华书局1986年版,第560页。

想导致的结果，所以孟子当时只批判杨朱和墨子的思想，但与佛教、道教相比，佛教和道教的思想又比杨朱和墨子的思想更为有害，因为，佛教的思想很合乎情理，这是杨朱和墨子思想所不能相比的，但也是其更为有害的地方。而经过孟子的批判之后，杨朱和墨子的思想已经被世人认识得很清楚了。言下之意，佛教和道教的思想必须有像孟子那样的人出来加以解释和批判，这样儒学才能真正地弘扬、发展，而程颢正是以担当此任自居的。

而在佛教和道教二者之间，程颢"更偏重于批评佛教，而认为道家无大影响"，对于道教更少论及①，"今异教之害，道家之说则更没可辟，唯释氏之说衍蔓迷溺至深。今日是释氏盛而道家萧索。方其时，天下之士往往自从其学，自难与之力争"②，"如道家之说，其害终小。惟佛学，今则人人谈之，弥漫滔天，其害无涯"③。这主要是从佛教在当时社会产生的影响方面进行批评的，劳思光先生认为程颢评佛教的论点主要有两个："其一批评其精神境界，其二批评其对世界之态度。"并且认为程颢并未以某种佛教理论为批判对象，不是严格意义上的理论批评，只是立场或方向上的批评，在评论佛教精神境界时，主要论点落在佛教强调生死苦乐；在评论佛教对世界的态度时，主要论点是佛教否定现实世界的一切活动，致力于"彼岸"世界的涅槃解脱，而儒学以现实世界为方向，致力于"此岸"世界的价值实现。④

而程颢之所以对佛教批评较多，主要是就佛教对当时人的思想影响而言的。在程颢看来，佛教刚传入之时，即使是在很兴盛的时候，人们也只是"崇设像教"，当作与本土的天地神灵一样的祈求福佑的对象而已，此时"其害至小"，影响不大；但"今日之风，便先言性命道德，先驱了知者，才愈高明，则陷溺愈深"，在程颢的时代，佛教的影响已经不限于民众的祈求福佑，而且深深影响了知识分子的思想，这比魏晋清谈的危害更大⑤，也正是看到了

---

① 详见劳思光《新编中国哲学史》（三卷上），广西师范大学出版社2005年版，第165页。
② （宋）程颢、程颐著，王孝鱼点校：《河南程氏遗书》卷二上，《二程集》，中华书局2004年版，第38页。
③ （宋）程颢、程颐著，王孝鱼点校：《河南程氏遗书》卷一，《二程集》，中华书局2004年版，第3页。
④ 详见劳思光《新编中国哲学史》（三卷上），广西师范大学出版社2005年版，第165—168页。
⑤ 《河南程氏遗书》卷二上："清谈盛而晋室衰。然清谈为害，却只是闲言谈，又岂若今日之害道？"[（宋）程颢、程颐著，王孝鱼点校：《二程集》，中华书局2004年版，第23页]

佛教对人的思想的这种影响，程颢才奋起批评佛教，挺立儒学的本位立场。

总观程颢对佛教的批评，可以发现程颢对佛教的批评具体有以下几个方面。

首先，程颢根据儒家与佛教为学动机的不同，从积极的人生态度和人类的心理情感出发，批评佛教在社会伦理的理论和人生实践上的不足，用程颢的话说就是，"'敬以直内，义以方外'，合内外之道也"①，而佛教"有一个觉之理，可以'敬以直内'矣，然无'义以方外'"②。并且，佛教修行者的"直内"方面，从根本上来说也是有所欠缺的。因此，程颢认为"释氏，内外之道不备者也"③。就好像谈论《易经》，一般都能从文字上前后贯穿，得其大概意思，但是只有把《易经》所蕴含的义理与个人的身心修养结合起来、使其对个人的修为有所助益才行，也就是必须在"'默而成之，不言而信，存乎德行'处"有所受益才行。一般谈禅论道者虽然也说是"有所得"，但其实是"未之有得"，虽然也有一些修行者自己认识到佛教不可以治理国家、治理天下，但却没有认识到"得本则可以周遍"④、内圣则可以外王的道理，因此，在外王事功方面有所不足，并且忽略了作为社会之人所应该具备的人伦纲常礼节。

在程颢看来，社会生活的纲常伦理的理论及其实践，是一种周延的理论和完满的人生所不可或缺的，天道与人道是圆融无碍的，由天道可以下贯人道，由人道也可以上达天道；天道下贯人道的过程是天赋予人性、命的生成过程，人道上达天道是人体达天道、完善心性、求善求全的过程；佛教在人生实践上及道体上的不足亦在于此。

程颢认为，"人伦者，天理也。彼将其妻子当作何等物看，望望然以为累者，文王不如是也"⑤，纲常伦理，君臣父子、夫妇子女、兄弟朋友等人伦关

---

① （宋）程颢、程颐著，王孝鱼点校：《河南程氏遗书》卷十一，《二程集》，中华书局2004年版，第118页。

② （宋）程颢、程颐著，王孝鱼点校：《河南程氏遗书》卷二上，《二程集》，中华书局2004年版，第24页。

③ （宋）程颢、程颐著，王孝鱼点校：《河南程氏遗书卷》卷十一，《二程集》，中华书局2004年版，第118页。

④ （宋）程颢、程颐著，王孝鱼点校：《河南程氏遗书》卷二上，《二程集》，中华书局2004年版，第24页。

⑤ （宋）程颢、程颐著，王孝鱼点校：《河南程氏外书》卷七，《二程集》，中华书局2004年版，第394页。

系乃天理实践,既是一个生活在社会中的人所应该遵守的社会准则和道德规范,也是一个人所应担当的义务和责任,它是分内之事而不应该是一种负担和拖累。而佛教"其术大概且是绝伦类,世上不容有此理。又其言待要出世,出那里去?又其迹须要出家,然则家者,不过君臣、父子、夫妇、兄弟,处此等事,皆以为寄寓,故其为忠孝仁义者,皆以为不得已尔。又要得脱世网,至愚迷者也"①。佛教抛家弃国、离妻别人、以家国天下为负累的行为是自私用智的行为,也是灭绝伦类的行为,这是绝不能容恕的,佛教讲出世,这本身是一个矛盾的体现,人无论身处何地,总是在现实社会之中,总是在此世,是不可能真正出离开这个"世界"的;既然不能真正脱离此世,那就仍然生活在现实社会之中,总还要和一般人一样衣食住行、行住坐卧,仍然要处在世俗的各种关系网之中,"[伯淳言]若尽为佛,则是无伦类,天下却都没人去[理];然自亦以天下国家为不足治,要逃世网,其说至于不可穷处,它又有一个鬼神为说"②,"今彼言世网者,只为些秉彝又珍灭不得,故当忠孝仁义之际,皆出于不得已,直欲和这些秉彝都消杀得尽,然后以为至道也。然而毕竟消杀不得。如人之有耳目口鼻,既有此气,则须有此识;所见者色,所闻者声,所食者味。人之有喜怒哀乐者,亦其性之自然,今强曰必尽绝,为得天真,是所谓丧天真也"。这些社会关系是不可能去除的,就像人有耳目口鼻一样,既然是活着有气息的,自然就会有所识见;眼看五色,耳闻五音,口嗜五味;而喜怒哀乐也是一个正常人所应该具有的感情,为了寻觅"天真"而强迫自己灭绝这些生性自然的功能,这种做法才是真正地丧失"天真"。

同时,佛教这种绝灭人伦的做法也是没有贯通天人,把天道与人道分为两截的表现:"释氏谈道,非不上下一贯,观其用处,便作两截。"③"释氏本怖死生,为利岂是公道?唯务上达而无下学,然则其上达处,岂有是也?元不相连属,但有间断,非道也。孟子曰:'尽其心者,知其性也。'彼所谓'识心见性'是也。若'存心养性'一段事则无矣。彼固曰出家独善,便于

---

① (宋)程颢、程颐著,王孝鱼点校:《河南程氏遗书》卷二上,《二程集》,中华书局2004年版,第24页。
② (宋)程颢、程颐著,王孝鱼点校:《河南程氏遗书》卷二上,《二程集》,中华书局2004年版,第24—25页。
③ (宋)程颢、程颐撰:《二程外书》,上海古籍出版社1992年影印版,第51上页。

道体自不足。"① 在程颢看来，人伦纲常、伦理关系、社会关系是人道所应有的活动，这是"下学"工夫，只有通过"下学"工夫的切身实践才有可能真正实现上达天道，与天道契合无间；孟子所讲的"尽心知性"也就是佛教所说的"识心见性"，但孟子在讲"尽心知性"的同时，还讲了必须通过现实生活才能实现的"存心养性"的具体实践和工夫问题，而佛教所缺少的就是这一层工夫，因此，程颢说"彼固曰出家独善，便于道体自不足"，"释氏无实"②。程颢比喻说"释氏说道，譬之以管窥天，只务直上去，惟见一偏，不见四旁，故皆不能处事。圣人之道，则如在平野之中，四方莫不见也"③，也就是说，佛教讲天道、缘起性空，就好像以管窥天，只能通过细小的管子看一点点天空，而看不到管子以外的景象，所以不能应物处世；而儒家圣人之道，就好像身处平旷之地，视野开阔，四周景色尽收眼底、无所不见。针对有人提出的佛教中"地狱"报应之说是为了让下根之人为善去恶而设的说法，程颢说："至诚贯天地，人尚有不化，岂有立伪教而人可化乎？"④ 至诚之人是贯通天地的，人尚且有没被教化向善的，哪里能靠设立虚假的教化手段使人迁善呢？因此程颢认为"释氏无实"⑤，并且认为"释氏说道，譬之以管窥天，只务直上去，惟见一偏，不见四旁，故皆不能处事。圣人之道，则如在平野之中，四方莫不见也"⑥，佛教谈论道理好像"以管窥天"，只管从管子中间往上看，只见到管口大小的天空，而看不到四周情况，所以不能在实际生活中具体运用；而圣人之道平实明白，就好像身处开阔的平野之上，视野开阔，四周景色一目了然。

其次，从肯定天理——道的角度，批评佛教人士没有洞达天理、大道。

---

① （宋）程颢、程颐著，王孝鱼点校：《河南程氏遗书》卷十三，《二程集》，中华书局2004年版，第139页。
② （宋）程颢、程颐著，王孝鱼点校：《河南程氏遗书》卷十三，《二程集》，中华书局2004年版，第138页。
③ （宋）程颢、程颐著，王孝鱼点校：《河南程氏遗书》卷十三，《二程集》，中华书局2004年版，第138页。
④ （宋）程颢、程颐著，王孝鱼点校：《河南程氏遗书》卷十三，《二程集》，中华书局2004年版，第139页。
⑤ （宋）程颢、程颐著，王孝鱼点校：《河南程氏遗书》卷十三，《二程集》，中华书局2004年版，第138页。
⑥ （宋）程颢、程颐著，王孝鱼点校：《河南程氏遗书》卷十三，《二程集》，中华书局2004年版，第138页。

程颢认为,中国的古圣先哲"见道分明",所以才说,"'吾斯之未能信','从事于斯','无是馁也','立之斯立'"①,也就是说,刚开始对道——天理处于"未能信"的层次,后来慢慢体会天理——道之后就从事于此道的弘扬,并且对天道的弘扬是坚持不懈、毫不气馁的,在体认天道、与天道合一之后,自己也就找到了真正的安身立命之所。在天人合一的境界中,就像张载所说的"存,吾顺也;没,吾宁也",世人日夜忧心的生死存亡问题也是人生分内之事,是无可恐惧的。而佛教之所以总是用世人恐惧的生死问题来骇人听闻,就是因为其没有洞达天理,更奇怪的是两千年来居然没有人发现佛教没有洞达天理的这个现象,所以总是被佛教的死生学说吸引:"[佛学]只是以生死恐动人。可怪二千年来,无一人觉此,是被他恐动也。圣贤以生死为本分事,无可惧,故不论死生。佛之学为怕死生,故只管说不休。下俗之人固多惧,易以利动……旧尝问学佛者:'传灯录几人?'云'千七百人'。某曰:'敢道此千七百人无一人达者。果有一人见得圣人"朝闻道夕死可矣"与曾子易箦之理,临死须寻一尺布帛裹头而死,必不肯削发胡服而终。是诚无一人达者。'"② 在程颢看来,即使是标榜与原始佛教大不相同的中国本土佛教——禅宗也是如此,其虽然呵佛骂祖,否定外在的形式,追求心解脱和慧解脱,但也没有真正明白所谓的心迹、上下、本末、内外皆是一理,都是天理的具体呈现,没有超出理的范围的事物,这才是真正的真谛,如果明白孔子所说的"朝闻道夕死可矣"和曾子易箦的深刻含义的话,就会在临死之时寻找一尺布帛裹住剃光的头颅,而不会剃发穿胡人衣服而死了。对此,修禅之人说:"剃发僧装不过是外在的形式而已,为什么不重视佛教的主张——'心'呢?"程颢断然回答说:"心迹一也,岂有迹非而心是者也?正如两脚方行,指其心曰:'我本不欲行,他两脚自行。'岂有此理?盖上下、本末、内外,都是一理也,方是道。庄子曰'游方之内''游方之外'者,方何尝有内外?如此,则是道有隔断,内面是一处,外面又别是一处,岂有此理?"就心迹关系来说,就好像两脚行走的道理一样,不能说是"我心里不想走的,

---

① (宋)程颢、程颐著,王孝鱼点校:《河南程氏遗书》卷一,《二程集》,中华书局2004年版,第3页。

② (宋)程颢、程颐著,王孝鱼点校:《河南程氏遗书》卷一,《二程集》,中华书局2004年版,第3页。

但两个脚不听使唤，是两脚要行走"，这显然是荒谬的。所谓的内外之分、心迹之别都是相对的，具体的"方"是没有内外的，如果硬要分出内外则说明"道"是隔断的，不是通达的，这种道理是说不通的。

再次，用儒家的天理说批评佛教的缘起性空学说，认为佛教还没有达到儒家所说的"穷神知化"的最高境界。佛教讲一切事物都是因缘和合、性空妙有的，具体的天地万物，比如草木鸟兽都是从缘起的角度讲，都是在一定的条件下由一定的物质构成的，就此一方面讲事物是虚幻不实的，是诸法皆空的；所以《金刚经》讲"一切有为法，如梦幻泡影，如露亦如电，亦作如是观"。佛教智者由此消极地得出四大皆空、人生皆苦的理论，并劝导世人勘破对尘世的迷恋和执着，皈依常、乐、我、净的佛国净土。而当时学禅之人也是用这种道理来质问程颢："草木鸟兽之生，亦皆是幻。"对此，程颢回答说："子以为生息于春夏，及至秋冬便却变坏，便以为幻，故亦以人生为幻，何不付与他。物生死成坏，自有此理，何者为幻?"[①] 程颢在肯定世间万物皆有运动变化、成住坏灭的前提下，认为现实世界是真实存在的，现实宇宙并不是像佛教所认为的那样是一切皆空的，在变动不居的现象世界之后有变动不居之理，在虚幻之后也有虚幻之理，这种变动不居之理与虚幻之理本身却体现着恒常存在的天理；春华秋实、成住坏灭，这本是自然界万物恒常不变的规律，是"理"的具体体现，"理"是超越现实世界的绝对存在，是万物的根源，而不是虚幻不实的，就像一棵树春天开花秋天枯萎是自然规律、一个人活年近一百死去是自然规律一样，如果树一年四季一直开花、人活到一百多岁仍然不死，那就是违背自然规律而不是正常现象了，"只如一株树，春华秋枯，乃是常理，若是常华，则无此理，却是妄也。今佛氏以死为无常，有死则有常，无死却是无常"[②]，"为释氏者，以成坏为无常，是独不知无常乃所以为常也。今夫人生百年者常也，一有百年而不死者，非所谓常也。释氏推其私智所及而言之，至以天地为妄，何其陋也"，佛教从万物春夏生息、秋冬枯槁的自然现象得出包括人生在内的一切现象皆如梦幻泡影的结论是不合理的，也是很浅陋的。同时，"佛氏不识阴阳昼夜死生古今，安得谓形而上

---

① （宋）程颢、程颐著，王孝鱼点校：《河南程氏遗书》卷一，《二程集》，中华书局2004年版，第4页。
② （宋）程颢、程颐撰：《二程外书》卷十，上海古籍出版社1992年影印版，第44页。

者与圣人同乎？"① 佛教连阴阳昼夜死生古今之中所蕴含的道理都不明晓，又怎能说其在哲学境界上与圣人一样呢？同时，针对佛教理论中各种地狱是为了下根之人去恶向善而设置的言论，程颢直接进行了否定。在程颢看来，生死不再是截然两分的对立体，而只是人类生存的两种自然样态，"有生者，必有死；有始者，必有终，此所以为常也"②，朝朝暮暮压在佛教修行者内心、衍生烦恼苦闷的精神顽石——死亡，在程颢这里被积极地淡化、消解了。

并且，程颢认为，天地万物一体同理，理是宇宙万物的根源所在，人与物的区别是"人则能推，物则气昏，推不得，不可道他物不与有也"，人有理性思考的能力，可以反观自身，体认天理，而物则不能，但这并不能说物不具备天理。只是因为人往往自私起念，从物质享受上打算，所以没能意识到万物一体的道理。在程颢看来，佛教人士正是这样，从自身着眼，由于对于自身无可奈何便转而产生厌恶心理，一味要去尽根尘，像枯木死灰一样绝情断念，程颢由此得出结论说，"释氏其实是爱身，放不得，故说许多。譬如负贩之虫，已载不起，犹自更取物在身。又如抱石沉河，以其重愈沉，终不道放下石头，惟嫌重也"③，认为佛教其实是爱护身体，就像负贩之虫、抱石沉河的举止一样。

最后，从本土文化立场，批评佛教为外来宗教，强调民族文化的优越性，并从公私之别来判定佛教是自私用智、仅独善其身的思想，儒学是博施济众、内圣外王兼顾的哲学。

程颢说："佛者一點胡尔，它本是个自私独善，枯槁山林，自适而已。若只如是，亦不过世上少这一个人。又却要周遍，谓既得本，则不患不周遍。要之，决无此理。"④ "果有一人见得圣人'朝闻道夕死可矣'与曾子易箦之理，临死须寻一尺布帛裹头而死，必不肯削发胡服而终。"⑤ 认为小乘佛教离

---

① （宋）程颢、程颐著，王孝鱼点校：《河南程氏遗书》卷十四，《二程集》，中华书局2004年版，第141页。
② （宋）程颢、程颐著，王孝鱼点校：《河南程氏外书》卷七，《二程集》，中华书局2004年版，第394页。
③ （宋）程颢、程颐著，王孝鱼点校：《河南程氏遗书》卷二上，《二程集》，中华书局2004年版，第33—34页。
④ （宋）程颢、程颐著，王孝鱼点校：《河南程氏遗书》卷二上，《二程集》，中华书局2004年版，第24页。
⑤ （宋）程颢、程颐著，王孝鱼点校：《河南程氏遗书》卷一，《二程集》，中华书局2004年版，第3页。

家修行是自私独善的行为，其在深山老林形同枯槁地修行也只是为了找到一种自我调适的方法而已，这样看的话，少了此人也不过是世上少了一个人而已，没有什么大的影响；大乘佛教讲度己度人、自度度他，在表面上看与儒家的成己成物说的都是"一种超升或觉悟"，没有什么不同，但如劳思光先生所说佛教对此世持否定态度，而儒学对此世持肯定态度。

程颢认为佛教有些思想在中国本土早就有了，只不过从汉唐以来儒家人士没有领悟到而已。比如佛教所说的"前后际断"，是讲有为法（佛教中广义的是指由因缘和合造作的现象；狭义而言，特指人的造作行为，也指一切处于相互联系、生灭变化中的现象，而以生、住、异、灭之四有为相为其特征）前际后际断绝而不常住，但因为前后相继，表面看来却好像没有断绝一样。一般人看到这种理论便以为是佛教所独有的，但是程颢认为，"佛言前后际断，纯亦不已是也，彼安知此哉？子在川上，曰：'逝者如斯夫！不舍昼夜。'自汉以来儒者，皆不识此义，此见圣人之心纯亦不已也。《诗》曰：'维天之命，于穆不已。'盖曰天之所以为天也。'于乎不显，文王之德之纯'，盖曰文王之所以为文也。纯亦不已，此乃天德也。有天德便可语王道，其要只在慎独"①。佛教所说的"前后际断"也就是儒家所说的"纯亦不已"的意思，孔子站在滔滔流逝的江水边喟叹人生时光犹如滔滔江水，一去不返。《诗经》中也有"维天之命，于穆不已"的诗句，讲的都是这种道理，只不过这种深奥的道理只有像文王、孔子那样心系天下苍生的圣人才能真正体悟，"纯亦不已"所讲的是天道流行、天德呈现的澄明境界，体认天德之人才能谈论王道政治，一般来说，达到此种境界的方法就是"慎独"、诚敬。

在程颢看来，"圣人致公，心尽天地万物之理，各当其分。佛氏总为一己之私，是安得同乎？圣人循理，故平直而易行。异端造作，大小大费力，非自然也，故失之远"②。程颢眼里的儒家圣人是以"公"为先的，"心尽天地万物之理"，使天地万物各得其所，各尽所能；而佛教总是为一己之私，与

---

① （宋）程颢、程颐著，王孝鱼点校：《河南程氏遗书》卷十四，《二程集》，中华书局 2004 年版，第 141 页。
② （宋）程颢、程颐著，王孝鱼点校：《河南程氏遗书》卷十四，《二程集》，中华书局 2004 年版，第 142 页。

圣人是不可同日而语的；圣人是遵循自然规律而行的，所以其行为平直切近，简单易行；而佛教私意造作，煞费力气，不遵循自然，所以与天理相去甚远。同时，佛教虽然也"有一个觉之理"，可以"敬以直内"、修身养性，但缺乏"义以方外"这一层工夫，也就是缺少事功层面的工夫。并且，佛教所讲的"直内者，要之其本亦不是。譬之赞《易》，前后贯穿，都说得是有此道理，然须'默而成之，不言而信，存乎德行'处，是所谓自得也。谈禅者虽说得，盖未之有得。其徒亦有肯道佛卒不可以治天下国家者，然又须道得本则可以周遍"①。也就是说佛教所讲的修身养性工夫与儒家的修齐治平工夫仍然不同，其最终目的不是"治天下国家"，而是涅槃解脱，与儒家内圣外王的思想相比，仍有着不足之处。程颢从社会伦常、人伦日用的角度引用伊尹"天之生斯民也，使先知觉后知，使先觉觉后觉。予天民之先觉者也，予将以斯道觉斯民也"的言论批评佛教说："释氏之云觉，甚底是觉斯道？甚底是觉斯民？"②认为佛教所说的"觉"的内容和对象都是有违社会伦常的，是值得怀疑和反思的。

《二程遗书》记载程颢不喜欢谈论佛教。有人对程颢说，佛教的义理是很有道理的，只不过佛教的仪式不可取罢了。对此，程颢回答说："所谓迹者，果不出于道乎？然吾所攻，其迹耳；其道，则吾不知也。使其道不合于先王，固不愿学也。如其合于先王，则求之六经足矣，奚必佛？"③程颢认为，所谓的"迹"——外在仪式与"道"是相与为一的，而不是截然对立的。其所批判的正是佛教抛家弃国、剃发修行的形式，而对此形式的批评也就等同于对佛教本身的批评；如果佛教义理与儒家往圣先哲的思想不相符合，那么自己是不愿意学习的；如果佛教的义理与儒家思想相符合，那么研究"六经"、学习儒家思想就可以了，又何必去费力地学佛教呢？

总的来说，程颢在这里虽然主要是从经验的、感性的角度对佛教进行批

---

① （宋）程颢、程颐著，王孝鱼点校：《河南程氏遗书》卷二上，《二程集》，中华书局2004年版，第24页。

② （宋）程颢、程颐著，王孝鱼点校：《河南程氏遗书》卷十四，《二程集》，中华书局2004年版，第142页。

③ （宋）程颢、程颐著，王孝鱼点校：《河南程氏遗书》卷四，《二程集》，中华书局2004年版，第69页。

判，但是在这种感性经验之中却渗透进了一种视生死为一体的升华了的理性精神和宽广胸襟，这种精神和胸襟影响和指引着其后的儒家人士批评佛教、吸取佛教的路向，最终消融了佛教，促成了宋明儒学的兴盛和繁荣。

四 人性论

在人性论方面，程颢坚持孟子的"性善"论，认为"性无不善"①，人性在本源意义上是没有不善的，但就人性中"恶"的问题方面，孟子没有进行详尽的阐述，对此，程颢在继承孟子性善论的继承上，又结合张载从气论的角度把人性分为"天地之性"与"气质之性"的方法，认为人性有"天命之性"和"气质之性"，用"天地之性"解释性善的问题，用"气质之性"解释性恶的方法，并称"气质之性"为"生之谓性"。程颢认为，天理下降到人身上即为"天地之性"，此性是至善的，也是人所共有的，人之所以能够通过涵养心性迁恶向善、成圣成贤就是因为天地之性存在，其中，至善的"天地之性"具体表现为人的伦理道德品性包括仁、义、礼、智、信，这五者之中，"仁"是最基本的，"义、礼、智、信皆仁"。而所谓的性即气、气即性，这是从"生之谓性"的角度说的。程颢认为，人禀气而生，气有清浊、轻重的区别，在"气化"的过程中人因为所禀赋的气的性质的不同导致对天理的禀受程度也就不同，从而产生"恶"的因素。所以从理的角度上讲是有善恶区别的，但这种区别不是人性中本来就有的，并不是说人性之中本来就有善恶两种性质的人性相对而存在。程颢说："天下善恶皆天理。谓之恶者，非本恶，但或过或不及，便如此。如杨、墨之类。"② 天下所有的善或恶都是天理的体现，之所以称为"恶"，并不是从根源上讲是"恶"的，只是因为对天理体察涵养的过程中出现了"过"或"不及"的现象才有"恶"的出现，就好像杨朱的为我思想和墨子的兼爱思想一样。"事有善恶，皆天理也。天理中物，须有美恶。盖物之不齐，物之

---

① （宋）程颢、程颐著，王孝鱼点校：《河南程氏外书》卷七，《二程集》，中华书局2004年版，第393页。

② （清）黄宗羲著，（清）全祖望补修，陈金生、梁运华点校：《明道学案上》，《宋元学案》，中华书局1986年版，第551页。关于此段话《河南程氏粹言》卷一中归于伊川之语，我们从《二程集》可以知道，这句话反映了二程共同的思想。

情也。但当察之,不可自入于恶,流于一物。"① 从另一方面讲,世间万物需要有美恶好丑、参差不齐的现象,这是事物本身的属性所需要的,只要能仔细体察,辨别善恶好丑就可以了,不可以让自己放任自流,陷入不好的一面。朱熹认为程颢所说的"人生气禀,理有善恶,善固性也,然恶亦不可不谓之性也"之中"似有恶性相似"②,但朱熹又转为其圆融说程颢"生之谓性"之性包含天道之性与气质之性而言,并说"人生气禀,理有善恶"之"理"是"理当如此""合"的意思,不是说"实理"③。唐君毅先生则认为,程颢所说的"善恶皆天理"等话并不是"依于一静态的观善恶为二理二性而说,而正是意在动态的观此善恶二者之实原于一本。因一切恶,初只是过不及,即皆可由人之返于中正以得化除者。既可化除,则终不离乎一本,而皆可说为天理或性之一阶段之表现"④。

其实,程颢自己对人性中的善恶问题有自己的解释。一般所说的"有自幼而善,有自幼而恶"的现象并不是说人性本身包含善恶两种,而是"气禀"的缘故:"'生之谓性',性即气,气即性,生之谓也。人生气禀,理有善恶,然不是性中元有此两物相对而生也。有自幼而善,有自幼而恶,是气禀自然也。"⑤ 程颢对善恶这两种道德属性在人性中的位置的解释虽然存在把人的自然属性与人的社会属性相混淆的问题,但这种解释相较于孟子的性善、荀子的性恶及王充的善恶相混等有更合理的地方,也可以说他给人性中"恶"的问题找到了一种较为合理的解释。

从"生之谓性"和"人生而静"的角度来说人性的话,所谓的性善、性恶都可以说是可以的,因为所谓的性善、性恶都是相对的,一谈到人性时也就有了善恶对待的先入之见;程颢用水流来解释人性善恶问题。"善固性也,然恶亦不可不谓之性也。盖'生之谓性''人生而静'以上不容说,才说性时,便已不是性也。凡人说性,只是说'继之者善'也,孟子言人性善是也。夫所谓

---

① (清)黄宗羲著,(清)全祖望补修,陈金生、梁运华点校:《明道学案上》,《宋元学案》,中华书局1986年版,第551页。
② (宋)黎靖德编:《朱子语类》卷九十五,中华书局1986年版,第2429页。
③ (宋)黎靖德编:《朱子语类》卷九十五,中华书局1986年版,第2426页。
④ 唐君毅:《中国哲学原论·原性篇》,中国社会科学出版社2005年版,第226页。
⑤ (清)黄宗羲著,(清)全祖望补修,陈金生、梁运华点校:《明道学案上》,《宋元学案》,中华书局1986年版,第564页。

'继之者善'也者，犹水流而就下也。皆水也。有流而至海，终无所污，此何烦人力之为也？有流而未远，固已渐浊；有出而甚远，方有所浊。有浊之多者，有浊之少者。清浊虽不同，然不可以浊者不为水也。如此，则人不可以不加澄治之功。"① 程颢认为一般人谈论人性，多是和孟子一样从人性的根源处来说，而所谓"继之者善"就好像水向低处流淌的本性一样。但同样是水，有的水即使没有任何人为帮助，流淌到大海也不会有所污染，有的水刚流不远就变得混浊了，有的水流出到很远的地方才变得混浊；同样是混浊的水，但有的浊得重一些，有的浊度轻一些。水的清浊虽然有所不同，但并不可以说混浊的水不是水，而人呢，亦不可以因为人性中恶的一面便不做修养的工夫、迁恶向善。

程颢认为，告子说"生之谓性"主要是从人的自然属性来说的，自然界所产生的任何生物都有其自然属性，其中包括牛的本性、马的本性等，程颢认为佛教中一切四生都有佛性的观点是不合适的，天命下降于下，万物各赋天命而生，能按天命而生者并不失其本性的即所谓"道"。就这一点来说，人与万物一样，这就是所谓的"率性"："'修道之谓教'，此则专在人事，以失其本性，故修而求复之，则入于学。若元不失，则何修之有？是由仁义行也。则是性已失，故修之。'成性存存，道义之门'，亦是万物各有成性存存，亦是生生不已之意。天只是以生为道。"②《中庸》中所说的"修道之谓教"主要是指人类而言，因为人类由于物质性的形体及外在因素，容易使至善的本性被覆盖或迷失，因此需要通过涵养工夫来回复至善的本性。

和程颢在《定性书》中把"心"与"性"等同一样，程颢在论述人性时也会把"心""性"等说，但二者又有着区别："问：'心有善恶否？'曰：'在天为命，在义为理，在人为性，主于身为心，其实一也。心本善，发于思虑则有善有不善。若既发，则可谓之情，不可谓之心。譬如水只谓之水，至如流而为派，或行于东，或行于西，却谓之流也。'"③ 当弟子问程颢人心是

---

① （清）黄宗羲著，（清）全祖望补修，陈金生、梁运华点校：《明道学案上》，《宋元学案》，中华书局1986年版，第564页。

② （宋）程颢、程颐著，王孝鱼点校：《河南程氏遗书》卷二上，《二程集》，中华书局2004年版，第30页。

③ （清）黄宗羲著，（清）全祖望补修，陈金生、梁运华点校：《明道学案上》，《宋元学案》，中华书局1986年版，第551—552页。

否有善恶区别时，程颢给"命""理""性""心"作了界定，"在天为命，在义为理，在人为性，主于身为心"，程颢在这里虽然没有明确说明"在天""在义""在人""主于身"的主语是什么，但在另一处却指出了："上天之载，无声无臭，其体则谓之易，其理则谓之道，其用则谓之神，其命于人则谓之性，率性则谓之道，修道则谓之教……形而上为道，形而下为器。"① 结合这两段话我们可以知道"在天""在义""在人""主于身"的主语是形上之"道"，也即"天理"。从天理的高度来讲，天道是无声无臭、超越一切的；从"体"的方面讲，"天道"之体变动不居，可称为"易"；从"理"的方面讲，天道之理恒常存在，可称为"道"；从"用"的角度讲，天道之用神妙莫测，可称为"神"；从天道赋予人身、理降到人身上而讲，人禀赋天道而生，也就具备了天道至善的秉性，可称为"性"，这是人所共有的；从人发掘本身所具有的"天性""天道"而言，可称为"道"；从人修身养性、体认天道的角度讲，可称为"教"（后天的教化）。总的来看，人的本性是善的，但由于形成形体的物质性的"气"和外界的影响，才有善与不善的区别。如同水，从根本上来说称为水，但分成不同的流向之后，或者流向东方，或者流向西方，此时之水则称为"流水"。

从程颢对人性善恶的论述，我们可以知道，人出生之后，具有天赋的善的本性，这是人成圣成贤的基因和可能性，但也有向恶的方面发展的可能性。但是，和程颢所讲"天理二字是自家体贴出来"，紧扣主体生命谈论形上之"理""道"与形下之"气"不可分离一样，程颢也是紧扣人的生命谈论"性""理"与"气""神"不相离。对此，程颢多次说，"若道外寻性，性外寻道，便不是圣贤论"，"性即气，气即性，生之谓也"②，"气外无神，神外无气"③。

程颢肯定"生之谓性"，认为性之善恶是由气禀先天造成的，但是这种

---

① （宋）程颢、程颐著，王孝鱼点校：《河南程氏遗书》卷一，《二程集》，中华书局2004年版，第4页。

② （宋）程颢、程颐著，王孝鱼点校：《河南程氏遗书》卷一，《二程集》，中华书局2004年版，第4页。

③ （宋）程颢、程颐著，王孝鱼点校：《河南程氏遗书》卷十一，《二程集》，中华书局2004年版，第121页。

状况是可以改变的,他要求通过内心的体验与涵养来存理去欲,完善心性;而程颐则更为重视外在的知识。在程颢看来,每个人都具有"天德",此"天德"是天然自足的,如果没有污坏的话,就应该直接奉行;如果有一点儿污坏的话,就应该用"诚敬"的工夫对它加以修治,使污坏的地方回复如初:"自家元是天然完全自足之物,若无所污坏,即当直而行之;若小有污坏,即敬以治之,使复如旧。所以能使如旧者,盖为自家本质元是完足之物。"① 而之所以能够使本性回复本来至善的状态,正因为自家本性原来就是天然完足、毫无欠缺的。

在程颢看来,如果人心没有尽力回复本性,也就是没有把此"天德"完全发掘出来,自然不能"知性知天";如果能够尽心的话,则能尽人尽物,从而参天地、赞化育,"心具天德,心有不尽处,便是天德处未能尽,何缘知性知天?尽己心,则能尽人尽物,与天地参,赞化育,赞则直养之而已"②,这里所说的"赞"也就是"直养"——涵养的意思,而圣贤说千言万语,正是希望人们能够"将已放之心,约之使反,复入身来,自能寻向上去"③,从而达到下学上达的目的。

程颢弟子问程颢:一个人说话语调很急促,这是不是说他"气不定"呢?程颢回答说:"此亦当习。习到自然缓时,便是气质变也。学至气质变,方是有功。"④ 这也是应该涵养练习的地方,等涵养到心平气和、言语得体的时候,也就说明他的气质已经发生变化了;为学修养,要做到变化气质的时候才说明有成绩。而具体的变化气质则有轻重缓急,如同水由混浊变为清澈,如果用力敏勇、治理较好的话,就会快一些变清澈;如果用力缓怠、治理不好的话,就会慢一些变清澈;无论变清澈的速度快还是慢,当水完全变清澈的时候,仍然只是原来的本来清澈的水。此时的清水不是用别的一种清水把原来

---

① (宋)程颢、程颐著,王孝鱼点校:《河南程氏遗书》卷一,《二程集》,中华书局 2004 年版,第 1 页。
② (宋)程颢、程颐著,王孝鱼点校:《河南程氏遗书》卷五,《二程集》,中华书局 2004 年版,第 78 页。
③ (清)黄宗羲著,(清)全祖望补修,陈金生、梁运华点校:《明道学案上》,《宋元学案》,中华书局 1986 年版,第 556 页。
④ (清)黄宗羲著,(清)全祖望补修,陈金生、梁运华点校:《明道学案上》,《宋元学案》,中华书局 1986 年版,第 554 页。

的混浊之水换掉，也不是把污浊之水拿到一边，而是仍由原来的水加以澄治清理之后由浊水变成的清水。水的"清"的本性，就好像人性善的本性一样，而水的"浊"就好像人性中恶的一面一样，它是在流淌的过程中逐渐变浊的，而不是原来就混浊的，所以这里的"善"与"恶"并不是说明人性中本来就包含有的："故用力敏勇则疾清，用力缓怠则迟清，及其清也，则却只是元初水也。亦不是将清来换却浊，亦不是取出浊来置在一隅也。水之清，则性善之谓也。故不是善与恶在性中为两物相对。"①

程颢再三肯定孟子性善的观点，他曾告诉韩持国说："如说妄说幻为不好底性，则请别寻一个好底性来，换了此不好底性著。道即性也。若道外寻性，性外寻道，便不是。"② 程颢认为，道即是性，性即是道，如果在道之外寻找"性"、在"性"之外寻找"性"的话便不合常理；如果认为"说妄说幻为不好底性"，则应该用一个好的"本性"来换调这个不好的"性"。

程颢关于人性的论述综合了《礼记》、《中庸》、孟子的人性论思想以及张载的人性论思想，此外，从中还可以看到其受佛教心性论影响的痕迹。

第三节　程颐的理学思想

程颐（1033—1107），字正叔，又称伊川先生，程颢的弟弟，洛阳（今河南洛阳）人。与程颢一起同是北宋理学的奠基者，世称"二程"。据《宋史》记载，皇祐二年（1050），程颐十八岁上疏宋仁宗，劝仁宗实行王道仁政，罢黜异端邪说。治平、元丰年间大臣屡次荐举程颐，"皆不起"；哲宗初年，司马光、吕公著上书荐举，诏以西京国子监教授，被程颐推辞。不久，任命为秘书省校书郎，并被提拔为崇政殿说书。此间程颐上疏哲宗，建议"选名儒入侍劝讲，讲罢留之分直，以备访问"，并建议哲宗推仁慈之心以及四海，实行仁政。后因与苏轼等人政见不合而被贬官，绍圣年间，"削籍窜涪州"。宋徽宗即位后，被徙到峡州，但很快官复原职，宋徽宗崇宁年间又被贬职。宋

---

① （清）黄宗羲著，（清）全祖望补修，陈金生、梁运华点校：《明道学案上》，《宋元学案》，中华书局1986年版，第564页。

② （宋）程颢、程颐著，王孝鱼点校：《河南程氏遗书》卷一，《二程集》，中华书局2004年版，第1页。

徽宗大观元年（1107）去世，时年七十五岁。

《宋史》记载，程颐泛观博览，于书无所不读，而其学问以"诚"为宗旨，以《大学》《论语》《孟子》《中庸》为标指，以"六经"为归依。而其言谈举止皆以圣人为师，把成圣作为自己人生追求的理想。据与二程同时代的张载称，程颢、程颐兄弟从十四五岁时开始，便"脱然欲学圣人"，并"卒得孔、孟不传之学，以为诸儒倡"。程颐言论的旨要，就好像在人们生活中起重要作用的布帛菽粟一样，被"知德者"推崇备至。

程颐一生诲人不倦，所以门人弟子很多。据《宋元学案》记载，程颐的弟子主要有刘绚、李籲、吕希哲、谢良佐、杨时、游酢、吕大忠、吕大钧、吕大临、尹焞、郭忠孝、王蘋、周行己、许景衡、田述古、邵伯温、李朴、范冲、苏昞、杨国宝、萧楚、陈渊、罗从彦、杨迪、吕义山等。宋宁宗嘉定十三年（1220），赐谥号"正公"；宋理宗淳祐元年（1241），封伊阳伯，从祀孔子庙庭。

其主要著作被其门人弟子等整理为《二程遗书》《二程外书》《伊川文集》《伊川易传》《程氏经说》《二程粹言》，今保存在中华书局出版的《二程集》中。

一　天理说

（一）天理

与程颢同样，"理"（即"天理"）是程颐思想体系中的最高范畴，二程所说之"道"都包含"理"与"性"。如唐君毅先生所说，程颢的"理"更能扣紧生命之生来看性与气、神不相离；而程颐更侧重指出"性即理之义，及理与气之或不相即，而为二之义"①，即程颐更侧重性与理及理与其气的相离、不同。朱熹曾指出"理有能然、必然、当然、自然"等内涵，但在这四种内涵中，程颢是由自然之道中见当然之理；程颐则偏重以当然之理言自然之理；朱熹综合前此诸儒对理的论述特别是对程颐"性即理"的论述，由当然之理、自然之理来说明不同事物的能然与必然之理。②

程颐认为"理"是人所以为人的根本，是事物的"所以然"，是自然和

---

① 唐君毅：《中国哲学原论·原性篇》，中国社会科学出版社2005年版，第220—221页。
② 参见唐君毅《中国哲学原论·原性篇》，中国社会科学出版社2005年版，第221—222页。

社会的最高法则,大至山河大地,小至一草一木,其间都有理的存在。程颐曾多次讲到这一点,"一草一木皆有理"①,"天下之物皆能穷,只是一理","万物皆是一理,至如一物一事,虽小,皆有是理"②,"凡眼前无非是物,物物皆有理。如火之所以热,水之所以寒,至于君臣父子间皆有理"③,"天下之物皆可以理照,有物必有则,一物须有一理"④。理遍在于万物,是事物本身具有的必然属性:"凡物有本末,不可分本末为两段事。洒扫应对是其然,必有所以然。"⑤ 这里的"然"是事物呈现出来的外部表现或现存状态,"所以然"则是事物之所以呈现如此状态或有如此表现的内在根据和原因。二者是一而二、二而一的,是不可以分割为二的,而之所以有本与末的划分,主要是从事物的实然状态(现存状态:"然")与内在根据("所以然")而言的,就"洒扫应对"来说,"洒扫应对"是主体行为呈现出来的状态和结果,此是"末";而"洒扫应对"这一行为本身所具有的礼节规范则是"洒扫应对"这一行为本身之所以"如此"而不是"如彼"地展现于世人面前的内在根据和原因,此是"本";而一个事物之所以如此的内在原因和根据就是这个事物所具有的"理"。并且,这种"理"是实实在在的,并不是虚灵而不可捉摸的:"实有是理,故实有是物;实有是物,故实有是用;实有是用,故实有是心;实有是心,故实有是事。是皆原始要经而言也。"⑥

就"天理"的内涵来说,程颐的"天理"也具有与程颢的"天理"相同的含义,它既是自然万物所具有的物理和自然法则("天道"),也是社会的道德原则("义理")和人的道德本质("性理")。它"在天为命,在义为

---

① (宋)程颢、程颐著,王孝鱼点校:《河南程氏遗书》卷十八,《二程集》,中华书局2004年版,第193页。
② (宋)程颢、程颐著,王孝鱼点校:《河南程氏遗书》卷十五,《二程集》,中华书局2004年版,第157页。
③ (宋)程颢、程颐著,王孝鱼点校:《河南程氏遗书》卷十九,《二程集》,中华书局2004年版,247页。
④ (宋)程颢、程颐著,王孝鱼点校:《河南程氏遗书》卷十八,《二程集》,中华书局2004年版,第193页。
⑤ (宋)程颢、程颐著,王孝鱼点校:《河南程氏遗书》卷十五,《二程集》,中华书局2004年版,第148页。
⑥ (宋)程颢、程颐著,王孝鱼点校:《河南程氏经说》卷八,《二程集》,中华书局2004年版,第1160页。

理，在人为性，主于身为心，其实一也"①，"理"在自然来说是不可违抗的"命运"，在社会来说是规范行为的"义"；对于个体之人来说则是人人所禀受的先天之"性"，对于个体的身体来说则是作为一身主宰的"心"。因此，"理即一切，一切即理，理在心外，又在心中。这就是以后朱熹所谓'在物之理'与'在己之理'"②。

程颐认为"天理"是众理的总称，而人类社会的道德规范则是"天理"在人间的具体表现形态。"夫有物必有则，父止于慈，子止于孝，君止于仁，臣止于敬，万物庶事莫不各有其所，得其所则安，失其所则悖。圣人所以能使天下顺治，非能为物作则也，唯止之各于其所而已。"③ 又 "男女有尊卑之序，夫妇有偶随之礼，此常理也"④，所谓父慈子孝、君仁臣敬、尊卑之序、偶随之理等皆是"天理"的具体体现之一。

在"天理"（"理"）的诸多内涵中，程颐更强调"理"所具有的"所以然"方面的内涵。在程颐看来，事事物物皆有其理，理是遍在于事事物物的，"凡事皆有理"，"物理须是要穷。若言天地之所以高深，鬼神之所以幽显"⑤。"凡眼前无非是物，物物皆有理。如火之所以热，水之所以寒，至于君臣父子间皆有理"⑥，因此，"穷物理者，穷其所以然也。天之高，地之厚，鬼神之幽显，必有所以然者"⑦。也就是说，对事物的认识，不能仅仅停留在事物的表象阶段，必须深入探究事物之所以"如此"而不是"如彼"的内在因素，也就是必须探究内在于事物的规律，即"理"。就好像对天地高深、鬼神幽显

---

① （宋）程颢、程颐著，王孝鱼点校：《河南程氏遗书》卷十八，《二程集》，中华书局2004年版，第204页。

② 肖萐父、李锦全主编：《中国哲学史》（下卷），人民出版社1983年版，第29页。

③ （宋）程颢、程颐著，王孝鱼点校：《周易程氏传》卷四，《二程集》，中华书局2004年版，第968页。

④ （宋）程颢、程颐著，王孝鱼点校：《周易程氏传》卷四，《二程集》，中华书局2004年版，第979页。

⑤ （宋）程颢、程颐著，王孝鱼点校：《河南程氏遗书》卷十五，《二程集》，中华书局2004年版，第157页。

⑥ （宋）程颢、程颐著，王孝鱼点校：《河南程氏遗书》卷十九，《二程集》，中华书局2004年版，第247页。

⑦ （宋）程颢、程颐著，王孝鱼点校：《河南程氏粹言》卷二，《二程集》，中华书局2004年版，第1272页。

与火热水寒等事物的认识,不能仅仅停留在天地高深、鬼神幽显与火热水寒的表象层次上,还要深入探究天地之所以高深、鬼神之所以幽显、火之所以热、水之所以寒的内在因素,唯其如此,才是真正的"格物穷理",才能真正把握住事物的根本因素。也正因此,程颐的"格物"的对象并不仅限于主体的内在心性涵养,而是包罗世间万物万象。

在继承张载有关体用思想的基础上,程颐进一步提出"体用一源,显微无间"的观点。其在《易传序》中说:"至微者理也,至著者象也。体用一源,显微无间。观会通以行其典礼,则辞无所不备。故善学者,求言必自近。"① 又:"至显者莫如事,至微者莫如理,而事理一致,微显一源。古之君子所谓善学者,以其能通于此而已。"② 所谓的"理"是"微"是"体",是微妙玄远的,是抽象的,是事物内部深微的原理和根源;所谓的"象"或"事"是"显"是"用",是纷繁的万事万物,是具体的显现的;"一源"即"一本","理"与"象"或"事"是体用的关系,二者是"一源""无间"的,"体用一源"是说体与用是相互统一的,而并非彼此分离的两个根本。在程颐看来,古代善学之人对事物的认识不能仅仅停留在对事物表象的认识,而是在于其能够对事物本身所蕴含的至微至妙的"理"加以体认。在程颐的思想体系中,体用之别也就是理与事之分,体用一源也就是理事一本,理是事之体,事是理之用,二者相依相成,辩证统一。伊川认为,《周易》义理就体现在错综复杂的卦象之中,理是事物("象")的本质,事("象")是理的显现,因此,通过对卦象的探究可以体察其中蕴含的自然规律和社会万象。

程颐吸取张载《西铭》中有关"理一分殊"内涵和华严宗的理事观,创造性地提出"理一分殊"观点。其在《答杨时论西铭书》中说"《西铭》明理一而分殊"③,程颐提出的"理一而分殊"这句话"成为在中国最被称引的哲学命题之一"④。其在《易传》注中具体解释说:"天下之理一也,涂虽殊

---

① (宋)程颢、程颐著,王孝鱼点校:《周易程氏传·易传序》,《二程集》,中华书局2004年版,第689页。
② (宋)程颢、程颐著,王孝鱼点校:《河南程氏遗书》卷二十五,《二程集》,中华书局2004年版,第323页。
③ (宋)程颢、程颐著,王孝鱼点校:《河南程氏文集》卷九,《二程集》,中华书局2004年版,第609页。
④ 陈荣捷编著:《中国哲学文献选编》,江苏教育出版社2006年版,第464页。

而其归则同,虑虽百而其致则一。虽物有万殊,事有万变,统之以一,则无能违也。"①《易序》中说:"散之在理,则有万殊;统之在道,则无二致。"②程颐用"寂感"论述"道",又把"道"与"理"等同,"道"是理,是一统,是不能违背的;"道"具体到万事万物,则是万事万物所具之理。

(二)格物、致知与穷理

在如何探究事物本身所具有的至微之理的方法上,程颐比程颢有着更加完善更加系统的认识论,他在继承《大学》中的"八条目"中"格物致知"这一条目的基础上提出其认识方法,即"格物穷理"说,"穷理格物,便是致知"③,"格犹穷也,物犹理也,犹曰穷其理而已也"④,"知者吾之所固有,然不致则不能得之,而致知必有道,故曰'致知在格物'"⑤。在程颐看来,"格物"就是"穷理","穷理"即穷究事物之理,而"穷"是就认识的深度上来说的,"知"则是"穷理之过程及结果",通过"穷理"这一概念,《大学》中的"格物"与"致知"构成一个条理分明的线索⑥,"所务于穷理者,非道须尽穷了天下万物之理,又不道是穷得一理便到,只是要积累多后,自然见去"⑦。而"知"如果"不致"的话则不能得到不能实现,它必须由"致"才能达到、获得;同时,"致知"也不是漫无目的地随意认识,必须借由正确的方法才能真正获得,因此,由"致知"便顺其自然地转换到"格物"层面,"格物"是"致知"的前提和必要条件。程颐把"格物"直接解释为"穷理"的做法对宋明理学特别是程朱理学是一个很大的贡献。

---

① (宋)程颢、程颐著,王孝鱼点校:《周易程氏易传》卷三,《二程集》,中华书局2004年版,第858页。

② (宋)程颢、程颐著,王孝鱼点校:《周易程氏传·易序》,《二程集》,中华书局2004年版,第690页。

③ (宋)程颢、程颐著,王孝鱼点校:《河南程氏遗书》卷十五,《二程集》,中华书局2004年版,第171页。

④ (宋)程颢、程颐著,王孝鱼点校:《河南程氏遗书》卷二十五,《二程集》,中华书局2004年版,第316页。

⑤ (宋)程颢、程颐著,王孝鱼点校:《河南程氏遗书》卷二十五,《二程集》,中华书局2004年版,第316页。

⑥ 参见劳思光《新编中国哲学史》(三卷上),广西师范大学出版社2005年版,第184页。

⑦ (宋)程颢、程颐著,王孝鱼点校:《河南程氏遗书》卷二上,《二程集》,中华书局2004年版,第43页。

伊川在解释所谓"格"的含义时说,"格者,至也,言穷至物理也"①,"致知在格物……格,犹穷也;物,犹理也。犹曰穷其理而已矣。穷其理,然后足以致之,不穷则不能致也"②。所谓"格"就是"至"或者"穷",就是对事物内在之理的探究,只有对事物内在的规律和特性进行深入探究之后才能达到"致知"的目的,"不穷则不能致也"。而所谓的"物"的含义也是很广的,不仅仅是指外在的天地日月山河草木鸟兽等万事万物,而且还包括人类社会现象及人自身的心性情感、识虑意识,"今人欲致知,须要格物。物不必谓事物然后谓之物也,自一身之中,至万物之理,但理会得多,相次自然豁然有觉处"③,"问'致知先求之四端,如何?'曰:'求之性情,固是切于身。然一草一木皆有理,须是察'"④。我们从程颐对弟子的回答中可以看出程颐的格致对象并不仅仅是陆王心学所强调的"本心"——"四端",其范围是很广博的。

"物"虽然纷繁多样,每一物所具有的特殊的"理"也有多样性,但具体事物之理却是"天理"的一部分,所以,穷此理至于事事物物可以充塞天地,横亘古今:"物我一理,才明彼即晓此,合内外之道也。语其大,至天地之高厚;语其小,至一物之所以然,学者皆当理会。"⑤

并且,程颐认为"格物"对于一个人的学识和道德涵养是很关键的,是为学的根本所在⑥,是"适道之始",对于一个想成贤成圣的儒家学者来说只有通过"格物"的工夫之后才能达到圣人的境界,"格物者适道之始,欲思格物,则固已近道矣","自格物而充之,然后可以至圣人。不知格物而先欲意

---

① (宋)程颢、程颐著,王孝鱼点校:《河南程氏遗书》卷二十二上,《二程集》,中华书局2004年版,第277页。
② (宋)程颢、程颐著,王孝鱼点校:《河南程氏遗书》卷二十五,《二程集》,中华书局2004年版,第316页。
③ (宋)程颢、程颐著,王孝鱼点校:《河南程氏遗书》卷十七,《二程集》,中华书局2004年版,第181页。
④ (宋)程颢、程颐著,王孝鱼点校:《河南程氏遗书》卷十八,《二程集》,中华书局2004年版,第193页。
⑤ (宋)程颢、程颐著,王孝鱼点校:《河南程氏遗书》卷十八,《二程集》,中华书局2004年版,第193页。
⑥ 伊川曾说:"人之学莫大于知本末终始。致知在格物,则所谓本也,始也;治天下国家,则所谓末也,终也。治天下国家,必本诸身,其身不正而能治天下国家者无之。"[(宋)程颢、程颐著,王孝鱼点校:《河南程氏遗书》卷二十五《伊川先生语十一》,《二程集》,中华书局2004年版,第316页]

诚心正身修者，未有能中于理者"①，"致知在格物，物来则知起。物各付物，不役其知，则意诚不动。意诚自定则心正，始学之事也"②。

伊川曾反复对其门人讲述格物致知在一个人为学修养过程中的重要性："人患事系累，思虑蔽固，只是不得其要。要在明善，明善在乎格物穷理。穷至于物理，则渐久后天下之物皆能穷，只是一理。"③ 这里，程颐认为一般人容易为物所累的原因是没有得到认识事物的要领。其要领就是"明善"，也就是发明人所本有之善；"明善"的关键则是格物穷理，由穷事事物物之理进而到穷尽天下万物之理。

"或问：'进修之术何先？'曰：'莫先于正心诚意。诚意在致知，"致知在格物"。格，至也，如"祖考来格"之格。凡一物上有一理，须是穷致其理。穷理亦多端：或读书，讲明义理；或论古今人物，别其是非；或应接事物而处其当，皆穷理也。'"④"问曰：'何以致知？'曰：'在明理。或多识前言往行，识之多则理明，然人全在勉强也。'"⑤

在这两处问答中程颐不仅强调了正心诚意对于一个人修心养性的重要性，更指出了"诚意在致知""致知在格物"，并告诉我们具体的"穷理"途径问题。

又："问：'学何以有至觉悟处？'曰：'莫先致知。能致知，则思一日愈明一日，久而后有觉也。学而无觉，则何益矣？又奚学为？"思曰睿？睿作圣。"才思便睿，以至作圣，亦是一个思。故曰："勉强学问，则闻见博而智益明。"'"⑥ 程颐在此处回答中更是直接指明了格致工夫对于成为圣人的重要性。

---

① （宋）程颢、程颐著，王孝鱼点校：《河南程氏遗书》卷二十五，《二程集》，中华书局2004年版，第316页。
② （宋）程颢、程颐著，王孝鱼点校：《河南程氏遗书》卷六，《二程集》，中华书局2004年版，第84页。
③ （宋）程颢、程颐著，王孝鱼点校：《河南程氏遗书》卷十五，《二程集》，中华书局2004年版，第144页。
④ （宋）程颢、程颐著，王孝鱼点校：《河南程氏遗书》卷十八，《二程集》，中华书局2004年版，第188页。
⑤ （宋）程颢、程颐著，王孝鱼点校：《河南程氏遗书》卷十八，《二程集》，中华书局2004年版，第188—189页。
⑥ （宋）程颢、程颐著，王孝鱼点校：《河南程氏遗书》卷十八，《二程集》，中华书局2004年版，第186页。

《宋元学案》还记载程颐的话说："致知但知止于至善，如'为人子止于孝，为人父止于慈'之类。不须外面只务观物理，泛然正如游骑无所归也。"① 从"致知但知止于至善"一句可以知道，"至善"是"致知"的终极归宿和目标，对于处在不同社会关系中的我们来说，就是要扮演好每一个角色，比如作为子女，要孝敬父母；作为父亲，要慈爱子女。每一种角色都是检验我们道德践履工夫程度的准则。在某种程度上来说，泛观博览、博学广识可以有助于达到"至善"境界，但这不是唯一的途径，如果把博学广识当作修身的唯一途径的话，只能南辕北辙，像四处游荡、无所归依的游骑一样找不到归宿。

既然"物"是不分内外的，所以穷理的方法和途径也是多样的。由"格物"的工夫开始，人们或者通过读书学习，或者通过研讨义理，或者通过辩论古今人物，或者通过辨别是非对错，或者通过对不同"事物"的观摩、分析和涵泳，或者通过正确地应事接物，对天地万物、人生百态之理不断地探究、不断地积累，"闻见博而智皆明"，达到一定的程度，豁然贯通后即可以云开见日，从愚到智、从迷至悟，彻底地领悟形上之"理"，达到"至圣人"的境界，相反，如果不从"格物"入手，而先从"诚心正身"入手，是不可能"中于理"的。

如前所说，程颐之"天理"是遍在的，它"在天为命，在义为理，在人为性，主于身为心，其实一也"②，因此，伊川主张"随事观理，而天下之理得矣。天下之理得，然后可以至于圣人"③。由体察认知"物理"开始，然后归于体察认知人自身及君臣父子等人伦规范，如此反复，可以达到"无往而不识"④的境界。

既然伊川的一草一木皆有理、物物皆有理，那么其所说的"格物穷理"是不是要穷尽天下所有事物之理呢？对此问题，曾有人问伊川："格物须物物

---

① （清）黄宗羲著，（清）全祖望补修，陈金生、梁运华点校：《伊川学案上》，《宋元学案》，中华书局1986年版，第631页。
② （宋）程颢、程颐著，王孝鱼点校：《河南程氏遗书》卷十八，《二程集》，中华书局2004年版，第204页。
③ （宋）程颢、程颐著，王孝鱼点校：《河南程氏遗书》卷二十五，《二程集》，中华书局2004年版，第316页。
④ （宋）程颢、程颐著，王孝鱼点校：《河南程氏遗书》卷十八，《二程集》，中华书局2004年版，第193页。

格之，还只格一物而万理皆知？"程颐自己给出两种解释。一方面，他说"若只格一物便通众理，虽颜子亦不敢如此道。须是今日格一件，明日又格一件，积习既多，然后脱然自有贯通处"①，"格物亦须积累涵养。如始学诗者，其始未必善，到悠久须差精。人则只是旧人，其见则别"②，主张通过对事物一一进行研究探讨，最终达到脱然贯通、由量变到质变的转化。另一方面，因为"物我一理，才明彼即晓此，合内外之道也"③，"一人之心即天地之心，一物之理即万物之理"④，所以程颐说"格物穷理，非是要尽穷天下之物，但于一事上穷尽，其他可以类推。至如言孝，其所以为孝者如何，穷理。如一事上穷不得，且别穷一事，或先其易者，或先其难者，各随人深浅，如千蹊万径，皆可适国，但得一道入得便可。所以能穷者，只为万物皆是一理，至如一物一事，虽小，皆有是理"⑤，也就是说"格物穷理"并不是要把天下所有事物所蕴含的"理"全部穷尽，学者可以由易到难、由浅入深，根据各自的情况选择适合自己的方法对事物之理进行探究，然后达到触类旁通、举一反三，由此达到对天下之理的普遍认识。

之所以有这种看似矛盾的解释，既与程颐特别重视人伦之理、把形上之理最终落实到人伦修养等价值理论层面有关，也与宋明理学人士把认识论与修养论相提并论有关。在程颐的"格物"说中有一个预设的心理前提，即"正心诚意"，把对道德的提升作为"格物"的终极标的，于是也潜含了知识转化为道德的思路，使知识失去独立的领域与意义，程颐在回答学生问"进修之术"时说"莫先于正心诚意"，因为格物的根本目的并不在于对宇宙万象的理解，而在于提升自己的道德心性，程颐曾说："观物理以察己，既能烛理，则无往而不识。天下物皆可以理照。有物必有则，一物须有一理。"⑥ 由

---

① （宋）程颢、程颐著，王孝鱼点校：《河南程氏遗书》卷十八，《二程集》，中华书局2004年版。
② （宋）程颢、程颐著，王孝鱼点校：《河南程氏遗书》卷十五，《二程集》，中华书局2004年版。
③ （清）黄宗羲著，（清）全祖望补修，陈金生、梁运华点校：《伊川学案上》，《宋元学案》，中华书局1986年版，第606页。
④ （宋）程颢、程颐著，王孝鱼点校：《河南程氏遗书》卷二上，《二程集》，中华书局2004年版，第13页。
⑤ （宋）程颢、程颐著，王孝鱼点校：《河南程氏遗书》卷十五，《二程集》，中华书局2004年版，第157页。
⑥ （清）黄宗羲著，（清）全祖望补修，陈金生、梁运华点校：《伊川学案上》，《宋元学案》，中华书局1986年版，第606页。

体察物理开始，进而体察人伦日用之理以及个人身心性命之道。也正因此，程颐虽然主张以人的理性为基础，在为学及认识事物的过程中并不排斥研究具体事物规律和追求客观知识，表现出明显的合理主义精神——这种知识倾向使宋代理学在"道问学"方面保留着极大的兴趣，并保持多种知识与思想的取径，并没有把全部视线转向"尊德性"一面，但其格物论的发展最终指向的是人文理性而不是科技理性，在某种程度上来说，它导致了对科技发展的忽视。

程颐继承张载把知识划分为"德性之知"与"闻见之知"[①] 的做法，认为"闻见之知"是在与物接触的过程中获得的知识，"德性之知"是人生而就有的，是通过博闻多识的途径所不能得到的，它就是一般所说的"先验"的知识，"闻见之知，非德性之知。物交物则知之，非内也，今之所谓博物多能者是也。德性之知，不假闻见"[②]，"闻见之知非德性之知，德性所知，不假闻见"[③]。"德性之知"虽然是与生俱来的，但是，如果不通过"格致"的工夫是不能发掘出来的，所以伊川说："知者吾之所固有，然不致则不能得之，而致知必有道，故曰'致知在格物'。"[④] 由此可见伊川所说"吾之所固有"之"知"，也就是圣人所要"格致"之"知"主要是指"德性之知"，"'致知在格物'，非由外烁我也，我固有之也。因物有迁，迷而不知，则天理灭矣，故圣人欲格之"[⑤]，所以程颐说"至善"是"致知"要达到的目标，这种知识就在人伦日用之中，它是不需外求的，如果把所要穷究之理仅仅限定在"物理"，就会如"游骑"一样失去方向："致知，但知止于至善、为人子止于孝、为人父止于慈之类，不须外面，只务观物理，泛然正如游骑无所归也。"[⑥] 所以，程颐

[①] 《正蒙·大心》："见闻之知，乃物交而知，非德性所知；德性所知，不萌于见闻。"[（宋）张载著，章锡琛点校：《张载集》，中华书局1978年版，第24页]

[②] （宋）程颢、程颐著，王孝鱼点校：《河南程氏遗书》卷二十五，《二程集》，中华书局2004年版，第317页。

[③] （宋）程颢、程颐著，王孝鱼点校：《河南程氏粹言》卷二，《二程集》，中华书局2004年版，第1260页。

[④] （宋）程颢、程颐著，王孝鱼点校：《河南程氏遗书》卷二十五，《二程集》，中华书局2004年版，第316页。

[⑤] （宋）程颢、程颐著，王孝鱼点校：《河南程氏遗书》卷二十五，《二程集》，中华书局2004年版，第316页。

[⑥] （宋）程颢、程颐著，王孝鱼点校：《河南程氏遗书》卷七，《二程集》，中华书局2004年版，第100页。

"格物"说的最终旨趣逐渐从自然物理、人伦纲常、道德修养的全面笼罩，转向针对内在心性与道德伦理的自我调整与自觉修炼："理也，性也，命也，三者未尝有异。穷理则尽性，尽性则知天命矣。"① 而所谓"穷理尽性"的含义，在某种程度上便似乎成了通过体验与探究万事万物之"理"以凸显人所固有之"性"，而格物穷理的终极目的，也就成了对内在心性的探寻。因此，"天理"（"理"）的意义便逐渐聚焦于内在的道德伦理上，此即儒家所说"为己之学"。

同时，在对事物进行感性认识的过程中，程颐还特别强调理性思维（"思"）的重要性。他认为"思"是为学的关键："为学之道，必本于思，思则得之，不思则不得也。"② 还说："学而善思，然后可以适道；思而有所得，则可与立。"③ 博学是很重要的，但只有把博学与"善思"有机结合起来才是正确的"适道"的方法，"善思"而又有所心得之后才能有新的领悟，而自己所学所思的知识才能真正融入自己的血肉，成为自己思想的一个部分："问：'张旭学草书，见担夫与公主争道，及公孙大娘舞剑，而后悟笔法，莫是心常念至此而感发否？'曰：'然。须是思方有感悟处。若不思，怎生得如此？然可惜张旭留心于书，若移此心于道，何所不至？'"④ 在程颐看来，张旭之所以能够从担夫与公主争道路及公孙大娘舞剑的行为中领悟草书笔法的真谛，正是张旭善于思考的缘故。因此，博学——深思——积习——自得，这四者构成了程颐认识论思想的主要线索。

程颐这种对"格物致知"的解释思路对宋明理学特别是朱熹理学有着重要影响。在某种程度上说，它是理学与心学在为学方法上最大的不同。程朱之格物是"穷物理"，其所说"格"乃探究的意思，并把"格物"作为成圣成贤、人生修养的第一步；而陆王心学对"格物致知"的解释则不同。

---

① （宋）程颢、程颐著，王孝鱼点校：《河南程氏遗书》卷二十一下，《二程集》，中华书局2004年版，第274页。

② （宋）程颢、程颐著，王孝鱼点校：《河南程氏遗书》卷二十五，《二程集》，中华书局2004年版，第324页。

③ （宋）程颢、程颐著，王孝鱼点校：《河南程氏遗书》卷二十五，《二程集》，中华书局2004年版，第322页。

④ （宋）程颢、程颐著，王孝鱼点校：《河南程氏遗书》卷十八，《二程集》，中华书局2004年版，第186页。

陆九渊虽然也赞成朱熹以"格物"为工夫入手处，其所说的"格"也是穷究至极的意思，但其主要考究的不是外在事物的规律与属性，而是"格心"，是"先立乎其大"的修身正心，与程颐反对从"诚心正身"入手相反，陆九渊的格物工夫从"诚心"入手："格物者，格此（即心）者也。伏羲仰象俯法，亦先于此尽力焉耳。不然，所谓格物，末而已矣。"① 而其所谓"致知"也是要人不失其本心，陆九渊的"格物致知"都是要在"心即理"上做功夫，要保存、养护这个本心："人孰无心，道不外索，患在戕贼之耳。古人教人，不过存心、养心、求放心。此心之良，人所固有，人惟不知保养而反戕贼放失之耳。"② 王阳明继承陆九渊对"格物致知"的解释路向，进一步把"格"解释为"正"，即把不正（的念头）纠正为正，而其所谓"物"则是"意之所在"，因此，阳明之"格物"就是纠正"意之所在"，而"格物"的直接意义就是"去其心之不正"，因此，其所说的"格物"也就是"格心"。陆王对"格物穷理"的诠释显然与程伊川有着本质的区别，而这也是"性即理"与"心即理"两个学术派别的主要分歧之一。

在"格物"的方法上，虽然程伊川也讲"君子之学，将以反躬而已矣"③，提倡"反躬"内省，但程颐所说的"反躬"与"心学"人士所讲的"反躬"对象不同，伊川"反躬"的落脚点仍然是"格物"，即"随事观理，而天下之理得矣。天下之理得，然后可以至于圣人。君子之学，将以反躬而已矣。反躬在致知，致知在格物"④，是随事而观其所蕴含的理则规律，并借"格物"以达到"正心诚意"，提升个人的道德修养，这就使其与程颢及其后的陆九渊、王阳明所讲的反躬人"心""先立其大"的主张有着根本的不同，朱熹的格物致知说正是沿着程颐格物致知的思路而走，是对程颐格物说的继承和发展。

---

① （宋）陆九渊著，钟哲点校：《语录·门人詹阜民子南所录·荆州日录》，《陆九渊集》卷三十五，中华书局1980年版，第478页。

② （宋）陆九渊著，钟哲点校：《书·与舒西美》，《陆九渊集》卷五，中华书局1980年版，第64页。

③ （宋）程颢、程颐著，王孝鱼点校：《河南程氏遗书》卷二十五，《二程集》，中华书局2004年版，第316页。

④ （宋）程颢、程颐著，王孝鱼点校：《河南程氏遗书》卷二十五，《二程集》，中华书局2004年版，第316页。

在知与行的关系方面，程颐很强调知与行的重要性，强调闻见与学习的重要性，"人只是一个习"，"勉强学问，则闻见博而智益明"①，"君子之学贵乎一，一则明，明则有功"②。程颐还举了很多例子说明"行"的重要性，比如用虎伤人的例子来说明一般的常识（"常知"）与经亲身体验而获得的真切之知（真知）的区别："真知与常知异。常见一田夫，曾被虎伤，有人说虎伤人，众莫不惊，独田夫色动异于众。若虎能伤人，虽三尺童子莫不知之，然未尝真知。真知须如田夫乃是。故人知不善而犹为不善，是亦未尝真知。若真知，决不为矣。"③ 一般人都会谈虎色变，这是常识；但是，这种常识与曾经被虎伤的人所得到的对虎的认知来说显然是不一样的；因此，程颐认为人如果对"善"的认识仅仅停留在理论的层面而不能身体力行的话，那么这种认识还不能算是"真知"；如果是"真知"的话，肯定会知行合一、言行一致，把他所了解的伦理道德知识或物理知识付诸实践，不会发生知而不行的事情；反过来说，"人知不善而犹为不善，是亦未尝真知。若真知，决不为矣"，知而不行表示还没有达到"真知"。因此，程颐提倡"真知"，并以自己为学的切身体会为例："学者须是真知，才知得是，便泰然行将去也。某年二十时，解释经义，与今无异，然思今日，觉得意味与少时自别。"④

程颐对"真知"的这种理解代表了宋明理学人士的一般看法，在理学人士看来，"真知"的观念虽然并不直接意味着付诸实际行动，但却蕴含了"必能行"这一性质。这种"真知必能行"的思想正是王阳明"未有知而不能行者，知而不行只是未知"，知行合一思想的先导。

也正因为有这种"真知必能行"的思想倾向，程颐在知行关系中较为注重知先而行后："不致知，怎生行得？勉强行者，安能持久？"⑤ 但程颐的

---

① （宋）程颢、程颐著，王孝鱼点校：《河南程氏遗书》卷十八，《二程集》，中华书局2004年版，第186页。

② （宋）程颢、程颐著，王孝鱼点校：《河南程氏遗书》卷二十五，《二程集》，中华书局2004年版，第323页。

③ （宋）程颢、程颐著，王孝鱼点校：《河南程氏遗书》卷二上，《二程集》，中华书局2004年版，第16页。

④ （宋）程颢、程颐著，王孝鱼点校：《河南程氏遗书》卷十八，《二程集》，中华书局2004年版，第18页。

⑤ （宋）程颢、程颐著，王孝鱼点校：《河南程氏遗书》卷十八，《二程集》，中华书局2004年版，第187页。

"行""不是指的社会实践,而多是属于个人的道德践履"①,其所说的多识多学主要也指的是古圣先哲的言行举止:"人之蕴蓄,由学而大。在多闻前古圣贤之言与行,考迹以观其用,察言以求其心,识而得之。"②

(三)"形上之道"与"形下之器"及其对张载气论的批判

在理与气、理与事、形上与形下的关系方面,程颐主张"理气二分",严格区分理与气、理与事、形上之道与形下之气的区别,形上的是"理"("道")的世界,形下的是物质世界,形下的物质世界不是根本的,形上的"理"世界才是根本的。"有理则有气","有理而后有象,有象而后有数"③,理是事物的内在根据与规律,而气则是构成万事万物的物质性因素。程颐的这一思想与张载"天地之气,虽聚散攻取百涂,然其为理也,顺而不妄"的思想有接近的地方,但程颐把形上之"道"作为本体性的范畴,从而加深了对"理"的认识,这在理论思维上有其意义所在。

同时,形上之道并不是物质性的"阴阳"——"气",而是形下之"气"的内在根据,阴气与阳气之所以此消彼长、相互变化,其根据就是"道";但形上之道与形下之气是相依相成、不能分离的,离了形下的物质性的"阴阳",形上之道也是不能存在的,"'一阴一阳之谓道',道非阴阳也,所以一阴一阳道也,如一阖一辟谓之变"④,"离了阴阳更无道,所以阴阳者是道也。阴阳,气也。气是形而下者,道是形而上者"⑤,程颐关于形上与形下的区分在某种程度上来说也就是关于理与气的区分。

并且,与程颢一样,程颐也批判张载的气一元论及"形聚为物,形溃反原"(即一个事物在气消亡后只会改变形态而不会真正消亡)的思想。程颐也认为张载以"清虚一大"为"天道"的观点仍然是从形下的具体物质的角度立论,而

---

① 肖萐父、李锦全主编:《中国哲学史》(下卷),人民出版社1983年版,第31页。
② (宋)程颢、程颐著,王孝鱼点校:《河南程氏易传》卷二,《二程集》,中华书局2004年版,第828—829页。
③ (宋)程颢、程颐著,王孝鱼点校:《河南程氏遗书》卷二十一上,《二程集》,中华书局2004年版,第271页。
④ (宋)程颢、程颐著,王孝鱼点校:《河南程氏遗书》卷三,《二程集》,中华书局2004年版,第67页。
⑤ (宋)程颢、程颐著,王孝鱼点校:《河南程氏遗书》卷十五,《二程集》,中华书局2004年版,第162页。

不是从形上的角度谈论"天道":"子厚以清虚一大名天道,是以器言,非形而上者。"① 并且,在张载"形聚为物,形溃反原"的观点上,程颐认为"凡物之散,其气遂尽;无复归本原之理。天地间如洪炉,虽生物销烁亦尽,况既散之气,岂有复在?天地造化又焉用此既散之气?其造化者,自是生气。至如海水潮,日出则水涸,是潮退也,其涸者已无也,月出则潮水生也,非却是将已涸之水为潮,此是气之终始。开阖便是易,'一阖一辟谓之变'"②。

天地造化是生生不息、无穷无尽的,而"气"虽然是"形而下者"③,是在"有形"的具体万物之先而与"形"不同④,但气是构成形下世界的基本材料,是自然而然地产生的,是有生有灭而不是永存的,就像海水因为阳盛而涸、阴盛而盛的自然现象一样,并不是"既返之气复将为方伸之气":"若谓既返之气复将为方伸之气,必资于此,则殊与天地之化不相似。天地之化,自然生生不穷,更何复资于既毙之形,既返之气,以为造化?近取诸身,其开阖往来,见之鼻息,然不必须假吸复入以为呼。气则自然生。人气之生,生于真元。天之气,亦自然生生不穷。至如海水,因阳盛而涸,及阴盛而盛,亦不是将已涸之气却生水。自然能生,往来屈伸只是理也。盛则便有衰,昼则便有夜,往则便有来。天地中如洪炉,何物不销铄了?"⑤

在程颐看来,气之所以不断产生不断消亡,其根源是"道"(即"理"),"道"(即"天理"或"理")是真正实存于天下的,是万物生生不息的根源,"又语及太虚,曰:'亦无太虚。'遂指虚曰:'皆是理,安得谓之虚?天下无实于理者'"⑥,"道则自然生万物;今夫春生夏长了一番,皆是道之生,后来

---

① (宋)程颢、程颐著,王孝鱼点校:《河南程氏粹言》卷一,《二程集》,中华书局2004年版,第1174页。

② (宋)程颢、程颐著,王孝鱼点校:《河南程氏遗书》卷十五,《二程集》,中华书局2004年版,第163页。

③ 《河南程氏遗书》卷三:"气,形而下者。"[(宋)程颢、程颐著,王孝鱼点校:《二程集》,中华书局2004年版,第64页]

④ 《河南程氏遗书》卷六:"凡有气莫非天,凡有形莫非地。"[(宋)程颢、程颐著,王孝鱼点校:《二程集》,中华书局2004年版,第83页]

⑤ (宋)程颢、程颐著,王孝鱼点校:《河南程氏遗书》卷十五,《二程集》,中华书局2004年版,第148页。

⑥ (宋)程颢、程颐著,王孝鱼点校:《河南程氏遗书》卷三,《二程集》,中华书局2004年版,第66页。

生长，不可道却将既生之气，后来却要生长。道则自然生生不息"①，在某种程度上来说，"道"是"气"，是自然万物生生不息的根源。

（四）理必有对待

与程颢一样，程颐也比较全面地揭示了事物的对立统一的关系，并且提出了"理必有对待"的命题。《周易程氏易传·贲卦》："质必有文，自然之理。理必有对待，生生之本也。有上则有下，有此则有彼，有质则有文，一不独立，二则为文。非知道者，孰能识之！"②又，"道二，仁与不仁而已，自然理如此，道无无对，有阴则有阳，有善则有恶，有是则有非，无一亦无三"③，"天地之化，虽廓然无穷，然而阴阳之度、日月寒暑昼夜之变，莫不有常，此道之所以为中庸"④。有质必有文，有上必有下，有此必有彼；"文"与"质"、"上"与"下"、"此"与"彼"是相依相成的，没有独立存在的文与质、上与下、此与彼，这是自然本身所蕴含的规律，而这里的"对待"是表示事物与事物之间以及事物内部所蕴含的对立关系。程颐认为，这种对立关系是一种天地万物的普遍原则，正是由于对立事物的相互作用以及事物本身所蕴含的矛盾性推动了事物的变易和发展，它是"生生之本"，"天理生生，相续不息"⑤，并且指出天地万物都是随时变化的，"随时变易，乃常道也"⑥。

在对事物彼此之间相互对待的辩证关系及事物本身发展变化过程的讨论中，程颐提出了"物极必反"的思想。与程颢相比，程颐更为详尽地阐述了事物发展到一定阶段便会出现新的变化的思想。认为屈伸往来只是理，"物极

---

① （宋）程颢、程颐著，王孝鱼点校：《河南程氏遗书》卷十五，《二程集》，中华书局2004年版，第149页。
② （宋）程颢、程颐著，王孝鱼点校：《河南程氏易传》卷二，《二程集》，中华书局2004年版，第808页。
③ （宋）程颢、程颐著，王孝鱼点校：《河南程氏遗书》卷十五，《二程集》，中华书局2004年版，第153页。
④ （宋）程颢、程颐著，王孝鱼点校：《河南程氏遗书》卷十五，《二程集》，中华书局2004年版，第149页。
⑤ （宋）程颢、程颐著，王孝鱼点校：《河南程氏粹言》卷二，《二程集》，中华书局2004年版，第1228页。
⑥ （宋）程颢、程颐著，王孝鱼点校：《河南程氏易传》卷三，《二程集》，中华书局2004年版，第862页。

必返，其理须如此，有生便有死，有始便有终"①，在人们所关心的生死、始终的问题上，不但与佛教一切皆苦、四大皆空的理念不同，也与道教为摆脱生死追求羽化成仙的宗旨不同，程颐从客观事物发展变化的规律出发，对生死问题作出了合理的解释，"有生便有死，有始便有终"，"物生死成坏，自有此理，何者为幻？"② 从而完全避免了前此诸儒从经验层面去言说佛教形上层面的无力的妄议。③

程颐继承了《周易》的辩证法思想，肯定了"变"的普遍性和永恒性。《恒卦》："凡天地所生之物，虽山岳之坚厚，未有能不变者也，故恒非一定之谓也，一定则不能恒矣。唯随时变易，乃常道也。"④ 在这里，程颐向我们指出了"恒"的内涵，提出"随时变易"的观点。与常人所理解的"恒"即"一定""恒常"不同，程颐认为所谓的"恒"并不是恒常不变、一定不变的意思，只有"随时变易"才是常道，才是普遍的。天地所生之物作为有限的具体存在，即使像山岳那样坚厚也不会一成不变，而是会随着时间的迁移不停变化。

不仅如此，程颐还在《河南程氏易传》中多次阐明"物极必反"的辩证思想。其在《否卦》中说："物理极而必反，故泰极则否，否极则泰。……极而必反，理之常也。然反危为安，易乱为治，必有阳刚之才而后能也。"⑤ 又《困卦》："物极则反，事极则变，困既极矣，理当变也。"⑥ 这种"物极必反"的道理用形象的比喻来解释，就好像一个人要去东方，走到东边的极限之后，如果再往前走则是往西走；就登高来说，升到顶峰无法再升之后，如果再想走动的话只能是往下方走，这就是"物极必反"的道理："物理极而必反

---

① （宋）程颢、程颐著，王孝鱼点校：《河南程氏遗书》卷十五，《二程集》，中华书局 2004 年版，第 167 页。
② （宋）程颢、程颐著，王孝鱼点校：《河南程氏遗书》卷一，《二程集》，中华书局 2004 年版，第 4 页。
③ 参见李晓虹《批判·汲取·消融》，《兰州学刊》2006 年第 12 期。
④ （宋）程颢、程颐著，王孝鱼点校：《河南程氏易传》卷三，《二程集》，中华书局 2004 年版，第 862 页。
⑤ （宋）程颢、程颐著，王孝鱼点校：《周易程氏传》卷一，《二程集》，中华书局 2004 年版，第 762 页。
⑥ （宋）程颢、程颐著，王孝鱼点校：《周易程氏传》卷四，《二程集》，中华书局 2004 年版，第 945 页。

也。以近明之，如人适东，东极矣，动则西也，如升高，高极矣，动则下也。既极，则动而必反也。"① 因此，在程颐看来，贤智之士领悟了自然界"物极必反"的这种规律之后就会明辨物理，根据事物的运行规律相时而动，"当其方盛，则知咎之将至，故能损抑，不敢至于满极也"②，当事物发展将要达到鼎盛阶段的时候，就预先知道它会向着衰退的方向变化，所以便根据物极必反的道理对它进行损抑调适，使其不至于"满极"，而圣人则会以之为戒，根据"物极必反"的规律未雨绸缪，在事物将要达到鼎盛阶段的时候就考虑事物衰老阶段的情况，这样就可以防止其满极而衰，从而达到永久安固的状态："圣人为戒，必于方盛之时。方盛而虑衰，则可以防其满极，而图其永久。"③

在动静关系上，程颐认为静中有动，动中有静，动与静相依相成，因此程颐说"动静一源"④。同时，阴与阳、动与静既没有开始，也没有终结，阴气和阳气的产生并不是有时间的先后，而是同时产生，相依相成的，就像人的形体和影子相互依存、无有先后、同时存在、不可分割一样。程颐还据此批判老子由无生有的宇宙生成论，"老氏言虚而生气，非也。阴阳开阖，本无先后，不可道今日有阴，明日有阳。如人有形影，盖形影一时，不可言今日有形，明日有影，有便齐有"⑤，认为老子关于"虚而生气"的观点是不对的。而关于"动静无端，阴阳无始"的道理只有真正体悟"道"的人才能真正认识这种规律："道者，一阴一阳也。动静无端，阴阳无始。非知道者，孰能识之？"⑥

---

① （宋）程颢、程颐著，王孝鱼点校：《周易程氏传》卷三，《二程集》，中华书局 2004 年版，第 894 页。
② （宋）程颢、程颐著，王孝鱼点校：《周易程氏传》卷一，《二程集》，中华书局 2004 年版，第 771 页。
③ （宋）程颢、程颐著，王孝鱼点校：《周易程氏传》卷二，《二程集》，中华书局 2004 年版，第 794 页。
④ （宋）程颢、程颐著，王孝鱼点校：《河南程氏粹言》卷一，《二程集》，中华书局 2004 年版，第 1182 页。
⑤ （宋）程颢、程颐著，王孝鱼点校：《河南程氏遗书》卷十五，《二程集》，中华书局 2004 年版，第 160 页。
⑥ （宋）程颢、程颐著，王孝鱼点校：《河南程氏经说》卷一，《二程集》，中华书局 2004 年版，第 1029 页。

在动与静二者之中，程颐一方面肯定动与静二者相因而有变化（"动静相因而成变化"①），另一方面又一反《礼记》、王弼和周敦颐等以"静"为"天地之心"的思想（"先儒皆以静为见天地之心，盖不知动之端乃天地之心也。非知道者，孰能识之？"②）认为"动之端乃天地之心"，"一阳复于下，乃天地生物之心也"③，突出了"动"的根本性，肯定"动"在宇宙演化、事物变化中的作用。

二　为政之道

在程颐的政治哲学中，与以往儒家人士一样，程颐强调"民惟邦本"，"保民之道，以食为本"。但更重要的是有关国家治理的举措中有着清晰的本末、轻重之分。程颐在《为家君应诏上英宗皇帝书》中具体为我们陈述了这些思想。在其他著作中的政治思想都可以看成对其所说的"本"三"末"六这九个方面的具体论证。

在程颐看来，仁主圣君治理天下应该抓住根本，以"本"为重点，在"重本"的前提下具体再处理"末"的问题，而不可本末倒置。其所说的"本"包括三个方面，即立志、责任、求贤，这三者是国家社稷长治久安之策；而其所说的"末"则包括六个方面，具体是指：宽赋役、劝农桑、实仓廪、备灾害、修武备、明教化。

在程颐这里，他并不是不知道"兴利除害之方，安国养民之术，边境备御之策，教化根本之论"，这些具体的治理方法是人人可以做到的，但与"立志、责任、求贤"三者相比，前面六种具体的举措是次要的，如果不以三个根本点为前提和先务，那具体的六种方法将会成为空话。相反，"三者既行，不患为之无术也"，作为"本"的"立志""责任""求贤"如果得到很好的实行，有关国家治理的具体方法自然而然就有了。

---

①　（宋）程颢、程颐著，王孝鱼点校：《河南程氏经说》卷一，《二程集》，中华书局2004年版，第1029页。

②　（宋）程颢、程颐著，王孝鱼点校：《周易程氏传》卷二，《二程集》，中华书局2004年版，第819页。

③　（宋）程颢、程颐著，王孝鱼点校：《周易程氏传》卷二，《二程集》，中华书局2004年版，第819页。

首先，对于人君来说，首先要"立志"，"三者之中，复以立志为本"，在程颐所说的"立志、责任、求贤"三者之中，"立志"一项是重中之重，君主的志向是最关键的问题。因为"君志立而天下治矣"，只要君主有治理天下的远大志向，以治国平天下为理想，自然就会选贤举能，任用贤相。程颐所说的"立志"主要是指"至诚一心，以道自任，以圣人之训为可必信，先王之治为可必行，不狃滞于近规，不迁惑于众口，必期致天下如三代之世，此之谓也"①。程颐认为，如果英宗能够先立志的话，就会"奋其英断以必行之，虽强大诸侯，跋扈藩镇，亦将震慑，莫敢违也，况郡县之吏乎?"② 那些封疆大吏、藩镇豪强都会畏惧，更不用说一般的郡县官吏了，这样，君主的权威就会真正确立，君主的权威确立后自然会令行禁止、社会安定。

其次，重辅佐之道，慎选宰辅。程颐在《为家君应诏上英宗皇帝书》中解释"责任"说："所谓责任者：夫以海宇之广，亿兆之众，一人不可以独治，必赖辅弼之贤，然后能成天下之务。自古圣王，未有不以求任辅相为先者也。"③ 辅弼之贤的重要职责是直接帮助帝王处理国家政事，其是君主的左右手，在管理机构中具有举足轻重的地位，因此，关于辅弼人士的选择是否慎重、是否严格就成了最为关键的问题，"图任之道，以慎为本"，因为只有在选拔宰辅的时候谨慎细致，才能对被选拔人员的为人处世、道德品性、综合能力等因素深入了解；而清楚了解被选人员情况之后，才能坚定不移地信任被选人员；而信任被选人员自然会放心地对被选拔人员委以重任，而"任之专，故礼之厚而责之重"。同时，"择之慎，则必得其贤；知之明，则仰成而不疑；信之笃，则人致其诚；任之专，则得尽其才；礼之厚，则体貌尊而其势重；责之重，则其自任切而功有成"，在选拔宰辅人员时严格谨慎的话必定会得到真正的贤德之士；清楚了解被选人员情况对被选拔人员就会坚定不移，而被选拔的人自然也会致其诚心，竭力效忠。因此，君主对被选拔而委

---

① （宋）程颢、程颐著，王孝鱼点校：《河南程氏文集》卷五，《二程集》，中华书局2004年版，第521页。
② （宋）程颢、程颐著，王孝鱼点校：《河南程氏文集》卷五，《二程集》，中华书局2004年版，第522页。
③ （宋）程颢、程颐著，王孝鱼点校：《河南程氏文集》卷五，《二程集》，中华书局2004年版，第522页。

以重任的宰辅要推诚布公,待以帝师之礼,与之推心置腹,把天下大任交付给他,这样能够担当此重大任务的人自然而然会"自知礼尊而任专,责深而势重",从而以担当道义、平治天下为己任,不辜负君主所托;这样即便有奸谀巧佞之徒,投机取巧之辈,也将会"息其邪谋,归附于正"①。

程颐在《为家君应诏上英宗皇帝书》中还指出了后世君主不慎重选用宰辅所出现的后果,"其始也不慎择,择之不慎,故知之不明;知之不明,故信之不笃;信之不笃,故任之不专;任之不专,故礼之不厚,而责之亦不重矣。择不慎,则不得其人;知不明,则用之犹豫;信不笃,则人怀疑虑;任不专,则不得尽其能;礼不厚,则其势轻而易摇;责不重,则不称其职"②。程颐认为,正因为当时君主在刚开始选拔辅助自己管理国家的宰相时不慎重严谨,所以对被选拔之人没有深入了解;由于了解不深入,所以对之心存疑虑,不能坚定信任;而由于不信任使自己在任用被选之人时不果断、不专心;而由于不能坚定果断地任用被选之人,所以就会轻慢对待被选之人,在礼节上轻忽他,而体现在对被选用之人的要求上也就不会严格;同时,由于不能很好地礼遇自己所选拔的宰辅,结果致使宰辅权轻势薄;而由于责任不重,致使不称其职,不能正常发挥宰辅的应有职能,导致本该综观全局、运筹帷幄的宰辅与负责具体事务的一般官吏一样"仆仆趋走,若吏使然;文案纷冗,下行有司之事"③,从而给那些奸邪之人留下可乘之机。

因此,程颐希望君主能在坚定"求治之志"之后,"以责任宰辅为先,待之尽其礼,任之尽其诚,责之尽其职"。针对当时"执政大臣皆先朝之选"的现实情况,程颐认为"天下重望,在陛下(宋英宗)责任之而已"④,只要英宗"召延宰执",寻责施任,从容访问当时天下之事就可以了。

最后,"求贤"。程颐认为古代的圣王之所以能够使百姓安乐、天下大治,

---

① (宋)程颢、程颐著,王孝鱼点校:《河南程氏文集》卷五,《二程集》,中华书局2004年版,第522—523页。
② (宋)程颢、程颐著,王孝鱼点校:《河南程氏文集》卷五,《二程集》,中华书局2004年版,第523页。
③ (宋)程颢、程颐著,王孝鱼点校:《河南程氏文集》卷五,《二程集》,中华书局2004年版,第523页。
④ (宋)程颢、程颐著,王孝鱼点校:《河南程氏文集》卷五,《二程集》,中华书局2004年版,第524页。

并不是有特别的方法，只不过是朝廷上下、公卿大夫、百职群僚能齐心协力，各称其任而已。而百官群僚能各当其职的原因是"贤者在位，能者在职"，有贤能之士在位。而求贤的主要方法是公卿大臣"推援荐达"，而不是"投名自荐，记诵声律"①。程颐认为，既然君主已经树立"求治之志，又思责任之道"，只要君主能够以"求贤"为先，即使贤德之士隐居山林、幽居边地也会被发现，"既得天下之贤，则天下之治不足道也"②。

这里的求贤既包括选用贤德之士、任用贤能之士，也包括君主要慎重选拔贤德之士作为自己的老师，为自己讲授人情物态、王道仁义，使自己知晓稼穑艰难，百姓疾苦；并设师傅保之官，从各个方面督促完善自己。所谓的"师、傅、保"三者职责不同，具体地说，"师"是讲授"道之教训"者，为君主讲解圣王政治，仁政王道；"傅"是"传其德义"者，其作用在于让君主"防见闻之非，节嗜好之过"；"保"是"保其身体"者，其作用是让君主适起居之宜，存畏慎之心，有合理的起居习惯，保养身体的健康。

宋英宗、宋神宗年间，大臣屡次荐举程颐，"皆不起"；宋神宗去世，哲宗即位，王安石的新政被废除，司马光等旧党当权。哲宗初年，司马光、吕公著上疏朝廷，陈述程颐的义行，哲宗下诏以程颐为"西京国子监教授"，程颐力辞拒绝。很快，朝廷又召程颐为秘书省校书郎，程颐接受后，又被提拔为崇政殿说书，即为哲宗皇帝讲书。程颐随即上书宋哲宗，让宋哲宗注重道德修养，并选拔名儒，多亲近贤士大夫，多接触名德君子，多接近品行高尚、敢于当面规劝君主过失的臣僚，少接近寺人宫女、奸佞之徒。其在《论经筵第一札子》中说："伏以皇帝陛下春秋之富，虽睿圣之资得于天禀，而辅养之道不可不至。所谓辅养之道，非谓告诏以言，过而后谏也，在涵养熏陶而已。大率一日之中，亲贤士大夫之时多，亲寺人宫女之时少，则自然气质变化，德器成就。"③ 之所以要多与贤德之士接触、少与寺人宫女接触，原因在于

---

① （宋）程颢、程颐著，王孝鱼点校：《河南程氏文集》卷五，《二程集》，中华书局2004年版，第525—526页。

② （宋）程颢、程颐著，王孝鱼点校：《河南程氏文集》卷五，《二程集》，中华书局2004年版，第526页。

③ （宋）程颢、程颐著，王孝鱼点校：《河南程氏文集》卷六，《二程集》，中华书局2004年版，第537页。

"大抵与近习处久熟则生亵慢,与贤士大夫处久熟则生爱敬,此所以养成圣德,为宗社生灵之福",也就是说,与寺人宫女接触多了自然会产生怠慢、亵渎、不敬的心理,减损君主的威严和形象;与贤士大夫接触多了则会受其德性操守的感化,油然而生爱慕、敬重的感情,不由自主地提升自己的德性,改变自己的气质,从而使自己"德器成就"。并且,程颐认为,"天下之事,无急于此"①,对于君主来说,这是第一等的大事。

对于一般官员来说,更应该严于律己,以百姓生计、国家利益为理想,不可有丝毫懈怠。《上蔡语录》记载苗履见伊川的一段谈话说:"苗曰:'此人旧日宣力至多,今官高而自爱,不肯向前。'伊川曰:'何自待之轻乎?位愈高则当愈思所以报国者。饥则为用,饱则扬去,是以鹰犬自期也。'"②程颐反对"饥则为用,饱则扬去"的投机做法,认为作为官员,职位越高越应该以国事为重,越应该考虑如何报效国家,而不应该鼠目寸光,安于现状,像鹰犬那样饥则奋进、饱则安逸。程颐在和门客谈论为政之道时说:"甚矣,小人之无行也!牛壮食其力,老则屠之。"认为当时之人追逐耳目之欲的行为太过功利,就好像对待耕牛的态度一样,耕牛强壮的时候百姓利用它的气力,耕牛老弱的时候则被人屠宰食用。对此,门客认为这是不得不如此的做法。屠宰老弱没有用处的牛可以用卖牛肉得到的钱去买壮年的牛用来继续耕种,否则就耽误了农耕。并且,又怎能畜养毫无用处的牛呢?程颐认为这种观点是"知计利而不知义者也",只知道功利而不知道义理,程颐认为"为政之本,莫大于使民兴行,民俗善而衣食不足者,未之有也。水旱螟虫之灾,皆不善之致也"③。在程颐看来移风易俗、导人向善才是官员为政的根本,整个社会民风淳朴、崇礼乐义自然就会辛勤劳作、丰衣足食;并且,程颐认为水旱螟虫等自然灾害都是由于不善的行为而导致的。

因此,程颐、程颢反对以王安石为首的新政措施。在二程看来,王安石

---

① (宋)程颢、程颐著,王孝鱼点校:《河南程氏文集》卷六,《二程集》,中华书局2004年版,第537—538页。

② (宋)程颢、程颐著,王孝鱼点校:《外书》卷十二《传闻杂记》,《二程集》,中华书局2004年版,第426页。

③ (宋)程颢、程颐著,王孝鱼点校:《河南程氏遗书》卷二十一上,《二程集》,中华书局2004年版,第269页。

的策略虽然在短时间内能富国强兵,但却是典型的功利行为,会在社会上产生严重的不良影响。因此,二程把王安石的新学——介甫之学称为比佛教、道教更具危害的异端邪说。《元丰己未吕与叔东见二先生语》记载了一段没有标明是程颢还是程颐的话,但至少也代表了程颐的观点:"今异教之害,道家之说则更没可辟,唯释氏之说衍蔓迷溺至深。今日是释氏盛而道家萧索。方其盛时,天下之士往往自从其学,自难与之力争。惟当自明吾理,吾理自立,则彼不必与争。然在今日,释氏却未消理会,大患者却是介甫之学。譬之卢从史在潞州,知朝廷将讨之,当时便使一处逐其节度使。朝廷之议,要讨逐节度者,而李文饶之意,要先讨潞州,则不必治彼而自败矣。如今日,却要先整顿介甫之学,坏了后生学者。"① 程颐认为在当时社会,异端邪说的危害方面,道家思想作为本土文化没什么可批驳的,只有佛教延蔓迷溺至深,并且当时佛教兴盛而道家、道教衰落。在佛教兴盛的时候天下之人纷纷信奉,儒学自然难与其抗争,但作为有识之士只要自明天理、以仁义道德要求自己,自然不必与之争论。但是,佛道这些异教的危害在当时还不是最严重的,严重的是介甫之学——王安石的新学,在程颐看来,新学不仅太具功利性,而且会"坏了后生学者",误导后来的学者。

此外,程颐还建议君主弘扬儒道,据《宋史·程颐传》的记载,程颐年少之时就已经有远大的志向,在十八岁(皇祐二年)时就上书宋仁宗,希望宋仁宗以圣人所倡导的王道政治为主,罢黜世俗言论。

在注重涵养心性、培养德性的同时,程颐像历代积极入世的儒家人士一样,提倡经世致用,主张学以致用。《河南程氏粹言·论学篇》记载程颐的话说:"百工治器,必贵于有用。器而不可用,工不为也。学而无用,学将何也?"② 认为求学治道的最终目的在于实用,就像工匠制造器具一样,如果器具无用的话,工匠就不会制造它,同样,学习如果不能落实到实际的效用、不能把学到的知识具体运用到日常生活和社会的话就等于白学。

程颐"以天下自任",在君主面前敢于议论时弊,无所顾避,这一方面使

---

① (宋)程颢、程颐著,王孝鱼点校:《河南程氏遗书》卷二上,《二程集》,中华书局2004年版,第38页。
② (宋)程颢、程颐著,王孝鱼点校:《河南程氏粹言》卷一,《二程集》,中华书局2004年版,第1189页。

他名声越来越大，吸引了许多读书人纷纷向他拜师问学（"士人归其门者甚重"），另一方面也引起了一些朝臣对他的不满。与程颐为哲宗讲书同时，苏轼入京为翰林侍读学士，官位高于伊川。苏轼门人"不乐拘检，迂先生（伊川）所为"，认为伊川过于迂腐，因此"两家门下迭起标榜，遂分党为洛、蜀"①。有人指责程颐"经筵陈说，僭横志分。遍谒贵臣，历造台谏。腾口闲乱，以偿恩仇"，要求把他"放还田里，以示典刑"（《道命录》）。在这种形势逼迫之下，程颐上书哲宗，主动要求辞职回乡。程颐自元祐三年（1088）起，便基本脱离了政治生活，在洛阳从事讲学活动。尽管如此，到了绍圣三年（1096），在新、旧两党的斗争中，因新党再度执政，他仍被定为反对新党的"奸党"成员，贬到四川涪州（今四川绵阳）。后来，这种打击又累及他的儿子和学生。1102年，恢复新法的宋哲宗还下令追毁了他的全部著作（实际上，其著作在其门人保护之下，仍被保留下来）。程颐在此境遇下，不久病死于家。据程颐回忆在程颢的葬礼上，洛阳之人因为畏惧党锢之祸都不敢去送葬，"故祭文惟张绎、范域、孟厚及尹焞四人"②。

三　人性论

（一）理善与性善

在心性论方面，程颐与程颢一样，也继承了孟子的性善论，认为人性是善的，但是，程颐不像程颢只是简单地说一个"心即是理"，而是吸取了张载的"心统性情"的思维模式，从性与情两个方面论述主体之心。程颐在解释孟子的"性善"时说："孟子言人性善是也。虽荀、杨亦不知性。孟子所以独出诸儒者，以能明性也。性无不善，而有不善者才也。性即是理。理则自尧、舜至于途人，一也。"③"性"即"理"，这是共性的一面，所以没有不善，从尧舜圣王到普通民众，在"性即理"这一方面是相同的；这也是孟子比荀子、

---

① （清）黄宗羲著，（清）全祖望补修，陈金生、梁运华点校：《伊川学案上》，《宋元学案》，中华书局1986年版，第590页。

② （宋）程颢、程颐著，王孝鱼点校：《河南程氏遗书·附录》，《二程集》，中华书局2004年版，第347页。

③ （宋）程颢、程颐著，王孝鱼点校：《河南程氏遗书》卷十八，《二程集》，中华书局2004年版，第204页。

扬雄等诸儒卓越突出的地方，而人也正是在对这一"性即理"的共性一面的践履层面彰显、肯定人的尊严，完善自己的道德生活。如唐君毅先生所说，这里面已经蕴含了程颢所讲的"生之谓性、性即道即天理"思想，但所不同的是程颢是合内外而言，把形上之性、道、理、与形下的人生命中的神、气等自然因素一体论述，即"道"（"道"为人的行为，偏于主观）言"理"，即"神"（"神"发用于外，偏于客观一面）言"性"，强调理与气、主观与客观圆融不二；而程颐则偏在即"理"言"道"，凸显形上与形下、理与气的不同，认为"天之赋与谓之命，禀之在我谓之性，见于事业谓之理"①（《宋元学案·伊川学案上》），因此，"性"就具有了连接主客的重要作用，程颐在这里正是用"性"来打通形上与形下的隔阂，用"性"即"理"来贯通天人、连接形上与形下。"性"虽然是连接主客的中介，但却不可把"性与道""大本与达道"混而为一。所谓"在天曰命，在人曰性，循性曰道。性也，命也，道也，各有所当。大本言其体，达道言其用，体用自殊，安得不为二乎?"② 性、命、道三者体现在具体的"用"的层面虽有不同，但其根本之"体"却是一致的，因此，对天道、性命的了解不能仅停留在"用"的层面，要从体用一如的高度进行把握。

一般来说，"理"是天下人所共知的普遍而大公的标准，它偏重在客观，是外在而非内在的；而"性"是人内在具有的特殊的本质，是从主观方面说的，是内在而非外在的。因此，一般"离性以言理"的人所说的"理"偏重外在，倾向于自然之理或超越的玄理；而"离理以言性"的人所说的"性"偏重内在，倾向于个人内具的气质。反映在个人的道德生活中就会把"性"与"理"界定为截然不同的层面，结果出现"凡不知此性之即理，而以理制性者，则其理，恒只尊而不亲，其性亦卷曲而不伸，人乃恒疑于其性之善；凡不知理之即性，而任性以为道者，则其性，乃虽亲而不可尊，于理则悖之而远离，人乃更违善而近恶"③，不知"性"即是"理"而以"理"制

---

① （清）黄宗羲著，（清）全祖望补修，陈金生、梁运华点校：《伊川学案上》，《宋元学案》，中华书局1986年版，第630页。

② （宋）程颢、程颐著，王孝鱼点校：《河南程氏文集》卷九，《二程集》，中华书局2004年版，第606页。

③ 唐君毅：《中国哲学原论·原性篇》，中国社会科学出版社2005年版，第228页。

"性",用外在规范钳制内在本性的人就会使"理"尊而"性"卑,怀疑人性是不是本善的问题;而不知"理"即是"性"的人就会把"性"理解为"道",使"性"贴近人自身但背离理则,违善近恶。只有明白"性即理""理即性",才能真正领悟天下至公至正的道理并不是远离人而存在,而是人人所有的,天下客观普遍的真理就蕴含在不同的个体之中。因此,"践理即所以伸性,伸性无待于悖理;乃能即理之所在,以观性之所在"①,个人的道德践履是尽个人之性,也是对天下公理的实践;对理的实践也就是对人性的彰显,对人性的彰显并不会悖理违善,在对理的发掘、体认过程中达到对人性的认识和实践。由此可知,理并不远离人性自身,而是内在于个体生命,是个体生命本来具有而未彰显的。同时,由知理善而知性善,更不会怀疑性善;顺理以为性则性尽而善尽,近性即所以远恶。个人的道德生活和人生境界自然会日渐醇熟,日臻完善。至善的"性"有仁、义、礼、智、信五种因素,其中"仁"是五者的总结。《二程遗书》卷二十二记载程颐由理善说性善的言论说:"性即理也,所谓理,性是也。天下之理,原有所自,未有不善。喜怒哀乐未发,何尝不善?发而中节,则无往而不善。凡言善恶,皆先善而后恶;言吉凶,皆先吉而后凶;言是非,皆先是而后非。"② 一般来说,"理"是人人认可的,自然是无有不善的。人的行为举止发而中节、与理相合,即善;发而不中节,即不善。这说明人心中先有一个预设:先认可此理至善,才有不合理之不善。犹如人说吉凶是非一样,必定是先知道何者为"吉"为"是",然后依据此"吉"此"是"的标准来判定"凶"与"非"的问题。

由此可见,程颐所说的"性即理","无异谓吾人之理想或所肯可之理之所在,无论其所及者如何高明广大,以至无限量,其为吾人之生命之向往,即无非吾人之性之所在",同时,从程颐提出的"性即理"观点,一方面可以看出一切客观普遍的理想就是每个人主观特殊生命理想的所在,另一方面可以看出尚未呈现而能呈现在我们心目中的理想都是源自每个人本来具有的理想或性理,它是每个人所具有的生命之气得以扩大提升以成就圣贤的内在根据。③ 而只有

---

① 唐君毅:《中国哲学原论·原性篇》,中国社会科学出版社 2005 年版,第 228 页。
② (宋)程颢、程颐著,王孝鱼点校:《河南程氏遗书》卷二十二上,《二程集》,中华书局 2004 年版,第 292 页。
③ 参见唐君毅《中国哲学原论·原性篇》,中国社会科学出版社 2005 年版,第 229—231 页。

明白此高明广大、无有限量的理想是人人向往且本所具有的未显之性,明白此性理是已经呈现的理想的本源所在,人才能在现实的有限量的生命中,不断克服形质躯体的局限,去除物质欲望的诱惑,追求完善至善之性,提升个人人生境界。也正因此,朱熹高度评价程颐,认为程颐言"'性即理也'一语,直是孔子后惟伊川说得尽。这一句便是千万世说性之根基,是个公共底物事"①,对于往圣先儒的思想是一种推进,"自古无人敢道""颠破不得"②。

《河南程氏遗书·伊川先生语卷十一》记载程颐的话说:"称性之善谓之道,道与性一也。以性之善如此,故谓之性善。性之本谓之命,性之自然者谓之天,自性之有形者谓之心,自性之有动者谓之情,凡此数者皆一也。圣人因事以制名,故不同若此。而后之学者,随文析义,求奇异之说,而去圣人之意远矣。"③ 程颐在这里界定了一般所说的"性""道""命""天""心""情","道"也就是"性",是"性之善";而"命"是"性之本","天"是"性之自然者"、是合乎本性的;"心"则是"性"禀赋于有形体之物之后的体现,"情"则是此有形之物感物而动所具有的思虑意识,在某种程度上来说这几种称谓是异名同谓("凡此数者皆一也");而圣人因事制名、因地制宜,所以才有不同的名称。后世学者不解圣人本意,随文析义,猎奇求异,远远违背了圣人宗旨。由理善而性善,由性善而才(材)善,这是理想的为学向道之路,"自性而行,皆善也",圣人因顺性善的本旨,在具体的人类社会制定出"仁义礼智信"五种不同的德行作为一般人的行为准则,究其根本皆是"道"的体现,"舍此而行,是悖其性也,是悖其道也",但世俗之人认为"性""道"与仁义礼智信五者不同,"其亦弗学欤!其亦未体其性也欤!其亦不知道之所存欤!"④ 这既是不学无术的体现,也是没有体悟本性善、不知

---

① (清)黄宗羲著,(清)全祖望补修,陈金生、梁运华点校:《伊川学案下》,《宋元学案》,中华书局1986年版,第650页。

② "朱子曰:伊川言'性即理也',与横渠言'心统性情',此二句颠破不得。"[(清)黄宗羲著,(清)全祖望补修,陈金生、梁运华点校:《伊川学案下》,《宋元学案》,中华书局1986年版,第650页]

③ (宋)程颢、程颐著,王孝鱼点校:《河南程氏遗书》卷二十五,《二程集》,中华书局2004年版,第318页。

④ (宋)程颢、程颐著,王孝鱼点校:《河南程氏遗书》卷二十五,《二程集》,中华书局2004年版,第318页。

晓"道"的存在的表现。在程颐看来,"人之性一也,而世之人皆曰吾何能为圣人,是不自信也。其亦不察乎!"① 每一个人的人性都是一样的,世上之人认为自己不能成为圣人是不自信的原因,而明白性善的道理、知道每一个人都可以成为圣人之后,"随事观理,而天下之理得矣。天下之理得,然后可以至于圣人"②,"千里之远,数千岁之日,其所动静起居,随若亡矣。然时而思之,则千里之远在于目前,数千岁之久无异数日之近"③。

(二)性(义理之性)与才(气质之性)

程颐认为"性字不可一概论"④,"性出于天,才出于气,气清则才清,气浊则才浊"⑤,"性"只能指性之本,是义理之性,是"理"在具体的个体之中的体现,性是出于天的,"性即是理,理则自尧、舜至于涂人,一也"⑥,从尧舜圣王到普通凡人,"性""理"都是一样的,"性无不善,而有不善者才也"⑦,"气有善有不善,性则无不善也"⑧,"性"无有不善,告子所谓的"生之谓性"的"性"并不能称为"性",它从"禀受"形质的角度讲,只能称为"才"(材),"才"是出于气的,所禀赋的气清"才"就清醇,所禀赋的气浊"才"就污浊。"才犹言材料,曲可以为轮,直可以为栋梁"⑨,"才"的意思是材料,即材质,如木一样曲可以为车轮,直可以做栋梁;"才禀于

---

① (宋)程颢、程颐著,王孝鱼点校:《河南程氏遗书》卷二十五,《二程集》,中华书局2004年版,第318页。

② (宋)程颢、程颐著,王孝鱼点校:《河南程氏遗书》卷二十五,《二程集》,中华书局2004年版,第316页。

③ (宋)程颢、程颐著,王孝鱼点校:《河南程氏遗书》卷二十五,《二程集》,中华书局2004年版,第318页。

④ (宋)程颢、程颐著,王孝鱼点校:《河南程氏遗书》卷二十四,《二程集》,中华书局2004年版,第313页。

⑤ (宋)程颢、程颐著,王孝鱼点校:《河南程氏遗书》卷十九,《二程集》,中华书局2004年版,第252页。

⑥ (宋)程颢、程颐著,王孝鱼点校:《河南程氏遗书》卷十八,《二程集》,中华书局2004年版,第204页。

⑦ (宋)程颢、程颐著,王孝鱼点校:《河南程氏遗书》卷十八,《二程集》,中华书局2004年版,第204页。

⑧ (清)黄宗羲著,(清)全祖望补修,陈金生、梁运华点校:《伊川学案上》,《宋元学案》,中华书局1986年版,第597页。

⑨ (清)黄宗羲著,(清)全祖望补修,陈金生、梁运华点校:《伊川学案上》,《宋元学案》,中华书局1986年版,第611页。

气，气有清浊"，"才"是不同的，由气构成，而气有清有浊，有善有不善，"禀其清者为贤，禀其浊者为愚"，禀赋清气的为贤者，禀赋浊气的为愚人，体现在人性方面就有善有不善。正是在这个意义上，程颐认为"扬雄、韩愈说性，正说着才也"①，荀子、扬雄只是说到了"才"，没有认识到"性"，并且认为《论语》中孔子所说的"性相近"的说法也是从所禀受的气质之性说的，是说"所禀之性，不是言性之本"②，不是谈论人性的根本，而孟子才真正认识"性"，孟子所说的性善的观点才指出了人性的根本，所以论"性"应以孟子的观点为依据。

程颐从气质禀受的角度解释"生之谓性"与程颢从生之理、生之道的角度解释"生之谓性"虽然都是对人性的解释，但却有着不同。对此，唐君毅先生解释说，"明道所谓生之谓性，正是伊川所谓义理之性、性之本、极本穷源之性；而伊川所谓生之谓性之性，则乃是此义理之性连于气质之禀受言，所成之气质之性也。观明道之未及于此后一义之生之谓性，即见明道之亦未如伊川之重此二性之分"，用简单的话说，程颐所说的义理之性是人与人共同的生命的理想性，气质之性是各个人种种现实状态与其理想性。③

我们由程颐对人性的分析可以看出，程颐把人性之本称为"性""理"，此是义理之性，也即张载所说的"天地之性"，它是至善至纯的，是个体之人向往追求的人格完善的根源和动力，而恶的来源则是构成形体的材质——"气"，程颐所说的"气"有清有浊，有厚有薄，这解释了人性中"恶"的问题。同时也说明，现实生活中的个体之人在人格完善、道德追求方面有了两种可能：可善或可恶。因此，程颐认为在谈论"性"的时候必须从"性"与"气"两个方面同时考虑，因为"论性不论气，不备；论气不论性，不明"④，仅仅考虑"性"而不考虑"气"的话对人性的讨论就不完

---

① （宋）程颢、程颐著，王孝鱼点校：《河南程氏遗书》卷十九，《二程集》，中华书局2004年版，第252页。

② （宋）程颢、程颐著，王孝鱼点校：《河南程氏遗书》卷十九，《二程集》，中华书局2004年版，第252页。

③ 参见唐君毅《中国哲学原论·原性篇》，中国社会科学出版社2005年版，第232—233页。

④ （清）黄宗羲著，（清）全祖望补修，陈金生、梁运华点校：《伊川学案上》，《宋元学案》，中华书局1986年版，第611页。

备，而仅仅考虑"气"而不考虑"性"的话对人性的认识就不会深入明了。强调"明"是为了说明人性共通的地方；强调"备"是为了说明具有共通之性的不同个体的特殊性一面；而只有同时考虑"性"与"气"才能合理地解释人性中存在的各种问题。也正因为人性中包含"气"的因素，所以一个人若想完善、提升自己的道德境界就必须在发掘先天性善之质的同时，对人性中"气质之性"的一面进行涵养操存。程颐认为"善"与"恶"都是天理，这并不是说天理就是"恶"的，这里所说的"恶"是从或过或不及①的角度来说的，杨朱的"拔一毛利天下而不为"与墨子摩顶放踵利天下的做法都是过及不及的体现。

（三）养气与复性

针对一般人不知道性善的问题，程颐在肯定人性本善的同时，解释说："气有善有不善，性则无不善也。人之所以不知善者，气昏而塞之耳。孟子所以养气者，养之至则清明纯全，而昏塞之患去矣。"② 程颐认为一般人之所以不知道性善，并不是因为人性不善，而是"气昏而塞之"，是构成形体的"气"昏蔽障碍的缘故。孟子所强调的"养气"工夫正是为了把"气"涵养得清明纯全，从而去除昏塞之患，回复本善的义理之性。

程颐把"恶"所表现的欲望、情感、贪念称为"客气""人欲"或"私欲"。"客气"（"人欲"或"私欲"）与"义理"（"天理"或"道"）是对立的。在义理（"天理"）与客气（形成形体的物质性的气）之间存在着此消彼长的相互对立、相互冲突的关系，"义理与客气常相胜，又看消长分数多少，为君子小人之别。义理所得渐多，则自然知得，客气消散得渐少，消尽者是大贤"③，这种关系的消长关系着一个人是成为君子还是成为小人。如果义理（"天理"）逐渐取得优势、客气（"人欲"）逐渐减少乃至完全消失殆尽，那么这个人就达到"大贤"的境界了；相反，如果一个人让"客气"逐渐取得

---

① 《河南程氏粹言》卷一记载："子曰：善恶皆天理。谓之恶者，或过或不及，无非恶也，杨、墨之类是也。"[（宋）程颢、程颐著，王孝鱼点校：《二程集》，中华书局2004年版，第1182页]

② （清）黄宗羲著，（清）全祖望补修，陈金生、梁运华点校：《伊川学案上》，《宋元学案》，中华书局1986年版，第597—598页。

③ （清）黄宗羲著，（清）全祖望补修，陈金生、梁运华点校：《伊川学案上》，《宋元学案》，中华书局1986年版，第632页。

优势，让人欲占尽上风而"天理"逐渐减弱，那么此人就逐渐展现"恶"的一面，最终成为人所不齿的大奸大恶之人。因此，对"义理"（"天理"）和"客气"的处理方式，如何存留"义理"（"天理"）减弱或去除"客气"（"人欲"）就成了一个人修养工夫的关键问题。明白人性"本善"的道理之后只要循理而行就可以了，这不是什么很难的事，常人认为循理而为很难是不知道"性本善"的缘故，所以才会刻意作为："性本善，循理而行，是循理事本亦不难。但为人不知，旋安排着，便道难也。知有多少般数，煞有浅深。"（《河南程氏遗书》卷十五）为此，程颐提出"存义理，灭客气"，"存天理，灭人欲"。这种存理灭欲的过程也就是一个人涵养心性、进德修善的过程。

也正因此，程颐和孟子等儒家学者一样，主张养浩然之气，"浩然之气，所养各有渐，所以至于充塞天地，必积而后至。行不慊于心，止是防患之术，须是集义乃能生"①，"集义生气。方其未养也，气自气尔；惟集义以生，则气与义合，无非道也。合非所以言气，自其未养言之也"②。程颐认为只要认真涵养"浩然之气"，就会使之充塞天地；同时，行为举止无愧于心只是预防之术，只有以行义理之事为己任才能更好地涵养"浩然之气"。而这里的"集义"并不是徒作玄思，必须与"行事"结合，这里的"事"也不独指具体的外在之事，"内外一事，岂独事欲与合义也？"③

值得注意的是，人出生所禀受的气的清浊厚薄，是个人所不能决定的，这也是一般所说的"命"；但程颐并没有由此得出宿命、安命的结论，而是积极肯定人的后天作为，认为在"禀受有厚薄清浊"等不同状况的情况下，人通过后天的积极努力可以变化气质，改变自己的人生命运。在程颐说"禀其（气）清者为贤，禀其浊者为愚"而弟子问"愚可变否"的问题上，程颐直接肯定地回答说："可。"④ 并接着解释孔子所说的"上智与下愚不

---

① （宋）程颢、程颐著，王孝鱼点校：《河南程氏遗书》卷十五，《二程集》，中华书局2004年版，第158页。
② （宋）程颢、程颐著，王孝鱼点校：《河南程氏粹言》卷一，《二程集》，中华书局2004年版，第1179页。
③ （宋）程颢、程颐著，王孝鱼点校：《河南程氏粹言》卷一，《二程集》，中华书局2004年版，第1179页。
④ （宋）程颢、程颐著，王孝鱼点校：《河南程氏遗书》卷十八，《二程集》，中华书局2004年版，第204页。

移"的问题说:"孔子谓上智与下愚不移,然亦有可移之理,惟自暴自弃者则不移也。"程颐认为孔子所说的上智与下愚不移并不是绝对的,并不是像一般人所理解的那样严格划分"上智"与"下愚"之间的界限或否定一般人的后天学习、改变能力,而是就一个人主观上愿不愿意学习、愿不愿意努力方面来区分"不移"的原因,程颐认为"上智"与"下愚"之间是可以转化的,其关键就是是否自暴自弃,是否意识到自己有向上追求的本性并努力去实践自己的理想。也正因此,程颐在弟子问"下愚所以自暴弃者,才乎"的问题时,程颐解释说,"固是也,然却道它不可移不得。性只一般,岂不可移?却被他自暴自弃,不肯去学,故移不得。使肯学时,亦有可移之理"①,程颐认为"才"虽然是决定人形质的重要组成要素,是影响一个人贤愚的重要成分,但它并不是不可改变的;因为"性"是人人所共有的,无论圣人还是俗人在人的本性上都是善的。一个人之所以表现出"愚"的现象主要是他本人自暴自弃,不肯努力去学,所以不能向圣贤进步;如果他肯学习,自然就有可以变化气质的可能。

程颐要求人们通过"养心"或"养气",使人性中恶的成分逐渐减少、本然的善性逐渐增多,并进而达到"穷理则尽性、尽性则知天"的境界。

(四) 心与性情

在心性论上,程颐不是像程颢那样只是简单地说一个"心是理",而是吸收了张载的"心统性情"说,从体(性)用(情)、形上与形下的角度强调心的差异。但同时体用与性情、形上与形下又不是截然对立的,所谓"体用一源,显微无间"。一方面,在对"性"的形上层面作了比较严格的保证,另一方面继承了儒学的性情一贯的传统。

程颐在回答弟子问"心有善恶"的问题时说,"在天为命,在义为理,在人为性,主于身为心,其实一也。心本善,发于思虑,则有善有不善。若既发,则可谓之情,不可谓之心。譬如水,只谓之水,至于流而为派,或行于东,或行于西,却谓之流也"②,"禀于天曰性,而所主在心。才尽心即是知

---

① (宋)程颢、程颐著,王孝鱼点校:《河南程氏遗书》卷十八,《二程集》,中华书局2004年版,第204—205页。
② (宋)程颢、程颐著,王孝鱼点校:《河南程氏遗书》卷十八,《二程集》,中华书局2004年版,第204页。

性，知性即是知天矣"①。程颐认为"命""理""性""心"可以说是异名同谓，孟子所说的"心、性、天"皆是一理，只不过是从不同的角度说的，从"理"的角度讲称为"天"，从禀受气的角度称为"性"，从存蓄到人身而言称为"心"，心是身体的主宰，尽其心则知其性，知其性则知天。而心之体是本静的，在"未发"的状态下是善的，只有本善之心才具有与"命""理""性"同等的地位；心起思动念、发于思虑、处于"已发"状态下会有善、有不善。并且，既发的思虑已经不能称为"心"，只能称为"情"，"情"有正与不正、善与不善之分。并且，运心动念之处不是"心"，而是"意"，"意"发自心，"有心而后有意"②，这里的"意"与"情"都是指"心"接触外物、与外物发生联系后产生的不同反应。

和程颢一样，程颐也用水的例子来解释人性。本善之性就好像水一样，水的本性是清静的，但水在流淌之后便分为不同流派，或向东流淌，或向西流淌，但此时只能称为流动之水，与没有流动时的清静之水已经不同。程颐的这种水流比喻后来被朱熹继承并进一步发展，朱熹用已发、未发解释性情时说"性是未动，情是已动，心包得已动未动。盖心之未动则为性，已动则为情。……心如水，性犹水之静，情则水之流，欲则水之波澜。但波澜有好底，有不好底"③，情之正就是善的，情之不正则是不善的，也就是不好的人欲。显然，朱熹对心与性情的关系、人性的善恶问题的解释比程颐更加完善。

当弟子问程颐喜怒等情感是不是出于"性"时，程颐肯定地回答说"是"，并认为"才有生识，便有性，有性便有情。无性安得情？"④ 人赋形受命之后便有了"性"的存在，有"性"便有"情"，没有"性"又怎能有情？但程颐认为喜怒等情感并不是出于性外，只是"性"在具体的情境中的体现。

程颐称"人心"为私欲，"道心"为正心，认为人有恐惧心的原因是由于没有真正理会义理准则，正气不足，因此程颐告诉弟子说："须知义理之悦

---

① （宋）程颢、程颐著，王孝鱼点校：《河南程氏遗书》卷十八，《二程集》，中华书局2004年版，第208页。
② （清）黄宗羲著，（清）全祖望补修，陈金生、梁运华点校：《伊川学案上》，《宋元学案》，中华书局1986年版，第595页。
③ 陈荣捷编著：《中国哲学文献选编》，江苏教育出版社2006年版，第530页。
④ （宋）程颢、程颐著，王孝鱼点校：《河南程氏遗书》卷十八，《二程集》，中华书局2004年版，第204页。

我心，犹刍豢之悦我口。玩理以养心，如此。盖人有小称意事，犹喜悦，有渝肌浃体，如春和意思，何况义理。然穷理亦当知用心缓急，但苦劳而不知悦处，岂能养心！"① 程颐认为人心对义理的愉悦就好像味觉对美味食物的渴求一样，通过涵泳义理来存养心性也应该如此。人一般有小小的称心事就会喜悦不已，如沐春风，何况有义理呢？但穷理也要有一定的方法，不能盲目不得其法，否则只能徒劳，体会不到义理对人真正可贵的地方，更不要说养心了。

对心性的涵养要自然而然、真实无欺，不能夹杂一丝一毫的虚假，否则便不能"尽心、知性、知天"。当弟子问程颐，孟子说的"尽心"是不是要有恻隐之心、羞恶之心等四端时，程颐回答说，"何必如此数，只是尽心便了。才数著，便不尽。如数一百，少却一便为不尽也。大抵禀于天曰性，而所主在心。才尽心即是知性，知性即是知天矣"②，因为只要有所"著"——执着或刻意去做便会被牵制拖累，不能以诚心对待，就好像数一百个数一样，因为设定了一个固定的数目——一百，所以在数的时候便会被"一百"这个数目限制，只要少数一个数便是没有达到事先设定的"一百"这个数目。因为天理即人性也是天命，三者无异，人性禀赋于天，天是人性的形上保证，"心"是身的主宰，是形上之理之性附的载体，因此，只要穷理即可尽性，尽心即可知性，知性也就是知天，尽性也就知晓了天命。

四 成圣之道

（一）中和神化的圣人境界

我们从程颐在太学游学时回答北宋三先生之一胡瑗的问题——《颜子所好何学论》的文章中可以看出，程颐弱冠之时③就已经有异乎常人的识见和理

---

① （清）黄宗羲著，（清）全祖望补修，陈金生、梁运华点校：《伊川学案上》，《宋元学案》，中华书局1986年版，第619页。

② （宋）程颢、程颐著，王孝鱼点校：《河南程氏遗书》卷十八，《二程集》，中华书局2004年版，第208页。

③ 朱熹认为程颐作《颜子所好何学论》一文时年龄为十八，即在1050年。但姚名达《程伊川年谱》则证明伊川作此文时间是1056年。（参见陈荣捷编著《中国哲学文献选编》，江苏教育出版社2006年版，第467页注）

想。并在此文中指出了为学向道之人所追求的理想：圣人境界。程颐认为这是每一个人都可以达到，也应该达到的境界，"人皆可以至圣人，而君子之学必至于圣人而后已"，如果不以"圣人"为自己追求的最终境界的话都是自暴自弃的做法，而达到圣人的境界并不是刻意为之或很难做到的，"孝其所当孝，弟其所当弟，自是而推之，则亦圣人而已矣"[1]，只要发自内心，循礼而为，从最贴近自身的一言一行入手，该孝则孝，该弟则弟，以此类推，假以时日，自然可以达到中和神化的圣人境界。

我们通过程颐对颜回和孔子、君子与圣人的对比可以看出，程颐认为君子能自觉约束七情六欲使其合乎礼节，以正心养性为宗旨，力行以求达到极致，也就是《中庸》所说的"自明而诚"，最终达到尽其心知其性的目的，在达到此境界的过程中，个人的视听言动必须遵循礼法，时刻以礼法约束自己，所谓"仁义忠信不离乎心，造次必于是，颠沛必于是，出处语默必于是"，这样长久以后，自然会动容周旋合于礼法，邪辟之心自然不生。君子的这种为学过程既是颜回的为学过程的写照，也是一般人所遵循的路线，它与圣人的最大区别是"必思而后得，必勉而后中"，此中的所思所勉是前提，说明"礼"既是君子遵守的法则，也是对君子的一种外在约束；而圣人则是"不思而得，不勉而中，从容中道"，这既是孔子与颜回的区别，也是圣人与君子的区别。"颜子之与圣人，相去一息"，颜回与圣人境界相距很近，程颐引用孟子"充实而有光辉之谓大，大而化之之谓圣，圣而不可知之谓神"的话，认为颜回的德性可以算得上充实而有光辉了，其之所以没有达到孔子的圣人境界，就是因为他仅是"守之"，也就是说"礼"对颜回来说还是外在的规范，没有与其生命融为一体，成为不思而得、不勉而中的行为，而"化之"则是"入于神而自然，不思而得，不勉而中"，也就是孔子所说的"七十而从心所欲，不逾矩"的境界，在这样的境界中，视听言动等一切行为皆从心所欲，自然而然，但又合乎礼节，个人的行为在现实社会的规章制度、礼仪规范中达到最大的自由而身心自在。

程颐认为，达到此一境界的关键是"以中为大本"，所谓的"中"即

---

[1] （宋）程颢、程颐著，王孝鱼点校：《河南程氏遗书》卷二十五，《二程集》，中华书局2004年版，第318页。

"无过不及",这是尧舜相传的真谛,"圣人之学,以中为大本",是尧舜相授以传天下所秉持的原则。而此一原则的根本准则是"心",只有"心"才能判定过或不及的问题。但是,"此心之动,出入无时,何从而守之乎?求之于喜怒哀乐未发之际而已",此心虽然出入无时,不知所向,但可以在喜怒哀乐未发之时观察此心的动向,在喜怒哀乐未发之时,此心就是纯一无伪的赤子之心,就是神明不测的天地之心,也就是孔子所说的摒弃"意必固我"四种弊端的平和心境,孟子所谓的"物皆然,心为甚",无所偏倚,至明至平,其体察物理甚于权度之审的绝对境界,也是《易经》所说的"寂然不动,感而遂通天下之故"至神状态。在程颐看来,"此心所发,纯是义理,与天下之所同然,安得不和?"[①] 此心所发皆是义理,与天下万物同其所然,不需做作,自然而然地达到中和的境界。通过对赤子之心、天地之心及孔子、孟子、《易经》精神境界的贯通和比较,程颐向我们展示了其所追求的圣人的中和境界,这种境界不仅是人人所曾经拥有、没有经过物欲熏染的赤子之心的纯真状态,也是上达天地的万物通则——天地之心,是天地赖以存续的根本,更是孔孟等往圣先哲公认的无我至诚的真谛,在这种境界中,人们禁绝了"生心"(主观的猜疑之心)、"待心"(定要实现的期望之心)、"执心"(固执己见之心)、"我心"(自私之心)四种弊病,寂然不动,虚怀游世,顺物而不累于物,应物而不执于物。圣人与理自然为一,所以能够无过不及、达此中和境界,其他人皆是"以心处这个道理"[②],所以贤者的过失是太过,不肖者的过失是不及。

在程颐看来,为学之道首先要澄明心境,知道如何存养心性,"明诸心,知所养",然后再努力实践以求达到理想状态,而这就是《中庸》中所说的"自明而诚",而达到"诚"的境界的方法首先就是坚信"道"的所在,也只有忠实地信守"道"才能果断地践履"道",只有果断地践履"道"才能固守"道"而不动摇、不偏离"道"、不远离自己最初的志向。同时,与其所提倡的中和境界一致,程颐认为君子之学的极致是要达到"意必固我既亡之

---

① (宋)程颢、程颐著,王孝鱼点校:《河南程氏文集》卷九,《二程集》,中华书局2004年版,第608页。

② (清)黄宗羲著,(清)全祖望补修,陈金生、梁运华点校:《伊川学案上》,《宋元学案》,中华书局1986年版,第626页。

后，而复于喜怒哀乐未发之前"①的中和状态，唯有达此境界，才能化为学与修身为一体。这种境界体现到具体的出处之道上就是"可以仕则仕，可以止则止，可以久则久，可以速则速，此皆时也，未尝不合中，故曰'君子而时中'"②。一定要以"中"为原则，灵活应对，而不是泥于成规。

程颐在经筵之时，每次进讲都会旁征博引，以晓悟人生。程颐认为，人不仅应当从日常生活与眼前纷繁的自然世界中体会真理，不断从知识上充实自己，在理性上提升自己的自律性，而且还要不断地涵养自己的心性，因此，格物穷理与精神修养是人的全面发展的两个不可分割的方面："涵养须用敬，进学则在致知。"③

（二）"敬"与存养

与程颢主张"诚敬"，提倡放开、既自然又安乐的人生哲学不同的是，程颐强调"敬"的涵养与"格物致知"的进学路径，把"敬"与"致知"作为人生哲学中的工夫纲领。程颐在《河南程氏粹言》中更是把"敬"当作"学之大要"。程颐要求整齐严肃与主一无适，在外在的容貌举止与内在的思想感情两方面约束自己。在程颐看来，"敬"是对主体心性涵养的工夫，是从内入手；"格物致知"则是对知识汲养方面所做的工夫，是从外入手。程颐这一套比较完备的理论体系对后世儒者尤其是朱熹有很大的影响，为理学新体系的完成打下了坚实的基础。

我们从程颢与程颐对"敬"的工夫的阐释中可以看出，虽然二程都提倡"敬"的修养方法，但却有实质的不同，如我们在讲述程颢的"诚敬"思想时所说，程颢的"敬"是天理如此，是内心深处油然而发、不假私意的真诚与虔敬④；而由于程颐更进一步地认识到气与理、人欲与天理的区别以及人

---

① （宋）程颢、程颐著，王孝鱼点校：《河南程氏遗书》卷二十五，《二程集》，中华书局2004年版，第317页。

② （宋）程颢、程颐著，王孝鱼点校：《河南程氏遗书》卷二十五，《二程集》，中华书局2004年版，第319页。

③ （宋）程颢、程颐著，王孝鱼点校：《河南程氏遗书》卷十八，《二程集》，中华书局2004年版，第188页。

④ 《河南程氏遗书》卷二上记载："今容貌必端，言语必正者，非是道独善其身，要人道如何，只是天理合如此，本无私意，只是个循理而已。"［（宋）程颢、程颐著，王孝鱼点校：《二程集》，中华书局2004年版，第34页］

欲、气禀对天理的遮蔽，所以正像唐君毅先生①所说的那样，在具体的修养方法上其所说的"敬"则是一种对治"私心邪念"、保养义理天性的方法。对二程的这种不同，我们从二程弟子的记载中可以看出："二程随侍太中知汉州，宿一僧寺。明道入门而右，从者皆随之，先生入门而左，独行至法堂上相会。先生自谓'此是某不及家兄处'。盖明道和易，人皆亲近，先生严重，人不敢近也。"② 程颢平和易处，所以弟子都跟随明道从寺门右面走，愿意与之亲近；而程颐则整齐严肃，弟子都不敢接近，自己从寺门左边独自走到法堂之上。黄百家在《宋元学案》中评价二程时说，二程虽然同时受学于周敦颐，但是程颢德性宽宏，规模广阔，以光风霁月为怀；而程颐则气质刚方，文理密察，以峭壁孤峰为体。可见，程颢、程颐所学之道虽然一样，人物气象却大不相同，但这种不同也是其人生哲学的真实写照。③

《伊川学案下》记载门人吴草庐评论程颐思想贡献说："夫'修己以敬'，吾圣门之教也。然自孟子之后失其传，至程子乃复得之，遂以'敬'之一字为圣传心印。程子初年受学于周子，周子之学主静，而程子易之以敬，盖敬则能主静矣。"④ 认为程颐在孟子之后以"敬"字为圣人传学要旨，并用"主敬"代替周敦颐有佛道嫌疑的"主静"说，虽一字之差，却突出了儒学与佛教、道教修养方法的根本不同，"敬"则自然能主静，"敬"蕴含了积极的涵养与克制工夫，它更代表了儒学积极入世的哲学内涵。

程颐曾说："敬是闲邪之道。闲邪存其诚，虽是两事，然亦只是一事。闲邪则诚自存矣。""邪"可以指代一切与礼不合、过或不及的言谈举止、思想情感，而"敬"是一丝不苟、毫不懈怠的意思，在程颐看来，"敬"与"闲邪"虽然是两种事，但究其实质则是一事，"敬"是为涵养"诚敬"，

---

① 唐君毅先生在《中国哲学原论·原性篇》中说，程颐的修养工夫"更偏在由消极之闲邪使心不之东，不之西，不之此，不之彼，自整肃警醒其自己"，"此乃由于伊川更见得人心之有人欲气禀之蔽，其性理与气，有不合一之一面，为人心之病痛所生之故"。（唐君毅：《中国哲学原论·原性篇》，香港：新亚研究所1968年版，第193—194页）

② （清）黄宗羲著，（清）全祖望补修，陈金生、梁运华点校：《伊川学案下》，《宋元学案》，中华书局1986年版，第644页。

③ 参见（清）黄宗羲著，（清）全祖望补修，陈金生、梁运华点校《明道学案上》，《宋元学案》，中华书局1986年版，第540页。

④ （清）黄宗羲著，（清）全祖望补修，陈金生、梁运华点校：《伊川学案下》，《宋元学案》，中华书局1986年版，第651页。

而在"闲邪"的过程中"诚"也自然流露,因此,"敬"在某种程度上包含了"闲邪、存诚"两个方面。就一个人的心理状态、意志方向上来说,可以循理或不循理,此中不包含中立的问题;而当用"敬"来规范心理状态时则明显指明了主体的意向:循理。如劳思光先生所说,"此所以'敬'为涵养之事,涵养即指意志上之存养工夫,乃纯就内界言,不必迁往对象处;此是'敬'与'致知'之不同"①。

在处理内心情感方面,程颐强调对天理的体认、对身心的涵养。更明确提出"存天理,灭人欲"的主张,喜怒哀乐等情感皆以合乎天理、守于礼节为宗旨。程颐认为,"视听言动,非礼不为,即是礼。礼即是理也。不是天理,便是私欲"②,在具体的视听言动等日常行为方面,一定要非礼勿视、非礼勿听、非礼勿言、非礼勿动,这种行为本身就是"礼",而"礼"也就是"理",在天理与私欲之间没有其他选择,不是天理,便是私欲。并且,如同《礼记》中所说"'君子庄敬日强,安肆日偷',盖常人之情,才放肆则日就旷荡,才检束则日就规矩"③,在庄重严整的时候诚敬之心日益增强,越在安逸放肆的时候懈怠放纵之心越强,这是人之常情,只要一松懈就会放荡不羁,而只要一检束就会中规中矩。也正因此,程颐强调要遵循天理,克制私欲,一切以"礼"("理")为准则。表现在外在的言谈举止上便是"动容貌,整思虑","整齐严肃",唯其如此,才能使诚敬自生、心无旁骛。程颐在《四箴并序》中说:"心兮本虚,应物无迹;操之有要,视为之则。蔽交于前,其中则迁;制之于外,以安其内;克己复礼,久而诚矣。"④ 从这段话里可以知道,本虚之心在"蔽"(各种诱惑、私欲等)没有遮蔽之前是应物无迹、不受物累的,但在各种诱惑的影响之下,人的私心杂念产生,这种情况下,只有"制之于外",从外面加以制约才能使内心保持安静不受干扰,经过长时间的"克己复礼"实践,最终达到"诚"而无邪的境界。程颐认为"闲邪则诚自存……但惟是动容貌、整思虑,则自然生敬,

---

① 劳思光:《新编中国哲学史》(三卷上),广西师范大学出版社2005年版,第188页。
② (清)黄宗羲著,(清)全祖望补修,陈金生、梁运华点校:《伊川学案上》,《宋元学案》,中华书局1986年版,第619页。
③ (清)黄宗羲著,(清)全祖望补修,陈金生、梁运华点校:《伊川学案上》,《宋元学案》,中华书局1986年版,第624页。
④ (清)黄宗羲著,(清)全祖望补修,陈金生、梁运华点校:《伊川学案下》,《宋元学案》,中华书局1986年版,第637—638页。

敬只是主一也"①。只要端容貌、一思虑，自然而然会产生恭敬的心理，而"敬"并不是故意做作为之，而是以"诚"为宗旨和目的。而所谓的"闲邪则诚自存"的"诚"并不是"外面捉一个诚，将来存养"②，"诚"是人自身具有的，是由内油然发出的，程颐批判时人为不善之后刻意寻找"善"来存养弥补的做法说："今人外面役役于不善，于不善中寻个善来存着，如此则岂有入善之理？只是闲邪则诚自存，故孟子言性善，皆由内出。只为诚便存闲邪，更着甚工夫。"③ 因此，程颐认为"但惟是动容貌，整思虑，则自然生敬。敬，只是主一也，主一，则既不之东，又不之西，如是则只是中；既不之此，又不之彼，如是则只是内。存此，则自然天理明白。学者须是将'敬以直内'涵养此意。直内是本"④。同时，"闲邪则固一矣，主一则不消言闲邪。有以一为难见，不可下工夫"。至于如何做到"一"的方法，很简单，"只是严肃整齐，则心便一，一则自无非僻之干"⑤，只要容貌整齐严肃，心思自然澄明划一，自然不会有非分之想、邪僻之奸，其最终目的是通过长时间的涵养熏陶，使天理呈现，人欲消尽。其所说"主一无适"中"适"代表不同的方向或目标，它与"一"相对，"主一"也就是要"无适"，要心合于理（即《粹言》说的"己与理一"），不再有其他的指向性，不再为外物所牵引，一切以"一"为方向，也就是以诚敬为标的，以天理为核心。

也正因此，程颐认为，求学宗的也就是使人"求于内"而不是"求于外"，"求于本"而不是"求于末"，"学也者，使人求于内也"，"学也者，使人求于本也"⑥，也就是以心性涵养、道德操守、诚敬无邪为本、为内、为

---

① （宋）程颢、程颐著，王孝鱼点校：《河南程氏遗书》卷十五，《二程集》，中华书局2004年版，第149页。

② （清）黄宗羲著，（清）全祖望补修，陈金生、梁运华点校：《伊川学案上》，《宋元学案》，中华书局1986年版，第623页。

③ （清）黄宗羲著，（清）全祖望补修，陈金生、梁运华点校：《伊川学案上》，《宋元学案》，中华书局1986年版，第623—624页。

④ （清）黄宗羲著，（清）全祖望补修，陈金生、梁运华点校：《伊川学案上》，《宋元学案》，中华书局1986年版，第624页。

⑤ （清）黄宗羲著，（清）全祖望补修，陈金生、梁运华点校：《伊川学案上》，《宋元学案》，中华书局1986年版，第624页。

⑥ （宋）程颢、程颐著，王孝鱼点校：《河南程氏遗书》卷二十五，《二程集》，中华书局2004年版，第319页。

一,为人处事、进退穷达的根本原则。程颐认为"不求于内而求于外""不求于本而求于末"的做法不是圣人之学。而所谓的"不求于内而求于外"的做法也就是"以文为主者",以巧辞奇句、文献典故为主要目的,而"不求于本而求于末"就是"考详略,采同异者",以考察不同学派不同主张的同异详略为主要目的,在程颐看来,这两种做法对人的身心涵养、道德境界都是无益的,君子是不会这样做的。因此,在具体的学风上,程颐和程颢一样,认为"凡学之道,正其心,养其性而已。中正而诚,则圣矣"[1]。程颐认为当时学者"多蔽于解释注疏"[2],多倾向于解释注疏,而不能领悟经典的意蕴,这种"只诵其言辞,解其训诂而不及道"[3]、"滞心于章句之末"[4]的做法是"无用之糟粕"[5],是"学者之大患"[6]。

程颐反对巧言令色、浮华言辞的为学态度。认为当时学者由于没有真正领悟圣人的为学宗旨,以为圣人是生而知之,圣人的境界不是一般人后天学习可以达到的,因此便认为"不求诸己,而求诸外,以博闻强记、巧文丽辞为工,荣华其言,鲜有至于道者",仅以博闻强记、浮华言辞作为为学目的,这显然没有明白古人为学的真正宗旨,没有把为学与修身联系起来,仅仅把为学当作一种工具和手段,忽略了"古之学者为己"的宗旨,最终导致"丧己":"古之学者为己,其终至于成物。今之学者为人,其终至于丧己。"[7]。

程颐还把当时的学者分为三类,认为"能文者谓之文士,谈经者谓之讲

---

[1] (宋)程颢、程颐著,王孝鱼点校:《河南程氏文集》卷八,《二程集》,中华书局2004年版,第577页。
[2] (清)黄宗羲著,(清)全祖望补修,陈金生、梁运华点校:《伊川学案上》,《宋元学案》,中华书局1986年版,第632页。
[3] (宋)程颢、程颐著,王孝鱼点校:《河南程氏文集》卷八,《二程集》,中华书局2004年版,第671页。
[4] (宋)程颢、程颐著,王孝鱼点校:《河南程氏粹言》卷一,《二程集》,中华书局2004年版,第1187页。
[5] (宋)程颢、程颐著,王孝鱼点校:《河南程氏文集》卷八,《二程集》,中华书局2004年版,第671页。
[6] (宋)程颢、程颐著,王孝鱼点校:《河南程氏粹言》卷一,《二程集》,中华书局2004年版,第1187页。
[7] (清)黄宗羲著,(清)全祖望补修,陈金生、梁运华点校:《伊川学案上》,《宋元学案》,中华书局1986年版,第626页。

师,惟知道者乃儒学也"①,这种划分方法显然不同于以往,把两汉以来注重章句训诂、文章典故的经学人士划分在儒学之外,这也是宋儒轻视汉唐诸儒,认为自己直承孔孟义理的一个原因。

因此,程颐认为,"学有所得,不必在谈经论道间,当于行事动容周旋中礼者得之"②,而"学礼者考文,必求先王之意,得意乃可沿革"③,也就是说,一般人所走的"格物致知"的认知路线固然是学习的一个重要方法,但更重要的是要在日常的行事动容周旋中礼、洒扫应对、视听言动中体悟天理,培养德行,同时,在学习具体文献典籍的过程中,不能拘泥于经典文本,要突破经典,从中寻找"先王之意",只有领悟往圣先哲的微言大义,才能在继承经典精神本质的基础上补充完善典章制度及思想体系。

但是,程颐主张整齐严肃并不是说恪守礼节、举止严肃就是持敬之道,这只是达到"敬"的一个切入点,"严威俨恪,非持敬之道,然敬须自此入"④,关键是要把握严威俨恪中所体现的精神实质和内涵,而不能仅注重仪表、流于形式。程颐曾针对礼仪烦琐的享祀之礼说:"以享祀之礼,其文最繁,然以诚敬为本。多仪备物,所以将饰其诚敬之心。饰过其诚,则为伪矣。损饰,所以存诚也。"⑤在诸多礼节中,有关祭祀的礼仪最为复杂,但其关键是以诚敬为宗旨。之所以多仪备物,使用众多仪式,是为了让祭祀者充分表达自己对祭祀对象的虔诚心意和恭敬之心。但是,如果"饰过其诚"、装饰太过,与诚意不符合的话就是虚伪的表现;此时减少饰品,主要是为了保存诚意,突出祭祀应有的真实情感。

也正因此,程颐认为"人之于仪形,有是持养者,有是修饰者"⑥,在仪

---

① (清)黄宗羲著,(清)全祖望补修,陈金生、梁运华点校:《伊川学案上》,《宋元学案》,中华书局1986年版,第632页。
② (清)黄宗羲著,(清)全祖望补修,陈金生、梁运华点校:《伊川学案上》,《宋元学案》,中华书局1986年版,第633页。
③ (清)黄宗羲著,(清)全祖望补修,陈金生、梁运华点校:《伊川学案上》,《宋元学案》,中华书局1986年版,第633页。
④ (清)黄宗羲著,(清)全祖望补修,陈金生、梁运华点校:《伊川学案上》,《宋元学案》,中华书局1986年版,第623页。
⑤ (清)黄宗羲著,(清)全祖望补修,陈金生、梁运华点校:《伊川学案上》,《宋元学案》,中华书局1986年版,第618页。
⑥ (清)黄宗羲著,(清)全祖望补修,陈金生、梁运华点校:《伊川学案上》,《宋元学案》,中华书局1986年版,第624页。

表形态方面，有的人是借仪形来整齐容貌、涵养心性，有的人则是借仪容礼节取悦于人，很显然，程颐是赞赏前者，反对后者的。因此，在弟子针对《论语》中所说的"出门如见大宾，使民如承大祭"一句意思问程颐说，出门见人时以"如见大宾"、使民劳作之时"如承大祭"可以理解，但在没有出门、没有使民的时候应该持何种态度呢？程颐解释说，"此'俨若思'之时也。当出门时，其敬如此，未出门时可知也。且见乎外者，出乎中者也。使民、出门者，事也。非因是事上方有此敬，盖素敬也。如人接物以诚，人皆曰诚人，盖是素来诚，非因接物而始有此诚也"①，也就是说出门、使民时的态度并不是因为出门、使民这一事而故意做出的诚敬态度，它是未出门、未使民时已经具有的诚敬心理的一种延续和体现；当其出门时态度如此，在其未出门时的态度自然可以类推出来，况且只有诚于内才能现于外，假若不是平素养成诚敬的习惯而是临事故意做作出来的话，自然可以被人看穿。就好像以诚敬的态度待人接物的人被人称为诚实之人一样，这是此人平日诚实守信的结果，并不是因为要待人接物了才突然有此诚意。因此，程颐说，"'俨然正其衣冠，尊其瞻视'，其中自有个敬处。虽曰无状，敬自可见"②，从正衣冠、尊瞻视的行为中，呈现了人自身所具有的虔敬心理，这种诚敬的心理虽然平素不易被人体察，但自然可以显现。

程颐强调，学者为学的关键是"心志"，"心志"是为学的动力和导向，在志向确定之后，才能展开具体的学习或实践，才有追求理想的动力和愿望："学者先务，固在心志。"③ 在程颐看来，人心不可能不与外物接触，也不可能没有思虑念想，像道教和佛教那样一味地摒弃闻见知思、杜绝念想的做法是不可能的，就好像镜子的功能就是鉴照万物一样，镜子不能映照万物的话就不能称其为镜子了。程颐曾多次指出人心遇事之后摇摆不定、随物迁流的情景。《伊川学案上》记载程颐把人心做主不定的情形比喻为流转动摇，没有一刻停止的"翻车"；又比喻为悬在空中的镜子，虽然能照摄很多事物，但是没有一个事物是固

---

① （清）黄宗羲著，（清）全祖望补修，陈金生、梁运华点校：《伊川学案上》，《宋元学案》，中华书局1986年版，第624页。

② （清）黄宗羲著，（清）全祖望补修，陈金生、梁运华点校：《伊川学案上》，《宋元学案》，中华书局1986年版，第624页。

③ （清）黄宗羲著，（清）全祖望补修，陈金生、梁运华点校：《伊川学案上》，《宋元学案》，中华书局1986年版，第595页。

定的。对人心的这种情况，一般人不学习不知道，等到学习了解之后，就会觉察人心不定的危害。并指出一般人的心理说，"有人胸中常若有两人焉：欲为善，如有恶以为之间；欲为不善，又若有羞恶之心者。本无二人，此正交战之验也"①，想为善的时候，恶念却生起，阻止善念的作为；想要作恶的时候，善念又使其生出羞恶之心。事实上人心之中并没有善人与恶人的存在，但却反映出人心无主、摇摆不定的情形。而"持其志，便气不能乱，此可大验"②，只要坚守志向，自然不会被外物牵扰。程颐还指出："今人主心不定，视心如寇贼而不可制，不是事累心，乃是心累事。当知天下无一物是合少得者，不可恶也。"③ 一般人心志不定的情况下，认为人心好像贼寇一样不可约束，程颐认为这不是"事累心"，不是事物繁多，扰乱心神，而是"心累事"，是心神不定，随物迁流，没有志向的原因。

在此情况下，如果想免除物欲的牵制，唯一的方法是经常集中注意力，使人心有"主"，即有主见有归宿，明白天下之物皆是顺其本性、自然而然的存在，时时警惕自己克服一切不合礼节的思虑，以物之当喜而喜、物之当悲而悲，自然可以做到情顺万物而无情、应物而不累于物。而让人心"有主"的方法就是"敬"。在程颐看来，"［人心］有主则虚，虚谓邪不能入；无主则实，实谓物来夺之"。就好像瓶甖，有水在内的话即使是江河湖海浸灌，也不能进入其内；如果瓶甖之中没有水的话，即使是渟注之水，也不可胜注。一般来说，人心不能二用，"用于一事，则他事更不能入者，事为之主也。事为之主，尚无思虑纷扰之患，若主于敬，又焉有此患乎？"④ 因此，程颐认为，"所谓敬者，主一之谓敬。所谓一者，无适之谓一。且欲涵泳主一之义，一则无二三矣"⑤。也就是说，"敬"就是让"心"有正确的主宰，"一"就是以

---

① （清）黄宗羲著，（清）全祖望补修，陈金生、梁运华点校：《伊川学案上》，《宋元学案》，中华书局1986年版，第596页。
② （清）黄宗羲著，（清）全祖望补修，陈金生、梁运华点校：《伊川学案上》，《宋元学案》，中华书局1986年版，第596页。
③ （清）黄宗羲著，（清）全祖望补修，陈金生、梁运华点校：《伊川学案上》，《宋元学案》，中华书局1986年版，第607页。
④ （清）黄宗羲著，（清）全祖望补修，陈金生、梁运华点校：《伊川学案上》，《宋元学案》，中华书局1986年版，第636页。
⑤ （清）黄宗羲著，（清）全祖望补修，陈金生、梁运华点校：《伊川学案上》，《宋元学案》，中华书局1986年版，第636页。

"心"的正确主宰为关注对象，不再三心二意、心猿意马，"敬"是一个人最应该有的待人接物态度，《易经》所说的"敬以直内，义以方外"就是这个意思，此中的"直内"就是"主一"，即"心"有主宰、有志向。至于一般所说的"不敢欺，不敢慢，尚不愧于屋漏"[1]指的都是"诚敬"之事，只要按照这种态度操存涵养，时间久了，自然可以体认天理，澄明心性。

（三）存天理与灭人欲（闲邪存诚）

与格物致知、整齐严肃、主一无适、以"敬"的态度澄明心性的修养方法相依相成的是，程颐在处理情欲与天理问题上，提出"存天理，灭人欲"，闲邪存诚的观点。

程颐在《四箴并序》中指出，人心本来是虚静无私的，但在与外物接触之后由于外物的诱化，使本来中正之心亡失，而天理也随之而灭。而能够明白"事事物物各有所当止之处，即理之当然者"[2]的人才能涵养天理，淡灭不正常的人欲。而由于人心"发禁躁妄，内斯静专"，人心的浮躁和虚妄都是人欲的重要体现，只有让内心保持静安专一，天理才能呈现并保存下去，所以"制之于外，以安其内；克己复礼，久而诚矣"，也就是说，从外面以礼仪伦常等规范约束自己，使物欲不再侵扰内心，天理自然也就定了；而克己复礼的工夫做得久了，私欲净尽，表里内外自然皆是真实无妄的天理流行。程颐还指出，"顺理则裕，从欲惟危"，也就是说，"循天理之公则皆无馁于中，故裕；逐人欲之私则易陷于下，故危。此正舜、跖二路之所由分。其发轫之始，尤不可以不谨之也"，遵循公正的天理内心深处涵具正气，自然充裕无馁；追逐一己之私则内心容易心虚理亏，自然危险环生。[3]

程颐认为，人之所以为不善，都是由于私欲诱惑："欲诱之也。"[4] 因此，

---

[1] （清）黄宗羲著，（清）全祖望补修，陈金生、梁运华点校：《伊川学案上》，《宋元学案》，中华书局1986年版，第595页。

[2] （清）黄宗羲著，（清）全祖望补修，陈金生、梁运华点校：《伊川学案下》，《宋元学案》，中华书局1986年版，第639页。

[3] （清）黄宗羲著，（清）全祖望补修，陈金生、梁运华点校：《伊川学案下》，《宋元学案》，中华书局1986年版，第637—642页。

[4] （宋）程颢、程颐著，王孝鱼点校：《河南程氏粹言》卷二，《二程集》，中华书局2004年版，第319页。

程颐提出通过主一于"敬""格物致知"等方式来"窒欲"（灭人欲）。在程颐看来，喜怒哀惧爱恶欲七情是人接触外物而自然产生的一种心理波动状态，在这种情况下，觉悟之人能够自觉地按伦常的约束使它合乎中正，"正其心，养其性"，便是"性其情"；而愚笨之人不知道节制，一味地放纵情欲而使之发展至"邪僻"的状态，就是"情其性"①。因此，程颐认为"凡学之道，正其心，养其性而已"。一旦达到"中正而诚"的境地，也就是圣人了。

在程颐看来，"匹夫悍卒，见难而能死者有之矣。惟情欲之牵，妻子之爱，断而不惑者鲜矣！"② 即使是一般的凡夫俗子，遇见有危难之人或在大义面前也能杀身成仁、舍生取义；只是在妻子亲情、感情欲念等私人情欲方面能完全抛弃而不为之困惑的人却很少。这说明，亲情等作为人的一般正常欲望是合理的，也是很难剪断的，这也是困惑有识之士的重要因素。对于此种情欲，程颐并不完全排斥，他所反对的是不合适的、与礼法伦常相违背的过分的私欲。对此，我们从程颐对心与性情的论述中也可以看出。

程颐认为，针对人人具有的惊怒忧愁等心理情感，只要主要针对其中一种情绪的偏颇地方进行约束克制，其余的情绪都会得到克制。并且"惊怒皆是主心不定"，这些不正的、不合于仪则的情绪都是因为心思不定。而我们从一个人对待"忿欲"是忍耐还是不忍耐的态度，就可以看出这个人是有德还是无德（"忿欲忍与不忍，便见有德无德"③）。因此，只要树立心志、用诚敬严肃的态度待人接物，自然可以闲邪存诚，让天理朗现。程颐还通过对《易经·损卦》的解释来说明天理与人欲的问题："诚为本也。天下之害，无不由末之胜也。峻宇雕墙本于宫室，酒池肉林本于饮食，淫酷残忍本于刑罚，穷兵黩武本于征伐。凡人欲之过者，皆本于奉养。其流之远，则为害矣。先王制其本者，天理也；后人流于末者，人欲也。《损》之义，损人欲以复天理而已。"程颐认为，天下

---

① （清）黄宗羲著，（清）全祖望补修，陈金生、梁运华点校：《伊川学案下》，《宋元学案》，中华书局1986年版，第642—643页。

② （清）黄宗羲著，（清）全祖望补修，陈金生、梁运华点校：《伊川学案上》，《宋元学案》，中华书局1986年版，第630页。

③ （清）黄宗羲著，（清）全祖望补修，陈金生、梁运华点校：《伊川学案上》，《宋元学案》，中华书局1986年版，第630页。

的祸端都是由"末"导致的,从人在奉养方面追求的峻宇雕墙、酒池肉林、淫酷残忍、穷兵黩武可以看出,人欲的危害之大,影响之远。而先王正是为了根治由人欲导致的这种危害,所以提倡天理;而后世之人却仅追求口腹之欲的满足,违背天理。程颐认为《易经·损卦》的义理就是要"损人欲以复天理",灭损人欲以求恢复天理,平治天下。

在对待存天理、灭人欲的问题上,我们从程颐对"仁"的内涵的解释上可以很好地看出。在对"仁"的解释中,程颢以"浑然与物同体""以天地万物为一体"解释"仁",程颐则常常用"公"来解释仁。此处的"公"显然是指"公心"而言,是人心未发动之前的澄明状态,是"未发之心",也是"仁之理"。在弟子问"如何是仁"的时候,程颐回答说"只是一个公字",并且告诉弟子说"学者问仁,则常教他将公字思量"①,又说,"仁之道,要之只消道一公字。公即是仁之理,不可将公便唤做仁。公而以人体之,故为仁。只为公则物兼照,故仁所以能恕,所以能爱。恕则仁之施,爱则仁之用也"②,程颐讲"公"是"仁之理"但不可以把"公"当作"仁",意思是说"仁"之所以为德性,是因为它是"公"的显现,两者不可一味等同,"仁"以"公"为理,而"公"显现在人身上体现为一种德性的话就是"仁"。正因为"仁"是"公"这一具有普遍性真谛的体现,所以以"公"为准则一方面可以修身,另一方面可以"济物"、兼照万物,所以"仁"者能"恕"能"爱","恕"是"仁"的具体实施,它落实在人与人的具体活动上,是对孔子推己及人思想的承继,而"爱"则是"仁"的具体应用,"仁"作为"公心"自然是推己及人等具体活动的基础。也正因此,程颐在论述"仁"与"爱"的时候明确指出二者不同,"爱人乃仁之端,非仁也"③,"爱自是情,仁自是性,岂可专以爱为仁?……退之言博爱之谓仁,非也"④。"仁"属于"性","性"是就心所具有的能力

---

① (宋)程颢、程颐著,王孝鱼点校:《河南程氏遗书》卷二十二上,《二程集》,中华书局2004年版,第285页。
② (清)黄宗羲著,(清)全祖望补修,陈金生、梁运华点校:《伊川学案上》,《宋元学案》,中华书局1986年版,第620页。
③ (清)黄宗羲著,(清)全祖望补修,陈金生、梁运华点校:《伊川学案下》,《宋元学案》,中华书局1986年版,第621页。
④ (清)黄宗羲著,(清)全祖望补修,陈金生、梁运华点校:《伊川学案上》,《宋元学案》,中华书局1986年版,第620页。

来说的；"爱"是"仁"的一个端向和体现，属于"情"，"情"是就心与外界接触之后所发动的思虑念想，"情"是属于经验世界的现象。如同劳思光先生所说，有公心的人自然可以博爱万物，有公心的人才能实践推己及人的原则，但是博爱的品性只是公心的表现，它不等同于"公心"自身①，因此，程颐认为韩愈用"博爱"来界定"仁"是不正确的。

在程颐看来，"仁"本身是一般所说的仁、义、礼、智、信五德之一，但同时又是统摄其他德性的基本德性，所以程颐认为"仁"可以通贯上下而言，而"圣"即"仁"实践的极致，能够完全实现"仁"的人也就能够达到圣人的境界。同时，"圣人，人伦之至。伦，理也。既通人理之极，更不可以有加"，圣人在道德伦常方面已经达到极致，是人伦道德的代表和典范，而"伦"的意思就是条理，从广义的角度来说就是"天理"，因此，在程颐看来，如果有人能在一个方面实践"仁"的德性，就可以称得上"仁"；至于恪尽仁道，也可以称得上尽了"仁道"。但是，在"圣"与"仁"之间又有些微的区别："大抵尽仁道者，即是圣人，非圣人则不能尽得仁道。"② 也就是说，能尽仁道之人也就是圣人，除了圣人外都不能尽得仁道。

《河南程氏粹言》记载程颐的话说："仁者，天下之正理。失正理，则无序而不和。"③ 在众多的德目之中，只有"仁"才具有天下"正理"的资格，也即诸多德目的共同标准，程颐对仁的这种解释是对孔子仁学思想的进一步继承和发挥。也正是如此，程颐强调"孝弟"等道德德目只是仁的具体表现，而不是"仁"的根本所在。在弟子问《论语》中"孝弟为仁之本"一句是不是表示"由孝弟可以至仁"的问题时，程颐回答说："非也。谓行仁自孝弟始。盖孝弟是仁之一事，谓之行仁之本则可，谓之是仁之本则不可。盖仁是性也，孝弟是用也。性中只有仁义礼智四者，几曾有孝弟来？赵本作几曾有许多般数来？仁主于爱，爱莫大于爱亲。故曰：'孝弟也者，其为仁之本欤！'"④ 程颐在这里

---

① 参见劳思光《新编中国哲学史》（三卷上），广西师范大学出版社2005年版，第190—193页。
② （宋）程颢、程颐著，王孝鱼点校：《河南程氏遗书》卷十八，《二程集》，中华书局2004年版，第182—183页。
③ （宋）程颢、程颐著，王孝鱼点校：《河南程氏粹言》卷一，《二程集》，中华书局2004年版，第1173页。
④ （宋）程颢、程颐著，王孝鱼点校：《河南程氏遗书》卷十八，《二程集》，中华书局2004年版，第183页。

通过对"为"的不同含义的阐释明确区分了"仁之本"与"为仁之本"的差别:"仁之本"是说仁的根本,此中的"为"理解为"是",意思是说"孝弟"是"仁之本",此句中主语与宾语同一意思;而"为仁之本"中的"为"则理解为"行""实践"的意思,也就是说"孝弟"只是行仁、实践仁的开始,这里的"孝弟"仅是"仁之一事",是"仁"的诸多活动和表现中的一种,因此说,称"孝弟"是"行仁之本"是可以的,但是不可以称为"仁之本"。因为"仁"是"性",而"孝弟"则是用,是就实践"仁"的先后次第与步骤上说的。总的来说,"仁"是指"公心""天理",因此,其理论次序必定在"孝弟"之先。

程颐反对刻意作为的虚假行为:"人虽有意于为善,亦是非理。无人欲即皆天理。公则一,私则万殊。至当归一,精义无二。人心不同如面,正是私心。"① 人心如面,各各不同,而此不同之处正是人的私心存在的地方。天理与人欲是对立的,饥食渴饮、冬裘夏葛等正常的物质需求是值得肯定的,但是要靠合法合理的方式获取,在这些需求中,"若致些私吝心,便是废天职"②。

古代中国人曾经相信,在每个人的内在人性中,都有确立生命价值的自觉能力。这种自觉的本性虽然不像宇宙纷纭万物那样可以由感觉来触摸、由知识来推证,但是,它却可以通过外在的对宇宙万事万物的揣摩分析,寻找它与宇宙共通的普遍的终极的本原来探求和把握,也可以通过"反身而诚"的方式,由内在的体验来体会它的存在,凸显它的意义,并可以通过这种道德本原的张扬凸显,来确认社会与道德秩序的合理性,并在这种从"正心诚意"到"治国平天下"的过程中,完成个体生命的意义,这就是儒家人士所谓"穷理尽性以至于命"的思路。

正因为如此,在探究"天理"的时候,宋儒总是凸显一个表示内在心理与思想状态的"诚"字。本来,这个表示内在心理与思想状态的"诚"与祭祀时面对神灵的虔诚有关,而在《大学》《中庸》中渐渐转为一种在内心中对于道德与超越的真诚心情。这个"诚"字,是对终极真理的确定性与实存

---

① (清)黄宗羲著,(清)全祖望补修,陈金生、梁运华点校:《伊川学案上》,《宋元学案》,中华书局1986年版,第619页。

② (宋)程颢、程颐著,王孝鱼点校:《河南程氏遗书》卷六,《二程集》,中华书局2004年版,第82页。

性的认同，是对这一"理"的真实信仰，也是对这一"理"的内转第一步，它在心理体验与修炼中引申出一种叫作"敬"的心情。程颐认为，"敬则自虚静，不可把虚静唤作敬"，"敬"的心理与佛教在体验终极真理时所具有的"静"的心理前提不同，"静"是期待最终瓦解一切执着的空阔寂寥，而"诚""敬"的心理恰恰导致的是一种对"理"的执着追寻，是体验与接近"理"时心灵中所有的对人生和社会的虔敬态度。因此，程颐说"敬则无己可克"，"敬"是"闲邪"，即与理合一，克即克"邪"。儒家人士坚信，通过"求于内""求于本"，可以进而上达天理，从而合内外、一天人，穷神知化且开物成务，实践庄子所说的儒家人士内圣外王的人生理想。①

此外，程颐还提出"乐天安义"的人生哲学，认为大人身处困境，正因"其道自吉，乐天安命"，所以才能"不失其吉"，"虽在困穷艰险之中，乐天安义，自得其说乐也。时虽困也，处不失义，则其道自亨，困而不失其所亨也。能如是者，其唯君子乎！"② 在程颐看来，当人处在困难的时候，应该乐天安命，像颜回那样"一箪食，一瓢饮，在陋巷，人不堪其忧，回也不改其乐"（《论语·雍也》），而只有处困而不失道义的人才能真正体会生命的价值和意义。程颐还提出"谦巽"作为君子必须具备的美德，其在《周易程氏传》对"谦"卦的解释中说，"君子志存乎谦巽，达理，故乐天而不竞；内充，故退让而不矜，安履乎谦，终身不易，自卑而人益尊之，自晦而德益光显，此所谓君子有终也"③，认为君子如果能以谦逊为志向的话，一方面明达事理，可以乐天命而不争夺，另一方面内心充实，所以虽谦让但不矜持。如果能够把"谦巽"的品德终生实践，就可以得到别人的普遍赞赏，达到虽自卑但人愈尊、虽自晦而德益显、"何往而不安"的境界，这也是君子有终的主要原因。

---

① 《庄子·杂篇·天下篇》记载庄子评论时事说是时天下大乱，贤圣不明，道德不一，诸子百家"多得一察焉以自好"，因此"内圣外王之道，暗而不明，郁而不发，天下之人各为其所欲焉以自为方"，最终导致"道术将为天下裂"的局面。[（晋）郭象注，（唐）成玄英疏，曹础基、黄兰发点校：《南华真经注疏》，中华书局 2016 年版。下引《庄子》皆自此书]

② （宋）程颢、程颐著，王孝鱼点校：《周易程氏传》卷四，《二程集》，中华书局 2004 年版，第 940—941 页。

③ （宋）程颢、程颐著，王孝鱼点校：《周易程氏传》卷二，《二程集》，中华书局 2004 年版，第 773 页。

(四) 对佛道的批判

诚如唐君毅先生归纳的那样，在对佛教的态度上，宋明理学人士由儒家立场出发，主要在为学动机、对宇宙的根本看法、对心性与天理的理解以及天道人性与圣人之道的互证等方面展开对佛教的批判。①《河南程氏遗书》卷六虽然有"叔（指伊川）不排释、老"②的记载，但纵观《二程集》可以发现，程颐对佛教、道家道教特别是佛教有着自己的认识。作为宋明理学的重要奠基人，程颐在对佛教有合理的认识的基础上展开对佛教的批判。

第一，认识到佛教、道家（老庄学说）在理论上有着难得之处。程颐说，"释氏之学，又不可道他不知，亦尽极乎高深"③，"佛、庄之说，大抵略见道体，乍见不似圣人惯见，故其说走作"④。程颐认为，佛学和庄子之学对道体等形上的理论有着深刻的认识，但不像圣人之学那样常见，所以听起来言论有些奇特。同时，佛教和道家的见解有些偏颇，这并不是说他们没有达到穷深极微的理论高度，只是在"穷神知化"方面有些不足而已。⑤《河南程氏遗书》记载程颐的话说，"释氏之学，皆本于利，故便不是"⑥，"要之卒归乎自私自利之规模"⑦，在程颐看来，佛教思想以"利己"为核心，所以是不对的，之所以这样说，是因为死生哀乐是天地之间的基本规律，有生则有死，有哀便有乐。而佛教要免除死生，摒去烦恼，这根本是不可能的自私心理。相比之下，老子的思想更多了一些权诈成分，比如老子说若想取之必先予之、若想翕之必先张之，给人的印象是"愚民而自智"，并且程颐认为"秦之愚黔

---

① 参见唐君毅《中国哲学原论·原道篇》，台北：台湾学生书局1984年版，第420—438页。
② （宋）程颢、程颐著，王孝鱼点校：《河南程氏遗书》卷六，《二程集》，中华书局2004年版，第80页。
③ （宋）程颢、程颐著，王孝鱼点校：《河南程氏遗书》卷十五，《二程集》，中华书局2004年版，第152页。
④ （宋）程颢、程颐著，王孝鱼点校：《河南程氏遗书》卷十五，《二程集》，中华书局2004年版，第156页。
⑤ 参见（宋）程颢、程颐著，王孝鱼点校《河南程氏遗书》卷二十四，《二程集》，中华书局2004年版，第314页。
⑥ （宋）程颢、程颐著，王孝鱼点校：《河南程氏遗书》卷十六，《二程集》，中华书局2004年版，第173页。
⑦ （宋）程颢、程颐著，王孝鱼点校：《河南程氏遗书》卷十五，《二程集》，中华书局2004年版，第152页。

首，其术盖亦出于此"①。

在弟子门人问程颐《华严经》中理法界（"真空绝相观"）、理事无碍法界（"事理无碍观"）以及事事无碍法界（"事事无碍观"）理论中有关天地万物本质与现象的"理""事"问题的论述时，程颐回答说"万理归于一理"，认为华严宗所论述的问题也是"天理"问题的一个方面。在弟子问程颐如何破解华严宗的"理事无碍"观理论时，程颐回答说："亦未得道他不是。百家诸子个个谈仁谈义，只为他归宿处不是，只是个自私。为轮回生死，却为释氏之辞善遁，才穷着他，便道我不为这个，到了写在册子上，怎生遁得？且指他浅近处，只烧一文香，便道我有无穷福利，怀却这个心，怎生事神明？"②在程颐看来，华严宗对于宇宙万象本质规律与现象之间关系的论述是有一定道理的。就像诸子百家都谈论仁义道德一样，只不过它们的终极目的是从自私着眼，与儒学内圣外王的理想归宿不同而已。就佛教所讲的轮回生死问题来说，佛学思辨性很强，当你指出其轮回理论的不足之处的时候，它就会辩解说佛学修行并不仅是为了摆脱轮回生死问题，而是有着更高的追求；但在他们把这种思想记录在册的时候就无从辩解了。并且，从最浅近的例子也可看出，比如有些信仰者认为，只要烧一炷香就可以得到无穷的福利，这明显是功利心，又哪里是为了表达敬意、祭奉神明呢？

针对佛教理论中的长处和不足，程颐告诉门人弟子说，"若要不学佛，须是见得他小，便自然不学"③，要不被佛教迷惑、自觉地不学习佛教，并不是要一味地不接触，而是要在理论上认识到佛教理论的不足之处，这样自然就不去学习了。并且，程颐认为，学者对待佛学思想，"直须如淫声美色以远之，不尔，则骎骎然入于其中矣"④，应该像对待淫声美色那样远离，否则，就会逐渐被其影响。程颐还从心理的角度分析了儒家学者转入异教

---

① （宋）程颢、程颐著，王孝鱼点校：《河南程氏遗书》卷十五，《二程集》，中华书局2004年版，第152页。
② （宋）程颢、程颐著，王孝鱼点校：《河南程氏遗书》卷十八，《二程集》，中华书局2004年版，第195页。
③ （宋）程颢、程颐著，王孝鱼点校：《河南程氏遗书》卷十九，《二程集》，中华书局2004年版，第261页。
④ （宋）程颢、程颐著，王孝鱼点校：《河南程氏遗书》卷二，《二程集》，中华书局2004年版，第25页。

的原因。"儒者其卒必入异教,其志非愿也,其势自然如此。"① 程颐认为这种现象是自然而然的,但其初衷并不是如此。原因就是在求学达到一定程度的时候出现了"智穷力屈"的情况,在这种状态下,想停下来,但认识又没有达到坚定不移的境界;在既不能停止又找不到更好的方法的情况下,陡然之间接触一种新的理论,自然会加以接受。程颐比喻这种情况说:"譬之行一大道,坦然无阻,则更不由径,只为前面逢着山,逢着水,行不得,有窒碍,则见一邪径,欣然从之。"② 就好像在宽敞平坦的大道上行走的人一样,在道路坦然无阻的情况下自然不会找崎岖小路行走,只是前方碰到高山深水,无法前进的情况下,看见一条邪径便欣然进入。并且认为,儒者有窒碍的原因是没有"致知","只为于道实无所得,虽曰问道,终不曾实有之"③,在其看来,"知至至之,则自无事可夺"④。只要心中有识见主宰,能够真正体认天道人理,自然不会被外物影响,"今夫有人处于异乡,元无安处,则言某处安,某处不安,须就安处。若己有家,人言他人家为安,己必不肯就彼"⑤。就好像身处异国他乡、居无定所的人一样,只要告诉他哪里安定、哪里不安定,他自然会到安定的地方去;如果此人本来有家,无论别人再告诉他其他地方安定他也肯定不会去的。程颐从树立志向的角度对佛教的批判,与其在为学方面提倡"固其心志"为关键之处是一致的。

第二,从为学的动机方面看,佛学视诸法无常,一切皆苦,特别是生死无常之苦是世间诸学所不能解决的,所以以求解脱证涅槃为最终目的。而儒家没有"无常故苦"的世界观,或以生死为人生大苦的人生观,而是以如何成德成君子为根本问题,死生之事在儒家人士那里相对于成德成圣来说,是

---

① (宋)程颢、程颐著,王孝鱼点校:《河南程氏遗书》卷十五,《二程集》,中华书局2004年版,第155页。
② (宋)程颢、程颐著,王孝鱼点校:《河南程氏遗书》卷十五,《二程集》,中华书局2004年版,第155—156页。
③ (宋)程颢、程颐著,王孝鱼点校:《河南程氏遗书》卷十五,《二程集》,中华书局2004年版,第156页。
④ (宋)程颢、程颐著,王孝鱼点校:《河南程氏遗书》卷十五,《二程集》,中华书局2004年版,第156页。
⑤ (宋)程颢、程颐著,王孝鱼点校:《河南程氏遗书》卷十五,《二程集》,中华书局2004年版,第156页。

次要问题。在成德成圣问题上，富贵穷达、箪食陋巷等物质生活是不足为道的，只要能够提升精神境界，在贫穷之中自有真正的快乐，所以孔子特别称赞颜回不改其乐、称曾点之鼓瑟自得。

宋明理学在复兴儒学的过程中，首先提出的就是孔孟的此种精神。理学家本着成德成圣为人生目的的态度，排斥佛教求自身解脱生死的自私观念。二程从周敦颐游学之时，周敦颐即教授二程寻孔颜乐处所乐何事。而程颐即作了著名的《颜子所好何学论》。我们从程颐的这篇文章可以看出，程颐论孔子颜回所好者在仁，所乐者也是仁，程颐认为仁与乐并不是决然分离的，"非是乐这仁，仁中自有其乐"，由仁而乐，在实践仁的过程中自然有乐可言，宋明理学人士之所以积极地肯定现实人生，肯定世间的一切，我们从其为学的动机上可见一斑。也正因理学自觉地教育人追随圣迹，以成圣成德为为学目的，所以在日常的讲学过程中也自发地讲明圣学，教育弟子在开始学习的时候就立志做圣人。当弟子问学者志向大小问题时，程颐回答说，"志无大小。且莫说道将第一等让于别人，且做第二等。才如此说，便是自弃。虽与不能居仁由义者差等不同，其自小则一也"①，在其看来，志向是不能分大小的，如果在刚开始为学向道之时就告诉自己让别人做第一等人，自己权且做第二等人，就是自暴自弃的行为。这种做法虽然与那些不能够"居仁由义"，不能以道义、正义的行为实践仁的人有着不同，但从二者自己小看自己这一点上来说则是一样的。因此，程颐认为，"言学便以道为志，言人便以圣为志。自谓不能者，自贼者也。谓其君不能者，贼其君者也"，在学习上要以担当道义为志向，在做人上要以圣人的标准为动力。那些自己称自己做不到的人是自己小看自己，称其君主做不到的人是小看君主，这些行为都是应该批判的。

因此，在对待现实社会的政治、伦理、社会理想等具体问题上，程颐与程颢一样，批评"释氏之学，于'敬以直内'则有之矣，'义以方外'则未之有也"②，"今之学禅者，平居高谈性命之际，至于世事，往往直有都不晓

---

① （清）黄宗羲著，（清）全祖望补修，陈金生、梁运华点校：《伊川学案上》，《宋元学案》，中华书局1986年，第622页。
② （宋）程颢、程颐著，王孝鱼点校：《河南程氏遗书》卷四，《二程集》，中华书局2004年版，第74页。

者，此只是实无所得也"①，即认为佛教在对宇宙万象的形上的问题上虽然有其独到之处，但在具体的现实人生、现实政治方面却有着不足之处；而当时的佛教人士平时高谈性命之际、讨论诸法实相真谛，在形上的超越层面有着超绝的地方，但是在"世事"——人情世故方面却欠缺经验，这种现象说明佛教人士并没有一种周延圆满的人生观。在程颐看来，"道之外无物，物之外无道，是天地之间无适而非道也。即父子而父子在所亲，即君臣而君臣在所严，以至为夫妇、为长幼、为朋友，无所为而非道，此道所以不可须臾离也。然则毁人伦，去四大者，其分于道也远矣"②。道外无物，物外无道，这是天地之间的真谛。此道在父子则父子有亲，在君臣则君臣有忠有义，在夫妇则夫妇有敬，在长幼则长幼有序，在朋友则朋友有信。此道是百姓日用而不知、须臾不可离的，而佛教毁人伦、去四大，与此道远远背离，所以是君子所反对的。

同时，"学佛者，于内外之道不备"③，这里所说的内外之道即一般所说的内圣外王之道，在儒家人士看来，修齐治平、内圣外王既是完备的人生修养模式，也是一个有识之士所应追求的理想状态，仅注意修身而不能博施济众或仅追求事功而不注意修身养性都是不完备的，佛学以修心养性、涅槃解脱为修行标的，自然不符合儒家的人格理想模式。因此，程颐比较儒佛说，"故滞固者入于枯槁，疏通者归于肆恣，此佛之教所以为隘也，吾道则不然，率性而已。斯理也，圣人于易备言之"④，"圣人尽道，以其身所行率天下，是欲天下皆至于圣人。佛以其所贱者教天下，是误天下也。人愈才明，往往所陷溺愈深"⑤。圣人尽人事奉天道，以身作则教化天下，是希望天下之人皆为圣人；佛教认为一切皆空、一切皆苦，教育众生舍离此岸之苦，追求彼岸之乐，

---

① （宋）程颢、程颐著，王孝鱼点校：《河南程氏遗书》卷十八，《二程集》，中华书局2004年版，第196页。

② （宋）程颢、程颐著，王孝鱼点校：《河南程氏遗书》卷四，《二程集》，中华书局2004年版，第73—74页。

③ （宋）程颢、程颐著，王孝鱼点校：《河南程氏粹言》卷一，《二程集》，中华书局2004年版，第1194页。

④ （宋）程颢、程颐著，王孝鱼点校：《河南程氏遗书》卷四，《二程集》，中华书局2004年版，第74页。

⑤ （宋）程颢、程颐著，王孝鱼点校：《河南程氏遗书》卷十五，《二程集》，中华书局2004年版，第145页。

程颐认为这是"误天下"的做法，但是，一般人却很容易被佛教理论吸引。

针对佛教是非双遣、不坠有无的中观理论，程颐说："学佛者多要忘是非，是非安可忘得？自有许多道理，何事妄为？夫事外无心，心外无事。世人只被为物所役，便觉苦事多。若物各付物，便役物也。世人只为一齐在那昏惑迷暗海中，拘滞执泥坑里，便事事转动不得，没着身处。"① 程颐认为忘却是非曲直、绝对的中道是不现实的，在判定是非对错的过程中有很多发人深思的人生道理，这是不能忽略的。世人没有认识到"事外无心，心外无事"的真谛，只是被动地被外在事物牵引，辗转在昏惑暗海、沟壑泥坑之中，所以为物所累，事事转动不得，认为一切皆苦，整个人生就是一个苦海。如果物各付物，遵循每个事物的内在规律去做，自然可以如荀子所说的那样"制天命而用之"，获得最大的自由。

第三，和程颢批判佛教在社会伦理和人生实践方面不足的观点一样，程颐认为在外在的形式上，佛教最大的危害就是逃父出家，灭绝人伦。对此，程颐说："释氏之学，更不消对圣人之学比较，要之必不同，便可置之。今穷其说，未必能穷得他，比至穷得，自家已化而为释氏矣。"② 与儒家圣人之学相比，佛教无论是在理论体系还是外在仪则方面都有着根本的不同。佛学有着完善的理论体系，如从理论上对其进行辩驳的话很容易被他影响。但简单地从外在的形式上就可以看出。因此，程颐从"迹"——外在的形式上批判佛教说："佛逃父出家，便绝人伦，只为自家独处于山林，人乡里岂容有此物？大率以所贱所轻施于人，此不惟非圣人之心，亦不可为君子之心。释氏自己不为君臣父子夫妇之道，而谓他人不能如是，容人为之而己不为，别做一等人，若以此率人，是绝类也。至如言理性，亦只是为死生，其情本怖死爱生，是利也。"③ 在这段话中，程颐从三个方面指责佛教。首先从个人角度来说佛教人士只顾个人感受独处山林，逃父出家，灭绝人伦纲常，并以所贱

---

① （清）黄宗羲著，（清）全祖望补修，陈金生、梁运华点校：《伊川学案上》，《宋元学案》，中华书局1986年版，第635页。
② （宋）程颢、程颐著，王孝鱼点校：《河南程氏遗书》卷十五，《二程集》，中华书局2004年版，第149页。
③ （宋）程颢、程颐著，王孝鱼点校：《河南程氏遗书》卷十五，《二程集》，中华书局2004年版，第149页。

所轻的思想影响他人，不仅有违圣人之心，也是君子所反对的，是社会所不能容许的。其次，佛教人士自己不遵守君臣父子夫妇之道，还认为别人做不到这一点是不如自己，如果用这种思想教育人的话，那就是"绝类"——灭绝作为人存在的特殊价值和意义。最后，佛教谈理论性，也只是从死生的角度进行考虑，以死为可怖，生为可爱，这是从利心的角度进行考虑的。程颐认为，"祸莫大于无类。释氏使人无类"，"设教如是，则其心果如何，固难为取其心不取其迹，有是心则有是迹。王通言心迹之判，便是乱说"①。最大的灾祸就是灭绝人类，而佛教出家出世的做法即"使人无类"，是很不可取的。既然佛教设教布道的这种方式不合人伦社会，其理论自然也是如此。因此，不能像隋唐儒家学者王通所说的那样从"心迹之判"——肯定其心性修养理论、反对其出家修行的形式的角度进行分析，因为在肯定其心性修养等思想理论的情况下很难不被其"迹"——外在行为、仪式影响，有是心则有是迹，心与迹是相依相成的。因此，程颐认为，最简单的方法就是"且于迹上断定，不与圣人合。其言有合处，则吾道固已有；有不合者，固所不取。如是立定，却省易"②。即从外在行为上判定，很显然是与圣人行为举止不符合的。至于在理论方面，佛教言论有与儒家圣人言论符合的话，说明儒家自身理论已经具有了，有与儒家圣人言论不符合的话，就不采取，采用这种方法判定，既简单又省事。当弟子问佛教有关"觉悟"的现象时，程颐回答说："何必浮图，孟子尝言觉字矣。曰'以先知觉后知，以先觉觉后觉'，知是知此事，觉是觉此理。古人云：'共君一夜话，胜读十年书。'若于言下即悟，何啻读十年书?"③程颐认为，觉悟的现象并不是只有佛教才有的，早在孟子时就已经有了。比如孟子所说的先知先觉，其所知所觉的内容就是人伦日用之理；而古人"共君一夜话，胜读十年书"说的就是先知先觉者的言论对人产生的重要影响。

程颐还进一步批判佛教出家出世的思想："家本不可出，却为他不父其

---

① （宋）程颢、程颐著，王孝鱼点校：《河南程氏遗书》卷十五，《二程集》，中华书局2004年版，第155页。
② （宋）程颢、程颐著，王孝鱼点校：《河南程氏遗书》卷十五，《二程集》，中华书局2004年版，第155页。
③ （宋）程颢、程颐著，王孝鱼点校：《河南程氏遗书》卷十八，《二程集》，中华书局2004年版，第196页。

父,不母其母,自逃去固可也。至于世,则怎生出得?既道出世,除是不戴皇天,不履后土始得,然又却渴饮而饥食,戴天而履地。"① 在程颐看来,家本来是不可以出的,只是因为要出家的人不想父其父、母其母,恪尽孝道,所以自己逃走,这还可以说得通;至于"世",怎么能逃出去呢?因为所谓"出世",只有不在天地之间才算得上,但自称要出世的人却还要像一般人一样渴饮饥食、戴天履地,从逻辑上说显然是自相矛盾的,并且认为佛教出世之说如同"闭目不见鼻,然鼻自在"② 一样自欺欺人。

程颐还就佛教修行者所说的"天下之忙者无如市井之人"进行批驳:"市井之人虽日营利,然犹有休息之时。"③ 程颐认为市井之人虽然白天为生计辛苦劳作,但夜晚还可以休息调养。并说"至忙者无如禅客",认为禅客才是天下最忙碌的人。之所以这样说,是因为禅宗理论中有担水砍柴无非妙道、行住坐卧皆是禅的思想,既然行住坐卧无不在道,那就要时时刻刻存有向道之心,而"存无不在道之心,此便是常忙"④。

第四,从天理、天道以及对心性的不同理解的角度批判佛教。在程颐那里,理是天地万物共同的本源,它是真实不虚的,恒常存在的,也是宇宙万物之所以生生不息的实理,同时也是遍在万物、非一人所独有的。"唯其不仅内在于心,然后不随个人之心虑之起灭,而能永恒存在,为天地万物所以生之共同根据。"⑤ 天地万物之所以生存长养,都是天理所赋予的,理是天地万物所以存在的内在根据,或者是天地万物所以产生的根据。此理具体到人就是人之性,具体到人心,则通过心的虚灵不昧的作用得以呈现,所以它与佛教讲菩提自性是心的空性的含义不同;而佛教所说的理主要是指我法二执毕竟空、诸法因缘而生无有自性之理,在理学人士看来,佛教所说的心,是指

---

① (宋)程颢、程颐著,王孝鱼点校:《河南程氏遗书》卷十八,《二程集》,中华书局2004年版,第195页。
② (宋)程颢、程颐著,王孝鱼点校:《河南程氏遗书》卷三,《二程集》,中华书局2004年版,第64页。
③ (宋)程颢、程颐著,王孝鱼点校:《河南程氏遗书》卷十五,《二程集》,中华书局2004年版,第169页。
④ (宋)程颢、程颐著,王孝鱼点校:《河南程氏遗书》卷十五,《二程集》,中华书局2004年版,第169页。
⑤ 唐君毅:《中国哲学原论·原道篇》,台北:台湾学生书局1984年版,第432页。

心虚灵不昧、无所执着的本然状态。所以程颐认为:"释氏有此说,谓既明此理,而又执持是理,故为障。此错看了理字也。天下只有一个理,既明此理,夫复何障?若以理为障,则是己与理为二。"① 理与人自身不是隔离的,而是内在于人自身的,所以理与人之间没有屏障和隔阂,不存在佛教所说的"理障",通过格物致知穷理、反观内省、慎独等方式,我们可以对理加以思维、认识、涵养,并用言语加以表述,并以之作为我们自身修身养性、成贤成圣的内在根据。这也是程颐"性即理也"思想对宋明理学的最大贡献。

在生死问题上,程颐认为"譬如水沤,亦有些意思"②,认为佛教有关生死的理论还是有一定的道理的,而针对"佛言生死轮回,果否"的问题,程颐回答说:"此事说有说无皆难,须自见得。"③ 程颐对此问题采取了一种比较明智的处理方法,认为有或者无都是很难的,关键要自己亲身经历才行,并认为圣人只用一句"未知生焉知死"回答子路。而佛陀释迦牟尼是西方的贤者,是方外山林之士,只是对爱"胁持"的人陈说利害时说的,佛学理论好像以管窥天,不能说它没有见到天的样子,只是见得不广大罢了。并且分析说:"释氏处死生之际,不动者有二:有英明不以为事者,亦有昏愚为人所误,以前路自有去处者。"④ 程颐把在死亡面前不为所惧的人分为两类,一是英明有主见、不以死亡为恐惧的,一是为人所误,认为死后可以到极乐世界的。

在弟子问佛教有关人性的思想如何的问题时,程颐认为佛教也讲人人能够成佛其实也是主张性善的,只是不应该把"才"当作"缘习"而有。并且认为:"禅家之言性,犹太阳之下置器,其间方圆小大不同,特欲倾此于彼尔。然在太阳几时动?又其学善遁,若人语以此理,必曰'我无修无证'。"⑤

---

① (宋)程颢、程颐著,王孝鱼点校:《河南程氏遗书》卷十八,《二程集》,中华书局2004年版,第196页。

② (宋)程颢、程颐著,王孝鱼点校:《河南程氏遗书》卷二十二上,《二程集》,中华书局2004年版,第292页。

③ (宋)程颢、程颐著,王孝鱼点校:《河南程氏遗书》卷二十二上,《二程集》,中华书局2004年版,第292页。

④ (宋)程颢、程颐著,王孝鱼点校:《河南程氏遗书》卷三,《二程集》,中华书局2004年版,第65页。

⑤ (宋)程颢、程颐著,王孝鱼点校:《河南程氏遗书》卷三,《二程集》,中华书局2004年版,第63页。

佛教禅宗认识谈论"性"犹如在太阳下面放置器皿，器皿方圆大小形状不同，但却以此衡量太阳，其实太阳根本没有变动。另外，禅宗思想善于变化，如果对禅宗人士讲儒家的天理思想，对方会用"无修无证"来辩解。

在对宇宙的根本看法上，程颐从天理说的角度批判佛教成住坏空的宇宙观。佛教认为整个世界要反复地依循着成劫（成立）、住劫（存续）、坏劫（坏灭）、空劫（空无）四个阶段的生灭变化过程，而程颐认为："释氏言成住坏空，便是不知道。只有成坏，无住空。"① 认为佛教之所以说宇宙经历成住坏空四个过程，是不明白天道生生不已、生生不息的道理的表现。在程颐看来，整个宇宙只有成劫和坏劫，也就是只有生成和坏灭过程，没有绝对的存续不变或绝对的空无阶段。程颐还举草木为例来说明问题。草木初生既成，生尽的时候便枯萎坏死。而佛教却认为像树木生长一样，树木长大之后就停住不长，然后又逐渐毁坏，这种说法显然是不通的。在程颐看来，任何事物都是在变化发展着的，天下没有绝对停止没有变化的事物，比如婴儿，婴儿出生后在逐渐长大的过程中身体也经历着人肉眼看不见的新陈代谢过程，不可能没有新陈代谢的。这种变化过程是自然而然进行的，自然万物的消长盈亏是天理体现，该长的长，该减的减，是同时进行的，并不是像佛教所说的那样宇宙万物决然分为四种演化阶段。

《宋元学案·伊川学案下》记载叶六桐评论程颢、程颐说："明道不废观释、老书，与学者言，有时偶举示佛语。伊川一切屏除，虽《庄》《列》亦不看。其实儒、释之根本悬殊，下种既异，即偶资其灌溉，终不能变桃为李，亦不必有意深绝也。孔子于老子，亦叹其犹龙，何曾染得孔子？"我们从对程颐思想的分析可以看出，叶六桐的评论失之偏颇。程颐和程颢以及其他理学人士一样，从儒家的立场对异教特别是佛教进行了分析批判。从程颐批判的角度看，程颐和程颢一样，虽然多是从经验的感性的层面批判佛教而没有真正深入佛教义理进行批判，但其批判佛教的视角和方法却被后来的儒家人士借鉴。比如朱熹批判佛教废弃三纲五常，认为"释氏一切皆空，吾儒则一切皆实"，"吾儒本天，释氏本心"，谢良佐认为"释氏所谓性，乃吾儒所谓心"

---

① （宋）程颢、程颐著，王孝鱼点校：《河南程氏遗书》卷十八，《二程集》，中华书局2004年版，第195页。

等以及陆王心学虽吸收佛教但归心圣学的做法，都可以从二程这里找到端源。

程颢、程颐是宋明理学的奠基人，其提出的以"理"为中心的理论体系奠定了两宋道学的理论基础。世称程颢为"大程"，程颐为"小程"，合称为"二程"。二程为亲兄弟，均为洛阳（今属河南）人，二程十五六岁时，受学于理学创始人周敦颐，继承周敦颐的学说，仍不满足，又同张载、邵雍等频繁交往，切磋学术。终于以孔孟思想为基础，吸收佛、道思想，建立起自己的理学体系，形成伊洛学派。二程长期讲学，宣传自己的思想，门徒日益增多，成为北宋时期最大的学术派别。著名弟子很多，其中，谢良佐、杨时、游酢、吕大临号称"程门四先生"。二程的学说在某些方面有所不同，但基本内容一致。他们在政治上追随司马光，反对王安石变法。学术上与王安石"新学"对立，与"蜀学"亦相攻讦，对自己师事的"濂学"并不推崇，与"关学"联系则较密切。

二程长期在洛阳讲学，后来程颐又居临伊川，二人讲学于伊河洛水之间，因称其所创学派为"伊洛之学"，也叫"洛学"，与周敦颐的濂学、张载的关学、朱熹的闽学合称"濂洛关闽"四大学派。此学派提出理学道统说，二程自命为继承孔孟儒学道统，明儒家之道于当世。发展了周敦颐"无极而太极"的世界本体论，以"理"或"天理"为哲学最高范畴，作为自然界和社会的最高原则。认为"理"或"天理"永恒存在，创立了"天理本体论"学说，并把天理与人性联系起来，认为"天理"在天为命，在人为性，主张性即理、性本善，和张载一样把人性分为天地之性、气质之性，主张存天理灭人欲。二程开创的洛学奠定了两宋理学的理论基础，二程弟子及其再传弟子在继承二程思想的同时又发展出很多学派，据《宋元学案》记载，吕希哲开创"荥阳学案"、谢良佐开创"上蔡学派"、杨时开创"龟山学派"、游酢开创"廌山学派"、尹焞开创"和靖学派"、郭忠孝开创"兼山学派"、王苹开创"震泽学派"、胡安国开创"武夷学派"、陈渊开创"默堂学派"、罗从彦开创"豫章学派"[①]，等等。南宋朱熹直承二程尤其是程颐之学，建立起系统的理

---

① 详见（清）黄宗羲著，（清）全祖望补修，陈金生、梁运华点校《宋元学案》卷二十三《荥阳学案》、卷二十四《上蔡学案》、卷二十五《龟山学案》、卷二十六《廌山学案》、卷二十七《和靖学案》、卷二十八《兼山学案》、卷二十九《震泽学案》、卷三十四《武夷学案》、卷三十八《默堂学案》和卷三十九《豫章学案》，中华书局1986年版。

论体系，形成影响深远的"程朱理学"。

第四节 谢良佐的理学思想

谢良佐（1050—1103），字显道，北宋寿春上蔡（今属河南）人，元丰八年（1085）进士及第，曾做河南渑池、湖北应城知县。北宋著名理学家，安定学派胡瑗、濂溪学派周敦颐的再传弟子，二程的得意门生，世称"上蔡先生"或"谢上蔡"，"程门四先生"（谢良佐、杨时、游酢、吕大临）之首。1078年，时二十九岁的谢良佐到河南扶沟向时任扶沟知县的程颢求学。公元1101年被人推荐受到宋徽宗召见，被派往书局任职，后又斥为管库，监管京西竹木场。有人说宋徽宗的年号"建中"与唐德宗年号相同不好，谢良佐因说"恐亦不免一播迁"而被关进监狱，废为贫民①，但后来北宋的结局正应验了谢良佐的预言。崇宁癸未年（1103）卒，时年五十四岁，谥号"文肃"，清时从祀孔庙。著有《论语说》《上蔡语录》等。

程颢初见谢良佐时就对他赞赏有加，说其"展拓得开，将来可望！"并认为"其才能广而充之，吾道有望矣"。程颐则认为良佐为"'切问而近思'者"。谢良佐不负师望，在二程门人之中"英果明决"，精心苦索二程学说之真谛，多有发明，比如以"觉""生意"论"仁"；以"实理"论"诚"；以"常惺惺"（即时时警觉之意）论"敬"；以"求是"论"穷理"，这些论断都是其自己心得②，对发明本心很有推进。特别是强调"穷理""居敬"为入德之门，尤得程颢教人之纲领③，更为后世学者称道。因此，其思想虽然有与禅学相近的地方，但宗旨仍与儒学一脉相承，功不可没。又与游酢、胡安国、邹浩、吕大忠等皆为讲友，相互交往，探讨学问，相得益彰。据《宋元学案》记载，谢良佐、吕希哲和尹焞都是伊川的门人弟子，其中谢良佐收徒讲学形

---

① 参见（清）黄宗羲著，（清）全祖望补修，陈金生、梁运华点校《上蔡学案》，《宋元学案》，中华书局1986年版，第916—917页。

② 参见（清）黄宗羲著，（清）全祖望补修，陈金生、梁运华点校《上蔡学案》，《宋元学案》，中华书局1986年版，第925页。

③ 参见（宋）谢良佐《上蔡语录》卷上，载（清）永瑢《景印文渊阁四库全书》第698册，台北：台湾商务印书馆2008年版，第566页下。（下引《上蔡语录》皆自此书）

成具有自己特点的"上蔡学派"。良佐一传、再传弟子主要有朱震、曾恬、詹勉、郑毅、朱巽、谢袭、康渊、毛友诚、李雄、李杞等。

一 天理说

"天理"或"理"是二程思想的核心概念,谢良佐在承继二程天理论说的同时,对"天理"与"理"的论述亦有其自身的特点。首先,以天人合一、与天为一为宗的。其次,以"仁"诠释天理。最后,提出"心"为"天之理"的命题,开陆王心学的先声。

(一)以天人合一、与天为一为宗的

谢良佐的思想以"天人合一"[①]、"与天为一"[②]为核心,对二程关注的天理、人欲问题作了进一步的阐释和分析。谢良佐所说的"天理"主要有两层含义:一是物之理,认为"物物皆有理"[③],每一物皆有一物之所以为此物之理,也就是每一物皆有其自身的规律和本性;一是人之理,即性之理或心之理,是人之所以为人的根本,是人的本质和内在义理,它是打通天人的关键所在,在某种程度上来说,谢良佐强调得更多的是天理在"性理"方面的含义。

谢良佐"天理"是"自然的道理,无毫发杜撰"[④],"任私用意、杜撰做事",即为人欲。并且,"天,理也,人亦理也。循理则与天为一。与天为一,我非我也,理也;理非理也,天也"[⑤]。

谢良佐用孟子所说的"四端"中的"恻隐之心"来说明"天理":"今人乍见孺子将入于井,皆有怵惕恻隐之心。方乍见时,其心怵惕,即所谓天理

[①] (宋)谢良佐:《上蔡语录》卷上,载(清)永瑢《景印文渊阁四库全书》第698册,台北:台湾商务印书馆2008年版,第571页上。

[②] (宋)谢良佐:《上蔡语录》卷中,载(清)永瑢《景印文渊阁四库全书》第698册,台北:台湾商务印书馆2008年版,第579页上。

[③] (清)黄宗羲著,(清)全祖望补修,陈金生、梁运华点校:《上蔡学案》,《宋元学案》,中华书局1986年版,第922页。

[④] (宋)谢良佐:《上蔡语录》卷上,载(清)永瑢《景印文渊阁四库全书》第698册,台北:台湾商务印书馆2008年版,第569页下。

[⑤] (清)黄宗羲著,(清)全祖望补修,陈金生、梁运华点校:《上蔡学案》,《宋元学案》,中华书局1986年版,第923页。

也。""天理"并不是虚玄深奥的宇宙始源或存在之本体,而是人乍见孺子将入井时油然而生的怵惕恻隐之心,由此怵惕、恻隐之心生发的救孺子之心和行为便是自然的行为;相反,在救孺子之时如果有"要誉于乡党朋友,内交于孺子父母兄弟,恶其声而然"等思虑杂念便是"人欲",它是掺杂私心私欲之后而有的,是"任私用意,杜撰做事",不是纯然的自发的情感,因此,是应该灭除的。"天理与人欲相对",并且"有一分人欲即灭却一分天理,有一分天理即胜得一分人欲"①,"天理"与"人欲"互为消长。人欲肆滥,则天理消尽;同样,灭除人欲,则天理流行。只有灭除人欲,天理才能复现,"本真"之心才能恢复原貌。谢良佐用人人所有的喜怒哀乐等情感来说明天理人欲问题,"只如喜怒,须逐日消磨。任意都是人欲"②,"任意喜怒,都是人欲"③。比如喜怒,"须察见天理,涵养始得"④,应当逐日消磨,不应该肆意放纵,否则便会流于"人欲"一面。并指出好恶心、夸耀心的利害得失和根源,"皆为有己",而只要"立己于胸",便不可能达到"与天为一处"的境界。此时必须做"克己"工夫,所谓的"克"就是"胜之"的意思,"才觉时便克将去,从偏胜处克"⑤,这样才能体认天理,与天为一。

在对天理的体察上,谢良佐突出"自然因循"、无刻意作为的工夫。认为"循天之理,便是性,不可容些私意。才有意,便不能与天为一"⑥。"性"即因循天理,中间不能夹杂一丝私意;才有一丝私心杂念,便不能与天为一。"意、必、固、我,有一焉,则与天地不相似。"⑦谢良佐还引用庄子"去智

---

① (清)黄宗羲著,(清)全祖望补修,陈金生、梁运华点校:《上蔡学案》,《宋元学案》,中华书局1986年版,第918页。
② (清)黄宗羲著,(清)全祖望补修,陈金生、梁运华点校:《上蔡学案》,《宋元学案》,中华书局1986年版,第926页。
③ (清)黄宗羲著,(清)全祖望补修,陈金生、梁运华点校:《上蔡学案》,《宋元学案》,中华书局1986年版,第919页。
④ (清)黄宗羲著,(清)全祖望补修,陈金生、梁运华点校:《上蔡学案》,《宋元学案》,中华书局1986年版,第919页。
⑤ (清)黄宗羲著,(清)全祖望补修,陈金生、梁运华点校:《上蔡学案》,《宋元学案》,中华书局1986年版,第924页。
⑥ (清)黄宗羲著,(清)全祖望补修,陈金生、梁运华点校:《上蔡学案》,《宋元学案》,中华书局1986年版,第924页。
⑦ (清)黄宗羲著,(清)全祖望补修,陈金生、梁运华点校:《上蔡学案》,《宋元学案》,中华书局1986年版,第923页。

与故,循天之理"的话,说明"私意杜撰"的危害。认为如果从圣人的角度来说,即使用"循"字也不恰当,也有以己刻意去"合""天理"的嫌疑。必须像孟子所说"勿忘又勿助长,正当恁地时自家看取",这样才能使"天理"自然朗现。就好像视听动作等行为,一切自然而然,皆是天然如此。又如"天命有德,便五服五章,天讨有罪,便五刑五用",这里的五服五章、五刑五用绝不是刻意杜撰做作出来的,而是天理如此。因此,学者只需知道"天理"是"自然底道理,移易不得"。否则,便如诸子百家一样人人"生出一般见解,欺诳众生"。并且,只有识察天理,然后才能"为天之所为";而儒家学者所作所为正是"天之所为"、与天为一,所以"敢以天自处",相比之下佛教人士就"不敢恁地做大"①。

但是"太虚""天理"无尽,而一般认为"心"则是有止有尽的,在如何达到与"天""太虚"合一的问题上,谢良佐认为"心"是没有止尽的,只是因为刻意用它,所以才会给人"心"有止尽的感觉,一般人往往达不到不用"心"的境界,虽然知道这个道理,可以"经时无他念,接物亦应副得去"②,但仅仅是了解而已,并不能把这种道理真正与自己的修身结合起来,只有经过岁月的磨砺,在日常生活中慢慢体悟其中道理,才能真正做到"与天为一"。

如果能时时处处循天理而行,就可以进入"天人合一""与天为一"的境界。其在讲孔子、孟子人格区别时对此一境界曾作了比较。《上蔡语录》卷一记载:"孔子曰:'天之将丧斯文也,后死者不得与于斯文也;天之未丧斯文也,匡人其如予何?'于'天之将丧斯文'下便言'后死者不得与于斯文',则是文之兴丧在孔子,与天为一矣。盖圣人德盛,与天为一,出此等语自不觉耳。孟子地位未能到此,故曰:'天未欲平治天下也,如欲平治天下,当今之世,舍我其谁?'听天所命,未能合一。"③ 认为"文"之兴丧

---

① (清)黄宗羲著,(清)全祖望补修,陈金生、梁运华点校:《上蔡学案》,《宋元学案》,中华书局1986年版,第918—919页。

② (清)黄宗羲著,(清)全祖望补修,陈金生、梁运华点校:《上蔡学案》,《宋元学案》,中华书局1986年版,第922页。

③ (宋)谢良佐:《上蔡语录》卷上,载(清)永瑢《景印文渊阁四库全书》第698册,台北:台湾商务印书馆2008年版,第567页上。

事关天道流行与否，而孔子德盛，与天为一，"与上大夫言便誾誾，与下大夫言便侃侃，冕者瞽者，见之便作，过之便趋"①，一切自然而然，继此大任者为孔子，所以孔子说"天之将丧斯文、后死者不得与于斯文"是有感而发，不是勉强做出来的，而孟子没有达到孔子的境界，所以是听天所命，与天未能合一。

（二）以"仁"释"天理"

谢良佐又以"仁"来解释"天理"，认为"仁者，天之理，非杜撰也"，所以"哭死而哀，非为生也；经德不回，非干禄也；言语必信，非正行也"，临丧哀泣、修德克己、信言笃行，并不是刻意为之，而是发自内心情感的行为，是"天理当然而已"，既然是天理如此，顺天理而为，自然是"为天之所为也"②。

同时，谢良佐又用"人心"解读"仁"，"仁，人心也"，"心者何也？仁是已"，"仁"就是"心"，就是"活者"，是"心"所具有的自然知觉和情感流露，"活者为仁，死者为不仁，今人身体麻痹，不知痛痒，谓之不仁，桃杏之核，可种而生者谓之仁，言有生之意。推此，仁可见矣"，"有知觉、识痛痒便唤做仁"③，"仁是四肢不仁之仁，不仁是不识痛痒，仁是识痛痒"④，谢良佐与程颢一样用人身体麻痹状态来解释"仁"，但是用"生意""知觉"来解释"仁"是良佐的创见。

并且，谢良佐认为儒家人士要以"克己"为本，只要"克己复礼"，无一毫私心，自然天理流行。他还引用孟子"尽心知性知天"的话说："仁，人心也。尽其心者，知其性也。知其性，则知天矣！"既然"仁"即"天理"，而"仁"又是"人心"，"循天之理便是性"⑤，因此，只要"尽其心"自然

---

① （清）黄宗羲著，（清）全祖望补修，陈金生、梁运华点校：《上蔡学案》，《宋元学案》，中华书局1986年版，第930页。

② （清）黄宗羲著，（清）全祖望补修，陈金生、梁运华点校：《上蔡学案》，《宋元学案》，中华书局1986年版，第918页。

③ （清）黄宗羲著，（清）全祖望补修，陈金生、梁运华点校：《上蔡学案》，《宋元学案》，中华书局1986年版，第935页。

④ （宋）谢良佐：《上蔡语录》卷中，载（清）永瑢《景印文渊阁四库全书》第698册，台北：台湾商务印书馆2008年版，第578页上。

⑤ （清）黄宗羲著，（清）全祖望补修，陈金生、梁运华点校：《上蔡学案》，《宋元学案》，中华书局1986年版，第924页。

"知其性","知其性"自然"知天",由尽心到知性到知天,是自然的逻辑进程,其间并无私意间杂,在人心与天理之间是本然打通的,而人在尽心、知行、知天的过程中自然涵养了德行,提升了境界地位。

当有人问谢良佐如何"求仁"时,谢良佐回答说既可以像颜回那样在视听言动等行为上做工夫,也可以像曾子那样在容貌颜色辞气上做工夫。所谓的"出辞气"就好像佛家所说的"从此心中流出",并不是"以私意发言"。如果言语不是发自内心、不是"从心中流出",便是"不识痛痒"。古人所说的"心不在焉,视而不见,听而不闻,食而不知其味"中的不见、不闻、不知味等精神状态便是"不仁""不识痛痒"的表现;相反,如《论语》中仲弓所说"出门如见大宾,使民如承大祭"中所体现的时时刻刻存着"如见大宾、如承大祭"的虔诚之心,"便是识痛痒"①。谢良佐认为,礼是"摄心之规矩"②,是使"心"持守在"仁"的状态而不至于流于"不善"方面的保证,"循理而天,则动作语默无非天也。内外如一,则视听言动无非我矣"③,循理而为,则动作语默皆与天理相合;内外如一,则举手投足、视听言动皆是真心的自然流露。达到循理而天、内外如一的境界,也就达到了其所向往追求的天人合一的境界了。

同时,"仁"的工夫是"操则存,舍则亡"的,必须时时刻刻"勿忘""勿助"才行。所以曾子说"动容貌,正颜色,出辞气",从言谈举止、音容笑貌等细节上严格要求自己。如果每天都能检点反省自己的颜色容貌是否合乎天理、自然的话,也就用不上刻意地"正颜色""动容貌"的行为了。进一步说,如果能"大而化之,出于自然"的话,那么"正""动""出"的做法更不值得说了。④

从以"仁"释"心"、以"生意"释"心"的道理,谢良佐比较了儒佛

---

① (清)黄宗羲著,(清)全祖望补修,陈金生、梁运华点校:《上蔡学案》,《宋元学案》,中华书局1986年版,第920页。
② (清)黄宗羲著,(清)全祖望补修,陈金生、梁运华点校:《上蔡学案》,《宋元学案》,中华书局1986年版,第921页。
③ (清)黄宗羲著,(清)全祖望补修,陈金生、梁运华点校:《上蔡学案》,《宋元学案》,中华书局1986年版,第921页。
④ 参见(清)黄宗羲著,(清)全祖望补修,陈金生、梁运华点校《上蔡学案》,《宋元学案》,中华书局1986年版,第917—918页。

不同的人生态度。谢良佐认为，学佛者识心见性之后得出一切皆空、了却尘缘的观点，所以终归虚妄不实，荒诞不经；而儒家人士明白这种道理后则更加精进，所以颜回听到孔子的话说"回虽不敏，请事斯语矣！"冉雍听了孔子的话则说"雍虽不敏，请事斯语矣"①。这种道理就如"乍见孺子底心生出来，便是有自然底天理，怎生扫除得去？"这显然是两种不同的人生态度和价值取向。在生死问题上，谢良佐认为人生有止而造化无尽，"天下人物各有数"，学佛者想免除轮回之苦、超脱三界之上、脱离生死的做法是"有利心私"②，"为私心"，就其"要度一切众生"的宗旨来说，也是"为自己发此心愿"，而儒者则"物来而顺应"，没有这么多事，富贵穷达、死生存亡全任其自然。③ 而就其"不循天理，只将拈匙把筋日用底，便承当做大小事，任意纵横"方面看，佛教"将来作用，便是差处，便是私心"。原因是"把来作用做弄，便是做两般看当了，是将此事横在肚里"。就像子路、冉由一样，被曾点冷眼相看，"只管独对春风吟咏，肚里浑没些能解，岂不快活！"④

（三）"心"为"天之理"

由"仁者天之理"，"人心，仁也"，谢良佐逻辑地推导出"心"为"天之理"的命题。认为"人须识其真心"，而其所说的"真心"就是"见孺子将入井时"所有的心理体验，"真心"是自发的，"非思而得也，非勉而中也"⑤，其在《论语序》中指出，"心与天地同流"，实开陆九渊心学先声，为心学的奠基人。朱熹认为谢良佐说"孝弟"非"仁"，提出"知仁，只要见得此心，便以为仁"，主张首先要"识心"，与孔子儒家讲"为仁"观点有些

---

① （清）黄宗羲著，（清）全祖望补修，陈金生、梁运华点校：《上蔡学案》，《宋元学案》，中华书局1986年版，第917—918页。
② （宋）谢良佐：《上蔡语录》卷上，载（清）永瑢《景印文渊阁四库全书》第698册，台北：台湾商务印书馆2008年版，第567页上。
③ （清）黄宗羲著，（清）全祖望补修，陈金生、梁运华点校：《上蔡学案》，《宋元学案》，中华书局1986年版，第919页。
④ （清）黄宗羲著，（清）全祖望补修，陈金生、梁运华点校：《上蔡学案》，《宋元学案》，中华书局1986年版，第935页。
⑤ （宋）谢良佐：《上蔡语录》卷中，载（清）永瑢《景印文渊阁四库全书》第698册，台北：台湾商务印书馆2008年版，第578页上。

不同，谢良佐的这种思路"一转而为张子韶，子韶一转而为陆子静。上蔡所不敢冲突者，子韶尽冲突；子韶所不敢冲突者，子静尽冲突"①。

此外，谢良佐还提出其他命题，如"以实理论诚""以常惺惺论敬""以求是论求理"等，受到同时代人的推崇。在有人把"诚"理解为"专意"（一心一意）时，谢良佐说，"诚是实理，不是专一"②，"诚是无亏欠，忠是实有之理，忠近于诚"③。"诚"是自然而然具有的心理情感，就好像"恶恶臭，好好色"等本能反应一样，"诚""不是安排来"的④。朱熹称"其命意皆精当"，并说自己少年时代赖"上蔡先生之言以发其趣"，曾两次为《上蔡语录》撰写跋记，并为上蔡先生祠堂写记。

（四）格物穷理

既然"天理"含有物理与性理两层含义，而谢良佐又更强调"性理"方面，所以体现在体认"天理"的具体方法，即格物穷理的途径上就包含两个方面，一是对物理的研究，一是对性理的体察、涵泳。这两个方面不是截然分开的，而是相依相成的。对物理的研讨是为了增进对性理的体认，对性理的体悟能更好地帮助自己认知物理，而最终目的不是单纯地认识物理，而是达到"意诚"，即《大学》中所说的"物格而后知至，知至而后意诚"。

谢良佐继承了二程"格物致知"论，认为"物物皆有理"，"物虽细者，亦有理也"⑤，而"所谓有知识，须是穷物理"，肯定对客观事物规律的认知是获得知识、增进学识的主要途径。比如对黄金的认识，虽为天下至宝，但必须先识辨"金"的体性才行，否则别人把鍮石称作黄金时便会因辨认不清

---

① （清）黄宗羲著，（清）全祖望补修，陈金生、梁运华点校：《上蔡学案》，《宋元学案》，中华书局1986年版，第931页。
② （宋）谢良佐：《上蔡语录》卷中，载（清）永瑢《景印文渊阁四库全书》第698册，台北：台湾商务印书馆2008年版，第584页下。
③ （宋）谢良佐：《上蔡语录》卷中，载（清）永瑢《景印文渊阁四库全书》第698册，台北：台湾商务印书馆2008年版，第587页上。
④ （宋）谢良佐：《上蔡语录》卷中，载（清）永瑢《景印文渊阁四库全书》第698册，台北：台湾商务印书馆2008年版，第584页下。
⑤ （宋）谢良佐：《上蔡语录》卷中，载（清）永瑢《景印文渊阁四库全书》第698册，台北：台湾商务印书馆2008年版，第579页上—579页下。

而产生疑惑、摇摆不定。谢良佐曾说:"格物穷理也,格物必至于知至,不知至是,犹识金,安知其非鍮石也。故必知至然后能意诚,穷之至,自然不思而得,不勉而中,从容中道。"① "格物"工夫并不是机械地认识事物规律,而是要结合思考,比如"识金",不懂得变通的话"安知其非鍮石",只有把掌握的各种"物之理"融会贯通,才能更好地"知至",从而"意诚"。"穷理则能知人之所为,知天之所为,则与天为一。与天为一,无往而非理也","穷理"便能何者为人,何者为天,知道天之所为,知道人之当为。由对"物理"的认知再结合个人的道德实践和人生阅历,在"穷之至"的阶段,自然会"不思而得,不勉而中,从容中道",言谈举止皆从心所欲但又合乎礼节,从而达到"与天为一,无往而非理"的境界。

谢良佐主张从事上做工夫,而不是空想冥思。在有人问在不能穷理的情况下是不是要先"省事"时,谢良佐回答说,"非事上做不得工夫也。须就事上做工夫",在具体的操作层面上,认为"人须是卓立中途,不得执一边"。比如动静之理,虽然说是"动中有静,静中有动",但是从事实上看却是"静而动者多,动而静者少",为补救这种缺点,所以要"多着静"。②

"天理"是自然的道理,但此自然之理并不是人人皆能自觉体认、自然流露的,在"人欲"、私心的遮蔽下,"天理"往往覆而不现。因此,要恢复天理,首先必须"认得天理,始得"③,而要"认得天理",就要下一番"穷理"的工夫。谢良佐认为,所谓"穷理"即"寻个是处",只要"穷理"便"见得是处"。然而,天下之事纷繁复杂,单靠一人之理想遍究天下之理、"理必物物而穷之"的做法是不现实的,但是"理则一也","一处理穷,触处皆通"④。此说开朱熹"穷理"说先河。

在"穷理"时尤要注意"穷其大者","恕"是"穷理"之本,并认为

---

① (宋)谢良佐:《上蔡语录》卷中,载(清)永瑢《景印文渊阁四库全书》第698册,台北:台湾商务印书馆2008年版,第579页上—579页下。

② (宋)谢良佐:《上蔡语录》卷中,载(清)永瑢《景印文渊阁四库全书》第698册,台北:台湾商务印书馆2008年版,第579页下—580页上。

③ (清)黄宗羲著,(清)全祖望补修,陈金生、梁运华点校:《上蔡学案》,《宋元学案》,中华书局1986年版,第918页。

④ (宋)谢良佐:《上蔡语录》卷中,载(清)永瑢《景印文渊阁四库全书》第698册,台北:台湾商务印书馆2008年版,第579页上—579页下。

"有我不能穷理,人谁识真我?何者为我?理便是我"①。"知仁只要见得此心,便以为仁",朱熹认为谢良佐的这种观点"一转而为张子韶,子韶一转而为陆子静"②,事实上,谢良佐的这种观点确实为陆九渊"人皆有是心,心皆具是理。心即理也"③ 所发挥。

谢良佐认为,突破名利关也要靠"穷理"的工夫。富贵利达是常人希望拥有的,很少有人能突破这一关口,谢良佐认为,相对于佛教最难破除的"声色关",儒家以名利观最难破除("吾儒以名利关为难透"④),而能够突破这一关便会使自己的境界提升一个层次("小歇处"),要做到这一点必须"藉穷理工夫",在穷理工夫的帮助下才能打破对富贵名利的执着,也只有如此才有可能"有入圣域之理。不然,休说"⑤。

(五)下学上达

在谢良佐看来,识得"天理"而做格物穷理的工夫,其宗旨并非简单的博学强知、多闻阙疑,而是"下学而上达",最终体认天理,契入圣人之境。

谢良佐认为"道,须是下学而上达,始得",并且说古人就是从洒扫应对上做起上达工夫的。因此,当有人说"洒扫应对上学,却是太琐屑,不展拓"时,谢良佐说,"凡事不必须高远,且从小处看",凡事不一定非要从高远处入手,可以先从小处着眼。就比如将"一金"与人和将"天下"与人的例子,虽然"一金"与"天下"相比有大小的区别,但"其实一也",道理是一样的,都是给人东西。如果自己有"轻物"之心的话,"将天下与人如一金与人相似";相反,如果自己有吝啬之心的话,"将一金与人如天下与人相似"。又比如行走在千尺高台边上,一般人都会产生恐惧之

---

① (宋)谢良佐:《上蔡语录》卷中,载(清)永瑢《景印文渊阁四库全书》第 698 册,台北:台湾商务印书馆 2008 年版,第 579 页上—579 页下。
② (清)黄宗羲著,(清)全祖望补修,陈金生、梁运华点校:《上蔡学案》,《宋元学案》,中华书局 1986 年版,第 931 页。
③ (宋)陆九渊著,钟哲点校:《陆九渊集》卷十一《书·与李宰·二》,中华书局 1980 年版,第 149 页。
④ (宋)谢良佐:《上蔡语录》卷上,载(清)永瑢《景印文渊阁四库全书》第 698 册,台北:台湾商务印书馆 2008 年版,第 575 下—576 上。
⑤ (宋)谢良佐:《上蔡语录》卷下,载(清)永瑢《景印文渊阁四库全书》第 698 册,台北:台湾商务印书馆 2008 年版,第 590 页下。

心；而走在平地之上心理却很安稳。如果我们去除了恐惧的心理，"虽履千仞之险，亦只与行平地上一般"。又比如一般人认为琐屑的洒扫应对等日常行为，如果不在洒扫应对上用心，又"怎洒扫得""怎应对得"？正因如此，曾子才欲"动容貌，正颜色，出辞气"，并得出结论说："古人须要就洒扫应对上养取诚意出来。"也就是说，必须在洒扫应对等这些下学工夫上锻炼自己，涵养心性，培养出"诚意"。谢良佐在监西京竹木场时，朱子发与弟子从太学前来拜见，请教学问。谢良佐为其讲授《论语》，首先讲"子见齐衰者"一章，接着又讲"师冕见"一章，并且告诉朱震说："夫圣人之道，无微显，无内外，由洒扫应对进退而上达。夫道，一以贯之。一部《论语》，只恁地看。"①"道"是一以贯之的，圣人之道无微显无内外，要从洒扫应对进退等细节上去做上达工夫，不应有轻物之心。

谢良佐还认为儒家和禅学不同的地方"正在下学"②，儒家人士从下学工夫体认天道，涵养心性，是"穷理之至"，自然见道，与天为一，所以孔子说"知我者，其天乎"，孔子是以天为我；而禅学则不是。谢良佐认为佛教"不从理来"，所以缺乏自信，"必待人证明然后信"③。他曾写信给胡文定说"儒异于禅，正在下学处"，并认为颜回的为学工夫是"百世轨范"，"舍此应无入路，无住宅，三二十年不觉便虚过了"④。并且，佛教之所以不如儒学是因为佛教没有"义以方外"一节，而所谓"义以方外"就是"穷理"，而佛教虽对"理"也有精到的见解，但却"以理为障碍"，"见了不肯就理"，因此，儒家人士不必像佛教那样仅"寻见处"，只要"敬与穷理"即可，"敬以直内，义以方外，然后成德，故曰'德不孤'"⑤。

此外，谢良佐还以"实理"论"诚"。在有人把"诚"理解为"专意"

---

① （清）黄宗羲著，（清）全祖望补修，陈金生、梁运华点校：《上蔡学案》，《宋元学案》，中华书局1986年版，第930页。
② （宋）谢良佐：《上蔡语录》卷下，载（清）永瑢《景印文渊阁四库全书》第698册，台北：台湾商务印书馆2008年版，第590页下。
③ （宋）谢良佐：《上蔡语录》卷中，载（清）永瑢《景印文渊阁四库全书》第698册，台北：台湾商务印书馆2008年版，第581页下。
④ （清）黄宗羲著，（清）全祖望补修，陈金生、梁运华点校：《上蔡学案》，《宋元学案》，中华书局1986年版，第929页。
⑤ （宋）谢良佐：《上蔡语录》卷下，载（清）永瑢《景印文渊阁四库全书》第698册，台北：台湾商务印书馆2008年版，第588页上。

（一心一意）时，谢良佐说，"诚是实理，不是专一"①，"诚是无亏欠，忠是实有之理，忠近于诚"②。"诚"是自然而然具有的心理情感，就好像"恶恶臭，好好色"等本能反应一样，"诚""不是安排来"的。③

二 人性论

在人性论方面，谢良佐极力赞赏孟子的"性善论"观点，认为"孟子论性善，论之至也"。并对人性中的"善"与"不善"作了进一步分析："性非不可为不善，但非性之至。如水至就下，抟击之非不可上，但非水之性。性虽可以为不善，然善者依旧在。观过斯知仁，既是过，那得仁？然仁亦在。"④"性"不是不可表现为"不善"的方面，但"不善"之性并不是"性之至"，就好像水的真正本性（"水至"）是"就下"，如果抟击水、阻碍它也可以使水向上流淌，但向上流淌并不是"水之性"。同样，"人性"虽然可以"为不善"，但"为不善"的同时"善者"仍然存在，只不过被遮蔽而已。谢良佐还引用《论语》中"观过斯知仁"的话进行分析，既然是"过"是错误，那肯定不是"仁"了，但"仁"的本性却同时存在。很显然，谢良佐这里所说的"性"是笼统的概念，它与程颐所讲的"性即理"的"性"不是一个含义，谢良佐所讲的"性"分为一般之性和"性之至"，一般之性类似于张载、二程所说的"气质之性"，而"性之至"则是至善的，类似于张载、二程所说的"天地之性"或"天命之性"。

谢良佐还援引佛教所讲的心性来解读儒家所讲心性："佛之论性，如儒之论心；佛之论心，如儒之论意。循天之理便是性，不可容些私意。才有意，便不能与天为一（便非天性）。"⑤认为佛教所说的"性"（"佛性"）犹如儒

---

① （宋）谢良佐：《上蔡语录》卷中，载（清）永瑢《景印文渊阁四库全书》第698册，台北：台湾商务印书馆2008年版，第584页下。
② （宋）谢良佐：《上蔡语录》卷下，载（清）永瑢《景印文渊阁四库全书》第698册，台北：台湾商务印书馆2008年版，第587页上。
③ （宋）谢良佐：《上蔡语录》卷中，载（清）永瑢《景印文渊阁四库全书》第698册，台北：台湾商务印书馆2008年版，第584页下。
④ （宋）谢良佐：《上蔡语录》卷中，载（清）永瑢《景印文渊阁四库全书》第698册，台北：台湾商务印书馆2008年版，第584页上。
⑤ （宋）谢良佐：《上蔡语录》卷中，载（清）永瑢《景印文渊阁四库全书》第698册，台北：台湾商务印书馆2008年版，第584页上。

家所讲的"心"（指谢良佐所说之"心"，即"仁"与其他理学人士所讲之"心"不同），而佛教所讲的"心"犹如儒家所讲的"意"，佛教所讲"心"不是"性"，因为"心"同时含具"真如门"和"生灭门"或"真心"和"妄心"；同样，谢良佐这里说的儒家所讲的"意"也包含两个层面的意思（类似于张载、二程所讲的"心"），即"意之正"和"意之不正"，前者是合乎"理"的，后者则是不合"理"的，是人欲的源泉。所以，谢良佐说："一日克己复礼，天下归仁焉，只就性上看。"① 又说："克己须是从性偏难克将去，克己之私则心虚见理矣。"② 这里的"克己复礼，天下归仁"是从正的"意之正"的层面说的，而"只就性上看"之"性"是就"性之至"而已；这里的"从性偏难克将去"是从负的"意之不正"的层面说的，"己之私"就是"性""不善""意之不正"的层面。对此，谢良佐有明确的表述："心本一。支离而去者，乃意耳。"③ "心"是"一"，是善的；影响"心"、偏离"心"的是"意"，因此，不能因"意"的不正而否认"心"的灵明。作为外在因素的"气"能影响"心"的状态，所以"和其气"是为了"和其心"、使"心"保持中正的状态；常人所有的喜怒哀乐并不是都能保持在合理的范围（"节"）内，所以会出现偏差、极端。

谢良佐对心性的这种论述也是对张载、二程"心统性情"思想的进一步阐述和发展，到朱熹的时候关于心性善恶问题才得到真正清晰的解决。

对人性的这种划分也体现在谢良佐对时人关心的人的贤愚差别问题的看法上。当有人问谢良佐"人有智愚之品不同"的原因时，谢良佐从人性的根本的层面回答说，"无气禀异耳"，并认为"圣人不忿疾于顽者，悯其所遇气质偏驳不足疾也"，但是因为"其性本一"，"有性本体"，人性皆善，所以贤愚不同的这种状态是可以改变的。谢良佐喟叹时人不传圣人之学、"不识自家宝藏"，而只顾"向外驰求"的做法，认为如果"圣学有传"的话，佛教是不敢"轻视中

---

① （宋）谢良佐：《上蔡语录》卷下，载（清）永瑢《景印文渊阁四库全书》第698册，台北：台湾商务印书馆2008年版，第590页上。
② （宋）谢良佐：《上蔡语录》卷下，载（清）永瑢《景印文渊阁四库全书》第698册，台北：台湾商务印书馆2008年版，第588页上。
③ （清）黄宗羲著，（清）全祖望补修，陈金生、梁运华点校：《上蔡学案》，《宋元学案》，中华书局1986年版，第925页。

第二章 两宋时期中原理学思想

国学士大夫"的,而世人也不会不敢与佛教相抗衡了。① 谢良佐这里所说的"其性本一"主要是从人性的根本上而言的。而其对颜回、孟子气象区别上的分析则是从"意之不正"的角度说的:"人之气禀不同,颜子似弱,孟子似强。"认为颜回气象"具体而微",虽有圣人气象,但是"未彰著耳"。而孟子强勇,以身任道,后面车辆数十乘,随从数百人,所到之处与王侯分庭抗礼,壁立万仞,没人能与之抗衡。这种做派没有"非孟子恁地手脚也,撑拄此事不去",虽然如此,孟子"犹有大抵气象,未能消磨得尽",还是没有达到圣人地位,否则"藐大人等语言"不会被随意说出来。②

三 修身之方

和其他宋明理学人士一样,谢良佐也严于律己,修身谨严,主张为学首要立志,要"知礼",认为"不知礼无以立,使人人皆能有立,天下有治而无乱"③。并且对二程等理学人士读书、静坐、反省、持敬等修身方法身体力行。

(一) 立志

谢良佐特别强调"立志"对于为学之人的重要性。当有门人"初见请教"时,谢良佐说,"人须先立志,志立则有根本",并且用树木为例进行说明,一个人的志向就好像树木须先有树根一样,树木有根,才能很好地培养,然后长成合抱之木。树木如果没有根本的话,也就无从谈论培育的事。由此,谢良佐认为"此学不可将以为善,后学为人,自是当为人道"④。为学不是学一种向人炫耀的资本,而是学做人的道理,是做"为己"的工夫,只有这样才能使学真正有所精进,并且认为"人道不教人做,却教谁做?"和其他理学人士一样,实践着孔子所说的"为己"之学。谢良佐曾写信给胡文定说,"学之所贵,有诸己为难",为学能勇猛精进是很可喜的事情,但能破除名利关、把为学与修身做人

---

① 参见(宋)谢良佐《上蔡语录》卷上,载(清)永瑢《景印文渊阁四库全书》第698册,台北:台湾商务印书馆2008年版,第567页下。
② (宋)谢良佐:《上蔡语录》卷上,载(清)永瑢《景印文渊阁四库全书》第698册,台北:台湾商务印书馆2008年版,第568页上—568页下。
③ (宋)谢良佐:《上蔡语录》卷中,载(清)永瑢《景印文渊阁四库全书》第698册,台北:台湾商务印书馆2008年版,第578页上。
④ (清)黄宗羲著,(清)全祖望补修,陈金生、梁运华点校:《上蔡学案》,《宋元学案》,中华书局1986年版,第923页。

结合起来是最难的,也是最好的;如果破除不了这一关"则未论行险侥幸,而气已弱,志已丧矣",因此凡是有志于"道"者不可以不引以为戒。所以应该不断反省,"朝夕点检,令了了也"①。谢良佐本人对孔子所说"吾日三省无身"的做法身体力行,其在为学过程中,每天"作课簿"②,记录每天的言行举止中符合礼节与不符合礼节的行为,用来反省自己。

谢良佐一生笃守"穷理""居敬"的宗旨,还对后学寄予厚望,提出"莫为婴儿之态而有大人之器,莫为一身之谋而有天下之志,莫为终身之计而有后世之虑。不求人知而求天知,不求同俗而求同理"③。并且,认为为学必须"以宰相事业自期"④、"以圣人为之则",以学作圣人为修身的最终目标,以期入圣人之境,这样才能志在天下,否则是不足为道的。

(二)读书

对于泛观博览("博学")与为学终的(修身、守约)的关系问题,谢良佐认为一般人在为学之初学习文章词句,很少能体悟"道"的所在,至如泛观博览、寻章摘句则不仅无益于修身为学,而且会有所损害,并且说程颢曾教育自己"慎勿寻行数墨"⑤。在与程颢的一次谈话中,谢良佐对程颢所举史书背诵如流,程颢对谢良佐的记忆能力大加赞赏,但又警告谢良佐说"可谓玩物丧志"⑥,谢良佐开始对程颢的这句话很是不服气,但"后来省悟",明白了程颢此话的深意,于是"将此事做话头,接引博学进士"⑦。

---

① (清)黄宗羲著,(清)全祖望补修,陈金生、梁运华点校:《上蔡学案》,《宋元学案》,中华书局1986年版,第937页。
② (清)黄宗羲著,(清)全祖望补修,陈金生、梁运华点校:《上蔡学案》,《宋元学案》,中华书局1986年版,第929页。
③ (清)黄宗羲著,(清)全祖望补修,陈金生、梁运华点校:《上蔡学案》,《宋元学案》,中华书局1986年版,第927页。
④ (清)黄宗羲著,(清)全祖望补修,陈金生、梁运华点校:《上蔡学案》,《宋元学案》,中华书局1986年版,第924页。
⑤ (宋)谢良佐:《上蔡语录》卷中,载(清)永瑢《景印文渊阁四库全书》第698册,台北:台湾商务印书馆2008年版,第584页上。
⑥ (清)黄宗羲著,(清)全祖望补修,陈金生、梁运华点校:《上蔡学案》,《宋元学案》,中华书局1986年版,第929页。
⑦ (清)黄宗羲著,(清)全祖望补修,陈金生、梁运华点校:《上蔡学案》,《宋元学案》,中华书局1986年版,第929页。

谢良佐反对为读书而读书的做法，认为"将章句横在肚里"的做法是不能真正有所成就的，不仅刻意寻章摘句如此，即使"将尧、舜横在肚里，也不得"①，告诫为学之人必须把立志、做人当作为学的首要目标，而不能拘泥章句，急功近利。

（三）主静

从周敦颐提出"主静"之后，理学人士一般把"主静"当作修身方法之一。程颢也是这样教育弟子的，而谢良佐也认为"近道莫如静"，对"静"的工夫很是推崇。

《上蔡学案》记载习举业且"已知名"的谢良佐到扶沟向程颢学习，程颢告诉门人弟子不要只记取自己平日所说的只言片语而是要身体力行，否则会心口不一。谢良佐问程颢如何做到"心口相应"，程颢告诉其说"且静坐"。谢良佐自己也说"近道莫如静。斋戒以神明其德，天下之至静也。心之穷物有尽，而天无尽，如之何包之？此理有言下悟者，有数年而悟者，有终身不悟者"。认为静坐是体悟天道比较好的方法，斋戒是天下至静的行为。但是要把"静坐"时所有的心平气和气象贯彻到日常应物接事等活动中，并不是把静坐时工夫与日常行为隔离开（"须于应事时有此气象，方好"②）。

（四）主敬、去矜

在修养工夫上，二程对"敬"都很重视，程颢尤其如此（《二程遗书》卷三），程颐则认为"敬"是闲邪之道（《二程遗书》卷十八），认为动容貌整思虑则自然生敬，但不可把虚静当作敬（《二程遗书》卷十五）。二程对"敬"的阐释影响最大的是把"敬"解释为"主一无适"，这里的主一与佛教的禅定很相近，但二程虽然常讲敬以直内、义以方外，却又常批判佛教有直内而无方外。作为二程的弟子，尹和靖（1071—1142）则主其心收敛不容一物。这样说"敬"，未免偏于内向。③ 谢良佐则主"常惺惺"，使心不昧，认

---

① （清）黄宗羲著，（清）全祖望补修，陈金生、梁运华点校：《上蔡学案》，《宋元学案》，中华书局 1986 年版，第 919 页。
② （清）黄宗羲著，（清）全祖望补修，陈金生、梁运华点校：《上蔡学案》，《宋元学案》，中华书局 1986 年版，第 923 页。
③ 参见韦政通主编《中国哲学辞典大全·敬》，台北：世界图书出版公司 1989 年版，第 686—687 页。

为"敬是常惺惺法，斋是事事放下，其理不同"①。敬就是让自己时时警觉，与事事放下之"斋"不同。

谢良佐认为在"俨若思"的状态中可以见"敬之貌"②，但是，"静坐"时"正其衣冠，端坐俨然"所有的"气象"并不就是"敬"，"敬"必须"与事为一"，从"执事上寻"，虽说心主一事（"存主"）时可以"不逐彼去"，但又不是只做一事而"忘了其他"，不能在心中仅执一边。如果仅执持一边的话就会适得其反（"矜持过当却不是，寻常作事，用心过当，便有失"③）。谢良佐曾说，"太强其心却成狂，妄念起也，且放去"④，"凡恭谨必勉强不安，安肆必放纵不恭。恭如'勿助长'，正当'勿忘''勿助长'之间，须子细体认取"⑤，恭谨必然会勉强不安、举手投足不自然，而安逸肆性又会导致放纵不恭。所谓"恭"就像孟子所说的"勿助长"，体会"恭"的内涵必须体会孟子所说的"勿忘""勿助"之间的意思。当有人问良佐"必有事焉而勿正，心是持敬否？是矜持过当否"的问题时，谢良佐回答说："近之。"⑥ 在初学"为敬"的过程中不免会有"矜持"的状态出现，不能很快达到"和乐"的境界，因此，要量力而行（"须量力"⑦），要注意"中心斯须不和不乐则鄙诈之心入之矣，外貌斯须不庄不敬则慢易之心入之矣"⑧，要"事思敬，居处恭，执事敬"⑨，要

---

① （清）黄宗羲著，（清）全祖望补修，陈金生、梁运华点校：《上蔡学案》，《宋元学案》，中华书局1986年版，第924页。

② （宋）谢良佐：《上蔡语录》卷中，载（清）永瑢《景印文渊阁四库全书》第698册，台北：台湾商务印书馆2008年版，第580页下。

③ （宋）谢良佐：《上蔡语录》卷中，载（清）永瑢《景印文渊阁四库全书》第698册，台北：台湾商务印书馆2008年版，第580页下。

④ （宋）谢良佐：《上蔡语录》卷中，载（清）永瑢《景印文渊阁四库全书》第698册，台北：台湾商务印书馆2008年版，第581页上。

⑤ （宋）谢良佐：《上蔡语录》卷上，载（清）永瑢《景印文渊阁四库全书》第698册，台北：台湾商务印书馆2008年版，第569页上。

⑥ （宋）谢良佐：《上蔡语录》卷下，载（清）永瑢《景印文渊阁四库全书》第698册，台北：台湾商务印书馆2008年版，第590页上。

⑦ （宋）谢良佐：《上蔡语录》卷中，载（清）永瑢《景印文渊阁四库全书》第698册，台北：台湾商务印书馆2008年版，第581页上。

⑧ （宋）谢良佐：《上蔡语录》卷中，载（清）永瑢《景印文渊阁四库全书》第698册，台北：台湾商务印书馆2008年版，第581页上。

⑨ （宋）谢良佐：《上蔡语录》卷下，载（清）永瑢《景印文渊阁四库全书》第698册，台北：台湾商务印书馆2008年版，第589页上—589页下。

"心主于敬","要在'勿忘''勿助长'……须以和乐养之"①,这样才能"事至应之,不与之往","万变而此常存"②。

谢良佐认为修身养性的最大障碍在于"矜"("矜夸为害最大"③)。慢易之心、鄙诈之心、傲慢之气皆由"矜"字引起。人只要有"己"有"私心"便会有"夸心","立己与物",把自己与人与物两分开,以自我为中心,这样是不能到达"与天为一"的层次的,只有"去矜""克己"才能"见理""与天为一"。④他曾对分别一年后相见的伊川说自己此间最大的收获是"但去得一'矜'字",原因是自己"点检病痛,尽在此处",伊川对其十分赞叹。而"良佐去矜"成为千古美谈,被收入《中华典故》。

当胡子问"矜字罪过,何故恁地大"时,谢良佐回答说:现在的人做事只管向人夸耀自己,根本不管"自家受用事",比如有的人在"食前方丈"、有美食美酒的时候便在别人面前吃,而在只有蔬食菜羹、粗茶淡饭的时候却躲在房屋里吃,"为甚恁地?"⑤原因就是其有夸富羞贫之心,没有参透富贵名利关。黄东发曾评价谢良佐说:"上蔡信得命及,养得气完,力去矜夸,名利不得而动,殆为百世师可也。"⑥

(五)"自然"

与以自然的道理诠释天理一致,谢良佐在修身方法上也强调"自然"的重要性。其在讲述《论语》中"吾与点"一章时说:季路和冉求的志向不是人才是做不到的,但是如果"常怀此意在胸中"、执着于此事的话就会有失中道,在曾点看来是可笑的。因此,学者"不可着一事在胸中。才着些事,便

---

① (宋)谢良佐:《上蔡语录》卷中,载(清)永瑢《景印文渊阁四库全书》第698册,台北:台湾商务印书馆2008年版,第580页下。
② (清)黄宗羲著,(清)全祖望补修,陈金生、梁运华点校:《上蔡学案》,《宋元学案》,中华书局1986年版,第921页。
③ (宋)谢良佐:《上蔡语录》卷中,载(清)永瑢《景印文渊阁四库全书》第698册,台北:台湾商务印书馆2008年版,第585页下。
④ (宋)谢良佐:《上蔡语录》卷中,载(清)永瑢《景印文渊阁四库全书》第698册,台北:台湾商务印书馆2008年版,第585页下。
⑤ (清)黄宗羲著,(清)全祖望补修,陈金生、梁运华点校:《上蔡学案》,《宋元学案》,中华书局1986年版,第929页。
⑥ (清)黄宗羲著,(清)全祖望补修,陈金生、梁运华点校:《上蔡学案》,《宋元学案》,中华书局1986年版,第932页。

不得其正"①。并且，认为"鸢飞戾天，鱼跃于渊"一句所体现的意境中便无一丝私意在内，而"上下察"一句更是体现了"道体"无所不在的道理，并不是仅仅指鸢与鱼而言。如果仅仅是指鸢与鱼来说，那么在鸢上面还有"天"的存在，在下面还有"地"的存在。明白了孟子所说的"勿忘，勿助长"的含义，也就知道了"鸢飞戾天，鱼跃于渊"所说的真正意境，知道了这种意境，也就明白了孔子说的"吾与点也"的深刻含义。谢良佐在修身工夫中所说的静坐，就是让自己去除浮躁之气，沉静下来，能因顺自然，不假私意作为，可以说是从被动的角度对"自然"的一种因顺；而去"矜夸"、主敬则是从主动的积极的角度因顺"自然"，体悟天理。

四 对佛老的态度

谢良佐思想的最大特点便是"以禅证儒"，用禅学解《论语》，以佛学诠释儒家义理。比如谢良佐认为"佛之论性，如儒之论心，佛之论心，如儒之论意"②。认为佛教所讲的"性"就好像儒家所说的"心"；而佛教所讲的"心"则好像儒家所说的"意"。"心本一。支离而去者，乃意耳。"③ 良佐对"仁""觉"的解读都融进了禅学的内容。

在时人关心的儒佛之辨问题上，谢良佐认为，佛教与儒学"有非同非不同处"，既有相同的地方，又有不同的地方。比如在对"理"的精微之处的论述方面，儒佛有相同的见地，但是"才有私意，便支离了"④。儒家以名利关为最难突破的，而佛教却以声色关（"血气之属"正常有的"阴阳牝牡之性"）为最难突破，禁绝男女之事。而佛教所讲的"性"即儒学所讲的"天"，佛教"指性于天"，"以性为云"，"不穷理，以去念为宗"，主张"去念见性"，犹如拨云见日一样，儒学与其正相反，"释氏之所去正吾儒之

---

① （清）黄宗羲著，（清）全祖望补修，陈金生、梁运华点校：《上蔡学案》，《宋元学案》，中华书局1986年版，第924页。
② （清）黄宗羲著，（清）全祖望补修，陈金生、梁运华点校：《上蔡学案》，《宋元学案》，中华书局1986年版，第924页。
③ （清）黄宗羲著，（清）全祖望补修，陈金生、梁运华点校：《上蔡学案》，《宋元学案》，中华书局1986年版，第925页。
④ （清）黄宗羲著，（清）全祖望补修，陈金生、梁运华点校：《上蔡学案》，《宋元学案》，中华书局1986年版，第923页。

当事者"①，儒家讲尽心、知性、知天。谢良佐曾对程颢说"吾尝习忘以养生"。程颢回答说把"习忘"用于养生方面是可以的，但是"于道有害"。原因是通过"习忘"可以使自己"不留情"；但是"学道则异于是"，学道与养生是不同的。必须使出入起居、洒扫应对等行为自然而发，"正心以待之，则先事而迎"，如果仅仅是"忘"的话就容易与佛教讲的"无念"混淆，"助"的话则"近于留情"，"忘"与"助"、"无念"与"留情"都是学道之人所不取的。所以圣人之心"如鉴"，而孟子之所以不同于佛教的地方就在于对"心"的解读。②

从以"仁"释"心"、以"生意"释"心"的道理，谢良佐比较了儒佛不同的人生态度。谢良佐认为，学佛者识心见性之后得出一切皆空、了却尘缘的观点，所以终归虚妄不实，荒诞不经；而儒家人士明白这种道理后则更加精进，所以颜回听到孔子的话说"回虽不敏，请事斯语矣！"冉雍听了孔子的话则说"雍虽不敏，请事斯语矣"③。这种道理就如"乍见孺子底心生出来，便是有自然底天理，怎生扫除得去？"这显然是两种不同的人生态度和价值取向。在生死问题上，谢良佐认为人生有止而造化无尽，"天下人物各有数"，学佛者想免除轮回之苦、超脱三界之上、脱离生死的做法是"有利心私"④，"为私心"，就其"要度一切众生"的宗旨来说，也是"为自己发此心愿"，而儒者则"物来而顺应"，没有这么多事，富贵穷达、死生存亡全任其自然。⑤ 而就其"不循天理，只将拈匙把筋日用底，便承当做大小事，任意纵横"方面看，佛教"将来作用，便是差处，便是私心"。原因是"把来作用做弄，便是做两般看当了，是将此事横在肚里"。就像子路、冉由一样，被曾点冷眼相看，"只管独对春风吟咏，肚里浑没些能解，

---

① （宋）谢良佐：《上蔡语录》卷上，载（清）永瑢《景印文渊阁四库全书》第698册，台北：台湾商务印书馆2008年版，第575下—576上。
② 参见（宋）谢良佐《上蔡语录》卷上，载（清）永瑢《景印文渊阁四库全书》第698册，台北：台湾商务印书馆2008年版，第576上。
③ （清）黄宗羲著，（清）全祖望补修，陈金生、梁运华点校：《上蔡学案》，《宋元学案》，中华书局1986年版，第917—918页。
④ （宋）谢良佐：《上蔡语录》卷上，载（清）永瑢《景印文渊阁四库全书》第698册，台北：台湾商务印书馆2008年版，第567上。
⑤ 参见（清）黄宗羲著，（清）全祖望补修，陈金生、梁运华点校《上蔡学案》，《宋元学案》，中华书局1986年版，第919页。

岂不快活！"①

谢良佐还认为老子"失道而后德，失德而后仁，失仁而后义，失义而后礼"的看法是错的，并对"道""德""仁""义"作了自己的解释："自然不可易底便唤做道，体在我身上便唤做德，有知觉、识痛痒便唤做仁，运用处皆是当便唤做义。"在其看来，"道""德""仁""义"只是一事，其中并没有"许多分别"，也不存在老子所说的"道"失而"德"、"德"失而"仁"、"仁"失而"义"、"义"失而"礼"的问题。②

如台湾地区学者欧崇敬所说，谢良佐不仅将二程的思想发扬光大，而且把二程学说传到南方，谢良佐提出"心为天之理""心与天地同流"的命题，创立了上蔡学派，经张九成而在谢良佐——张九成——陆九渊之间形成了一个"心学"诞生的重要环节③，是陆王心学的重要奠基人；同时，其思想经胡安国、胡宏三传而至张栻，开启了湖湘学派的源头，在宋明理学的发展史上起到了桥梁作用，实开"三教合一"之先河。南宋儒者真德秀认为"上蔡传之武夷胡氏，胡氏传其子五峰（胡宏），五峰传之南轩张氏（张栻），此又一派也"。黄宗羲在《上蔡学案》中说谢良佐是"明道、伊川门人。安定、濂溪再传。朱学、陆学之先"。全祖望则认为"洛学之魁，皆推上蔡，晦翁（朱熹）谓其英特过于杨、游，盖上蔡之才高也"④。由此可见，谢良佐不仅对理学在中原及其以外地区的传承和发展作出了不可磨灭的贡献，而且开启了明清时期调和程朱理学与陆王心学之先河。

第五节 吕希哲的理学思想

吕希哲（？—1114），字原明，祖居莱州，后家居寿州，是宋哲宗时期宰

---

① （清）黄宗羲著，（清）全祖望补修，陈金生、梁运华点校：《上蔡学案》，《宋元学案》，中华书局1986年版，第935页。

② 参见（清）黄宗羲著，（清）全祖望补修，陈金生、梁运华点校《上蔡学案》，《宋元学案》，中华书局1986年版，第935页。

③ 参见欧崇敬《中国哲学史·宋元明清的新儒学与实学卷》，台北：洪叶文化事业有限公司2003年初版，第88页。

④ （清）黄宗羲著，（清）全祖望补修，陈金生、梁运华点校：《上蔡学案》，《宋元学案》，中华书局1986年版，第916页。

相吕公著之子，北宋教育家，二程重要弟子之一，是北宋荥阳学派的创始人，时人称其"荥阳先生"。

吕希哲年少的时候曾从学于庐陵学派欧阳修弟子焦千之学习，后来又与程颐一起从学于北宋"三先生"之一、安定学派胡瑗，接着又学于泰山学派孙复、百源学派邵雍、新学学派王安石等，后来发现程颐为学缜密，非他人能比，便为程颐的学问所折服，对程颐执师礼。同时又与程颢、张载、石介、李觏、孙觉、李常等交往密切，切磋学问，并且集众家所长，"至广且大"，形成独具特色的"荥阳学派"。

吕希哲大学出身，本来打算以科举入仕，但是王安石认为"凡士未官而事科举者为贫也；有官矣而复为科举是侥幸富贵利达，学者不由"①，因此劝吕希哲"勿事科举，以侥幸利禄"，于是吕希哲放弃科举入仕途径。但吕希哲并没有因为其父是当朝宰相而靠关系做官，在其父吕公著去世后才以荫入官，做兵部员外郎。后来，范祖禹向哲宗推荐，哲宗召其为崇政殿说书。后提拔为右司谏，但御史认为吕希哲入仕并不是由科举取士而入，于是"以秘阁校理知怀州，谪居和州"。宋徽宗初年官复原职，召为光禄少卿，以直秘阁知曹州。但很快遭遇崇宁党祸之乱，夺职知相州，又迁徙到邢州，领宫祠，削职为民，羁寓淮河、泗水之间十多年。吕希哲晚年究心佛学，与高僧往来，认为"佛氏之道，与吾圣人吻合"，佛学与儒学义理吻合。在政和中期，吕希哲去世，时年七十八岁。吕希哲著有《吕氏杂记》（上下卷），今存于世，朱熹在《伊洛渊源录》第七卷中记载了他的事迹；同时，《宋史》卷三三六有《吕希哲传》。后人编有《吕氏杂志》《荥阳公说》。

我们从吕希哲为学经历可以看出，他师从的对象有庐陵学派焦千之、安定学派胡瑗、百源学派邵雍、泰山学派孙复、新学学派王安石、关中学派张载及其弟张戬、徂徕学派石介以及在宋明理学中居极其重要地位的二程等人。这种博取百家的为学态度形成了"荥阳学派"的"不主一门，不私一说"的独特风格，也成了以吕希哲、吕本中、吕祖谦等为代表的吕氏家学的传统，对后世影响很大。黄百家在《宋元学案》中评价吕希哲说吕氏家教甚严，同

---

① （宋）朱熹：《伊洛渊源录》，载（清）永瑢《景印文渊阁四库全书》第448册，台北：台湾商务印书馆2008年版，第465页上。

时又能"网罗天下贤豪长者以为师友，耳濡目染"，洗去豪门纨绔子弟的秽浊风气，成就令人景仰的渊博学识和道德风范，可惜的是吕希哲晚年学佛，"从高僧游，尽究其道，斟酌浅深而融通之曰：'佛氏之道，与吾圣人吻合'"①，得出儒佛之道吻合的结论。虽然吕希哲的这种结论与师门程氏之学相悖，但也是当时儒佛融通合一的反映。但是，如清人全祖望在《荥阳学案》中所说，吕希哲的思想虽然出入各个学派，但最终归宗二程思想，而吕希哲之所以可以为后世学者典范也得力于儒家思想。

黄宗羲在《荥阳学案》中说吕希哲是"申公子。徂徕、盱江学侣。安定、泰山、百源、伊川、焦伯强、王荆公门人。庐陵、濂溪再传"②。孙觉（见《安定学案》）、李常（见《范吕诸儒学案》）是吕希哲常相往来的讲友。追随吕希哲受学的子孙、弟子门人很多，比较有名的比如其子吕好问、吕切问，其孙吕本中（见《紫微学案》），弟子有汪革、汪莘、黎确、谢逸、谢薖、赵演、饶节、颜岐等。吕希哲的这些弟子对理学的传承起到了很大的作用，其中吕本中开创了"紫微学派"。

一　为学之道

在为学态度和方法方面，吕希哲继承吕氏家学注重对历史文献研究的为学特点，希望从前言往行中涵养自己的德行。③ 据史料记载，吕希哲泛读百家之书，"不主一门，不私一说"，但仍然以儒家"六经"为安身立命之所，在"六经"之中又尤其重视"易学"，据《宋元学案》记载，吕希哲"流寓淮、泗间，日读《易》一爻，默坐沉思"④，在羁留淮泗之间时还日读《周易》一爻，后默坐沉思，思考其中义理，并且提倡读书"须要字字分明"⑤。并且认

---

① （清）黄宗羲著，（清）全祖望补修，陈金生、梁运华点校：《荥阳学案》，《宋元学案》，中华书局1986年版，第906页。
② （清）黄宗羲著，（清）全祖望补修，陈金生、梁运华点校：《荥阳学案》，《宋元学案》，中华书局1986年版，第901页。
③ 参见潘富恩《吕祖谦评传》，南京大学出版社1992年版，第16—17页。
④ （清）黄宗羲著，（清）全祖望补修，陈金生、梁运华点校：《荥阳学案》，《宋元学案》，中华书局1986年版，第903页。
⑤ （清）黄宗羲著，（清）全祖望补修，陈金生、梁运华点校：《荥阳学案》，《宋元学案》，中华书局1986年版，第905页。

为，从"读书编类语言相似作一处"便可以见其"优劣是非"①。

吕氏为学虽泛观百家，喜言禅理，但祖宗孔孟，以儒学为正统。在《吕氏杂记》记载吕希哲的话中说："祖孔子而宗孟轲，学之正也。苟异于此，皆学之不正也。"② 这说明，虽然他博采众家之长，泛读百家之书，但孔孟之学却是他心目中的正学，异于孔孟之学的其他学说，虽然可以相互参详、以资引用，但皆是"学之不正"。

在先知先觉、后知后觉的问题上，吕希哲似乎也主张有先觉后觉的划分。他引用王圣美的话说，尧和舜都是圣人，但尧为先觉；伊尹、汤都是圣人，但伊尹为先觉；文王、武王、周公皆是圣人，但文王为先觉；而舜、汤、武王、周公是分别在尧、伊尹、文王帮助下才觉悟的。③ 并且，他认为尧舜之为圣人，是天生如此（"性者也"），是"性与道合者"，在现实生活中只不过是把这种天生的善性顺其自然地自然呈现出来而已（"至俟命而已矣"），尧舜对于为善，并不是刻意去做善事，而是无意于为善，也正因如此，才自然与"道"相合。相比之下，汤和武王就不是这样了。汤和武王在开始并不能完全与"道"一致，通过"学而知之"的工夫之后才达到与"道"相合的境界，然后才成为圣人。吕希哲认为二程之学"以圣人为必可学而至而已，必欲学而至于圣人"④，而张载修德讲道，所居而化，但张载之学以行而不能使人化之，是所行未至的缘故。相比之下，徐仲车的为学方法则和周敦颐一样，以诚为主。

在当时学者关心的为学本末次第问题上，吕希哲虽然也认为"学有本末"，修身是为学之本；读书识字明义理、洒扫应对退让等皆是为学之末，一切所为皆以修身为圭臬。但本与末并不是对立两隔的，而是彼此打通的，"循而下之至于末，循而上之至于本"，这与他秉承程颐"自洒扫应对，以至赞天

---

① （清）黄宗羲著，（清）全祖望补修，陈金生、梁运华点校：《荥阳学案》，《宋元学案》，中华书局1986年版，第905页。
② （宋）吕希哲：《吕氏杂记》卷上，载（清）永瑢《景印文渊阁四库全书》第863册，台北：台湾商务印书馆2008年版，第210页下。
③ 参见（宋）吕希哲《吕氏杂记》卷上，载（清）永瑢《景印文渊阁四库全书》第863册，台北：台湾商务印书馆2008年版，第209页下—210页上。
④ （宋）吕希哲：《吕氏杂记》卷上，载（清）永瑢《景印文渊阁四库全书》第863册，台北：台湾商务印书馆2008年版，第211页上。

地之化育，皆常道"①的思想显然有关。日常的洒扫、应对、进退之节虽然是为学之"末"，但正是这些日常行为涵养浸润着修养者的道德操守，它是"所以涵养浸润而至于道"的必由途径；"但恶夫画耳"②，也就是说，要注意不要本末倒置，拘泥这些细节而忽略了为学的最终目的。在其看来，"礼仪三百复三千"但皆"酬酢天机理必然"，就好像"寒即加衣饥则食"③的道理一样，其中是不能严格区分所谓的先后本末次第的。

他赞成孔子举一反三、触类旁通的学习方法，并援引《论语》"举一隅不以三隅反，则不复也"，《易》曰"引而伸之，触类而长之"的话来说明"赐（子贡）也闻一以知二，知之进也；回也闻一以知十，知之尽也"。认为子贡闻一而知二是处于"知之进"的过程，而颜回"闻一知十"则是达到了"知之尽"的最高阶段。

在为学（致知）与修身，也就是当时人共同关心的"尊德性"与"道问学"的关系问题上，吕希哲没有独断地选择其一，而是对之进行了理性的分析，认为"先致其所知然后修身，为功也易，盖有知之而不能行者矣。虽然，不免为小人也。先修其身然后求致其所知，其为功也难，盖有强力而行而所知未至者矣。虽然，不害为君子也。其所患者，诚身有道，不明乎善，则有流而入于异端者焉。知譬则目也，行譬则足也"④。即先致其知后修其身的方法从操作层面来讲是比较容易做到的，但会有"知之而不能行"，不能身体力行自己所知的现象存在，从而就会出现虽是博通"六经"、学富五车但德行方面却很不完善的"小人"；而先修身而后致其知的方法，从操作层面看虽然很难做到，但却会有"强力而行而所知未至者"，有人笃行修身而对世俗之知却又不知的现象，也就是说个人德行很好却不是满腹经纶，但这并不影响其为君子。吕希哲认为，对"尊德性"与"道问学"的关系问题的处理关键在

---

① （宋）吕希哲：《吕氏杂记》卷上，载（清）永瑢《景印文渊阁四库全书》第863册，台北：台湾商务印书馆2008年版，第215页上。
② （宋）吕希哲：《吕氏杂记》卷上，载（清）永瑢《景印文渊阁四库全书》第863册，台北：台湾商务印书馆2008年版，第209页下。
③ （宋）吕希哲：《吕氏杂记》卷上，载（清）永瑢《景印文渊阁四库全书》第863册，台北：台湾商务印书馆2008年版，第215页上。
④ （宋）吕希哲：《吕氏杂记》卷上，载（清）永瑢《景印文渊阁四库全书》第863册，台北：台湾商务印书馆2008年版，第210页下。

于是否"明乎善",这是"诚身"的重要方法,只要确立为学根本,无论采取哪一种方法都是可以的;相反,不明乎善就会"流而入于异端"。这与他所认为的"学有本末"的思想是一致的。

吕希哲很重视后天环境对人性修养的重要作用:"中人以下,内无贤父兄,外无严师友,而能有成者,未之有也。"① 吕希哲在这里并不是像一般人理解的那样把人划分为上中下三等,而是主要说明后天教育对一个人的重要性。在其看来,一般人如果内无贤父贤兄教育、外无严师良友指引的话是很难有所成就的。但是,他充分肯定孟子所说的"人皆可为尧舜"的观点,认为在良师益友、慈父贤兄的熏陶培育下,是可以"人皆为尧舜"的。并认为世俗之人经常说的"无好人"三个字是"自贼者也"②,由此可以观察说此话之人的个人修为("观其自处"③);并且,这种说法是很不对的,"是不知其祖父也,是不自知于其身也",而孟子说"尧舜与人同耳"正是由"观于己而知之人"④ 的原因。他还认为子产说"民不可逞,度不可改","子宁以他规我"之类的话"全无君子气象"。⑤ 这种观点肯定了任何具体之人在原初意义上皆具有相同的价值,引申而言即充分肯定后天学习和教育对个人成长的重要性。《宋元学案》还记载:"所在有乡先生处,则一方人自别,盖渐染使之然也。人岂可不择乡就士!"⑥ 由此可见后天的教育环境对民风民俗的重要影响。

二 修身之方

虽然吕希哲博采众家之长,但他并没有把注意力放在对形上之道的探究

---

① (清)黄宗羲著,(清)全祖望补修,陈金生、梁运华点校:《荥阳学案》,《宋元学案》,中华书局1986年版,第905页。
② (清)黄宗羲著,(清)全祖望补修,陈金生、梁运华点校:《荥阳学案》,《宋元学案》,中华书局1986年版,第904页。
③ (宋)吕希哲:《吕氏杂记》卷上,载(清)永瑢《景印文渊阁四库全书》第863册,台北:台湾商务印书馆2008年版,第212页下。
④ (宋)吕希哲:《吕氏杂记》卷上,载(清)永瑢《景印文渊阁四库全书》第863册,台北:台湾商务印书馆2008年版,第212页下。
⑤ (清)黄宗羲著,(清)全祖望补修,陈金生、梁运华点校:《荥阳学案》,《宋元学案》,中华书局1986年版,第905页。
⑥ (清)黄宗羲著,(清)全祖望补修,陈金生、梁运华点校:《荥阳学案》,《宋元学案》,中华书局1986年版,第904页。

上，而是把一生的注意力投注在对个人人格的涵养上，确立"修身为本"的为学宗旨，并把"正心诚意"作为"修身"的前提。

吕希哲在担任崇政殿说书期间，曾劝导哲宗说："正心诚意，天下自化。身不能修，虽左右之人且不能喻，况天下乎！"① 从修身功效（"天下自化"）与身不修后果（"虽左右之人且不能喻，况天下乎"）两个方面劝谏哲宗，希望宋哲宗能够实践《大学》格致诚正、修齐治平的人生修养模式，以修身为本，达到上行下效的大治局面。他曾经说，"人君之学，不在于遍读杂书，多知小事，在于'正心诚意'"②，认为作为君主，为学的主要关注点不应该放在遍读杂书、多知小事方面，而应该以"正心诚意"为主。并且，吕希哲还把修身推至于为政、为教、移风易俗，认为"修己以正人谓之善政，修己以教人谓之善教，修己以化人谓之善化"③，在其看来，通过修身以正人的政治才是好的政治；通过修己而教育他人的才是最好的教育；通过修己而感化他人的行为才是最好的教化。吕希哲认为张载"言忠信、行笃敬，闻其风者，从之游者，日迁善而不自知也"④，张载的这种做法就是"以身化人"者，是值得人钦佩的做法。吕希哲之所以劝谏宋哲宗重视修身，就是希望哲宗能够通过修己而不是强力来推行善政、善教，从而达到"善化"。

吕希哲平时也以"正心诚意"要求自己。其在解释"攻其恶，无攻人之恶"这句话时说："盖自攻其恶，日夜且自点检，丝毫不尽，即不慊于心矣，岂有工夫点检他人邪？"⑤ 在《吕氏杂记》中又说："为学者须先得其要，闲邪然后能存其诚。"⑥ "得其要"也就是要有学习的目的和宗旨，有了为学的宗旨

---

① （清）黄宗羲著，（清）全祖望补修，陈金生、梁运华点校：《荥阳学案》，《宋元学案》，中华书局1986年版，第903页。
② （清）黄宗羲著，（清）全祖望补修，陈金生、梁运华点校：《荥阳学案》，《宋元学案》，中华书局1986年版，第908页。
③ （宋）吕希哲：《吕氏杂记》卷上，载（清）永瑢《景印文渊阁四库全书》第863册，台北：台湾商务印书馆2008年版，第211页上。
④ （宋）吕希哲：《吕氏杂记》卷上，载（清）永瑢《景印文渊阁四库全书》第863册，台北：台湾商务印书馆2008年版，第211页上。
⑤ （清）黄宗羲著，（清）全祖望补修，陈金生、梁运华点校：《荥阳学案》，《宋元学案》，中华书局1986年版，第904页。
⑥ （宋）吕希哲：《吕氏杂记》卷上，载（清）永瑢《景印文渊阁四库全书》第863册，台北：台湾商务印书馆2008年版，第211页上。

也就知道了何者当学何者不当学以及该如何学，也就是学习的方向。这里的"自攻其恶，日夜且自点检"的过程也就是"闲邪"的过程，"丝毫不尽即不慊于心"也就是"存诚"的过程。其一再强调说学道之人"当自检察今日以前所作不善，诚心忏悔，不可一向归罪先世"①，要求自己和门人弟子要不断反省今日之前所做的不善之事，诚心忏悔，从自律、克己的角度去做"闲邪存诚"的工夫。吕希哲曾评说自己，"吾尝夜而计过，然自闲居来，尝自省己，颇无过事"②，这与他一生"汲汲为善"③的自觉是分不开的。

吕希哲认为，修身的最终境界是"乐"："修身至于乐，修之至也，则乐生矣。和气熏蒸，戾气自消，烦虑定，心乃强。"④"乐"的境界是修身的至高境界。在这种境界中，祥和之气熏蒸，乖戾之气自消，烦恼断除，心地纯然。而达到此一境界的关键就是"得其要"，也就是确立修身为主的为学根本，这样才能"闲邪"而"存其诚"。

吕希哲特别强调"正心"的工夫，其曾说："心术正者，虽遇不善之人、不善之政，不能化之使为恶也。心术不正者，虽遇至善，不能化之使为善也。是故择术不可不慎。正者吾心也，不正者非吾心也，习焉而已矣。静而观之，则吾心可见矣。"⑤心术正的人虽然遭遇不善之人不善之政，也不会改变其个人操守使其为恶；心术不正的人虽然遇到至善之人也不能使其感化为善。从这两句话看似乎与吕希哲肯定孟子"人皆可以为尧舜"的话相矛盾，其实吕希哲在这里是为了强调"择术"的重要性的，还是充分肯定人通过"习"的工夫可以改变"心"之不正层面的，之所以如此，是因为，"正者吾心也，不正者非吾心也"，这就把"心术"分为"正"与"不正"两个层面，与理学"心统性情"、性为正而情有正有不正异曲同工，心之正的层面是不能抹杀的，

---

① （宋）吕希哲：《吕氏杂记》卷上，载（清）永瑢《景印文渊阁四库全书》第863册，台北：台湾商务印书馆2008年版，第210页下。

② （宋）吕希哲：《吕氏杂记》卷下，载（清）永瑢《景印文渊阁四库全书》第863册，台北：台湾商务印书馆2008年版，第223页下。

③ （宋）吕希哲：《吕氏杂记》卷下，载（清）永瑢《景印文渊阁四库全书》第863册，台北：台湾商务印书馆2008年版，第224页上。

④ （宋）吕希哲：《吕氏杂记》卷上，载（清）永瑢《景印文渊阁四库全书》第863册，台北：台湾商务印书馆2008年版，第210页下—211页上。

⑤ （宋）吕希哲：《吕氏杂记》卷上，载（清）永瑢《景印文渊阁四库全书》第863册，台北：台湾商务印书馆2008年版，第212页下。

心之不正的层面虽然遇至善而不能化，但是，通过"习"的工夫、通过"静"的观察，吾心之正的层面自然彰显，与其相应的是心之不正的层面自然暴露无遗，在正与不正、天理与人欲的择取中，修行者自然会有一恰当而又理性的选择。这也是吕希哲把"正心诚意"作为修身的根本的重要原因。

在"正心"工夫上，吕希哲强调习"不动心"。其曾说："学者当习不动。初习不动时但违其心，及人之憎恶己，加之捶楚杀害，皆坚忍不动，久习自然不动矣。既不动则曰我不动也。"① 习"不动"的这种工夫在开始做时可能会很难，特别是在遇到别人的怨恨、愤怒、鞭笞、迫害等恶劣境遇的情况下，如果都能坚忍不动、处之坦然，时间久了，自己的心志会不为外界环境所动摇，这样就可以达到应物而不为物累、不为物喜不为己悲的境界。吕希哲这样要求弟子门人，他自己也是这样做的。据《宋元学案》记载，吕希哲晚年"习静"，"虽惊恐颠沛，未尝少动"②。在从历阳去单父的途中，过山阳渡桥，结果桥梁塌陷，抬轿之人全掉入水中，而吕希哲却端坐轿上，神色不动。在宿州、真、扬之间居住期间，生活一度很贫困，"衣食不给，有至绝粮数日者"，而吕希哲则"处之晏然"，"不以毫发事托州县"。自己还作诗说"除却借书沽酒外，更无以事扰公私"。平日闲居无事的时候则"日读《易》一爻，遍考古今诸儒之说"，然后默坐沉思，随事解释。夜间则与子孙家人"评论古今，商榷得失，久之方罢"。在别人问"为小人所詈辱，当何以处之"的问题时，吕希哲回答说："上焉者，知人与己本一，何者为詈？何者为辱？自然无忿怒心也。下焉者，且自思曰：'我是何等人，彼是何等人！若是答他，却与此人等也。'如此自处，忿心亦自消也。"③ 意思是说：从有德之人的角度来说，民胞物与，人我合一，无所谓詈无所谓辱，自然没有愤怒之心；从一般人的角度来说，可以自己反思：他是何等人我是何等人，如果与他一样相互詈辱，那是把自己放在与他一样的层次。如果每个人都能如此思

---

① （宋）吕希哲：《吕氏杂记》卷上，载（清）永瑢《景印文渊阁四库全书》第 863 册，台北：台湾商务印书馆 2008 年版，第 210 页下。
② （清）黄宗羲著，（清）全祖望补修，陈金生、梁运华点校：《荥阳学案》，《宋元学案》，中华书局 1986 年版，第 907 页。
③ （清）黄宗羲著，（清）全祖望补修，陈金生、梁运华点校：《荥阳学案》，《宋元学案》，中华书局 1986 年版，第 907 页。

考，愤怒之心自然就没有了。吕希哲的这种修为操守深受时人赞赏。时年近七十的学者徐仲车作《我敬》诗赠吕希哲说："我敬吕公，以其德齿；敬之爱之，何时已已。美哉吕公，文在其中；见乎外者，古人之风。惟贤有德，神相其祉；何以祝公？勿药有喜。"①

这种不动心的工夫使其完全把为学与生活结合起来，从学习中体察生活的乐趣，从生活中体味先儒的真谛，同时又在人伦日用之间涵泳培育个人的道德操守。我们从仙源所说"与公为夫妇，相处六十年，未尝一日有面赤"可以看出，吕希哲可以说时刻在实践着古人所说的"为己"之学，且他在实践"为己"之学的同时也批判当时不少学者"为人"的学习态度。

吕希哲认为古之学者为学是从自己修身的角度着眼，虽"为己"其结果却"终至于成物"；今之学者为学多为沽名钓誉，为别人而学，是"为人"，其结果却"终至于丧己。"并援引田明之所说《诗经》中"庶几夙夜以永终誉"和《孝经》中"立身行道，扬名于后世"的话来说明名誉虽然重要，但不可以"饰行以取名，曲意以避谤"，更不可以"有负于心而得誉"，并且认为"若使人受其谤而己取其誉"的行为非君子长者所为。②

据《宋元学案》记载，吕希哲之父正献公"居家简重寡默"，其母申国夫人"性严有法度"，虽然很爱吕希哲，但"教之事事循规蹈矩"。在吕希哲十岁的时候，"祁寒盛暑，侍立终日，不命之坐不敢坐。日必冠带以见长者。平居虽天甚热，在父母长者之侧不得去巾袜缚袴，衣服惟谨。行步出入，不得入茶肆酒肆。市井里巷之语，郑、卫之音，未尝经耳。不正之书，非礼之色，未尝接目"③。

吕希哲承继理学担当道义的精神，认为"君子直道而行，正其义不谋其利，明其道不计其功是也。为学者，用力愈久则愈见其深"④。这种精神与张

---

① （清）黄宗羲著，（清）全祖望补修，陈金生、梁运华点校：《荥阳学案》，《宋元学案》，中华书局1986年版，第907页。
② （宋）吕希哲：《吕氏杂记》卷上，载（清）永瑢《景印文渊阁四库全书》第863册，台北：台湾商务印书馆2008年版，第210页上—210页下。
③ （清）黄宗羲著，（清）全祖望补修，陈金生、梁运华点校：《荥阳学案》，《宋元学案》，中华书局1986年版，第905页。
④ （宋）吕希哲：《吕氏杂记》卷上，载（清）永瑢《景印文渊阁四库全书》第863册，台北：台湾商务印书馆2008年版，第210页下。

载"为天地立心,为生民立命,为往圣继绝学,为万世开太平"的精神是一脉相承的。吕希哲还用伊尹、傅说、太公的例子来进行说明:"伊尹之耕于有莘也,说之筑于傅岩也,太公之钓于渭水也,其于天下,非事事而究其利病也,非人人而竭其贤否也,明其在己而已矣。及乎得志,行乎天下,举而措之耳。"①

吕希哲为学、修身和对儒学担当道义精神的弘扬,在成就其个人德性修为的同时,对其门人弟子也产生了很大的影响。其父正献公曾对张文潜说"此子不欺暗室";而在监管陈留税务职务之时,汪辅之居陈留,汪辅之一向恃才傲物,但"独重公",唯独尊敬吕希哲。张载也评价其说"是所谓蛮貊可行者也"②。

三 重礼制

在政治思想方面,吕希哲提倡礼制,希望君主遵守儒家的礼制,以德服人、以德治国。并认为七种教化是最重要的:"父子有亲,兄弟有爱,夫妇有别,君臣有义,长幼有序,朋友有信,宾客有礼。"③ 事实上,这七种社会关系几乎涵盖了所有人际关系。

但与那些尊古贱今、言必称三代的儒家人士不同,吕希哲讲求变通,认为有些礼制是百代不易的,而有些礼制则是与时俱进、因时损益的:"君臣之义,父子之亲,男女之别,百代所不易者。衣服之制,宫室之度,器皿之量,王者因时而损益之。故商因于夏礼,而有所不从也;周因于商礼,而有所不从也。"④ 君臣之义、夫子之亲、男女之别是百代不易的,而具体的衣服之制、宫室之度、器皿之量则不是一成不变的,王者可以根据具体的情况进行损益变革,这也是商礼虽承继夏礼而来但不完全同于夏礼,周礼承继商礼而来却

---

① (宋)吕希哲:《吕氏杂记》卷上,载(清)永瑢《景印文渊阁四库全书》第863册,台北:台湾商务印书馆2008年版,第213页下。
② (清)黄宗羲著,(清)全祖望补修,陈金生、梁运华点校:《荥阳学案》,《宋元学案》,中华书局1986年版,第906页。
③ (宋)吕希哲:《吕氏杂记》卷下,载(清)永瑢《景印文渊阁四库全书》第863册,台北:台湾商务印书馆2008年版,第214页下。
④ (宋)吕希哲:《吕氏杂记》卷下,载(清)永瑢《景印文渊阁四库全书》第863册,台北:台湾商务印书馆2008年版,第214页下。

又不完全同于商礼的原因所在。尤其是"为士者当从今王之礼"①，而不应该泥古不化。

吕希哲对"礼之本"与"礼之器"的产生作出了合理的解释："礼之本出于人情，圣人因而道之；礼之器出于民之俗，圣人因而为之节文耳。"② 认为礼的实质在于发于"人情"，圣人因人情而把情感导引向正确的方面；礼之器则是圣人根据民风民俗而制礼作乐，制定出礼仪节文。也正因此，其在孝道问题上也突出真实情感的重要性。吕希哲经常说，孝子侍奉父母必须时时身体力行，不可以委以他人。并引《谷梁传》中所说的"天子亲耕以粢盛，王后亲蚕以供祭服。非无良农工女，以为人之所尽事其祖祢，不若以己所自亲者也"③ 来说明事亲之道，天子王后亲自耕作来提供祭品、祭服，这样做并不是说国家没有"良农工女"，而是因为在祭祀亲人的事情上只有自己亲自去做才能更好地表达自己对逝去的亲人的思念之情。吕希哲认为《谷梁传》中的这种说法最能表达事亲之道。他还把事亲的行为比喻为像对待上天一样重大的事。由此认为作为人子，要"视于无形，听于无声"，心思不可顷刻离开父母，如果"顷刻立亲"，则是"有时而违天"，但天是不可违的，因此侍奉父母也要时刻尽心尽力。

针对世人认为"往来宴会书问为徒费"，"不若不讲之愈是"，"常人所轻，甚者至云可削而去之"的观点，吕希哲认为这是没有领会先王治人的深意。吕希哲认为，礼不仅是人之所以异于禽兽的主要区别，而且是社会安定、百姓亲睦的重要措施。人之所以不同于禽兽就是因为人"以有礼乐相交接之道"，"以有礼也，有礼则有交易"，而有礼则会有往来交易。他还引用孟子"出入相友，守望相助，疾病相扶持，则百姓亲睦"的话说明往来之礼不可废，引用《乡饮酒》"吾于乡饮而知王道之易易"说明宴会之礼不可废，引《吕氏》"相接以礼让则不相侵陵"说明书问之礼不可废。并且认为往来之

---

① （宋）吕希哲：《吕氏杂记》卷下，载（清）永瑢《景印文渊阁四库全书》第863册，台北：台湾商务印书馆2008年版，第214页下—215页上。
② （宋）吕希哲：《吕氏杂记》卷下，载（清）永瑢《景印文渊阁四库全书》第863册，台北：台湾商务印书馆2008年版，第215页上。
③ （清）黄宗羲著，（清）全祖望补修，陈金生、梁运华点校：《荥阳学案》，《宋元学案》，中华书局1986年版，第903—904页。

礼、宴会之礼、书问之礼这三者是"所以消祸福于未萌，而使民免于争夺相杀之患"的关键。

吕希哲还从"天地而万物通、上下交而其志同"的角度说明礼制的必要性，"能交则能敬，相敬则无害，此谦让所以兴，而争夺相杀之祸不作，是以圣人重之"，"此其所以讲信修睦而免于争夺相杀之患者，常消祸于未萌也"。有人曾问吕希哲说："今之所谓竿牍请谒者，徒以为文耳，而子重之，何也？"吕希哲回答说："圣人之教有由中出者，乐是也；有自外作者，礼是也。由中出者，其文见于外；自外作者，其情动乎内。"礼乐制度是圣人之教不可或缺的两个组成部分，其中乐自中出，而礼自外作，礼与乐从内外两个方面对人的身心进行涵养；由中出者必显于外，自外作者情动乎内。

在《吕氏杂记》中，还记载了很多当时的旧制、礼俗、家规。比如相见之礼，不同人相见有不同的礼节。就一般在京城致仕做官之人而言，可以以"闲居野服"相见；但外郡官员因为"不识去就"之礼而多数不敢如此随便与人交往。就妇人相见之礼来说，"虽贱必答拜"；但"当其主母拜，则其使令人拜，勿答焉可也"。就与姨之夫、妻之兄相见之礼来说，姨之夫、妻之兄如果年龄比自己大的则拜之，年龄比自己小的话"答拜"即可。礼俗方面比如戒妇人不油发、不涂面、不穿耳等规定，这些行为方式与提倡孝道的儒家礼制显然是不合的，因此受到不少儒者的反对。吕氏家规则规定"中表兄弟甥婿皆来，以长幼叙坐，唯妹婿则宾之。有年齿爵位之相远，则不尽然"①，一般来说，中表兄弟甥婿按年龄大小安排座次，其中妹妹的丈夫除外，是以客人之礼相待；但是在表兄弟甥婿中如果有官职在身的话则不是按这种礼节。

四　对待佛学的态度

在与佛学的关系上，吕氏家族一直与佛学有着密切的联系。吕希哲的从曾祖父吕蒙正年少之时寄食僧房，与佛教结缘，并希望子孙世世持佛法；吕希哲之父吕公著也是"素喜释氏之学。及为相，务为简静，罕与士大夫接，惟能谈禅者，多得从游"②。吕希哲受家学影响，对佛学采取了比较客观的态

---

① （宋）吕希哲：《吕氏杂记》卷上，载（清）永瑢《景印文渊阁四库全书》第 863 册，台北：台湾商务印书馆 2008 年版，第 216 页下。

② 丁传靖辑：《宋人轶事汇编》，中华书局 2003 年版，第 269 页。

度，他不像二程那样批判佛教，而是兼通儒佛，晚年常与高僧交游，也喜言禅理，并得出佛学大意与儒学宗旨相合的观点，这也是全祖望等人认为"申公家学未醇"的原因所在。

在《吕氏杂记》中记载吕希哲评论"如来说一大藏经教，大意欲人省事向里来"一句说"辞虽浅，语甚要"。我们从吕希哲论为学与修身宗旨可以看出，"正心诚意"、反观内省是其一生实践圣人之道的关键，这种路向承继得更多的是程颢的为学之道，而不是程颐"今日格一件，明日格一件"式的、格物穷理的探求方法。二程与陆九渊、王阳明的思想相比，程颢的思想气质更近于陆王学说，也是"欲人省事向里来"，向内探求，因此，吕希哲在这里说此话"辞虽浅，语甚要"是理所当然的。程颢在解释"至仁"时曾说"若夫至仁，则天地为一身，而天地之间品物万形为四肢百体。夫人岂有视四肢百体而不爱者哉"，而吕希哲也有类似的话："尽大地是个自己，山河世界一切物象皆是自己建立，犹如昼夜云。"① 所不同的是程颢从"天地为一身"得出"人岂有视四肢百体而不爱者"，"圣人，仁之至也，独能体是心而已，曷尝支离多端，而求之自外乎"的结论，让人反观自身，向内探求成圣之道、体仁之理；而吕希哲则得出"既知如是，则我人众生寿者种种违顺法非法相，莫不皆空"。显然，程颢所走的还是修齐治平、内圣而王的儒学修养之路，而吕希哲则求诸佛教，得出我相、人相、众生相、寿者相莫不皆空的结论，并依据此一切皆空的论点寻求解脱之道："若向这里信得及，把得住，见得彻，便可随缘消旧业，任运着衣裳，饥来吃饭，困来打眠，更有何事求？"一如南宗禅担水砍柴无非妙道、行住坐卧皆是禅的做法。

在《吕氏杂记》中还有吕希哲把佛教经典中所讲渐修工夫与儒家《易经》所讲自强不息思想相互论证的记载。"安般三昧计日见功，一切时中凡资于人者，必非安乐"，这里所说"安般"即佛教所说"数息观"，是数入息、出息以镇定心境的观法；"三昧"则是指心定于一处（或一境）、不令心散乱的一种安定状态，"安般"和"三昧"都是佛教的修行方法，如吕希哲所说，这种修行方法如日常的吃喝拉撒等行为一样，"须是自着力，受用始得（王泉

---

① （宋）吕希哲：《吕氏杂记》卷下，载（清）永瑢《景印文渊阁四库全书》第863册，台北：台湾商务印书馆2008年版，第234页上。

老举赵州云：'小便虽小事，须是老僧亲去'）"，是不能假借他人的，凡假借他人的必定不能达到真正安乐的禅定境界。通过对这些修行方法的实践，再加以"于行住坐卧时系念不忘，则易熟"，经过反复实践、修习，自然纯熟自如。吕希哲认为，学道之人虽然知道一切皆空的道理，但在处事接物的时候如果不能运用自如的话还是不行的，此时首先必须"谛观是身无常，是身无苦，是身无我，是身皆空，久自休歇。皆是渐门修。无量心其四曰'舍然后实，无我人众生'"，然后再研读《般若经》，进一步领悟佛教缘起性空的道理。

由对佛理的参悟，吕希哲总结君子闲居之时应自强不息，谨严整励，学礼践礼；在困境之时尤其要不断提撕警醒，并不是只有在诵经参禅之时才要这样，而是饮食动静都应该自立，就好像女子学做针线活一样，要精进勤练才能"日有丈尺"、精进不已。吕希哲认为《易经》中所说的"利用恒无咎，未失常也"和报慈法师说的"老僧百无所解，日日一般牧马童子乘日之车"都是这个意思。并且君子的这种自强不息的工夫是不能有丝毫懈怠的，倘若"稍或彷徨，徙倚揩颐"就会"不期于忧而忧自至，岂惟旁观有泽畔之容，亦不能使家人忘其贫矣"[①]，吕希哲还举例说："行歌拾穗犹是假修，弹琴读书自有常乐，更若向上一路，则《契经》有一偈：'那伽行在定，那伽住在定，那伽坐在定，那伽卧在定。'"[②] 此处所说那伽行、住、坐、卧皆在"定"意思是说在日常生活之中一言一行、行住坐卧等各种行为中都要谨严精进，不能有丝毫松懈的念头，这样才能更进一步，"向上一路"。

吕希哲在治理郡县期间，对佛教的"不杀生"戒律尽量奉行。比如储备鳆鱼、诸干物及笋干、蕈干以待宾客，从而减少鸡鸭等生命。[③] 由此可见，吕希哲通过对儒学和佛学思想的学习、领悟，得出"佛学之道，与吾圣人吻合"的结论是显而易见的了。

[①] （宋）吕希哲：《吕氏杂记》卷下，载（清）永瑢《景印文渊阁四库全书》第863册，台北：台湾商务印书馆2008年版，第233页下—234页上。
[②] （宋）吕希哲：《吕氏杂记》卷下，载（清）永瑢《景印文渊阁四库全书》第863册，台北：台湾商务印书馆2008年版，第233页下—234页上。
[③] 参见（宋）吕希哲《吕氏杂记》卷下，载（清）永瑢《景印文渊阁四库全书》第863册，台北：台湾商务印书馆2008年版，第236页上。

第六节 尹焞的理学思想

尹焞（1071—1142），字彦明，一字德充，河南洛阳人，北宋及南宋初期人士，安定学派胡瑗、濂溪学派周敦颐、涑水学派司马光和百源学派邵雍的再传弟子，二十岁时"为举子"，并在苏季明的引荐下直接师事程颐。北宋哲宗绍圣元年（1094），发策有"元祐邪党之问"，尹焞不对而出，终身不再应进士举。钦宗靖康初年（1126），尹焞因为种师道推荐而被召至京师，赐号"和靖处士"，学者因称"和靖先生"。在宋徽宗大观年间（1107—1110），"新学"与"洛学"相争，程颐和弟子尹焞、张绎皆受牵连。金族攻入洛阳，尹焞全家皆亡，尹焞死而复生，逃到蜀中，南宋高宗绍兴六年（1136），以秘书郎兼崇政殿说书，绍兴八年（1138），除秘书少监，绍兴九年（1139），以直徽猷阁主管万寿观，仍侍经筵，除试大理少卿，权礼部侍郎，后又提举江州太平观，绍兴十年（1140），转一官致仕，绍兴十二年（1142）十一月五日，卒于会稽，年七十二。

尹焞是北宋时期中原地区重要的理学人士，是程颐的重要弟子之一，其作品原有《论语解》（十卷）、《孟子解》（十四卷）、《和靖集》（八卷）。尹焞一生笃守伊川之学，重视《论》《孟》之道，提出"主一即是敬""身心收敛即是主一"，强调"真知"必能行，重视修养践履之功，对理学在中原地区的传承和发展作出了不可磨灭的贡献。尹焞在理学史上虽然没有其师程颢、程颐那样影响巨大，但作为程颢、程颐的重要弟子之一，在程颢、程颐之后，对理学在中原地区的传承与发展有其重要的作用。

一 笃守师学

据《宋史》记载，当时求学于伊川之门的弟子很多，但像尹焞那样"质直弘毅、实体力行"的却很少。伊川曾经以"鲁"字赞许尹焞，并且说"我死，而不失其正者尹氏子也"，认为尹焞可继承其学说，还曾说"吾晚得二士"，而尹焞即是其中之一［"谓绎（张绎）与尹焞也"］①，可见程颐对其评价之高。

---

① （元）脱脱、阿鲁图修撰：《宋史·尹焞传》，中华书局1977年标点版，第12733页。

事实上，尹焞一生确实是以维护洛学正统为使命的。据《宋元学案》与《宋史》记载，在宋高宗打算像召程颐那样"自布衣除崇政殿说书"来提拔尹焞时，尹焞"累辞不得，设祭于伊川，乃上道"，到九江之后，谏官陈公辅上疏攻击程学，尹焞并没有因此放弃师说，而是"止不进"，并上奏说："焞师程颐垂二十年，学之既专，自信甚笃。使焞滥列经筵，其所敷绎，不过闻于师者。舍其所学，是欺君父。"① 尹焞自言其受教于程颐二十余年，对程学既专且笃，即使让自己为帝王讲说经典，所讲也是"闻于师者"；如果使自己放弃所学，是对君主的欺骗行为，这是不可能的。

黄百家在《宋元学案》中评论说，尹焞在伊川门人之中"天资最鲁"，但却"用志最专"，其为学以守护师门之说为宗旨，注重持守涵养。朱熹曾说"和靖直是十分钝底，被他只就一个敬字做工夫，终做得成"②。尹焞追随伊川二十余年，对伊川思想深有体会，他的很多看法都得到伊川的认可。据《和靖说》记载，尹焞一日侍坐于伊川，谈到自己对曾子"吾日三省"的看法说"某看曾子三省，诚而已"，认为曾子的行为是至诚的体现，可以用"诚"字很好地说明。伊川对此很惊讶，说："不意贤看到此紧要处。"

在尹焞看来，要了解二程思想的主旨，应该依照伊川的指示，不去看《语录》，因为《语录》只是只言片语，关键是要从伊川本人日常言谈举止、为人处世之处领悟伊川之心和修为宗的。尹焞在二十岁初见伊川之时，曾经得到朱公掞所抄伊川《杂说》，因此问伊川此书是不是可以读，伊川回答说："某（指伊川）在，何必观此。若不得某心，只是记得他意。"③ 尹焞从此不敢再读《杂说》。并且说"程先生《遗书》，虽以讲说而传，亦以诵解而陋。况其所论所趋，不无差误，岂惟无益，害又甚焉"④。尹焞认为《二程遗书》虽然借助讲说而得以传播久远，但同时也因为仅仅是"诵解"而被局限。更

---

① （清）黄宗羲著，（清）全祖望补修，陈金生、梁运华点校：《和靖学案》，《宋元学案》，中华书局1986年版，第1002—1003页。

② （清）黄宗羲著，（清）全祖望补修，陈金生、梁运华点校：《和靖学案》，《宋元学案》，中华书局1986年版，第1004页。

③ （清）黄宗羲著，（清）全祖望补修，陈金生、梁运华点校：《伊川学案下》，《宋元学案》，中华书局1986年版，第646页。

④ （清）黄宗羲著，（清）全祖望补修，陈金生、梁运华点校：《和靖学案》，《宋元学案》，中华书局1986年版，第1006页。

何况《二程遗书》所讲所趋并不完全符合二程思想，其中也存在一些差误之处，如果仅仅局限于《遗书》所讲的话，不但没有好处，相反会造成更大的谬误，尹焞的这种看法还是很有道理的。

因此，尹焞推崇伊川《易传》。并认为"体用一源，显微无间"既是伊川《易传》中最重要的一个命题，也是研读伊川《易传》"最切要处"①。尹焞曾经说，"《易》之道如日星，但患于理未精，失于机会，则暗于理者也。圣人复生，恐不易吾之言"，认为《易经》所蕴含的道理如同日星一样昭著，由于对此理把握不够精微深入，所以"暗于理"而失去机会，尹焞还认为即使是圣人重生，也不会反对自己的这种看法。祁宽问尹焞具体原因时，尹焞回答说："吾看'《易》逆数也'，故有是说。"尹焞认为，理解《易经》及万物规律，要正确认识事物内部所蕴含的对立的两个方面的辩证关系，而不能片面地看问题。要"正在未到《泰》之上六，便要知《泰》之将极；未到《否》之上九，便要知《否》之欲倾也"，就《易经》泰卦和否卦而言，泰卦象征顺利祥和，畅通无阻，而否卦则象征困难挫折，艰难险阻，一般人处在顺利之时往往会放逸不羁，安于享乐，在否卦时会灰心失望，丧失斗志，这都是不对的。尹焞从"体用一源，显微无间"的角度告诉弟子注意物极必反的道理，要在泰卦上六的位置提醒自己"《泰》之将极"，在未到否卦上九之位时明白"《否》之欲倾"，只有这样才能立于不败之地。

此外，尹焞又强调伊川"理一分殊""动静一理"的命题。尹焞多次说"动静只是一理。阴阳、死生亦然"，并把自己"动静一理"的观点告诉伊川，伊川让他进一步说明，尹焞于是用听见的寺院钟声为比喻，认为"动静一理"，"譬如钟未撞时，声固在也"，"说着静，便多一个静字，说动亦然"，伊川对此回答很高兴，告诉尹焞说："且更涵养！"②

在传承师说的过程中，尹焞提出了"主敬说"，试图为其所强调的"理一分殊"，"动静一理"，"体用一源，显微无间"等形上命题找到在形下的现实

---

① （清）黄宗羲著，（清）全祖望补修，陈金生、梁运华点校：《和靖学案》，《宋元学案》，中华书局1986年版，第1019页。

② （清）黄宗羲著，（清）全祖望补修，陈金生、梁运华点校：《和靖学案》，《宋元学案》，中华书局1986年版，第1007页。

世界具体实践的可能性，依然没可能为其找到有效的基础。作为程门晚期弟子，如同杨时皆为帝王师的尹焞，在个人的道德实践上，着实地努力不懈，是以被称为程门的颜回。不过若论哲学价值而言，还是谢上蔡、杨时二人才有相关于儒门大师的原创性或承继性的开创力量。在此角度下，吕大临、游定夫、尹焞三人虽然皆是程门弟子中的要角，却不能与当时代的禅门中人分庭抗礼，而只是再述师说而已。①

二 重视《论》《孟》

尹焞一生所学所讲经典，以《论语》《孟子》为主，把孔孟精神与个人身心修养完全结合起来。尹焞在涪陵千佛寺所题"三畏斋"中的"三畏"即取自《论语·季氏》中孔子所说的"君子有三畏：畏天命，畏大人，畏圣人之言"，并且尹焞也因为擅长"解《论语》"而升迁，宋高宗曾对赵鼎说，"尹焞日间所行，全是一部《论语》"，而赵鼎回答说："陛下可谓知人矣。"②尹焞病重临终前，在门人请示遗表的时候，说"某一部《孟子解》，便是遗表"③，尹焞一生著有主要有《论语解》《孟子解》。

尹焞对《论语》《孟子》的解读并不是像一般人那样仅仅停留在文本本身字句的阐释，而是在诠释文本的同时，发掘其内在的精神底蕴和文化渊源。在高宗问尹焞"纣亦是君，孟子何故谓之一夫"的问题时，尹焞回答说："此非孟子之言。武王誓师云：'独夫纣，洪惟作威。'"高宗又说，君主视臣子如土芥，臣子于是便可以视君主如寇仇吗？尹焞回答说："此亦非孟子之言，《书》云：'抚我则后，虐我则仇。'"④尹焞在这里不是像张九成那样回答说"才不为君，便是独夫"，而是从圣言经典中寻找论据，这样孟子的思想便不是个人主观的见解或一家之言，而是对时人景仰的圣王经典精神的承续，孟

---

① 参见欧崇敬《中国哲学史·宋元明清的新儒学与实学卷》，台北：洪叶文化事业有限公司2003年初版，第86—87页。
② （清）黄宗羲著，（清）全祖望补修，陈金生、梁运华点校：《和靖学案》，《宋元学案》，中华书局1986年版，第1003页。
③ （清）黄宗羲著，（清）全祖望补修，陈金生、梁运华点校：《和靖学案》，《宋元学案》，中华书局1986年版，第1003页。
④ （清）黄宗羲著，（清）全祖望补修，陈金生、梁运华点校：《和靖学案》，《宋元学案》，中华书局1986年版，第1003页。

子民本思想的合理性与正统性在此也就拥有了理论的基础。因此高宗十分高兴，认为张九成的解释不如尹焞的解释清晰明白。

在弟子王时敏打算学读《孟子》而问尹焞谁的注解最好时，尹焞说"赵氏"，并让王时敏看赵氏注。并且认为只要能够做到孟子所说的"无为其所不为，无欲其所不欲"，便可以达到圣人的境界了。① 尹焞笃行《论语》所说"士志于道，而耻恶衣恶食者，未足与议也"的精神，对农家出身、无食禄之分的王时敏非常关心，并认为当时社会上一些士大夫"好事治饮食"是孟子所说的"养其小体为小人"的行为。而在现实生活中，尹焞虽已官居四品，但并没有因此而生活奢侈，而是"絜静精微"②。其在评论时人的心理时说："皂带不足，又要红鞓；红鞓不足，又要兼金。孟子曰：'人少则慕父母，知好色则慕少艾，有妻子则慕妻子，仕则慕君，不得于君则热中。'"认为过分追求物欲的行为不但会因"移来移去"而麻烦，而且会影响心境的平和，更有甚者，到"热中"物欲的时候则"无不为矣！"③

因此，尹焞赞赏孔子的圣人德行，尤其对《论语·乡党》一篇推崇备至，认为"《乡党》一篇，门人弟子写出一个圣人之德容"，因此学者应当潜心体会④，并且，尹焞认为《中庸》中自"仲尼祖述"之下到"无声无臭，至矣"一段，是说"孔子之大"，讲孔子高远志向和精神境界；而《论语·乡党》一篇自始至终皆是言"孔子之小"，即孔子日常生活细节。⑤ 但二者却是对孔子人格不同方面的描述，由此皆可看出孔子的圣人气象。

三 收敛身心与存敬涵养

在具体的修养方法上，伊川教育弟子专以"敬以直内"为本，而尹焞

---

① （清）黄宗羲著，（清）全祖望补修，陈金生、梁运华点校：《和靖学案》，《宋元学案》，中华书局1986年版，第1013页。

② （清）黄宗羲著，（清）全祖望补修，陈金生、梁运华点校：《和靖学案》，《宋元学案》，中华书局1986年版，第1008页。

③ （清）黄宗羲著，（清）全祖望补修，陈金生、梁运华点校：《和靖学案》，《宋元学案》，中华书局1986年版，第1008页。

④ （清）黄宗羲著，（清）全祖望补修，陈金生、梁运华点校：《和靖学案》，《宋元学案》，中华书局1986年版，第1005页。

⑤ 参见（清）黄宗羲著，（清）全祖望补修，陈金生、梁运华点校《和靖学案》，《宋元学案》，中华书局1986年版，第1005页。

"独能力行之",对程颐的教导身体力行。尹焞认为"收敛身心便是主一",而"主一即是敬"①,因此,为学修身专在"敬"字上用功。尹焞此说虽然仍然与二程从"主一无适""闲邪之道",谢良佐从"常惺惺法"等角度理解"敬"的观点主旨相同,但尹焞这样说"敬"更偏于内向②,更侧重从敛心净意的角度来进行解释。

尹焞说伊川先生教学,只是让人"敬以直内"。在尹焞看来,"若用此理,则百事不敢妄为,不愧屋漏矣。习之既久,自然有所得也"。只要笃守伊川"敬以直内"的宗旨,自然可以凡事谨严,不敢妄为,且行端影正,无愧屋漏。涵养日久,自然会使自己的道德学问更进一层。尹焞回忆说从涪陵回来之后,自己日日拜见伊川,一天读《易经》,到"敬以直内"的地方时,问伊川说:"不习无不利时,则更无睹,当更无计较也邪?"伊川听后"深以为然",回答说,"不易见得如此",并且告诉尹焞说:"且更涵养,不要轻说。"③

尹焞曾对弟子祁宽说自己初见伊川之时伊川正是告诉自己"看敬字",伊川对"敬"的解释是"主一则是敬",对伊川此话尹焞当时虽然有所领悟,但是却不如后来体会得深切。在祁宽问尹焞"如何是主一"时,尹焞提出了自己不同于伊川的对"敬"和"主一"的理解:"敬有甚形影,只收敛身心便是主一。且如人到神祠中致敬时,其心收敛,更不着得毫发事,非主一而何?"认为"敬"并不是有形有影、可感可见的,所谓"主一"即"敬",而收敛身心便是主一。犹如人到神祠中致敬时产生的整齐肃穆、虔诚敬畏之心理状态。尹焞还说伊川曾用"看敬字"来克制"其(指赵承议)人性不甚利"的缺点,伊川进一步解释"敬"说"整衣冠、齐容貌而已",伊川此语令尹焞"于赵言下(赵以此举示尹焞)有个省觉处"。④

尹焞平日言行确实是和伊川一样,从"整衣冠,齐容貌"处来培养虔敬之心。王时敏在记载尹焞言语的《师说》中说,尹焞每次与自己讲授的

---

① (清)黄宗羲著,(清)全祖望补修,陈金生、梁运华点校:《和靖学案》,《宋元学案》,中华书局1986年版,第1011—1012页。
② 参见韦政通主编《中国哲学辞典大全·敬》,台北:世界图书出版公司1989年版,第686—687页。
③ (清)黄宗羲著,(清)全祖望补修,陈金生、梁运华点校:《和靖学案》,《宋元学案》,中华书局1986年版,第1007页。
④ (清)黄宗羲著,(清)全祖望补修,陈金生、梁运华点校:《和靖学案》,《宋元学案》,中华书局1986年版,第1011—1012页。

时候都会"具衣冠,或深衣",为人师表,以身作则;讲授结束后则会说:"尽诚及物者我也,识之者其在子乎!"① 希望弟子能从老师的言行举止中体会为学之道。在担任崇政殿说书期间,每当赴讲之前,尹焞都会沐浴更衣,把所讲书籍置于案几之上,然后"朝服再拜,斋于燕室",有学者问尹焞为什么这样虔敬慎重时,尹焞回答说:"吾言得入,则天下蒙其利;不能,则反之。欲以所言感悟人主,安得不敬!"② 认为自己的言论如果能被君主采纳,天下之人将蒙其利;如果不能被采纳,则反求自身,省悟其理,用圣人之言感悟自己的人生。在蜀中避难之时,尹焞在涪陵千佛寺居住,涪陵曾是伊川研读《易经》之地,尹焞因此把自己居处匾额取名"三畏斋",时时提醒自己不失为学宗旨③。从尹焞的日常言行可以看出,他是把为学与做人融为了一体,身体力行二程的为学之道,传承二程理学精神。

四 知行与做人

在知行观上,尹焞强调"真知必能行",认为"真知"虽然并不直接包含"行为"但包含了"必能行"的内涵,"知"而不行则不是"真知",尹焞反对知行两分,并且更强调"行"的重要性。尹焞在论述读圣人之书时说:"读圣人之书,须是有所自得。且如《论》《孟》,从少知是孔子、孟子之书,不敢说尔非真知也。要如不知有孔、孟而知为孔、孟之说,乃所谓真知尔。"④ 所谓"有自得"也就是与个人的生命体验结合起来,虽然从小就知《论语》《孟子》是孔孟之书,但此时之知并不敢说不是"真知",在更大程度上是概念性的表象之知,并没有身体力行;而在学识上虽然不知有孔子、孟子但在日常行为中却知道如何去践行孔子、孟子学说的精神的"知"才是"真知"。这里的"为孔、孟之说"之"为",突出了"行"

---

① (清)黄宗羲著,(清)全祖望补修,陈金生、梁运华点校:《和靖学案》,《宋元学案》,中华书局1986年版,第1013页。

② (清)黄宗羲著,(清)全祖望补修,陈金生、梁运华点校:《和靖学案》,《宋元学案》,中华书局1986年版,第1003页。

③ 参见(清)黄宗羲著,(清)全祖望补修,陈金生、梁运华点校《和靖学案》,《宋元学案》,中华书局1986年版,第1007页。

④ (清)黄宗羲著,(清)全祖望补修,陈金生、梁运华点校:《和靖学案》,《宋元学案》,中华书局1986年版,第1005页。

的重要性。尹焞的这种思想被其后的王阳明"真知即所以为行,不行不足谓之知"①继承,而其所说的"真知"概念也被王阳明的"知行本体"概念替代。

在弟子伯充问"学道紧要"问题时,尹焞回答说:"只要闲邪存诚。"他日伯充又问同样问题,尹焞还是回答"闲邪存诚"。后来伯充又问,尹焞正色斥责伯充说:"公(指伯充)要许多言语做甚!只待要资谈柄。若只恁做将去,自然有所入。"②尹焞认为言语虽然可以作为要资谈柄,让人能够更好地领悟为学之道,但过分地关注言语而忽略实行,是本末倒置的做法,只要涵养身心、闲邪存诚,身体力行,以"知"辅"行"、以"行"践"知",自然会对"学道紧要"之处有深切的体悟。

尹焞在涪陵千佛寺居住期间,把居处题为"三畏斋",到洛阳追随伊川之后把旧匾置于坐榻之前,"聊以自警"。后来读到别人编辑的《伊川师说》中伊川关于"三畏"的解释后惭愧了很久,认为自己以前自认为很有心得的理解却仅是很浅层次的理解而已,伊川解释"三畏"说"畏天命,不负所畀付;畏大人,亦自畏;畏圣人之言,以自进德也",而尹焞理解其中的"畏圣人之言"是"道之所在"而已,从伊川与尹焞二人对"畏圣人之言"的不同理解可以看出,伊川从"进德"来解,是把圣人之言与个人修身养性结合了起来,而尹焞的理解相比于伊川显然停在对外在知识体系的理解,并没有把理解进一步深化入个人的生命存在,因此尹焞说自己"又何尝推得到此",并且才明白"伊川凡语言必推用于己"③,把"知"与"行"有机结合起来,而不是两隔。

与知行合一的观点相一致的是尹焞对为学目的和做人的看法。尹焞认为,学习的主要目的就是学习如何"为人",他曾说,"学者,所以学为人也"④,并且说,"学者切不可以富贵为大事!富贵傥来之物,才役心于此,

---

① (明)王阳明:《传习录·答顾东桥书》,中国文联出版公司1995年版,第145页。
② (清)黄宗羲著,(清)全祖望补修,陈金生、梁运华点校:《和靖学案》,《宋元学案》,中华书局1986年版,第1019页。
③ (清)黄宗羲著,(清)全祖望补修,陈金生、梁运华点校:《和靖学案》,《宋元学案》,中华书局1986年版,第1005页。
④ (清)黄宗羲著,(清)全祖望补修,陈金生、梁运华点校:《和靖学案》,《宋元学案》,中华书局1986年版,第1007页。

则不可为学矣"①，告诫学者不要以富贵名利营心，把物欲作为主要追求目标。在其看来，富贵名利是傥来之物，只要稍微有贪求物的欲望，就不可"为学"。"为学"是古人所说的"为己"之学，而不是"为人"之学，更不是"为私"之学，它必须把所学与个人的生身慧命结合起来，这样才能向儒家人士向往的圣贤境界逼近。尹焞认为，只要能够"放教虚闲，自然能见道"②。

尹焞提倡为善而不为恶，认为"人生天地中，其本甚善"，人性本善，为善是自然而发的行为，作恶是"私心"作为，并不是本善的人性撺掇自己为恶。尹焞在蜀中避难期间，张公浚宣川、陕，设馆礼待尹焞，并对尹焞说，"人有不为也，而后可以有为，此孟子至论"，尹焞回答说，"不然，好善优于天下，乃为至尔"，希望能警醒张公浚，使其好善为善。③ 尹焞在与伊川讨论"义命"的问题时说，"命为中人以下说。若圣人，只有一个义"，认为一般所说的命运或命定是对众人以下的一般人而言的，对圣人来说并无这种划分，只有"义"。伊川问其原因时，尹焞回答说："行一不义、杀一不辜而得天下，皆不为也，奚以命为！"④ 尹焞认为虽然只是做一件不义之事、杀一个无辜之人而能够取得天下的行为圣人都不会去做，又哪里会归之于"命"呢？圣人所求所为只是积极"为义"，绝不是被动承受，更不会把行为、结果归罪于命，从"命"那里来寻求释然。

尹焞反对佛教关于生死轮回的说法，认为佛教"轮回之说"是"爱便宜"的表现，就像"今世既做了中书舍人，后世更要做宰相"的心理行为一样，此生已经做到中书舍人的职位了，后世还想做宰相这样更大的官，完全是从利己的功利之心着眼，没有想到人本身是"得之太虚，还之太虚"的，根本无法解决"我在何处"的问题，因此，人应该在今生今世好好做人，积

---

① （清）黄宗羲著，（清）全祖望补修，陈金生、梁运华点校：《和靖学案》，《宋元学案》，中华书局1986年版，第1004页。
② （清）黄宗羲著，（清）全祖望补修，陈金生、梁运华点校：《和靖学案》，《宋元学案》，中华书局1986年版，第1007页。
③ （清）黄宗羲著，（清）全祖望补修，陈金生、梁运华点校：《和靖学案》，《宋元学案》，中华书局1986年版，第1002页。
④ （清）黄宗羲著，（清）全祖望补修，陈金生、梁运华点校：《和靖学案》，《宋元学案》，中华书局1986年版，第1007页。

极为善，这样才能实践经书所说的"天地之性，人为贵"①，充分提升自己、完善自己。黄东发在谈到尹焞对待佛教的态度时说，"和靖虽亦以母命诵佛书，而绝口未尝谈禅"，并赞其是"斯道之'硕果不食'者也"。② 慈溪黄氏评论尹说尹焞"历死生患难不变""兢兢然保其身于无过"，尹焞的这种操守和志向不仅在当时追求物欲、贪求名利的社会中是难能可贵的，而且对后世之人确立正确的人生方向和人生意义有着很好的启示。

尹焞一生，笃守师说，传承理学。与苏昞、张绎、冯理、王苹等为友，来往甚密，并收徒讲学，践履圣道，其所创学派被后人称为"和靖学派"。尹焞的一传、再传弟子很多，比较著名的主要有吕和问、吕广问、吕本中（别见《紫微学案》）、吕稽中、吕坚中、吕弸中（其子吕大器、吕大伦、吕大猷、吕大同，别见《紫微学案》）、冯忠恕、祁宽、王时敏、刘芮（别见《元城学案》）、徐度、陆景端、虞仲琳、高材（其子高公亮，别见《槐堂诸儒学案》）、高选、韩元吉（其子韩淲，别见《宋元学案·清江学案》）、弟子吕祖谦（别见《东莱学案》）、邢纯、程瑀、蔡迨（其子蔡武子）、蔡仍、徐正夫、黄循圣、沈晦、□伯充、罗靖、罗竦、滕恺、李缯（其子李季札，别见《沧州诸儒学案》）、林宪、林光朝（别见《艾轩学案》）等。

全祖望在《宋元学案》中评论说，尹焞在洛学中"最为晚出"，但是在对洛学的继承方面却"守其师说最醇"，而胡五峰（胡宏）以为尹焞乃二程"后起之龙象"，黄东发（黄震）以为尹焞"不失其师传"的评论，是很中肯的。尹焞之后，其弟子吕本中另外开创了"紫微学派"，林光朝开创了"艾轩学派"，对理学的传承和发展起到了很大的作用。

---

① （清）黄宗羲著，（清）全祖望补修，陈金生、梁运华点校：《和靖学案》，《宋元学案》，中华书局1986年版，第1014页。

② （清）黄宗羲著，（清）全祖望补修，陈金生、梁运华点校：《和靖学案》，《宋元学案》，中华书局1986年版，第1008页。

第三章 元代时期中原理学思想

由宋代兴起的理学，到元代发生了变异，首先是朱学开始成为官学，在元人修撰的《宋史》中，首开《道学传》，把二程、朱熹以及与程朱思想接近的两宋理学人物正式列入孔孟以后的儒学"道统"之中；其次是理学的心性问题，在元代虽无重大发展，但却注入了务实的因素，元代出现的朱、陆合流的趋势也是理学史上一个重要现象。① 在元代理学的发展过程中，姚枢和许衡起到了重要作用。尤其是许衡，程朱理学能够成为官学，与许衡有很大的关系，所以明、清时期的理学人士对许衡赞赏备至，称他是"朱子之后一人"，是道统的接续者。②

第一节 姚枢的理学思想

姚枢（1203—1278），字公茂，号雪斋、敬斋，祖籍营州柳城（今辽宁朝阳），后迁居洛阳（今河南洛阳，据《元史》《宋元学案》记载），少时学习刻苦，元代政治家、理学家。元太宗时期，蒙古攻伐南宋，姚枢奉诏与杨惟中在军中寻求儒、佛、道、医、卜等人才，在蒙古军攻陷德安（今湖北安陆）时，得遇当时卓有声望的理学家真德秀的弟子——名儒赵复，"始得程颐、朱熹之书"。后应忽必烈之召到藩府上书陈言治国之策，并成为忽必烈的重要谋士，辅佐元世祖平定天下。忽必烈即位后，姚枢历任东平宣抚使、大司农、中书左丞、昭文馆大学士、翰林学士承旨等职，曾参与制定礼仪。年七十八

---

① 参见侯外庐、邱汉生、张岂之主编《宋明理学史》（上卷），人民出版社1997年版，第679—682页。
② 参见侯外庐、邱汉生、张岂之主编《宋明理学史》（上卷），人民出版社1997年版，第680页。

卒，谥号文献。

姚枢的理学思想继承程朱，虽无多少理论创新，但却对两宋理学在元代的传播发展，起到了举足轻重的作用。姚枢对元代理学的贡献，主要可以从以下几个方面阐述。

据史书记载，忽必烈是一位为理学的传播作出重要贡献的帝王，也是一位较早地、较为全面地接受汉文化的帝王，在即位前后，其身边聚集了很多名儒谋臣，姚枢就是重要的一个。《元史·姚枢传》记载，忽必烈在"潜邸"，"遣赵璧召枢至"，问及治国之道，姚枢写出数千言的陈述，从治国"大经"和"救时之弊"两个方面具体分析儒家传统的帝王之学和治国之道。

姚枢首先指出了唐尧、虞舜二帝以及夏禹、商汤、周文王三王的治国之道，并总结出八个方面，具体即"修身，力学，尊贤，亲亲，畏天，爱民，好善，远佞"，可以看出，作为治国大经的这八个条目遵循的是儒家的治国之道，在姚枢看来，它不仅是元朝治国总纲，而且是所有效法二帝三王圣王之治的朝代所共同遵循的治国准则。

在具体的对治时政弊端问题上，姚枢总结出三十条，分别在设立省部、辟举才逸、淘汰冗员、规范俸禄、制定法律、设立监司、审明黜陟、明确征敛、简缩驿传、修建学校、崇奉经术、表彰节孝、重视农桑、放宽赋税、减少徭役、禁止游惰、整肃军政、救济匮乏鳏寡、扩大储蓄、确立平准以权物估等各个方面提出具体的建议，希望朝政能够纲举纪张，令行禁止；打破世袭制度，使有才之人得到重用；"善良奸蠹可得而举刺"。元世祖忽必烈"奇其才，动必召对，且使授世子经"。并且接受姚枢"立学校以育才"的建议，任命元代理学大家许衡为国子祭酒，"亲为择蒙古弟子俾教之"①，向贵族子弟教授儒家思想。

姚枢在从忽必烈征大理的过程中，以宋太祖派遣曹彬取南唐时不杀一人、市不易肆事的故事规劝世祖，而大理百姓也因此"得相完保"②。《元史·姚枢传》评价姚枢说："枢天质含弘而仁恕，恭敏而俭勤，未尝疑人欺己。有负其德，亦不留怨。忧患之来，不见言色。有来即谋，必反复告之。"③

---

① （明）宋濂撰：《元史·许衡传》，中华书局1976年版，第3727页。
② （明）宋濂撰：《元史·姚枢传》，中华书局1976年版，第3713页。
③ （明）宋濂撰：《元史·姚枢传》，中华书局1976年版，第3716页。

其次，救护儒生，携南宋名儒赵复载籍北上，为北方送来程、朱之学的典籍，并且潜心研究、弘扬程朱理学，使程朱之学传至北方并开始盛行。

当时，由于"南北道绝，载籍不相通"，北方学者所接触的只是从亡金儒士那里得到的章句之学，对于盛行于南方的程朱理学等学术前沿问题并不了解，更缺少程朱理学的典籍，而赵复的北上，使学术隔绝的这种局面被打破。对此，学界一般归功于赵复，而忽略了作为传播、护道中介的姚枢。据《元史·姚枢传》记载，公元 1235 年，姚枢和杨惟中奉命在军中寻求儒、佛、道、医、卜士等博学之士，在元兵攻陷枣阳时，元军主将打算把俘虏"尽坑之"，姚枢极力申辩此举并非忽必烈诏书主旨，告诉主将如果这样做日后不好"复命"，并"蹙数人逃入篁竹中脱死"①。在元兵攻破德安之时，"其民数十万，皆俘戮无遗"。但由于姚枢奉诏军前，结果"凡儒生挂俘籍者，辄脱以归"，而对元代理学作出重要贡献的赵复即在众多儒生之中。

在得到赵复之后与赵复的谈论中，姚枢知道赵复是名"奇士"，并且因为"九族俱残，不欲北"，不想北上，还与姚枢诀别。姚枢意识到赵复心情不好，"恐其自裁"，于是"留帐中共宿"。在姚枢睡醒后发现"惟寝依在"，赵复不知所终，姚枢立即"驰马周号积尸间"，但没有发现。于是又"行及水际"，发现赵复已经"被发徒跣，仰天而号，欲投水而未入"。姚枢"晓以徒死无益"，劝告赵复说："汝存，则子孙或可以传绪百世；随吾而北，必可无他。"在姚枢的劝说下，赵复"强从之"，与姚枢一起到了燕京（今北京）。正因此，当时学界因南北交通隔绝而导致的学术交流不通、"载籍不相通"的现状得以打破；也正因此，赵复才把自己所记"程、朱所著诸经传注，尽录以付枢"，解决了北方缺少理学典籍的问题；而由于赵复的北上燕京，四方学子"从者百余人"，使北方有了传播、盛行程朱理学的基础和可能，对后来程朱理学在元朝的传承起到了积极作用。事实上，赵复可以说是将程朱理学传至北方的第一人，"北方知有程、朱之学，自复始"，但是，如果没有姚枢对赵复的关心救护，一切当另当别论，可以说，赵复是因姚枢才把程、朱理学传到北方。

元世祖忽必烈听到赵复的谈论后"始嗜其学"，开始对程朱理学产生兴

---

① （明）宋濂撰：《元史·姚枢传》，中华书局 1976 年版，第 3711 页。

趣。当时濂溪周子之学并未传到河朔，杨惟中在出师蜀、湖、京、汉时收集伊洛诸书，载送到京师，并与姚枢计划建立太极书院，立周子（周敦颐）祠，以二程、张载、杨时、游酢、朱熹六君子"配食"，选取"遗书八千余卷"，并选取俊秀有识者为"道学生"，请赵复"讲授其中"，在太极书院讲授南方盛行而北方罕闻的程朱之学，从此以后河朔地方才开始了解"道学"。赵复还把所作《传道图》传给姚枢，此《传道图》把伏羲、神农、唐尧、虞舜、孔子、颜回、孟子以及周敦颐、程颢、程颐、张载、朱熹编续其中，并以各自所作书目条列于后；还作《伊洛发挥》，标示《传道图》所列诸子思想及传道宗旨；又作《师友图》，把散在四方、"见诸登载与得诸传闻"的朱熹门人编在一起，"以寓私淑之志"，又根据伊尹、颜渊的言行作《希贤录》，使学者知所向慕。然而，赵复到燕京以后不愿出仕，其在太极书院的讲学虽然吸引了众多学子前来学习，但他仅仅待了一年便隐居起来，以致晚年的行踪不为世人所知。① 但热衷程朱之学的姚枢却在受学于赵复之后，退隐苏门，广泛地传播从赵复那里学到的程朱之学，后来弃官带着家人来到辉州（在今河南辉县北），做家庙，另外设立净室供奉孔子以及宋儒周敦颐等肖像，并刊印诸经，惠益学者，读书鸣琴，潜心程朱理学的研究。

正是姚枢退隐苏门、潜心弘传程朱之学的这段经历，使程朱理学在北方的传承起到了极为重要的积极作用。据《元史》记载，姚枢"既退隐苏门，乃即复传其学，由是许衡、郝经、刘因，皆得其书而尊信之"。此中的许衡、郝经、刘因皆是当时北方的儒士，也是后来的理学大家，他们正是从姚枢那里才开始接触程朱典籍、得以了解与北方章句训诂、金石考证、句读之学不同的程朱理学。因此，可以说在赵复隐居之后，姚枢成了在北方传播理学的核心人物。②

比如后来建立鲁斋学派的许衡，正是通过姚枢而得以接触程朱之学并把程朱理学发扬光大、传播下去的。《元史·许衡传》记载，许衡"幼有异质"，颖悟不凡，年纪稍长后更是"嗜学如饥渴"，但因遭遇世道混乱，"且贫无书"，后来在"往来河、洛间"的过程中才"从柳城姚枢得伊洛程氏及

---

① 参见侯外庐、邱汉生、张岂之主编《宋明理学史》（上卷），人民出版社1997年版，第688页。
② 参见邹林《姚枢与元代理学》，《江汉论坛》2001年第12期。

新安朱氏书，益大有得"，从姚枢那里得到伊洛二程以及新安朱熹的典籍，收获颇丰，然后也居住苏门，与隐居苏门的姚枢和窦默相互讲习经传、子史、礼乐、名物、星历、兵刑、食货、水利之类，并"慨然以道为己任"，开始了研习、传承程朱理学的过程，死后获得了从祀孔庙的殊荣。

如黄百家在《宋元学案·鲁斋学案》中所说，从石晋"燕、云十六州之割，北方之为异域也久矣，虽有宋诸儒叠出，声教不通"。但是，自从姚枢带赵复到北方之后，"北方之学郁起，如吴澄之经学，姚燧之文学，指不胜屈，皆彬彬郁郁矣"[1]。而从程朱—赵复—姚枢—许衡、刘因、窦默—姚燧、耶律有尚、吴澄等，理学在宋元之际的传承有了清晰明确的线索。

虽然姚枢在理学史上并没有提出新的理学见解，但是，其在两宋理学传至北方并在元代发扬光大以致成为元、明、清几代官学方面，所起到的重要作用是应该充分肯定的。

第二节 许衡的理学思想

许衡（1209—1281），字仲平，号鲁斋，祖籍怀州河内（今河南沁阳），人称鲁斋先生。据《元史》《元朝名臣事略》等文献记载，许衡"幼有异质"，七岁入学，"受书即问其义旨，师诎而辞去者三"。听说有人有书便会去阅读，及长，更加嗜好读书学习。许衡关于华夷之辨思想较为淡薄，能与元朝统治者合作。忽必烈对他十分重用，在为亲王受封秦中时，任命许衡为京兆（今西安市）提学，以化秦人。许衡在关中大兴学校，让"郡县皆建学校"，民生八岁，不分贵贱，皆令入小学，十五岁俊秀者入大学，不久"民大化之"。

中统元年，世祖即帝位，召许衡至京师，授国子祭酒。至元二年（1265），以安童为右丞相，使先生辅之，乃上书言立国规摹，主张推行汉法；任此职期间，许衡不为利回、不为权屈，犯颜谏诤，刚毅不屈，有元代"魏征"之称。至元六年（1269），许衡受命与太常卿徐世隆制定朝仪，又同太保刘秉忠、左丞张文谦一起议定官制，定出了中央集权机构的设置及其朝仪，

---

[1] （清）黄宗羲著，（清）全祖望补修，陈金生、梁运华点校：《鲁斋学案》，《宋元学案》，中华书局1986年版，第2995页。

减除了"冗长增置的台院"。至元七年（1270），许衡晋升中书左丞。在任职集贤大学士兼国子祭酒期间，许衡主持国学，培育人才，并著有《中庸直解》《大学直解》等，还以此为课本，选取弟子王梓、刘季伟、韩思永、耶律有尚、吕端善、姚燧、高凝、白栋、苏郁、姚炖、孙安、刘安十二人分处各斋为斋长，有很多弟子如姚遂、耶律有尚等皆学有所成。至元八年，许衡以集贤大学士兼国子祭酒掌管太学，在此期间，至元十三年，许衡以原官领太史院事，与王恂、郭守敬、杨恭懿等改定历法，主编《授时历》，制作新仪象圭表等，历成而还。许衡虽遭逢世乱，仍"嗜学不缀"。世乱稍定之后，返回河内，时姚枢退隐苏门，许衡于是往返于河洛之间，从柳城姚枢那里得到伊洛程氏及新安朱熹之书，"益大有得"。不久便居住苏门，与姚枢、窦默相互讲习。"凡经传、子史、礼乐、名物、星历、兵刑、食货、水利之类，无所不讲"，并对弟子说，"昔者授受，殊孟浪也，今始闻进学之序。若必欲相从，当率弃前日所学，从事《小学》之洒扫应对，以为进德之基"①，并常对人说："纲常不可一日而亡于天下，苟在上者无以任之，则在下之任也。"而自从得到伊川性理之书、《程子易传》，以及朱熹"《论》、《孟》集注、《中庸》、《大学》章句或问、小学"等书之后，"言与心合"，"慨然思复三代庠序之法"②。事实证明，许衡的这一理想取得了很大的成功。

许衡治家严谨，教子有方，其子孙皆学有所成，第四子师敬先后三居相位，阶光禄大夫，为元仁宗推行科举制度及使天灾频生的泰定时期呈现治平的盛世，起了较大作用。至元十八年（1281）三月，在家乡病故，终年七十三岁，死后赠司徒，谥文正，封魏国公。皇庆二年，从祀孔子庙庭。学者因其所署，称鲁斋先生。许衡一生以从事教育为乐，在其二十七年的仕途生活中，八次被召入朝做官，又八次辞归故里，躬耕桑农。许衡与姚枢、窦默、刘德渊、张文谦、杨奂、王粹、郝经、砚弥坚、刘因（别见《静修学案》）等为讲友，精心切磋学术，以程朱理学教授门徒，一时学业大兴，形成时人所称的"鲁斋学派"。鲁斋学派学宗程朱，但也继承了陆九

---

① （清）黄宗羲著，（清）全祖望补修，陈金生、梁运华点校：《鲁斋学案》，《宋元学案》，中华书局1986年版，第2995页。

② （元）许衡：《鲁斋遗书》卷十三，载（清）永瑢《景印文渊阁四库全书》第1198册，台北：台湾商务印书馆2008年版，第442页上。（下引《鲁斋遗书》皆自此书）

渊重视"心"的作用的做法。许衡门人弟子众多，比较著名的有姚燧、李术鲁翀、耶律有尚、吕域、刘宣、贺伯颜、徐毅、白栋、王都中、李文炳、王遵礼、赵矩、刘季伟、韩思永、刘安中、高凝、苏郁、姚炖、孙安、刘安中、畅师文、王宽、王宾等。鲁斋之学在元朝时盛极一时，对程朱理学在元朝及历史的传播发展中作了很大的贡献。程朱理学能够成为官学，与中原地区的理学家许衡有很大的关系，在许衡的作用下，南宋理学传遍大江南北。所以明、清时期的理学人士对许衡赞赏备至，称他是"朱子之后一人"，是道统的接续者。①

一 天道与理

许衡认为，"道"既是产生天地万物的本源，也是现实之人的心性的形上依据。因此，在许衡的思想中，天道既是人生的准则，也是人类道德的标准和行为指南。在天道与人道之间，"道"的内涵和特性得以贯通。许衡在《稽古千文》中说："太极之前，此道独立。道生太极，函三为一，一气既分，天地定位。万物之灵，惟人为贵。"② 许衡在这里把老子之产生万物、独立而存的始源性的"道"与儒家《周易》中的"太极"融合起来，来论述"道"的体性。不过与朱熹把"太极"作为"理""道"之极致不同，许衡把"道"置于"太极"之上，由此论证"道"的绝对至上性。于是在"道"与天地万物的关系上便形成"道"—太极—气—万物的演化模式。"太极"由"道"而生，是一种具有生成作用的实体存在。"道生太极"与"函三为一"是并进的表述，道生太极的过程也就是"函三为一"的进程。这里的"一气"又称为"精气""至精之气"，它是没有轮廓、没有形体的。由此"至精之气"本身蕴含的阴阳等矛盾性而产生天、地以及日月星辰、山河大地、人物万象等有形之物与现实世界。而在万物之中，人又是最为灵贵的存在者。《鲁斋学案》记载："天地阴阳精气为日月星辰，日月不是有轮廓生成，只是至精之气，到处便如此光明。阴精无光，故远近随日所照。日月行有度数，人身气血周流，亦有度数。天地六气运转亦如是，到东方便是春，到南方便是夏，

---

① 侯外庐、邱汉生、张岂之主编：《宋明理学史》（上卷），人民出版社1997年版，第680页。
② （元）许衡：《鲁斋遗书》卷十，载（清）永瑢《景印文渊阁四库全书》第1198册，台北：台湾商务印书馆2008年版，第421页下。

行到处便主一时。日行十二时亦然，万物都随他，转过去便不属他。"① 日月等有形体之物不是由具有轮廓之物产生，而是至精之气所致。但仅是"阴气之精"是没有光明的，必须"随日所照"。并且，日月的运行与人身的运行一样，是有度数、有规律的，天地六气的运转也是如此，其规律性表现便是春夏秋冬等四时变化。在许衡看来，此"一元之气"不仅有春夏秋冬四时之变，具体到人则有婴儿、少壮、老耄、死亡等四种阶段，人如此，万物也都如此经历不同阶段的四种变化。② 可以看出，撇开许衡对"道"与"太极"关系的理解，从"理""道"与"气"的关系上看，此是对朱熹理气观的一种继承。

许衡又称太极是理、天理，而在"理"与"气"、"理"与"物"关系的问题上，许衡继承朱熹关于理气关系的观点，一方面认为"理"与"气"、"理"与"物"相即不离，另一方面又认为"理"与"气"是有则同时有、无则同时无，虽然在时间上没有先后次第之分但在逻辑上却是"理"先于"气""物"，"天即理也，有则一时有，本无先后，有是理而后有是物"，此种道理犹如树木生长与水之流溢，知道确实有其理之后，自然会"表里精粗无不到，如成果实相似"，"体立而用行"。

在许衡看来，产生万物之理与万物的关系犹如表里、体用关系，对于人来说"积习于中，发见于外，则为恻隐、为羞恶，内无不实而外自无不应"，"凡物之生必得此理而后有是形，无理则无形"，任何事物都是有其理之后才有其形，如果没有理则不会有形，天地之间，事物必有理，"未有无理之物，两件不可离。无物则理何所寓"，万物与理二者须臾不可离，无理则物不成其为物；无物则理便失去了其存在载体。物的存在是因"理"之存在，"理"是有形万物产生的根源，而物则是"理"在现实世界存在的载体，"理"与"物"之间的关系是"事物必有理，未有无理之物，两者不可离，无物则理何所寓"。犹如史书记载的事实文字，虽然所记事迹都已经成为陈年往事，但"其中亦有理在"，因此，"不可泥于迹而不知变化"，即使是"浅近事物"，

---

① （清）黄宗羲著，（清）全祖望补修，陈金生、梁运华点校：《鲁斋学案》，《宋元学案》，中华书局1986年版，第2998页。

② （元）许衡：《鲁斋遗书》卷二，载（清）永瑢《景印文渊阁四库全书》第1198册，台北：台湾商务印书馆2008年版，第288页上。

也一定会有"形而上者",因此,学者"能得圣神功用之妙以观万事万物之理可也,则形而下者事为之间皆粗迹,而不可废"①。

同时,许衡认为"万物皆本于阴阳,要去一件去不得"②。每一物皆有阴阳、动静、刚柔、内外等矛盾性:"两刚不能相下,两柔不能相济,物理是如此,阴阳亦如此。事之初,智勇者相合相资。事既定,则相忌,到后来勇与怯者合,智与愚者合。又两雄并居,久则忌卓茂为大传,理应如此,功臣多难,全不知时也。"③同是阳刚之性的事物不能相合相资,同是阴柔之性的事物不能相济相成,这是自然规律,相对来说阴阳二气也是如此。犹如一件事情,在刚开始的时候,智勇者能根据事物本身的矛盾性而使之相合相资,当事物发展处在安定局面的时候,此矛盾性会体现出来,到后来则是相依相成、相济相胜,"天下事常是两件相胜负,从古至今如此,大抵只是阴阳刚柔相胜"④,"要去一件去不得,天依地,地依天,如君臣、父子、夫妇皆然"。但是,许衡认为,事物本身所有的矛盾性发展最终必定有一个居主导地位的方面,即许衡说的"庄主","两物相依必立一个做庄主",此"庄主"即其所说的"以静为主"、以中正仁义为正。"动也,静也,圣人定之以中正仁义而主静,以静为主,内外也,上下也,本末也,皆然。无物不相依附者,辨方正位体国经野是正外以正内也。今夫席不正不坐,事其大夫之贤,友其士之仁,外面检束,使不致不正,这是从外以及内,却有由中以正外,如心正而后身修,身修而后家齐,此内外交相养也,亦必相辅成德,然必以心为主。"⑤ 所谓的动与静只是事物本身蕴含的矛盾的两种属性,止于无对、静止的状态,又表现了形上学的思想倾向。

许衡认为"道"一方面是产生天地万物的始源,另一方面又是理、太极。这说明许衡在对程朱理学中一些关键性概念的把握上有一些模糊。《鲁斋学

---

① (元)许衡:《鲁斋遗书》卷一,载(清)永瑢《景印文渊阁四库全书》第1198册,台北:台湾商务印书馆2008年版,第275页下—276页上。
② (元)许衡:《鲁斋遗书》卷一,载(清)永瑢《景印文渊阁四库全书》第1198册,台北:台湾商务印书馆2008年版,第274页下。
③ (元)许衡:《鲁斋遗书》卷二,载(清)永瑢《景印文渊阁四库全书》第1198册,台北:台湾商务印书馆2008年版,第304页上。
④ (元)许衡:《鲁斋遗书》卷一,载(清)永瑢《景印文渊阁四库全书》第1198册,台北:台湾商务印书馆2008年版,第287页上。
⑤ (元)许衡:《鲁斋遗书》卷二,载(清)永瑢《景印文渊阁四库全书》第1198册,台北:台湾商务印书馆2008年版,第304页上。

案》记载许衡论"理"与"太极"时说:"天下皆有对,唯一理无对,理,太极也,尧舜君天下,所命也;德为圣人,所性也。故曰:大德者必受命,天也。贤不肖,人也,然贤可学,而命不可必。"①"天下皆有对",指出了不同事物、同一事物之间相依相对的辩证关系问题。物是有对的,而理则是独一、无对的,"理"即"太极"。

在"理"与"命""性"的关系上,许衡主张"性即理",其在《中庸直解》中解释"天命之谓性"时说:"命是令,性即理。天生人物,既与之气以成形,必赋之理以为性,便是天命令他一般,所以说'天命之谓性'。"②许衡在这里对"天命"的解释与此前儒者的有些不同,而其对"性即理"的解释则是对程朱"性即理"思想的继承。其在解释"率性之谓道"时进一步指出"率是循道,是道路",因为人物"各循其性之自然",因此在人伦日用之间各有其当行的道路和遵循的准则,此"道路"和准则即"理",即"性",也即"天"命令人物必须如此的法则。许衡还以尧舜为例,认为尧舜君临天下,这是天命使然,是外在规律所使;但尧舜因其德行而被人尊为圣人,则是从内在的"性"的角度而言的。从另一个方面说,正因为其有德,所以才能居君位,莅临天下,辅助天地造化万物。所以古语说有德者必受命。同时,贤与不肖同是芸芸众生之一,所不同的是贤者也可通过后天的学习完善、提高自己的德行,成为圣人,但在命理上却不一定能成为王天下之君。这是命运所决定的。

在对朱熹"理一分殊"概念的解释上,许衡认为,"乾元"是"万物资始"的根源,而天同时赋予万物以德性,此"德性"虚灵不昧,人人皆具,物物皆有,其间虽有物人不同、物物不同、人与人不同等区别,但"其始本同",这就是"理一";而云行雨施、滋润万物是天对万物施加恩泽的表现,其所具规律"在乎理,主乎气者,是命也"。而"与或不与"全在乎"天",所谓的"天",体现在现实社会,又可以称为"君命",这就是"分殊"③。

---

① (元)许衡:《鲁斋遗书》卷二,载(清)永瑢《景印文渊阁四库全书》第1198册,台北:台湾商务印书馆2008年版,第292页上—292页下。
② (元)许衡:《鲁斋遗书》卷五,载(清)永瑢《景印文渊阁四库全书》第1198册,台北:台湾商务印书馆2008年版,第342页。
③ (元)许衡:《鲁斋遗书》卷二,载(清)永瑢《景印文渊阁四库全书》第1198册,台北:台湾商务印书馆2008年版,第288页下。

"天地间文理，物物有之，此多则彼少，自然理也。"① 天地万物皆具各自的文理——规律，此多则彼少，此少则彼多，这是自然的规则。许衡还从形上、形下的角度来解释"理一分殊"，认为"性"即"形而上者谓之道"，是"理一"；"气"则是"形而下者谓之器"，是"分殊"②；并且，许衡认为，"理"是"心之所存者"，而"分殊"则是"一身之所行者"③，此种解释显然与朱熹对"理一分殊"的解释既有相同又有不同。相同之处是二者对"理一分殊"在物理角度的解释上，不同之处是许衡同时受陆九渊影响，突出对"心"的强调，认为"心之所存者理也"，"心与天地一般"，"万物皆备于我，反身而诚"等，并认为"反身而诚"是"气服于理，一切顺理而行"，顺理而行之气是善的，并无半点损毁；相反，如果强恕而行，则是"气"未服理，与理不合，犹如"理当西而气于东"，此时必定要"勉强按服，必顺于理然"才行。④ 既然"万物皆备于我"，因此只要"反身而诚"，自然"乐莫大焉"，件件事以至诚恻怛之心去做，自然心安气舒，俯仰无愧于心，此是天下之"广居"⑤。

在程朱"格物穷理"的命题上，许衡一方面继承程朱的格致思想，明确提倡"真知力行"，另一方面主张"知行并进"，把"格物致知"与"知行合一"结合起来，认为"格物是知底头，诚意是行底头"⑥，格物是"知"的关键，"诚意"是"行"的主宰，这就避免了把"格物致知"流于空泛说教的弊端，许衡的这种观点也与其主张的"治生"思想是一致的。并且，许衡认为天下之物，都有"所以然之故"与"所当然之则"，所谓"穷理"即探究

---

① （元）许衡：《鲁斋遗书》卷二，载（清）永瑢《景印文渊阁四库全书》第1198册，台北：台湾商务印书馆2008年版，第302页上。
② （元）许衡：《鲁斋遗书》卷二，载（清）永瑢《景印文渊阁四库全书》第1198册，台北：台湾商务印书馆2008年版，第291页上。
③ （元）许衡：《鲁斋遗书》卷二，载（清）永瑢《景印文渊阁四库全书》第1198册，台北：台湾商务印书馆2008年版，第288页上。
④ （元）许衡：《鲁斋遗书》卷二，载（清）永瑢《景印文渊阁四库全书》第1198册，台北：台湾商务印书馆2008年版，第298页下。
⑤ （元）许衡：《鲁斋遗书》卷二，载（清）永瑢《景印文渊阁四库全书》第1198册，台北：台湾商务印书馆2008年版，第299页上。
⑥ （元）许衡：《鲁斋遗书》卷二，载（清）永瑢《景印文渊阁四库全书》第1198册，台北：台湾商务印书馆2008年版，第292页上。

万物所蕴含的"所以然"与"所当然",而此即"理":"穷理至于天下之物,必有所以然之故,与其所当然之则,所谓理也。"而一般所说的博学、审问、慎思、明辨等学习方法和修养策略所说的都是"穷"的意思,是对工夫层面的探讨;而对事物"所以然"与"所当然"的研究则是对"理"的探讨。在"所以然"与"所当然"的关系上,"所以然"是万物本原,"所当然"则是末流,并且,许衡还把事物的"所以然"称为"命","所当然"称为"义",认为"每一物须有所以然与所当然"①。事物的"所以然"与"所当然"具体到人类社会伦常方面,许衡认为"父子之亲,君臣之义,与夫妇、长幼、朋友亦莫不各有当然之则,此天伦也",认为君臣、父子、夫妇、长幼、朋友五种基本的伦常关系各有其所当然之则,并且认为这不仅是人人应该遵守的"人伦",而且是必须遵守的"天伦"。而对此"天伦"的学习与发掘是每一个有志于学道之人必须要做的工夫,"苟无学问以明之则违远人道,与禽兽殆无少异",如果没有"学问"来"明"此天伦,则会违背、远离"人道",此种行为与"禽兽"是没有什么区别的。② 因此,许衡认为"道是日用事物,当行之理,皆性之德而具于心,无物不有,无时不然,如何须臾离得也?若其可离则是外物,而非率性之道矣"③。所谓的"道"与"理"并不是远离现实生活的虚玄的东西,而就是"日用事物",是人人"当行之理",是天命下贯到人物之后涵具于人心当中所有的德性,此"道"人人皆有、物物皆有,无时不然,所以不可片刻远离。如果其可以离去的话则"道"与"己"是两隔的两物,而不是合一、内在的,也就不是"率性之道"了。因此,许衡认为"格物穷理"必须与个人的日常生活和"日用事物"结合起来。也正因此,许衡特别强调"治生",其所谓"治生"并不是单纯的心性修养,而是指日常生计的安排,其曾对弟子说:"学者治生,最为先务,苟生理不足,则于为学之道有所妨。彼旁求妄进,及做官谋利者,殆亦窘于生理所致。士君

---

① (元)许衡:《鲁斋遗书》卷一,载(清)永瑢《景印文渊阁四库全书》第1198册,台北:台湾商务印书馆2008年版,第277页下。

② 参见(元)许衡《鲁斋遗书》卷一,载(清)永瑢《景印文渊阁四库全书》第1198册,台北:台湾商务印书馆2008年版,第280页上。

③ (元)许衡:《鲁斋遗书》卷五,载(清)永瑢《景印文渊阁四库全书》第1198册,台北:台湾商务印书馆2008年版,第342页下。

子当以务农为生。商贾虽逐末，果处之不失义理，或以姑济一时，亦无不可。"① 认为治生对学者来说是首先应该考虑的问题，如果一个人"生理"——物质生活没有保障的话，对"为学之道"肯定有所影响。而那些旁求妄进、做官谋利之人一般都是生理紧迫所致，因此士人君子应当以"务农"为主，把务农作为解决生计问题的首要方法。与农业相对的就是商贾，在许衡看来，经商虽是士人反对的末流，但只要"处之不失义理"，或者做生计的权宜之计的话，都是可以的。许衡的这种思想，与明清之际实学兴起有很大关系，同时也是对理学人士倍加推崇的"箪食瓢饮"而不改其乐的理想主义人生观的一种突破。

二 人性论

心性问题是儒学尤其是宋明理学关注的核心问题之一。在人之性的形上根源、人之性的形下落实（"性"与"心"是否合一）以及现实之人如何体认形上之源、知天达天、贯通天人等心性问题上，程朱理学与陆九渊心学有着不同的分析路向。程朱理学认为人之性的形上根源是"理""太极"，"理""太极"下贯于人心则为人之性，但因"气"的因素，使"心"不尽然为"性"还有"情""欲"，因此需存理灭欲，才能彰性显理；而陆九渊则认为心性不二，人之性的形上根源不是他在的，而是自心、本心的自然朗现，现实中的非道德之事之人只是此本心、自心被物欲等外在因素遮蔽使然，因此只要挺立本心，扩充本心，先立其大，自然可以达天理，一天人。作为承宋启明的元代儒学的代表人物，许衡圆融程朱与陆九渊关于心性问题的思想，并结合《大学》《中庸》理论，试图合汇朱陆思想，建立其心性一源论的理学结构。

（一）天命之性、气质之性与明德

许衡承继程朱有关"天命之性"与"气质之性"的观点，认为"为恶者气，为善者是性"②，"性"善而"气"恶，试图从性与气两个方面完善、圆

---

① （清）黄宗羲著，（清）全祖望补修，陈金生、梁运华点校：《鲁斋学案》，《宋元学案》，中华书局1986年版，第3001页。

② （元）许衡：《鲁斋遗书》卷二，载（清）永瑢《景印文渊阁四库全书》第1198册，台北：台湾商务印书馆2008年版，第288页上。

融先秦儒家的性善论思想体系。但是，许衡不同意程朱关于心物二分的主张，认为"一心可以宰万物，一理可以统万事"的观点应该"一以贯之"，而不应偏重其中某一方面，显然是赞同陆九渊"心即理"的观点，试图合汇朱陆思想，建立其心性一源的理学结构。

许衡认为，人性也是由"天命之性"和"气质之性"构成的，其中"天命之性"是先天赋予的，是人性本善的根源，而性善也是人的"本然之性"，许衡称此本然之性为《大学》所讲之"明德"，即"人心本来元有的光明之德"①，此"明德"具有"虚灵不昧、具众理而应万事，与尧舜神明为一"②等特性，在"天命之性"的作用下，人举手投足、接应万物皆自然而然但又合乎礼节。但人由于受具体环境决定在禀赋气质以形成有限形体的过程中，由于所禀受的气质有清浊之别，所以又有气质之性的区别，并且，"众人多为气禀所拘、物欲所蔽"，使"本性不得常存"，因而表现出"恶"的方面。或者在善念刚刚萌发便被气禀物欲之私昏蔽，表现在临事对人等行为上便是刻意安排把捉、中规中矩，而在未临事之前及个人独处之时却"放肆为恶"。

许衡据此对《中庸》中所说的"致中和"的境界分别从"致中"与"致和"两个角度进行了诠释。许衡认为《中庸》之所以教导世人要注意存养省察工夫，目的就是让世人在"不睹不闻之时"也用"戒慎恐惧"等诚敬的心态来涵养心性本然，"存天理之本然"，而不使自己在须臾之间违背天理、远离天道。而此种工夫也就是一般所说的"致中"，"致中"所关涉的主要是"存养之事"；而"致和"关涉的则主要是"省察之事"，"人所不知而己所独知者，一念方动之时也。一念方动，非善即恶。恶是气禀人欲，即遏之不使滋长；善是性中本然之理，即执之不使变迁。如此则应物无少差谬，此所谓致和也，省察之事也"③，意思是说，别人不知道而只有自己知道的事情是

---

① （元）许衡：《鲁斋遗书》卷四《大学直解》，载（清）永瑢《景印文渊阁四库全书》第1198册，台北：台湾商务印书馆2008年版，第317页下。

② （元）许衡：《鲁斋遗书》卷二，载（清）永瑢《景印文渊阁四库全书》第1198册，台北：台湾商务印书馆2008年版，第291页上—291页下。

③ （元）许衡：《鲁斋遗书》卷二，载（清）永瑢《景印文渊阁四库全书》第1198册，台北：台湾商务印书馆2008年版，第291页上—291页下。

"一念方动之时"，也就是人一念发动之时意念的具体动向，人在起心动念之时所产生的念头要么是善念，要么是恶念，而"恶是气禀、人欲"，有此念头时应该"遏之不使滋长"；而"善"则是人性中本然之理，要对此善念呵护存养，"不使变迁"。只要经常做这种在一念方动之时遏制恶念、培养善念的工夫，在待人接物的时候自然会少有差谬，而此工夫即《中庸》所说的"致和"，也即"省察之事"。

在《鲁斋遗书》中可以发现，许衡曾多次从气禀和物欲的角度来阐释人性恶的问题，认为"气"是恶的来源。许衡在《小学大义》中直接指出"人心之良，本无不善，由有生之后，气禀所拘，物欲所蔽，私意妄作，始有不善"[1]。而其在《论明明德》一文中则对人由于所禀气的清、浊、美、恶等不同情况、各自特点及其对"明德"的影响情况作了具体的说明。许衡认为，"明德"具有虚灵明觉的特点，是古往今来所有人都具有的，而人之所以会有千差万别主要是因为"受生之初所禀之气有清者、有浊者，有美者、有恶者"，而这四种不同属性的"气"决定了一个人在现实世界中的智愚、贤或不肖等，许衡还对其进行了具体的分析。其中，得气之清者则为智，得气之浊者则为愚，得气之美者则为贤，得气之恶者则为不肖。这是四种比较纯粹的情况，另外还有复杂一些的情况。具体来说，即如果得全清全美的气的话就会是大智大贤之人，此人明德全具且既不为后天形体所局限、也不为声色犬马等物欲所蒙蔽，"心中明德与天地同体，其所为便与天地相合"，这种人是大圣人。如果禀受的是全浊、全恶等气的话，就会是大愚大不肖之人，此人明德全昧，虽然有人的形貌，但心中却暗塞与禽兽一般，其行为颠倒错乱，无一是处，是十足的大恶人。如果禀受的是清而不美的气的话，其为人就会"有智而不肖"。如果禀受的气是美而不清的话，其为人则是"好善而不明"。许衡还用上好的镜子明净且平整的特性来进一步说明禀受不同气质的人的情况，认为禀气"清而美者"类似"明而平"的镜子，禀气"清而浊者"类似"不明而又不平"的镜子，禀气"清而不美者"类似"明而不平"的镜子，禀气"美而不清者"类似"平而不明"的镜子。并且，许衡认为"清美之

---

[1] （元）许衡：《鲁斋遗书》卷三，载（清）永瑢《景印文渊阁四库全书》第1198册，台北：台湾商务印书馆2008年版，第308页上。

气"所得的分数就是"明德"存的分数,而不敌浊恶之气所得的分数便是"明德"被暗塞了的分数。许衡还根据"明德"存得的多少把人分为上、中、下三种不同类型,认为"明德"只存得二三分的人是下等人,"明德"存得七八分的人为上等人,"明德"存得一半的人是中等人。并且,"明德"在五分以下的人"为恶常顺,为善常难";"明德"在五分则会常为善、为恶而左右摇摆不定,在此情况下,如果外面有"正人正言"帮助的话,"明德"就会"长而为善",如果外面有"恶言助之"的话,"明德"就会"消而为恶"。而正因为有"清的分数、浊的分数、美的分数、恶的分数"等参差不齐的情况出现,所以才有"千万般等第"、形形色色的人品。① 并且,许衡认为人所具有的本然之性是不会缺失的,但会受到外在环境的影响,这里所说的"正人正言""恶言"等就是外在因素对"明德"存养的影响因素。许衡曾说,"醉者不是本性,是乱性"②,醉酒的状态从表面看起来似乎是丧失了本然之性的理智状态,事实上,并不是人之本性,但却可以使人"乱性",从而失去理智判断。

　　许衡还从"理一分殊"的角度来界说人的性与命的问题。《鲁斋遗书》卷二记载许衡的话说:"合虚与气有性之名,虚是本然之性,气是气禀之性。又曰:仁义礼智信是明德,人皆有之,是本然之性,求之在我者也,理一是也。贫富贵贱、死生修短、祸福禀于气,是气禀之命,一定而不可易者也,分殊是也。又曰:性者即形而上者谓之道,理一是也;气者,即形而下者谓之器,分殊是也。"③ 在许衡看来,"性"是由"虚"与"气"相合而成的,其中"虚"是本然之性,即程朱所说"天地之性"或"天命之性",而"气"是气禀之性,或气质之性。并且还说,仁义礼智信是明德,此"明德"是人人皆有的本然之性,它是"求之在我者也",是通过个人后天的努力能够实践完善、呵护养成的,此即"理一是也";而贫富贵贱、死生修短、祸福等不同

---

① (元)许衡:《鲁斋遗书》卷三,载(清)永瑢《景印文渊阁四库全书》第1198册,台北:台湾商务印书馆2008年版,第315页下—316页上。
② (元)许衡:《鲁斋遗书》卷二,载(清)永瑢《景印文渊阁四库全书》第1198册,台北:台湾商务印书馆2008年版,第292页上。
③ (元)许衡:《鲁斋遗书》卷二,载(清)永瑢《景印文渊阁四库全书》第1198册,台北:台湾商务印书馆2008年版,第291页上。

皆是禀于气，是气禀之命，是"一定而不可易者也"，不是个人的努力所能决定的，此即"分殊是也"。① 很显然，许衡对"气禀"的解释和其他理学人士一样，包含两方面含义：一是以气禀讲人性，也即与未受气质熏染的天地之性、本然之性相对的"气质之性"，是讲"气"对人性的影响；一是以气禀讲"命"，是讲"气"对人的命运的决定作用。许衡在此处显然是把人本然之性与"气禀之命"相对。许衡肯定朱熹以仁义礼智为本然之性的思想，认为本然之性人人相同，此是"理一"；而认为人的气命各有不同，此则是"分殊"②。

许衡还把人的气禀之命分为正命、非正命两种，认为祸福、死生、修短等人的境遇虽然在冥冥之中似乎有一定数，但是其中却又有"正命"与"非正命"的区别。许衡认为"正命者尽其道而不立乎崖墙之下，修身以俟之，乃天之所命，非人所为。非正命者，行险徼幸、桎梏而死，乃人所自取，非天所命也"③，"正命"者自然会"尽其道"，顺从自己命运而为者，不站立在即将坍塌、对生命构成威胁的崖墙之下，而是会修身俟命，遵循天命；而非正命者则会行险"徼幸"，桎梏而死，这种不好的结果则是个人自取，并不是天命如此。

（二）变化气质

和二程、朱熹等理学人士主张变化气质的观点一样，许衡也认为"静时德性浑全，要存养；动时应事接物，要省察"④，通过静时的"存养""反身而诚"与动时的"省察""持敬"等修养方法可以变化气质，使"明德"之本然之性保持在澄明的状态，能使"气服于理，一切顺理而行"⑤。

---

① （元）许衡：《鲁斋遗书》卷二，载（清）永瑢《景印文渊阁四库全书》第1198册，台北：台湾商务印书馆2008年版，第291页上。
② 北京大学哲学系中国哲学教研室：《中国哲学史》（第二版），北京大学出版社2003年第2版，第315页。
③ （元）许衡：《鲁斋遗书》卷二，载（清）永瑢《景印文渊阁四库全书》第1198册，台北：台湾商务印书馆2008年版，第291页上。
④ （元）许衡：《鲁斋遗书》卷二，载（清）永瑢《景印文渊阁四库全书》第1198册，台北：台湾商务印书馆2008年版，第288页上。
⑤ （元）许衡：《鲁斋遗书》卷二，载（清）永瑢《景印文渊阁四库全书》第1198册，台北：台湾商务印书馆2008年版，第298页下。

许衡认为,"知其性是物格,尽其心是知至也。先知其性然后能尽心,非尽其心而后知其性"①。此处之性显然是指"明德"等本然之性,而"尽其心"主要是指发掘"心之体",也就是"性",或者是遏制心之私意作用,由于气禀、物欲等因素导致的"明德"迷失的状态。在许衡看来,对"明德"的体认、探知就是"格物",而对"心之体"的彰显、呵护,对"心之用"的涵养、持守就是"知至",在"知性"与"尽心"、"物格"与"知至"之间,必须先知其性、先物格然后才能尽其心,才能知至,而不是先"尽其心""知至"然后才"知其性""物格",这种认知思路显然是一种由实践而理论、由内而外的实证方式,而不是知与行分离的做法。

如许衡所说,本然之性——理是本,气质之性是末,因此,"反身而诚"的做法便可以使"气服于理",而一切顺理而行的话,其"气亦是善";其间并无片刻损缺。相反,如果"强恕而行"、勉强为之的话,则是"气未服",是"理当西而气于东",在此情况下,必须"勉强按服",必须"顺于理"②。其在《论明明德》中说:"论生来所禀气,阴阳也,盖能变之。物其清者可变而为浊;浊者可变而为清;美者可变而为恶,恶者可变而为美。纵情欲则清美变为浊恶,明明德则浊恶变为清美。"③从清浊美恶等气质相互转化的关系可以看出变化气质、成圣或为恶的关键就是能否自觉做"明明德"的工夫,能否克制气禀所拘、耳目之欲使"明德"显而不露,圣人立教的宗旨就是使人变化气质,使浊而恶的禀质化为清而美的气质。

许衡认为"格知"是"至也",是"知到十分善处",而"存其心养其性"也就是《大学》中所说的"意诚心正",是"事天"的过程,也是"行到十分善处"。此处所讲的"存"即"操而不舍","养"即"顺而不害事""奉承而不违",许衡认为,只要常存养德性而发为孟子所说的恻隐、羞恶、是非、辞让之情,不使其心有一丝私意影响就是"事天";至于个人的寿夭、

---

① (元)许衡:《鲁斋遗书》卷二,载(清)永瑢《景印文渊阁四库全书》第1198册,台北:台湾商务印书馆2008年版,第288页上。
② (元)许衡:《鲁斋遗书》卷二,载(清)永瑢《景印文渊阁四库全书》第1198册,台北:台湾商务印书馆2008年版,第298页下。
③ (元)许衡:《鲁斋遗书》卷三,载(清)永瑢《景印文渊阁四库全书》第1198册,台北:台湾商务印书馆2008年版,第316页上。

穷达"一听天之所为",没有任何"二心"掺杂,就是做到了"尽心知性之功",再到"修身以俟之"直至终身,便是一般说的"立命"①,从而达到尽心、知性、知天的境界。在尽心知性的过程中,关键是是否能明德,如果能明其德性,"都总了尽心知性"②。

(三)"心与天地一般"

和张载、二程、朱熹等理学人士一样,许衡用"心统性情"的结构来诠释"心"与"性""情"的关系问题,并引用体用范畴来解释三者间的关系:"性统性情者也。性者,心之体;情者,心之用也。"③并且认为"率性便是循理,循理便是率性",而圣贤与常人的主要区别就在于以理为主还是以气为主,圣贤是以理为主,常人是以气为主。④

许衡还进一步提出"人与天地同"、"心"与"天"同,突出"心"的重要性的观点。在许衡看来,从形体上看,人不过只有六尺之躯,是无法与天地相同的,因此人与天地之间"大处同处"即指"心","心与天地一般"。因此,许衡主张人在天地之间要"大著心",而不可"拘于气质,局于一己",坦然面对贫贱忧戚、富贵通达等不同境遇:"贫贱忧戚不可过为陨获。贵为公相不可骄,当知有天地国家以来,多少圣贤在此位;贱为匹夫不必耻,当知古昔志士仁人多少屈伏于贫贱者,无入而不自得也,何忻戚之有?"⑤贵为公相之时不可骄傲自大,要知古往今来很多圣贤做公相;贱为匹夫之时不必自卑,要明白有很多志士仁人曾处于贫贱境况但仍不失其乐。如孟子所说,万物皆备于我,只要能"反身而诚",自然可以找到无穷的快乐。落实在具体的行为上就是"件件事至诚恻怛做将去",自然可以使自己心安气舒,俯仰无

---

① (元)许衡:《鲁斋遗书》卷二,载(清)永瑢《景印文渊阁四库全书》第1198册,台北:台湾商务印书馆2008年版,第289页下—290页上。
② (元)许衡:《鲁斋遗书》卷二,载(清)永瑢《景印文渊阁四库全书》第1198册,台北:台湾商务印书馆2008年版,第288页上。
③ (元)许衡:《鲁斋遗书》卷二,载(清)永瑢《景印文渊阁四库全书》第1198册,台北:台湾商务印书馆2008年版,第288页下。
④ (元)许衡:《鲁斋遗书》卷二,载(清)永瑢《景印文渊阁四库全书》第1198册,台北:台湾商务印书馆2008年版,第290页上。
⑤ (元)许衡:《鲁斋遗书》卷二,载(清)永瑢《景印文渊阁四库全书》第1198册,台北:台湾商务印书馆2008年版,第294页上。

愧，而"其乐可知，此天下广居也"①。

许衡认为圣人立教的宗旨就是根据"人之良心本无不善"，其设教的目的就是"使养其心之本善、去其私意之不善"。通过这种存、去工夫，"其上者可以入圣，其次者可以为贤，又其次者不失为善人"②，皆可以变化气质，提升自己的道德境界。

（四）以仁、元为体，知觉为用

许衡把仁、义、礼、智、信等德性中的"仁"与《周易》元、亨、利、贞中的"元"置于同等重要位置。认为"仁"是义、礼、智、信四德之长，"元"是"善之长"，而"仁与元俱包四德，而俱列并称"，二者"合之不浑，离之不散"，因此皆为"四德之长"。许衡还具体解释"仁""爱""公""元"四者说，"仁者，性之至而爱之理也；爱者，情之发而仁之用也；公者，人之所以为仁之道也。元者，天之所以为仁之至也"，而"仁"是人性所有，但却是"性之至"，并且是"爱"之理则；而"爱"则是"情"发用流行的具体体现，也是"仁"之用，这里显然"仁"是体而"情"是用。"公"是人"为仁之道"，而"元"则是天"为仁之至"，也是"四德之长"，所以兼亨、利、贞。并且，"仁"是人心所固有的，作为一种德行，"仁"在仁义礼智信五常之中居于首要位置，所以兼义、礼、智、信，只不过被"私欲"遮蔽，所以会陷于"不仁"的地步。"元"与"仁"关系密切，许衡认为前人将"元"训释为"广大"，仔细思考之后发现其意味深长，很有道理。在他看来，心胸不大，则"藩篱窘束一膜之外便为胡越，其乖隔纷争无有已时？""安能爱敬？安能教思无穷、容保民无疆？"因为"所谓善大则天下一家，一体同仁，无所往而不为善也"，所以真正的仁者必定会"克己"，"克己则公，公则仁，仁则爱"，如果"未至于仁，则爱不可以充体"。

和程颢、吕希哲等一样，许衡也是以"知觉"来解释"仁"的，认为"仁"是"知觉"之体，"知觉"是"仁之用"，是"仁者之所兼"，仁者必

---

① （元）许衡：《鲁斋遗书》卷二，载（清）永瑢《景印文渊阁四库全书》第1198册，台北：台湾商务印书馆2008年版，第299页上。
② （元）许衡：《鲁斋遗书》卷三，载（清）永瑢《景印文渊阁四库全书》第1198册，台北：台湾商务印书馆2008年版，第308页上。

定会有"知觉",但是却不能以"知觉名仁"。① 许衡指责时人只顾一己之私而不恤他人死丧患难等困难处境的行为,认为这种人只是知道安于一己而已,根本不知道什么是"大",不明白"彼得所,则己亦得所"的道理。② 许衡认为,"天地只是个生物心,圣人只是个爱物心,与天地心相似。百端用意,只是如此。礼乐刑政皆是也,刑法家说便不如此,便失了圣人本心,便与物为敌,一切以法治之"③。天覆载万物、地长养万物,天地有生育长养万物之心,而圣人也只是个爱物之心,和天地之心相似,圣人诸种用意,包括礼乐刑政都出自爱物之心,而不是像刑法家说的那样"以法治之",刑法家的做法是"与物为敌,无复仁恩",早已失去了圣人本心。圣人之心如明镜止水,物来不乱,物去不留,但对万物的仁爱之心却是肯定的,其所做工夫便是"主一",而所谓的"主一"即"持敬",保持对天地万物的诚敬之心和仁爱之意。④

许衡还把仁、义、礼、智、信五德与金、木、水、火、土五行相配,认为"木是仁,火是礼,土是信,金是义,水是智",并具体解释说"仁是温和慈爱得天地生万物的道理,义是决断事物、不教过去、不教赶不上、都是合宜的道理,礼是把体面敬重为长的道理,智是分辨是非的道理,信是老实不说谎的道理",但是,仁义礼智信这五者虽然是"天"赋予"人"的德性,人人皆有,但因各人禀受不同,体现在每个人身上的具体情况也就不一样。"禀得清气多的生得精细,禀得浊气多的生得不精细",虽然"人后来多被混浊的气蔽得那德性不明",但是,这种情况通过各人后天的努力是可以改变的,而天生聪慧之人也会出来教育万民,做师父"教道著人,教都省得天元有的仁、义、礼、智、信,不教昧了","其间行得高了,人及不得的,做得大事,可以做圣人;行得较低处,可以做贤人"⑤,无论贤人、圣人,只要努

---

① (清) 黄宗羲著,(清) 全祖望补修,陈金生、梁运华点校:《鲁斋学案》,《宋元学案》,中华书局1986年版,第2996页。
② (元) 许衡:《鲁斋遗书》卷二,载(清) 永瑢《景印文渊阁四库全书》第1198册,台北:台湾商务印书馆2008年版,第303页上。
③ (元) 许衡:《鲁斋遗书》卷二,载(清) 永瑢《景印文渊阁四库全书》第1198册,台北:台湾商务印书馆2008年版,第303页下。
④ 参见(元) 许衡《鲁斋遗书》卷二,载(清) 永瑢《景印文渊阁四库全书》第1198册,台北:台湾商务印书馆2008年版,第288页下。
⑤ (元) 许衡:《鲁斋遗书》卷二,载(清) 永瑢《景印文渊阁四库全书》第1198册,台北:台湾商务印书馆2008年版,第309页下—310页下。

力修身，皆可达到自己追求的理想境界。

许衡这种以天命之性讲人之性的形上根源，以气质之性讲人之性的形下落实，以仁为体，以知觉为用，以变化气质来知天体理达天德以及"心统性情"的思想，在改造了张载心性论的同时，既是对胡宏性体心用思想的继承，又是对二程、朱熹、陆九渊、张栻等心性思想的继承。他在继承、吸收、综合和改造宋代理学各派心性论的过程中，形成自己的心性论思想，为理学心性论及程朱理学在元代、在中原地区的传播与发展作出了积极努力。

三　修身之方

在道德修养方法上，朱熹以"道问学"为主要工夫，陆九渊以"尊德性"为主要工夫，而许衡则认为，"道问学"与"尊德性"都是通往圣人境界的途径，只不过在具体方法上有所不同而已。因此，许衡主张把"尊德性"与"道问学"结合起来，这也是其调和朱陆思想的一种反映。

许衡认为"德性"是人心都有的，是"虚灵不昧"的，并且是"天赋的"，只是由于禀赋的气质、风俗的变化和环境的影响才使虚灵澄明的"德性"昏昧不彰。在许衡看来，《大学》中说的"明明德"就是为了让"德性明著"，从而知"天地造化"，知道"阴与阳相为运行，中间便有个金木水火土"，其中"阴阳是春夏秋冬，春属木，夏属火，秋属金"①。《鲁斋遗书》中记载许衡的话说："天赋与之德性，父母生之体发。百骸完具，物理皆备。"天赋予的德性犹如父母给予的身体发肤一样完具全备，德性如果暴弃昏昧的话就会"不肖"而悖天逆理。许衡还比较分析说人对尊长赐予之物还知道"敬而受之，宝而藏之，至如果肉不敢弃核与骨"，对"受于天地于父母"的"至贵至灵，有不可形容"的"德性"反而怠慢忽视，不知顾惜，这种做法是很不明智的。②

在具体的修养方法上，许衡一方面主张要事事省察、慎思、持敬，一方面主张要扩充人心固有的"良知良能"。

---

①　（元）许衡：《鲁斋遗书》卷三，载（清）永瑢《景印文渊阁四库全书》第1198册，台北：台湾商务印书馆2008年版，第309页下—310页上。
②　（元）许衡：《鲁斋遗书》卷二，载（清）永瑢《景印文渊阁四库全书》第1198册，台北：台湾商务印书馆2008年版，第306页上。

（一）省察、慎思

《鲁斋遗书》卷一《语录上》记载许衡的话说："慎思，视之所见，听之所闻，一切要个思字。君子有九思，思曰睿是也。"① 许衡认为君子有"九思"，"思"既是视听见闻时必须具备的能力，也是人心具有的基本能力，但只有善于思考之人才能称得上睿智之人。他告诉弟子要"思无邪"，并且认为只有聪明睿智才能真正懂得如何思考。许衡还认为"思"的内容有所不同，君子所思所想"要当精于可思虑处"，"求所当知"，既不是像槁木死灰那样"不思""无思"，也不能逐于"人欲"，相反，在"人欲"萌发的瞬间要当即"斩去"，不使"人欲"泛滥，如果能这样的话，"虽千思万虑，可也"②。也正因此，许衡认为，凡事要一一省察，细细防检，以免逐物惑思。在许衡看来，在日常生活中如果不"自加提策"，警醒自己，"怠惰之心"就随之产生；而"怠惰之心"不仅会导致一无所成，而且"放辟邪侈随至矣"。在许衡看来，"时有万变，事有万殊，而中无定体，当此时则此为中，于他时则非中矣，是以君子戒慎恐惧，存于未发之前，察于既发之际。大本立而达道行，故尧舜汤武之征让不同而同于中，三仁之生死不同，颜孟之语不同，其同于中则一也，明乎此则可论圣贤之时中矣"③。人的耳目闻见与"心之所发，各以类应，如有种焉"，"今日之所出者，即前日之所入也。同声相应，同气相求，未尝小差"，因此"不可不慎"④，这就要求修行者要对日间事物、自身言行都一一省察，经过这种"今日穷究一件，明日穷究一件"的工夫，到"用工到那积累多时"，就会"有一日间忽然心里自开悟通透"，而"于万物的道理显隐精粗无一些晓不到，此心所具的全体大用无一些不明了"。⑤

---

① （元）许衡：《鲁斋遗书》卷一，载（清）永瑢《景印文渊阁四库全书》第1198册，台北：台湾商务印书馆2008年版，第275页上—275页下。
② （元）许衡：《鲁斋遗书》卷一，载（清）永瑢《景印文渊阁四库全书》第1198册，台北：台湾商务印书馆2008年版，第275页上—275页下。
③ （元）许衡：《四书近指》卷二，载（清）永瑢《景印文渊阁四库全书》第1198册，台北：台湾商务印书馆2008年版，第658页。
④ （清）黄宗羲著，（清）全祖望补修，陈金生、梁运华点校：《鲁斋学案》，《宋元学案》，中华书局1986年版，第2997页。
⑤ （元）许衡：《鲁斋遗书》卷四《大学直解》，载（清）永瑢《景印文渊阁四库全书》第1198册，台北：台湾商务印书馆2008年版，第326页上—326页下。

（二）持敬

许衡根据"变化气质"的思想，在具体的修养方法上也提出了持敬的主张。许衡认为，圣人立教的本意就是变化浊而恶的气质为清而美的气质，而具体的转化方法首先就是"持敬"的工夫。其在《论明明德》中说，"为学之初，先要持敬"，认为《礼记》一书千万言，最初一句说的就是"毋不敬"，并且认为"天下古今之善皆从敬字上起，天下古今之恶皆从不敬上生"，"敬"是"善"之源，"不敬"则是"恶"之根。许衡还具体指出持敬的方法和"敬"与"不敬"时不同的心理反映和行为体现："敬则身心收敛，气不粗暴……静而敬，常念天地鬼神临之，不敢少忽。动而敬，自视听色貌言事疑忿，得一日省察，不要逐物去了。虽在千万人中，常知有己，此持敬之大略也。""敬"就是要自己心里常存敬畏之情，"戒慎而不敢忽"，"恐惧而不敢慢"，要时刻警惕不善之念，即人欲的产生，以"存天理之本然"。通过持敬工夫，使所禀气质中"清者愈清而浊者不得长，美者愈美而恶者不得行"①。许衡在《小学大义》一文中指出"敬身"在"持敬"的诸种行为中的重要性及其具体方面。在许衡看来，"身"是"亲之枝"，身体发肤受之父母，怎么敢有不敬之心呢？不能敬其身者是"伤其亲"，"伤其亲"则是"伤其本"，"伤其本"则"枝从而亡"，因此，"凡为人者不可一日离乎敬"。"敬身"有四个方面：心术、威仪、衣服、饮食。许衡认为，"心术正乎内，威仪正乎外，则敬身之大体得矣"；而衣服、饮食是"所以奉身"的，要合乎礼、义规范，否则会"害于人"，影响修身的宗旨。从四者的功能"分而言之"，心术和威仪是"修德之事"，衣服、威仪是"克己之事"，总而言之，四者皆是"修身之要"。此四者相互结合，则"父子、君臣、夫妇、长幼、朋友之间，无施不可"②，这是古人讲修身时必须"本于敬"的重要原因。依此涵养身心性命，自能达到主一无适、明德常存的境界。

许衡从静时、动时不同方面讲述"持敬"问题。"静时德性浑全，要存

---

① （元）许衡：《鲁斋遗书》卷三，载（清）永瑢《景印文渊阁四库全书》第1198册，台北：台湾商务印书馆2008年版，第316页下。
② （元）许衡：《鲁斋遗书》卷三，载（清）永瑢《景印文渊阁四库全书》第1198册，台北：台湾商务印书馆2008年版，第308页下—309页上。

养；动时应事接物，要省察"①，在静时"德性"未发，不与外物接触，没有受到外界影响，是浑全澄明的，此时要用存养的工夫，不使"德性"遗失；但在"动时"——临事接物的时候，其"心"处于"已发"的动的状态，性发而为"情"，也是"一念方动之时"，而"一念方动，非善即恶"，此一念之间决定了人的好坏之分，因此要采取"谨慎"的态度，对之加以省察，把不善之念遏制在萌发之际，去恶存善，"常存养其德性，而发为恻隐、羞恶、是非、辞让之情，不使少有私意变迁，夫如是，乃所以事天也"。通过这样一番道德修养工夫，假以时日，自然会使"情"发而"中节"，毫无私意造作，从而达到事天、同天的境界。

（三）扩充良知良能

许衡认为，"良知良能"是人心固有的，"人心本有如此意思，爱亲敬兄，蔼然四端，随感而现"，这种情感不是被人强加安排的。而圣人的教化就是因循利导，从人人本有的良知良能上"扶接将去"，"就他原有底本领上进将去"，帮助其"发达推广"，而是"将人心上原无底强去安排与他"。他批评当时"断丧良知"、安排栽接、背离扩充之道的做法。认为后世之人把人性上本来没有的东西强意安排栽接的做法犹如"雕虫小技"，也正是这种做法，使"学校废坏，坏却天下人才"。更有甚者，这些人去为政做官，自己尚且不知世事人情，更不知"天理民彝"，对风俗人伦更不曾学习，"他家本性已自坏了"，又怎能去教化他人向善去恶？又怎么可能去移风易俗，使民心相向？②

许衡存养德性、持敬扩充的修养思想是对张栻、朱熹、陆九渊等心性修养论的继承。其目的在于使人们认识到"善"是人性中本然之理，为了保持善性，必须加强道德修养，不致因受到气禀人欲或外界影响而丧失德性。由此可见，许衡的德性天赋论与其道德修养论是相互联系的，讲天赋的同时亦须存养，天赋并不能代替修养；讲修养是为了保持天赋的道德理性，二者相依相成。

---

① （元）许衡：《鲁斋遗书》卷二，载（清）永瑢《景印文渊阁四库全书》第1198册，台北：台湾商务印书馆2008年版，第288页上。

② （清）黄宗羲著，（清）全祖望补修，陈金生、梁运华点校：《鲁斋学案》，《宋元学案》，中华书局1986年版，第2997—2998页。

四 "小""大"兼重，立德树人

在教育方法上，许衡十分推崇朱熹关于"小学""大学"为学之序的思想，认为"小学"是"立大学之基本"，"大学"是"收小学之成功"①，二者在人之为学受教之中，各有其用，缺一不可。而教育的目的就是"明人伦""复天理"，彰显本有的天赋之性，变化气质之性中浊而恶的成分。

许衡在《小学大义》一文中说：古时百姓在八岁以后，上自王公大臣，下至普通庶民之子弟都要进入小学，具体学习洒、扫、应、对等礼节，以及礼、乐、射、御、书、数六艺之文。到十五岁的时候，天子之长子、众子，公卿大夫元士的嫡子以及凡民子弟中俊秀聪慧的都要进入大学，学习穷理、正心、修己、治人之道，这也是小学与大学不同的原因。在许衡看来，在子女年幼的时候，如果不先学习小学，就不知如何收其身心，养其德性；到年长之时，如果不进一步学习大学，就不知如何"察夫义理，措诸事业"。先学习小学知识，是为了为大学的学习打下基础；而对大学的进一步学习，是为了"收小学之成功"，在许衡看来，夏商周三代之所以能够贤才辈出，风俗淳厚，就是因为有小学、大学的教育。许衡批判当时假借小学、大学而满足一己之私的做法，认为这种做法"高者入于空虚，下者流于功利"。虽然也用功勤奋、苦心极力、博识多闻，但却往往背离古人的为学宗旨。② 许衡认为，从唐代韩愈援引《大学》作为"为治之序"，中间虽然经北宋二程兄弟首推《大学》，发明"古者大学教人之法"，但是直到朱熹撰定《伊洛渊源录》才"以孔门圣贤设教为学之遗意，参以《曲礼》《少仪》《弟子职》诸篇，辑为《小学》之书"，真正确立儒学传承端绪。因此，许衡从苏门姚枢之处得程朱理学之后，认为"昔者授受，殊孟浪也，今始闻进学之序"，并且要求自己和弟子尽弃前日所学，"从事《小学》之洒扫应对，以为进德之基"③。把洒扫应对等日常工夫

---

① （元）许衡：《鲁斋遗书》卷三，载（清）永瑢《景印文渊阁四库全书》第1198册，台北：台湾商务印书馆2008年版，第307页下。
② （元）许衡：《鲁斋遗书》卷三，载（清）永瑢《景印文渊阁四库全书》第1198册，台北：台湾商务印书馆2008年版，第307页下—308页上。
③ （清）黄宗羲著，（清）全祖望补修，陈金生、梁运华点校：《鲁斋学案》，《宋元学案》，中华书局1986年版，第2995页。

作为程朱理学的入门良津。

许衡还在《小大学或问》中对"小学""大学"各自的目的与任务进行了具体的阐述。许衡认为人禀天地之德、五行之秀而生,所以先天具有仁义礼智信五种美好的德行,而同时也有五种伦理关系:父子、君臣、夫妇、长幼、朋友,这五种关系不仅是人伦,更是"天伦"①。这五种德行如果与五种人伦相互结合、"各尽其分"的话就是"所谓奉天命、立人道也"。然而,由于人生而气禀不齐,所以具体之人也有上、中、下的不同情况。上品之人不教而善,中品之人教而后善,下品之人"教亦不善",这三者中上品、下品之人很少,中品之人很多。正因为有此种种差别,而圣人又有"哀怜"之心,所以圣人"设学校以变其气,养见在之明,开未开之明,使人人明德皆如自己一般,此圣人立教之本意","小学"与"大学"就是圣人针对世人的不同情况设立的循序渐进的教育方法,"使民生八岁皆入小学,及十有五岁学有长进,始与王公卿士之子同入大学",其中小学"教人自下事上之道,如子孝于父、臣忠于君等之类";大学"教人自上临下之道,如敬天修德、节用爱民之类"。②比如小学教育在"父子之亲"的教育中,主要告诉学者"凡为人子为人妇、幼男与未嫁女子皆当尽爱尽敬,不敢自专,事亲之道也"③。而仁义礼智信五德与父子、君臣、夫妇、长幼、朋友五伦乃是生而具有的,因此,人应该发掘这五种德性,实践这五种伦理关系。因此许衡十分强调"明伦"的重要性。认为"人之赋命于天,莫不各有当然之则,如父子之有亲,君臣之有义,夫妇之有别,长幼之有序,朋友之有信,乃所谓天伦也"④。此"当然之则"就是父子、君臣、夫妇、长幼、朋友五种人际关系,而三代圣王之所以设立庠序学校以教育百姓并没有其他原因,主要就是"明此(天伦)而已"。许衡认为"明人伦"不但是天赋予人的秩序,是人所应有的责任,而且

---

① (元)许衡:《鲁斋遗书》卷三,载(清)永瑢《景印文渊阁四库全书》第1198册,台北:台湾商务印书馆2008年版,第308页下。

② (元)许衡:《鲁斋遗书》卷三,载(清)永瑢《景印文渊阁四库全书》第1198册,台北:台湾商务印书馆2008年版,第315页上。

③ (元)许衡:《鲁斋遗书》卷二,载(清)永瑢《景印文渊阁四库全书》第1198册,台北:台湾商务印书馆2008年版,第290页上。

④ (元)许衡:《鲁斋遗书》卷三,载(清)永瑢《景印文渊阁四库全书》第1198册,台北:台湾商务印书馆2008年版,第308页下。

是维持社会人际和谐的关键因素。其在《小学大义》中指出,如果人不能明"人之伦理"就会导致"尊卑上下、轻重厚薄淆乱而不可统理",更有甚者会"父不父,子不子,君不君,臣不臣,夫妇长幼朋友各不居其夫妇长幼朋友之分",不仅"淆乱而不可统理",而且"将见祸乱相寻,沦于禽兽而后已",这就是历代圣人以"明伦"为教而学者,以"明伦"为学的主要原因。① 而通过小学、大学的教育,使"上知所以临下,则下顺;下知所以事上,则上安","上安下顺"则人际和谐、社会安定,因此古代圣王讲修齐治平之道但却以小学、大学之教为"治平"之本。②

许衡曾说:天下事只有两种,不是自己事便是他人之事,而学者的关键任务就是"先己后人,成己成物"。许衡还比喻说:"人将好物绫锦段子收敛入库藏,若遇支出来的却是元收敛入去底好物,怎生支出陈谷烂麦来?"并认为这种区别不在他人,而在自己,学习也是这样。③ 成己然后成人进而成物,这是理学人士向往的为学次第。许衡在《语录》《小学大义》《小大学或问》《论明明德》《大学直解》《中庸直解》等著作中,反复论述为学的目的就在于"明明德""明人伦""复天理"。许衡在解释"贪"字时曾说:"贪字,有合贪有不合贪,读书、穷理、学圣贤,做底是合贪;声色臭味,发于气,人心也,便是人欲;仁义五常根于性,道心也,便是天理。"④ 仁义礼智信五常根于人性,是上天赋予人的,所以是天理、道心,读书、穷理、学圣贤是对此天理的体察和实践,因此这是应该"贪"的;但声色臭味等物欲则发于气,是人心所有,容易惑乱心性,所以是人欲,是不应该"贪"而应该克制的。

从许衡对小学、大学教育内容和阶次的论述中可以看出,许衡的教育观主要以道德教育为主,而其教育思想是与其对心性问题的看法一致的,这也

---

① (元)许衡:《鲁斋遗书》卷三,载(清)永瑢《景印文渊阁四库全书》第1198册,台北:台湾商务印书馆2008年版,第308页下。
② (元)许衡:《鲁斋遗书》卷三,载(清)永瑢《景印文渊阁四库全书》第1198册,台北:台湾商务印书馆2008年版,第315页上。
③ (元)许衡:《鲁斋遗书》卷二,载(清)永瑢《景印文渊阁四库全书》第1198册,台北:台湾商务印书馆2008年版,第288页下—289页上。
④ (元)许衡:《鲁斋遗书》卷二,载(清)永瑢《景印文渊阁四库全书》第1198册,台北:台湾商务印书馆2008年版,第288页上。

是理学人士共通的教育内容：学是为己之学，而教则是为己之学的最终展开，即"明人伦""复天理（明德）"。这种观点显然是对程朱理学"存天理，灭人欲"思想的进一步发展。

与其教育观一致的是许衡重视"四书"，首推《论语》《孟子》《大学》《中庸》等经典，建议学者以《论语》《孟子》为基本依据，从中涵泳圣贤工夫，并以此"开导学者"，"学者当以《论》《孟》为本"，认为"《论》《孟》既治，则六经可不治而明矣"。在许衡看来，圣人所以作经立说必有"定见"，然后"沛然无所疑"，并不是后世俗儒牵强附会所能比拟的。而二程在《论语》《孟子》二书中反复体味，"其旨深矣。有本有文有体有用，圣人之言无所偏滞，传之万世无弊，先儒读书精察见圣人立言之意"①。许衡曾对其子师可说，"《小学》《四书》，吾敬信如神明。能明此书，虽他书不治可也"，并认为自己的"《四箴说》《中庸说》《语录》等书乃杂出众手，非完书也"②。

许衡的教育思想是程朱理学教育思想的继承和发展，他不仅把《小学》《四书》敬信如神明，而且把教学内容扩及子史、算学、星历、名物、兵刑、食货、水利等方面，在传授"为己之学"的同时帮助学生掌握"治生"的方法；不仅强调洒扫应对、格物穷理，而且强调"本心自悟"，融合朱陆思想，为两宋理学注入务实（"治生"）精神，为明代王学的产生奠定了基础。许衡承继程朱之学，"一洗隋唐以来声律之陋，致海内之士非程朱子之书不读"③，传承儒家思想，推广汉学，整顿学校，对蒙汉文化的交流与融合起到促进作用，对此，祭酒欧阳玄所撰《神道碑》中评价许衡说："其为学也，以明德达用为主；其修己也，以存心养性为要；其事君也，以责难陈善为务；其教人也，以洒扫应对进退为始、精义入神为终。虽时尚柄鉴，不少变其规矩也。"④欧阳玄的这种评价还是很公允的。

---

① （元）许衡：《鲁斋遗书》卷二，载（清）永瑢《景印文渊阁四库全书》第1198册，台北：台湾商务印书馆2008年版，第300页下。
② （清）黄宗羲著，（清）全祖望补修，陈金生、梁运华点校：《鲁斋学案》，《宋元学案》，中华书局1986年版，第3001页。
③ （元）许衡：《鲁斋遗书》卷十三《神道碑》，载（清）永瑢《景印文渊阁四库全书》第1198册，台北：台湾商务印书馆2008年版，第444页下。
④ （元）许衡：《鲁斋遗书》卷十三，载（清）永瑢《景印文渊阁四库全书》第1198册，台北：台湾商务印书馆2008年版，第444页上。

五 为政之道

许衡是元朝建国初年帮助元世祖汉化和治理国家的重要人物。在元朝建立初期，许衡积极推行汉法，认为"考之前代，北方之有中国者，必行汉法，乃可长久"，提出行汉法、修德行、施仁政、办学校、用贤才、得民心、治农桑、清赋敛、杜奸邪、定历法等一系列的治国建议，对元朝的经济发展、社会稳定和文化融合起到重要作用。许衡在上疏元世祖的《时务五事》中总结历代帝王治国的经验教训，提出立国之本的建议。《时务五事》从立国规摹、中书大要、为君难、农桑学校和慎微五个方面论述了其政治主张。

第一，在"立国规摹"中，许衡强调推行"汉法"的重要性。许衡通过对历史的分析，认为古往今来，治国之道虽各有不同，但是"其大要在得天下心"，而"得其心无他，爱与公而已矣"。"爱则民心瞬，公则民心服。既顺且服，于为治也何有？"这是一般的治国策略。但是元朝当时处于"开创之始"，"土宇旷远，民相杂俗"，而"重臣挟功而难制，有以害吾公；小民杂属而未一，有以梗吾爱"，因此必须采取具体的治理方法。许衡通过对历史经验的总结，认为"故魏、辽、金能用汉法历年最多，其他不能实用汉法，皆乱亡相继。史册具载，昭昭可见"，提出"北方奄有中夏，必行汉法可以长久"，"今日形势，非用汉法不可也"，"国家当行汉法无异也"[①]，强调外来民族入主中土必须推行汉法的历史规律。

第二，在"中书大要"中许衡指出用人、立法的重要性。在此，许衡首先根据古训"得士者昌，自用则小"来说明用人在国家治理中的重要性。国家的治理是很复杂的，光靠一个人的努力是不够的，如果"不先有司、直欲躬役庶务，将见日勤日苦而日愈不暇矣"，而贤者"识事之体，知事之要，与庸人相悬"，只要选拔贤良之人"布之周行"，则"百职具举，宰执总其要而临之，不烦不劳"，事半功倍。但是"人之贤否，未能灼知其详，固不敢轻用"，因此要慎重知人、用人，在知人的前提下用人。关于立法方面，许衡认为"治人者法也，守法者人也"，只有"人法相维"，才能"上安下顺而宰执

---

① （元）许衡：《鲁斋遗书》卷七，载（清）永瑢《景印文渊阁四库全书》第1198册，台北：台湾商务印书馆2008年版，第393页上—393页下。

优游廊庙之上",这就是所谓的"不烦不劳"、垂拱而治。在许衡看来,用人、立法在当时虽然不能在短时间内达到古昔盛世景象,但是只要让已仕者"颁降俸给,使可养廉",未仕者"宽立条格,俾就叙用",自然可以使"失职之怨少可舒矣"。同时,外设监司"纠察污滥",内专吏部"考订资历",则非分之求"渐可息矣"。此外再任三任抑高而举下,则"人才爵位略可平矣"①。通过这种举措,再考之古人所以立法之意推而行之,则治国何难之有?

第三,在"为君难"中,许衡指出"为君难,为臣不易"。许衡重点指出"为君难"之理,分别从践言、防欺、任贤、去邪、得民心、顺天道六个方面诠释为君之道。

在"践言"方面,许衡认为"人君不患出言之难,而患践言之难。知践言之难,则其出言不容不慎也",因此君主要慎言,更要践言,要"兢兢业业以修身为本,一言一事殊思而审处之"②,而不能逞一时之快而言行不一。

在"防欺"方面,许衡认为"在上之人难于知下。在下之人易于知上",这是事实如此。而"处难知之地,御难知之人,欲不见欺",是很困难的事。而人君身处亿兆黎民之上,掌握"予夺进退赏罚生杀之权",如果不幸"见欺",将会颠倒是非,造成大错,其危害无穷。因此,人君应该"以知人为贵,以用人为急",这样才能避免争进、好利、无耻之徒挟其诈术欺骗君主。履行为国为民的职责,还要注意远奸佞,近贤才,真正明确"天下树君本为民"的道理。作为贤才,则要以公为心,以爱为心,不为利回,不为势屈,置之周行,则"庶事得其正,天下被其泽,其于人国,重固如此也"。

在"任贤"方面,许衡指出贤者操守及其为政的不同情况。认为"贤者以公为心,以爱为心,不为利回,不为势屈。实之周行则庶事得其正,天下被其泽",但是贤者并不会为利欲权势而随波逐流。即使君主"知之、召之、命之",但贤者也可能有不屑屈就的;即使君主"接之以貌、待之以礼",但却不采纳贤者的言论,那贤者也会有"超然引去"的;即使君主对其信任,但同时又任用小人,"责小利,期近效,有用贤之名,无用贤之实",那贤者

---

① (元)许衡:《鲁斋遗书》卷七,载(清)永瑢《景印文渊阁四库全书》第1198册,台北:台湾商务印书馆2008年版,第394页上—395页上。

② (元)许衡:《鲁斋遗书》卷七,载(清)永瑢《景印文渊阁四库全书》第1198册,台北:台湾商务印书馆2008年版,第395页下—396页上。

亦不可能"尸位素餐，徒费廪禄"，而让天下耻笑。贤者不会因君主之喜怒好恶而放弃自己以公为心、以天下为心的原则，必定会"匡而正之，扶而安之"，使君主知道尧舜之正、尧舜之安。明白了贤者的这种品性，君主就应该"任贤勿贰，去邪勿疑"①，这样才能使贤者更好地辅助自己治理国家。

在"去邪"方面，许衡指出奸邪之人"千态万状而人莫能知"，并且"其为心险，其用术巧"，颠倒是非，对政治有很大的危害性，因此君主应该"去邪"，远离奸邪之人，任用贤人治国。

在"得民心"方面，许衡指出"民心向背"对国家稳定的重要性。认为"上以诚爱下，下以忠报上"，秦楚残暴故众叛亲离，汉政宽仁故天下归之。通过秦楚与汉不同的景象说明"民心"在国家治理中的关键性。

在"顺天道"方面，许衡认为天道运行规律的观点就是，"天之道好生而不私"②，"天之道恒在于下，恒在于不足"，而不是天象变化、灾异祥瑞。所谓"顺天道"是以养民、爱民、惠民为根本，而不是察循天象变化。他以文景之治时文帝治理天下的例子来具体说明天道爱民，只有顺此天道而为才能长治久安。西汉文帝"专以养民为务"，其忧不以个人之忧为忧而以天下之忧为忧，其乐不以个人之乐为乐而以天下之乐为乐，采取了多种惠民养民的政策，许衡举例说文帝"今年下诏劝农桑也，恐民生之不遂；明年下诏减租税也，虑民用之或乏"，正因文帝如此爱民所以"民心得而和气应"，虽然文帝即位之时民生凋敝，百废待兴，但经过文帝的爱民政策，"使四十年海内殷富，黎民乐业，移告讦之风为淳厚之风，且建立汉家四百年不拔之基"。因此，许衡根据文帝治国的例子说明"君本为下民"，并援引孟子"民为重，君为轻"和《尚书》"天视自我民视，天听自我民听"来说明天道规律与君民应有的关系。并据此对元世祖提出："与其妄意揣度，曷若宜法文景之恭俭爱民，为理明义，正而可信也？"认为"君人者不求之下而求之高，不求之不足而求之有余"，这才是"天变"的根本原因。如果在"变已生""象已著""乖戾之机已萌而不可遏"的情况下仍然因袭

---

① （元）许衡：《鲁斋遗书》卷七，载（清）永瑢《景印文渊阁四库全书》第1198册，台北：台湾商务印书馆2008年版，第397页上—397页下。
② （元）许衡：《鲁斋遗书》卷七，载（清）永瑢《景印文渊阁四库全书》第1198册，台北：台湾商务印书馆2008年版，第399页下。

故习,"抑其下而损其不足"① 并称此为"顺天",显然是很荒谬的。

许衡还在具体分析践言、防欺、任贤、去邪、得民心、顺天道等基础之上对其进行归纳,认为这六者"举其要则修德、用贤、爱民三者而已",并认为这才是"治本","本立则纲纪可布,法度可行,治功可必,否则爱恶相攻,善恶相交,生民不免于水火,以是为治,万不能也"②。因此修德、用贤、爱民这三者才是君主最难做也是最应该做的事情。

第四,在"农桑、学校"中,许衡强调农桑、学校既是尧舜之道,也是民心安定、秩序井然的关键。他列举古代圣君尧、舜和古代贤相稷、契来说明问题。尧舜能知天道而顺承之,稷、契则又能知道尧舜之心而辅赞之,正因为尧舜能够任用稷、契使"稷播百谷以厚民生,契敷五教以善民心",所以才取得了"庶绩咸熙"的理想局面,而这也是尧舜之道能够"为法于天下而可传于后世"的根本原因。许衡认为"衣食以厚其生,礼义以养其心","上多贤才皆知为公,下多富民皆知自爱",如此则"令自行,禁自止",因此,主张兴农桑、办学校。在兴农桑方面,许衡认为自今以后如果能"优重农民,勿使扰害,尽驱游惰之民归之南亩,岁课种树恳谕而督行之,十年以后当仓库之积非今日比矣"。在办学方面,许衡主张"自上都、中都下及司县皆设学校,使皇子以下至于庶人之子弟皆从事于学",教育学子父子之亲、君臣之义,小自洒扫应对等细小行为,大至修齐治平之道,十年以后,整个国家自然会呈现"上知所以御下,下知所以事上,上和下睦,又非今日之比"的盛世景象。在许衡看来,"能是二者则万目皆举,不能此二者则他皆不可期也"③。

第五,在"慎微"中,许衡区分了"取天下"与"守天下"所采取的不同策略,认为"取天下者尚勇敢,守天下者崇退让",尤其是在"守天下"方面"各有其谊","君人者不可以不审也",指出"民志定"、百姓各安其位对国家安定的重要性。认为"民志定则士安于为士,农安于为农,工商安于

---

① (元)许衡:《鲁斋遗书》卷七,载(清)永瑢《景印文渊阁四库全书》第1198册,台北:台湾商务印书馆2008年版,第398页下—399页上。
② (元)许衡:《鲁斋遗书》卷七,载(清)永瑢《景印文渊阁四库全书》第1198册,台北:台湾商务印书馆2008年版,第399页下。
③ (元)许衡:《鲁斋遗书》卷七,载(清)永瑢《景印文渊阁四库全书》第1198册,台北:台湾商务印书馆2008年版,第399页下—400页下。

工商"，只有"民志定"天下才能安定。否则将会"民不安于白屋必求禄仕，仕不安于卑位必求尊荣，四方万里辐辏并进，各怀无厌无耻之心"，最终导致社会失序、国家混乱。此外，许衡还从君主守大体、节喜怒、选任善人贤人、改更旧弊等各个方面提出自己的政治主张。①

许衡信奉程朱理学，并私淑朱熹，在元朝为理学"承流宣化"，被视为"朱子之后一人"，同时也是继赵复之后促使朱熹《四书集注》在元朝延祐年间被定为科场程式并逐渐成为元朝正统思想的有力人物，在继承程朱之学的同时，吸收陆九渊思想充实程朱理学，对程朱理学在元代的传承、对朱陆合流以及汉蒙文化的交流发挥了重要作用，并提出"治生"思想，在某种程度上来说开启了理学向实学发展的方向。虽然许衡对于理学更多是注意普及和传承而不重"义奥"②，但却开辟折衷朱陆、以陆补朱的新学风，其哲学思想成为朱熹理学至王明阳心学的中间环节，在元代思想体系中占重要位置。时人把许衡与南方的吴澄、东南方的许谦并称，有"南吴北许""南北二许"之称。全祖望在《鲁斋学案序录》中评价许衡对元代理学的贡献说："河北之学，传自江汉先生，曰姚枢，曰窦默，曰郝经，而鲁斋其大宗也，元时实赖之。"③许衡力劝元帝兴儒学，作为推行"汉法"的重要内容，间接地保护了当时较为先进的中原文化，促进了民族融合与不同文化的交流发展。

许衡一生对哲学、政治、文化、教育、天文历法、文学、历史、医学、周易等均有研究与著述，著有《大学直解》《中庸直解》《小学大义》《大学要略》《鲁斋心法》《读易私言》等，经后世多次修订编辑再版并易名为《鲁斋遗书》《许文正公遗书》等，编入《四库全书》，并收入《四库全书珍本》。

---

① 详见（元）许衡《鲁斋遗书》卷七，载（清）永瑢《景印文渊阁四库全书》第1198册，台北：台湾商务印书馆2008年版，第400页下—402页上。

② 参见侯外庐、邱汉生、张岂之主编《宋明理学史》（上卷），人民出版社1997年版，第680—693页。

③ （清）黄宗羲著，（清）全祖望补修，陈金生、梁运华点校：《鲁斋学案序录》，《宋元学案》，中华书局1986年版，第2994页。

第四章 明朝时期中原理学思想

经过周敦颐、程颢、程颐等北宋五子及其后学吕希哲、谢良佐、尹焞、杨时等二程后学对理学（道学）的提倡，两宋理学在理论形态上改变了汉唐注疏"五经"的传统的同时，通过以民间自由讲学的书院和会讲、讲会活动为载体和民间乡约、家礼的普及，已逐渐由精英文化走向世俗化。经过元代姚枢、许衡等儒家人士的提倡，两宋理学不仅成为士人们的主流话语和精神信仰，而且随着南宋理宗皇帝认识到程朱理学"有补于治道"和元仁宗皇庆二年（1313）朝廷明确规定明经科"四书"用朱熹注本，程朱理学成了官方的意识形态。① 及至明朝初期，随着永乐年间在朱棣主持下以程朱为标准编订的《五经大全》《四书大全》《性理大全》昭告天下，形成"合众途于一轨，会万理于一原"，"使家不异政，国不殊俗"的局面，程朱理学被定为一尊，因此有学者说"自程朱以后，不必再论，只遵闻行知可也"，"自考亭以后，斯道大明，无烦新著"。虽然如此，明朝前期也有一些理学家虽然笃守程朱理学，但不完全固守不变，他们往往以体认的方式在传承程朱理学的同时发挥自己的思想，这使明代理学出现了错综复杂的情况②，在中原地区，这样的理学人物主要有曹端、何瑭、王廷相、吕坤、杨东明、高拱等。

第一节 曹端的理学思想

曹端（1376—1434），字正夫，号月川，明代河南渑池库陀里（今河南渑

---

① 参见郭齐勇编著《中国哲学史》，高等教育出版社2006年版，第247—253页。
② 参见侯外庐、邱汉生、张岂之主编《宋明理学史》（下卷），人民出版社1997年版，第1—6页。

池）人，师从宜阳马子才、太原彭宗古。据《明史》卷二八二《曹端传》①记载，曹端五岁见《河图》《洛书》，即画在地上向父亲询问；及年纪稍长，便开始专心学习性理之学。明成祖永乐六年（1408）在河南乡试中考中举人。永乐七年（1409）又在京城会试中登乙榜第一。历任霍州学正、蒲州学正长达二十余年。明宣宗宣德九年（1434）六月在霍州去世，年五十九岁。

曹端为学重"躬行实践，而以静存为要"②，其思想以宋代周敦颐、程颢、程颐、张载、朱熹为宗旨，尤其尊崇朱子学，但曹端与朱熹在太极、理气等问题上有不同看法，同时为周敦颐的《太极图说》《通书》和张载的《西铭》作"述解"，在阐释周敦颐、张载思想的同时阐发自己的理学思想。《明儒学案·师说》认为曹端"不由师传，特从古册中翻出古人公案，深有悟于造化之理"③。曹端是继方孝孺之后"斯道之绝而复续者"，曹端之学谨守宋学"矩矱"而开胡居仁、薛瑄之先。④

曹端一生以维护儒学正统为使命，批判佛教和道教，也对一切"巫觋、风水、时日之说屏不用"⑤。认为佛教"以空为性，非天命之性"，而道教"以虚为道，非率性之道"⑥。据《明史·曹端传》和《明儒学案》记载曹端之父"初好释氏"，而曹端朝夕以圣贤崇正辟邪的言论教育身边之人，其父"亦感悟乐闻"。曹端把人伦日用之间"可见之施行者"编订成书《夜行烛》，把孔孟之学视为夜行路上指引人前进的火烛。曹端依此劝父亲摒弃佛教，归宗儒学，"父欣然从之"。诸生有丧，曹端则"命知礼者相之"，针对有打算用"浮屠"者，曹端说："浮屠之教，拯其父母出于地狱，是不以亲为君子，而为积恶有罪之小人也。其待亲不亦刻薄乎？"认为这种做法是不读圣贤之书的人"溺于流俗"的做法。每当有修造之事时，曹端都是"不择时日"，有人以"太岁土旺为言"，曹端则"明其谬妄"，"时人从而化之"。⑦

---

① 参见（清）张廷玉等撰《儒林一·曹端传》，《明史》，中华书局1974年版，第7238—7239页。
② （清）张廷玉等撰：《儒林一·曹端传》，《明史》，中华书局1974年版，第7238页。
③ （清）黄宗羲著，沈芝盈点校：《师说·曹月川端》，《明儒学案》卷一，中华书局2008年版，第2页。
④ 参见侯外庐、邱汉生、张岂之主编《宋明理学史》（下卷），人民出版社1997年版，第94页。
⑤ （清）张廷玉等撰：《儒林一·曹端传》，《明史》，中华书局1974年版，第7238页。
⑥ （清）张廷玉等撰：《儒林一·曹端传》，《明史》，中华书局1974年版，第7238页。
⑦ （明）曹端著，王秉伦点校：《学正曹月川先生端》，《曹端集》，中华书局2003年版，第255页。

曹端的主要思想仍然不离周敦颐及程朱理学的范畴，其所讨论的重心仍然是理、气、太极、主静、诚、仁、圣人等。① 后世论者因为曹端倡明儒学，将其学推为"明初理学之冠"。曹端著作甚丰，主要有《孝经述解》《四书详说》《周易乾坤二卦解义》《太极图说述解》《通书述解》《西铭述解》《夜行烛》《性理论》《儒学宗统谱》《存疑录》以及《家规辑略》《语录》《录粹》等书，但《孝经述解》《存疑录》《儒家宗统谱》的正文全亡佚，仅存《序》文。《性理论》则全佚。明人张汇刻其著作为《曹月川遗书》，清初顺治年间刻本《曹月川集》是现存最早的本子，中华书局参以诸本于2003年出版有《曹端集》。

一 太极与理、气

在对"太极"的看法上，曹端认为"太极，理之别名"，"太极者，象数未形而其理已具之称，形器已具而其理无朕之目"，"太极即道，道即太极，以通行而言则曰道，以极致而言则曰极，以不杂而言则曰一"②，"所谓太极者，只二气五行之理，非别有物为太极也"③，太极是道、是理、是一，是绝对的本体，太极就是阴阳二气和金木水火土五行等具体存在的所以然与所当然之理，是天地万物造化之理，太极与二气五行等具体存在是体用关系，二者不可二分，并不是在二气五行之外别有一个名为"太极"的存在，因此太极是不能以气来言说的。其在《太极图说述解》中指出："太极，理也。阴阳，气也。有理则有气，气之所在，理之所在也，理岂离乎气哉?"④ 所谓太极就是理，有理则有气，但有气也必有理，气之所在也就是理之所在，理是不能离气而存的，此间并不存在逻辑的或时间的先后问题。因此，曹端认为后人在周敦颐《太极图说》首句"无极而太极"之上加"自"的做法是误解了周子之本意，是不知周敦颐"理不离乎阴阳、不杂乎阴阳之旨"⑤。

---

① 参见欧崇敬《中国哲学史·宋元明清的新儒学与实学卷》，台北：洪叶文化事业有限公司2003年初版，第159—160页。
② （明）曹端著，王秉伦点校：《太极图说述解序》，《曹端集》，中华书局2003年版，第1—2页。
③ （明）曹端著，王秉伦点校：《太极图说述解》，《曹端集》，中华书局2003年版，第11页。
④ （明）曹端著，王秉伦点校：《太极图说述解》，《曹端集》，中华书局2003年版，第5页。
⑤ （明）曹端著，王秉伦点校：《太极图说述解序》，《曹端集》，中华书局2003年版，第2—3页。

曹端认为朱熹所说"有太极，则一动一静而两仪分，有阴阳，则一变一合而五行具"一句对周敦颐"太极动而生阳，静而生阴，则阴阳之生，由乎太极之动静"解释得很精确，但在《朱子语录》中却又说"太极不自会动静，乘阴阳之动静而动静"，"理之乘气，犹人之乘马，马之一出一入，而人亦与之一出一入"，并用人与马来比喻"气之一动一静，而理亦与之一动一静"的观点是不恰当的，这样比喻是把太极与动静、理与气二分对立起来，从而把人看成死人而"不足以为万物之灵"，"理"为死理而"不足以为万物之原"①，并著《辨戾》来具体说明太极与理、气的关系问题。因此曹端虽也用人骑马来说明理气、太极与气的关系，但是其所谓人是"活人"，马之"出入行止疾徐，亦由人奴之如何耳，活理亦然"。曹端把朱熹的理乘气变成理奴气，以为这样可以弥补朱熹在理气问题上的缺漏，使理成为气乃至万物的主宰，这是他在《辨戾》中透露的主要思想。② 但是，如黄宗羲所说，曹端之辨虽然明晰，但"以理奴气，仍为二之"，这种做法仍然是把理与气二分，并且其所说"气"必须"待奴于理，则气为死物"，没有真正明白所谓"理""气"之名是由人所造，"自其浮沉升降者而言，则谓之气，自其浮沉升降不失其则者而言，则谓之理"，实质上是一物两名，并不是两物一体。黄宗羲还认为曹端的这种观点被后来的一些理学家"直接间接地引申出与程、朱的某些思想越来越远的观点"，比如薛瑄用日光与飞鸟的比喻来说明理气"无缝隙"、理气一体问题。其后的罗钦顺更进一步，认为薛瑄所说理气"无缝隙，故曰器亦道，道亦器，其言当矣"，并提出理"依于气而立"③，而王廷相则提出"虚不离气，气不离虚，气载乎理，理出于气"④，"理根于气"⑤，则逐渐越出了朱学理本气末的范围⑥，向实学方向发展。

---

① （清）黄宗羲著，沈芝盈点校：《诸儒学案上二·学正曹月川先生端·语录》，《明儒学案》卷四十四，中华书局2008年版，第1066页。
② 参见侯外庐、邱汉生、张岂之主编《宋明理学史》（下卷），人民出版社1997年版，第111页。
③ （明）罗钦顺著，阎韬点校：《困知记》卷上，中华书局2013年版，第6页。
④ （明）王廷相著，王孝鱼点校：《王氏家藏集》卷三十三《杂著·辩十二首·太极辩》，《王廷相集》，中华书局1989年版，第596页。
⑤ （清）黄宗羲著，沈芝盈点校：《诸儒学案中四·素敏王浚川先生廷相·慎言》，《明儒学案》卷五十，中华书局2008年版，第1180页。
⑥ 详见侯外庐、邱汉生、张岂之主编《宋明理学史》（下卷），人民出版社1997年版，第110—112页。

曹端认为"太极之动静，是天命之流行也，所谓一阴一阳之谓道"①，太极之动，不生于"动"而生于"静"，所以"静"为"动"之根。太极之静，不生于"静"而生于"动"，所以"动"为"静"之根。"静，则太极之体立而阴以分；动，则太极之用行而阳以分。于是天地定位而两仪立。"② 太极是形上之道，而阴阳是形下之器。因此，从其"著者"来看，则动静不同时，阴阳不同位，而太极却无所不在；从其"微者"来看，则冲漠无朕，而动静阴阳之理已悉具于其中。太极"自会动静"，是就"阴阳之动静，而指为是动静之本体言也"。太极（理）与气既然体用一源，那自然也就不存在朱熹所说的理"乘"气之动静而动静的道理。也唯有如此，太极（理）才有资格成为造化之原，宇宙本体。其在述解"混兮辟兮，其无穷兮"时说："体本则一，故曰混。用散而殊，故曰辟。一动一静，其运如环之无穷，此兼举其体用而言也。""混言太极，辟言为阴阳、五行以后。"③ 从体的角度来说，万物以太极为本，所以称为"一"，称为"混"；从用的角度来说，太极散而为阴阳、五行，所以称为"辟"，称为"散"。在一动一静、一阴一阳的运动变化中，万物生生不已。由此可见理与气是"一体"而不是"二物"。

曹端认为太极与万物、理与气的关系就是朱熹所说的"理一分殊"的关系，和朱熹一样，曹端也用"月映万川"的例子来进行说明。曹端在解释"万物一太极"时说："周子于万物化生之上画一太极，所以明万物同一理耳。大抵一理散而为万物，万物合而为一理，造化以此而已，圣人亦以此而已，故子思曰：'天地之道，可一言而尽也。'夫子曰：'吾道一以贯之。'又曰：'予一以贯之。'造化，圣人岂有二道哉？"④ "气以理而生，理以气而实"⑤，在解释周敦颐《太极图说》"万物生生而变化无穷焉"一句时说："自男女而观之，则男女各一其性（是分而言之），而男女一太极也（是合而言之）。自万物而观之，则万物各一其性（是分而言之），而万物一太极也（是合而言之）。盖合而言之，万物统体，一太极也；分而言之，一物各具一太极也。所

---

① （明）曹端著，王秉伦点校：《太极图说述解序》，《曹端集》，中华书局2003年版，第11页。
② （明）曹端著，王秉伦点校：《太极图说述解序》，《曹端集》，中华书局2003年版，第12页。
③ （明）曹端著，王秉伦点校：《通书述解》，《曹端集》，中华书局2003年版，第64页。
④ （明）曹端著，王秉伦点校：《太极图》，《曹端集》，中华书局2003年版，第8页。
⑤ （明）曹端著，王秉伦点校：《太极图》，《曹端集》，中华书局2003年版，第7页。

谓天下无性外之物，而性无不在者，于此尤可见其全矣。"① 而在解释 "二本则一，是万为一，一实万分，万一各正，小大有定" 时则说：阴阳二气皆是以"理"为其本，因此从万物皆本此理来说，"为一太极而已"；而从太极、理（"本"）下贯于具体存在之物（"末"）来说 "一理之实，而万物分之以为体"，但此处所说的"分"并不是一般所受的"割成片去"，而是与"月映万川"的道理相同。因此曹端认为 "万物之中各有一太极，而小大之物，莫不各有一定之分也"②。曹端还从具体的社会伦理现象来说明"理一分殊"问题："天地之间，人物之众，其理本一，而分未尝不殊。以其理一，故推己可以及人。以其分殊，故立爱必自亲始。为天下者，以其心而不失其序，则天下之大，亲疏远迩，无一物不得其所。"③

曹端认为周敦颐的《通书》与《太极图说》一书"相表里"，而"诚即所谓太极"④，"诚"即"实理而无妄之谓"，是"天所赋、物所受之正理"。从天赋的角度称为"命"，从万物禀受而言称为"性"。曹端认为"一诚足以消万伪，一敬足以敌千邪，所谓先立乎其大者，莫切于此"⑤。曹端对北宋周敦颐推崇备至，认为《太极图说》"心会太极体用之全，妙太极动静之机"，并认为圣人之所以能成为圣人，不过"全此实理而已"，而此"实理"即所谓"太极"，"圣人时静，而太极之体立；时动，而太极之用行，则圣人一太极焉"⑥。因此，如果想学至圣人之道，达到圣人境界，必须"从太极上立根脚"⑦。

二 心性论

在心性论方面，曹端在继承程朱理学心性论思想的同时，提出了自己在心性方面的看法。

---

① （明）曹端著，王秉伦点校：《太极图说述解》，《曹端集》，中华书局2003年版，第16页。
② （明）曹端著，王秉伦点校：《通书述解》，《曹端集》，中华书局2003年版，第76—77页。
③ （明）曹端著，王秉伦点校：《曹月川先生语录》，《曹端集》，中华书局2003年版，第213页。
④ （明）曹端著，王秉伦点校：《通书述解》，《曹端集》，中华书局2003年版，第28页。
⑤ （清）黄宗羲著，沈芝盈点校：《诸儒学案上二·学正曹月川先生端·语录》，《明儒学案》卷四十四，中华书局2008年版，第1062页。
⑥ （明）曹端著，王秉伦点校：《通书述解》，《曹端集》，中华书局2003年版，第28—31页。
⑦ （清）张廷玉等撰：《儒林一·曹端传》，《明史》，中华书局1974年版，第7239页。

曹端认为太极是天道人伦的本原，"性即太极"①，"性即理也，指太极而言，且水、火、木、金、土之生"②。因此阴阳二气、金木水火土五行乃至天地万物之中"各具一太极"③以为其性，所以说人人有一太极，物物有一太极；天下无性外之物。而在万物化生的过程中，虽然人和物一样都禀赋了"太极之道"，而"浑然太极之全体无不各具于一物之中，而性无所不在"④，但是因为"阴阳五行气质交通"，所以在万物之中只有"人之所禀，独得其秀"，是最"灵而秀"的，能够"不失其性之全"。在人之中，一般人虽然也禀赋正理，但是因"气禀拘之，物欲蔽之，习俗诱之"⑤，所以此天赋之性并不能完全呈现。只有圣人是"得其秀之秀者"，能够"行之也中""处之也正""发之也仁""裁之也义"，于一动一静之中"莫不有以全"⑥。圣人因其所禀之"太极""理"而定中正仁义而立人极。并且，在现实之中，圣人能够从父子之亲乃至仁民爱物来"尽其仁之性"，从君臣之分乃至敬长、尊贤来"尽其义之性"，通过恭敬、辞让等行为来"尽其礼之性"，通过是非、善恶之别来"尽其智之性"。在曹端看来，圣人所为自始至终，自生自死，无所不实，无所不尽。

曹端从性、理天赋的角度来解释人性本善。认为天之所赋、物之所受，都是实理的本然状态，"无不善之杂也"。曹端认为人性本善，但在与物接触的过程中出现了"中节"与"不中节"的不同情况，其中"中节者为善，不中节者为恶"⑦。对恶的解释和朱熹一样认为是已发之时"中节"与否，中节者为善，不中节者为恶。曹端又说："人性本善，其恶者多因气动于欲陷溺耳。及至气清欲息时，善处自然发露。"⑧ 人性是本善的，之所以出现恶的现象是因为"气"在与物接触的过程中"动于欲"而被陷溺了，只要"气清欲息"，人性之善自然会发露呈现出来。曹端甚至把人之所以有"过错"的原因归于"物欲之诱"，而不是"气质之偏"，认为只要能"知而改之"自然可以

---

① （明）曹端著，王秉伦点校：《太极图说述解》，《曹端集》，中华书局2003年版，第14页。
② （明）曹端著，王秉伦点校：《太极图》，《曹端集》，中华书局2003年版，第7页。
③ （明）曹端著，王秉伦点校：《太极图》，《曹端集》，中华书局2003年版，第7页。
④ （明）曹端著，王秉伦点校：《太极图说述解》，《曹端集》，中华书局2003年版，第14—15页。
⑤ （明）曹端著，王秉伦点校：《通书述解卷之上》，《曹端集》，中华书局2003年版，第28页。
⑥ （明）曹端著，王秉伦点校：《太极图说述解》，《曹端集》，中华书局2003年版，第17页。
⑦ （明）曹端著，王秉伦点校：《曹月川先生语录》，《曹端集》，中华书局2003年版，第209页。
⑧ （明）曹端著，王秉伦点校：《曹月川先生录粹》，《曹端集》，中华书局2003年版，第243页。

恢复"本然之善",否则将"过愈深"而"将陷溺"而失去人之所以为人的本质①,与禽兽无异。

曹端还进一步发挥程朱理学所讲的天理人欲问题,认为为学之人必须在天理、人欲之间"见得分明"才能学有所进。否则,只要有一丝一毫人欲夹杂,都会使"学非其学而德非其德"②,只有在天理与人欲之间截然划清界限,使不正之言、非礼之色不得入于耳目之中,才能保持天理的纯净。

《宋明理学史》中认为曹端用"万物各一其性"来解释朱熹"天下无性外之物"的做法是把朱熹所讲的杂乎形气的"气质之性"与本然的至善之性相混淆了,由此背离了程朱"性即理"的本意,犯了程颐所说的"性字不可一概论"的告诫。并认为其根源就在曹端所讲之性只是"气质之性","没有别的性",是"性气不分",只有一性(气质之性)而不是二性(天命之性和气质之性)。而这种倾向被其后的罗钦顺、王廷相等进一步发展成"性从气出"的观点。③ 事实上,从《曹端集》可以看出,曹端对天命之性有很多论述,而其所说的"天命之性"与"性气不分"的气质之性显然不是一个意思。曹端曾说如果使天下之人都知道"天命之性"的道理的话,那也就会知道佛教所讲的"空"并不是一般所讲的"性";如果使天下都明白"率性之道"的道理的话,那也就会知道道家、道教所说的"无"并不是一般所说的"道";如果使天下之人都明白鬼神是真实不可欺妄的道理的话,也就会知道后世流行的淫祀之幻妄者并不是"诚"。④ 曹端又说:"人之生也,禀天命之性,受帝降之衷,故曰直。"⑤ 他还把"气质之气"归为人身所有的三种主要私欲之一:"身之私欲,其目有三:气质之偏一也,耳目鼻口之欲二也,人我忌克之类三也。"⑥ 曹端认为"心之全德,莫非天理,不能不坏于人欲",天

---

① 参见(明)曹端著,王秉伦点校《曹月川先生录粹》,《曹端集》,中华书局 2003 年版,第 244 页。
② (明)曹端著,王秉伦点校:《曹月川先生语录》,《曹端集》,中华书局 2003 年版,第 209 页。
③ 详见侯外庐、邱汉生、张岂之主编《宋明理学史》(下卷),人民出版社 1997 年版,第 113—114 页。
④ 参见(明)曹端著,王秉伦点校《曹月川先生语录》,《曹端集》,中华书局 2003 年版,第 217 页。
⑤ (明)曹端著,王秉伦点校:《曹月川先生语录》,《曹端集》,中华书局 2003 年版,第 219 页。
⑥ (明)曹端著,王秉伦点校:《曹月川先生语录》,《曹端集》,中华书局 2003 年版,第 222—223 页。

理、人欲之间就好像水火不相容一样，天理存则人欲息，人欲盛则天理灭。因此一定要"胜私欲，复于礼"才能"事皆天理而心之德全"。曹端认为"克得一分人欲去，则复得一分天理来；克得十分人欲去，则复得十分天理来"①。如果能一直这样做克己复礼的工夫，则自然会使天理朗现，达到"仁"的境界，就好像"垢去镜自明，砾扫室自清"的道理一样。

三　修养之方

在具体的涵养性命、道德修为的方法上，曹端提出"主于一心"。认为"学圣之事，主于一心"，认为学人儒家思想的"大路"就是"事事都于心上做工夫"，因此，他称其修养方法为"事心之学"②。在曹端看来，人之所以能够具备与天地并立为"三才"的资格，就是因为"心"，此"心"并不是一般所说的肉体器官之心（"躯壳中一块血气"），"心"是"神"，而"神"是"无方所"、无形象的，虽然如此，但在人的视听言动、举手投足等行为，一切感应之中都可以找到其作用。曹端认为"人之心，其大也可以参天地"，如果仅从血气之心来论心的话，那就与禽兽之心没什么区别了。而禽兽之心"终日役役，不过饮食牝牡而已"，如果人之心也如此为"形所役"的话，与禽兽日常所为就没有什么差别了。因此曹端认为为学之人要经常思考这种问题。③

而"事心之学"关键是必须在"萌"上用力。这里所谓的"萌"就是孟子所说"四端"的"端"或《易经》所说"几"，《大学》《中庸》所说的"独"或人心将发、未发之间的状态。在曹端看来，"天理存亡，只在一息之间"④。天理的存与亡全在人心萌动的一闪念之间，由此可见曹端对"存养"工夫的重视。人心本来是虚灵知觉的，但是与物接触后"即动而应物"，便出现很多可能性。⑤ 并且，一般来说人心"发于义理者常微，而役于形气者常

---

① （明）曹端著，王秉伦点校：《曹月川先生语录》，《曹端集》，中华书局2003年版，第222—223页。
② （明）曹端著，王秉伦点校：《曹月川先生录粹》，《曹端集》，中华书局2003年版，第239页。
③ （明）曹端著，王秉伦点校：《曹月川先生录粹》，《曹端集》，中华书局2003年版，第244页。
④ （明）曹端著，王秉伦点校：《曹月川先生录粹》，《曹端集》，中华书局2003年版，第240页。
⑤ （明）曹端著，王秉伦点校：《曹月川先生录粹》，《曹端集》，中华书局2003年版，第235页。

众。以彼之众，攻我之微，如国势方弱而四面受敌，其不亡者罕矣"①，因此，曹端主张为学之人一定要"养之"，要"时时省察"，在"心""未发"之时做好存养工夫，使"天理"常常了然于心目之间，不可因"须臾之离"而使其"流于人欲而陷于禽兽之域"②。圣人之所以为圣人，就是因为"忧勤惕厉的心须臾毫忽不敢自逸"。③

具体展开就是理学人士提倡的诚、敬工夫。曹端认为学者"学圣希贤"，只要能"存诚"自然使"五常、百行"无不具备，同时，认为"敬"是存诚的主要工夫，是"事心"的关键处，"吾辈做事，件件不离一敬字，自无大差失"，"外不躁则内静，外不妄则内专，此是事心关要处"。只要坚守"敬"的工夫，自然可以没有大的过失，并且"一敬可以消万伪，一敬足以敌千邪"，人如果能够恭敬、"先立其大"，"心便开明"，持敬不仅能收心敛性，而且可以使"心"开明，心中所具本然之性自然可以呈现出来。这里的"先立其大"主要是就"敬"的重要性而言的。在对"敬"与"静"的问题上，曹端认为理学所说的"静"不是不动便是静，而是"不妄动方是静"，其所说的"无欲而静"即是说无妄欲而静，在曹端看来，为学"到此地位"，达此境界之后"静固静也，动亦静也"④，就会像圣人一样以物之当喜而喜，以物之当怒而怒，物来顺应，而不是喜怒系于己之私欲。

在具体的持敬方法上，曹端一方面肯定"自反"自家身上做为己之学的工夫，反对时人"专务为人"的做法；另一方面肯定礼法的重要性，认为"敬由礼入"。曹端认为为学之人必须让自己置身于"法度"之中，"一毫不可放肆"，因此说"礼乐不可斯须去身"。⑤"非礼勿视，则心自静"⑥，这种"敬"虽然有些是"偏于内省之'敬'"⑦，但与其"一以事心为入道之路"⑧（《明儒学

---

① （明）曹端著，王秉伦点校：《曹月川先生录粹》，《曹端集》，中华书局2003年版，第244页。
② （明）曹端著，王秉伦点校：《曹月川先生录粹》，《曹端集》，中华书局2003年版，第241页。
③ （明）曹端著，王秉伦点校：《曹月川先生录粹》，《曹端集》，中华书局2003年版，第241页。
④ （明）曹端著，王秉伦点校：《曹月川先生录粹》，《曹端集》，中华书局2003年版，第240页。
⑤ （明）曹端著，王秉伦点校：《曹月川先生录粹》，《曹端集》，中华书局2003年版，第242页。
⑥ （明）曹端著，王秉伦点校：《曹月川先生录粹》，《曹端集》，中华书局2003年版，第240页。
⑦ 侯外庐、邱汉生、张岂之主编：《宋明理学史》（下卷），人民出版社1997年版，第115页。
⑧ （清）黄宗羲著，沈芝盈点校：《师说·曹月川端》，《明儒学案》卷一，中华书局2008年版，第2页。

案·师说》）有很大关系。曹端认为儒家所讲之礼"原出于天地，而制成于圣人"，所以从周公以上制礼乐的不只周公一人，从孔子以后发明、提倡礼乐的也不是只有一人，这种道理在"五经""四书"中讲得很清楚也很全面，可惜世人不知道这种道理，一味采用斋醮之说，信奉祭祀释迦、老聃，很让人痛惜。

曹端认为，圣人是为学之人所应追求达到的最高境界。在其看来，圣人与天道合一，一身浑然此道，动静语默之间皆是"道"所呈露，无形体之道在圣人身上体现出来。其对世俗之人所追求的声色犬马、功名利禄淡然处之，因此"疏食水饮，肱枕而乐，视不义富贵如浮云，有无漠然，无所动其中"①，学到"不怨不尤处"，就会像圣人那样，元气流行天地之间"无一处不到、无一时或息"，胸中"洒落明莹"如"光风霁月，无一点私累"②，无时不乐。曹端试图解释清楚周敦颐所提出而程朱没有"直接说破"的"孔颜乐处"所乐何事问题，认为"仁"就是孔颜乐处的原因所在。其在《通书述解》中解释说，"孔、颜之乐者，仁也，非是乐这仁，仁中自有其乐耳"，孔子安仁，所以乐在其中；颜回不违仁，所以能不改其乐。而"安仁者，天然自有之仁，而乐在其中者，天然自有之乐也；不违仁者，守之之仁，而不改其乐者，守之之乐也。《语》曰'仁者不忧'，不忧，非乐而何？周、程、朱子不直说破，欲学者自得之"③。在曹端看来，"仁"是天地化生万物之心，是"人所以为心者也"，是人心所在。推此心及亲人及民众乃万物，必定会以仁爱之心待人待物。"仁"是人心之正，虽然在物欲之私的影响下此心之正容易被遮蔽，但是"其根于天地之性者，终不亡也"，只要在闲静且此心之正没有被遮蔽之时必定会"随事而发"。曹端用齐宣王的例子来说明这种情况。齐宣王兴兵结怨，急战伐之功，可以说其"心之正"被遮蔽得很深，但是在闲居时却能"不忍一牛之死"，不可以说不是"恻隐之发而仁之端也"。在曹端看来，古代的圣王之所以能够泽被天下、仁覆万民，就是能够"即是心推之"的缘故，这种仁心是人人自有的，而不是从外而至的。④ 他认为，孔颜之乐就

---

① （明）曹端著，王秉伦点校：《曹月川先生语录》，《曹端集》，中华书局2003年版，第220页。
② （明）曹端著，王秉伦点校：《曹月川先生语录》，《曹端集》，中华书局2003年版，第212页。
③ （明）曹端著，王秉伦点校：《曹月川先生录粹》，《曹端集》，中华书局2003年版，第245页。
④ 参见（明）曹端著，王秉伦点校《曹月川先生语录》，《曹端集》，中华书局2003年版，第222页。

在于对"仁"的追求、处在"己与天地万物为一体"的精神境界当中，为学修道中获得圣人之心后，富贵穷达、宠辱忧戚对其来说都是微不足道的了，此即张载所说"存顺没宁"的精神境界。这种以"仁"解说"孔颜乐处"的思想以及"与物同体"的思想是在继承程颢、程颐、朱熹修养境界和修养目的的基础上的进一步发展。

曹端一生为学勤苦，并因弘扬程朱理学而被时人誉为"明初理学之冠"①。曹端在提倡程朱理学的同时，注重心性的涵养与实践，注重知行合一，"以力行为主，守之甚确，一事不容假借"②。据《明史》记载，"诸生服其教，郡人皆化之，耻争论"，在曹端为父母守丧期间，霍州诸生不远千里到渑池受学；在曹端去世后，"诸生服心丧三年，霍人罢市巷哭，童子皆流涕"③，由此可见其言传身教的影响。在为政方面曹端主张为政公廉，认为"公廉"是"民不敢谩""吏不敢欺"的关键，而其自己在现实中也是这样做的，《明史》记载曹端去世后"贫不能归葬"只好"留葬"霍州，后来才被改葬故乡河南渑池。曹端提出的"公廉"思想成了明清两代为官的箴言，即使在今天仍有其深远意义。

第二节　何瑭的二元论理学思想

何瑭（1474—1543），字粹夫，号柏斋。明河南武陟（今河南武陟）人，又号虚舟，世称柏斋先生。何瑭出身宦官世家，自幼聪慧好学，才华出众。据《明儒学案》记载，何瑭七岁时见郡城有弥勒像，"抗言请去之，人皆大骇"。十岁时即有宏大志愿，常以孔孟圣贤之学激励自己，曾听说许衡（许文正）和薛文清（薛瑄）一言一行，或者得到许、薛遗书便"欣然忘寝食"。十五岁时入河内县学，博通诸经与许衡、薛瑄之书。何瑭在阁试《克己复礼为仁论》中说："仁者，人也。礼则人之元气而已，则见侵于风寒暑湿者也。

---

① （清）张廷玉等撰：《曹端传》，《明史》卷282，中华书局1974年版，第7329页。

② （明）曹端著，王秉伦点校：《附录一　传记·学正曹月川先生端》，《曹端集》，中华书局2003年版，第255页。

③ （明）曹端著，王秉伦点校：《附录一·传记·明史曹端传》，《曹端集》，中华书局2003年版，第252—253页。

人能无为邪气所胜,则元所复,元年复而其人成矣。"① 其论使"宿学咸推服焉"。弘治十五年(1502)进士及第,改庶吉士,历编修、修撰,官至南京右都御史。明嘉靖十年(1531),何瑭告老还乡,建立"景贤书院",著书讲学,把全部精力都放在研究历学、算学、律学和著书讲学中,主要著作有《阴阳管见》《乐律管见》《医学管见》《儒学管见》《兵论》《均徭、均粮》等。在家居住十多年,明嘉靖二十二年(1543),何瑭病故,年七十岁。明穆宗隆庆二年(1568),追封礼部尚书,谥"文定"②。

一 形神二元、阴形阳神

在对宇宙本体、世界本原的看法上,与张载以气为本、程朱以理为本、陆王以心为本不同,何瑭提出形神二元、阴形阳神的观点。何瑭在《阴阳管见》序文中指出阴阳问题是何瑭从小即听别人谈论但并不知道确切何指的问题,后来,虽然反复研读周敦颐、程颢、程颐、张载以及邵雍的论著,又泛观博览佛教、道家道教、医学、卜筮之学长达二十余年,直到三十八岁"玩伏羲卦象而验之以造化之道"的时候才"若有所得",有了深入的认识。在何瑭看来,此前诸位儒家人士有关阴阳问题的言论"皆失其真",没有真正阐明阴阳问题,因此想"著述以明之",但因此问题"非日用所急,且恐启争端",因而"藏之中心,盖十五年于今"。后来在邹东郭先生建议之下笔之于书,并希望能够"引伸触类,正误纠失"③。

何瑭认为所谓的造化之道就体现在"一阴一阳"之间,造化之道,合而言之即为太极,分而言之即为阴阳,又称为"两仪"。阴与阳又细而分之,即为太阴、太阳、少阴、少阳,又称为"四象"。"四象"又细而分之,即为天、地、水、火、风、雷、山、泽之象,即我们常说的"八卦"。在何瑭看来,天、地、水、火是恒常存在的,所以是"体";雷、风、山、泽则是或有或无的,所以称为"变",也即"用"。这八者都在造化之中但还没有聚合产

---

① (清)张廷玉等撰:《何瑭传》,《明史》,中华书局1974年版,第7256页。
② (清)黄宗羲著,沈芝盈点校:《诸儒学案中三·文定何柏斋先生瑭》,《明儒学案》卷四十九,中华书局2008年版,第1161页。
③ (清)黄宗羲著,沈芝盈点校:《诸儒学案中三·文定何柏斋先生瑭》,《明儒学案》卷四十九,中华书局2008年版,第1165页。

生万物；当天、地、水、火、风、雷、山、泽八者相合的时候万物就开始产生。究其实质仍然是阴阳的变化所致。所谓"阳动阴静，阳明阴晦，阳有知阴无知，阴有形阳无形"。阴阳之中，阳是动的、明的、有知的、无形的，阴则是静的、暗的、无知的、有形的。"阳无体以阴为体，阴无用待阳而用"①，"阳"以"阴"为体，"阴"待"阳"而为用，阴阳相合则万物化生，阴阳相离则万物死亡。由此可见，"阴"与"阳"是构成天地万物的基础，二者是密不可分的，但同时也是万物产生不可或缺的两种最基本的要素，有则同有，无则同无。何瑭还就阴阳与天、地、水、火、风、雷、山、泽的关系进行了对比分析。何瑭认为天为阳而地为阴，火为阳而水为阴，天与火虽然同为"阳"、地与水虽然同为"阴"，但是天与火、地与水却也有不同，其中"天"是"阳之阳"，所以"神而无形"，"火"是"阳之阴"，所以"初无形"但后却可见；"地"是"阴之阴"，所以"形而不神"，"水"是"阴之阳"，所以"终无知"但其先却能变化无穷。天、地、水、火发生变化而分别成为风、山、雷、泽，其中雨雪霜露等自然现象都属于"泽"之类。我们通过对天、地、水、火、风、雷、山、泽八种卦象的观察就可以知道阴阳的这种道理了。

同样，人也是阴阳相合产生的，不过何瑭认为"阴形阳神"，"阳"为"神"，"神"存于人心即人之"性"，人之性虽然无形但有知；"阴"为"形"，"形"在人即人的血肉之躯，人的血肉之躯是有形但无知的。② "形""神"二者合则生人，即所谓"精气为物也"；二者相离则人死，所谓"游魂为变也"。在人活着的时候形神混合为一，不易察觉其状态，也分不出形与神何者有、知何者无知；在人死亡后，神去形存。"神"因无形无象，所以去时无形迹可见；形体虽然仍然存在，但因有知之神已去，所以成为无知之物，而正是借此无知之形体可以察觉有知之"神"的存在，也能明白"神"无形有知而"形"有形而无知的道理，而"道体"是兼有无的。其在解释张载《正蒙》时针对张载"太虚即气"③，"气不能不聚而为万物，万物不能不散而

---

① （清）黄宗羲著，沈芝盈点校：《诸儒学案中三·文定何柏斋先生瑭·阴阳管见》，《明儒学案》卷四十九，中华书局2008年版，第1165页。

② 参见（明）王廷相著，王孝鱼点校《内台集》卷四《杂著·答何柏斋造化论十四首》，《王廷相集》，中华书局1989年版，第963页。

③ （宋）张载著，章锡琛点校：《正蒙·太和篇第一》，《张载集》，中华书局1978年版，第8页。

为太虚"①,"气聚则离明得施而有形,气不聚则离明不得施而无形"② 的观点指出圣人"不言有无"的原因就是不能"因其可见,始谓之有,因其不可见,遂谓之无"③,谈论有无是"诸子之陋",说明张载并没有领悟天地造化之道。何瑭认为造化之道"阳为神,阴为形,形聚则可见,散则不可见",而"神"无聚散之迹,所以"终不可见",像人的知觉运动一样,都是"神"之所为,但知觉运动却不是有形可见之物。何瑭因此认为张载的观点是"以意见窥测而未至者也"④。在《阴阳管见后语》中何瑭还比较了张载、老子、周敦颐等人关于宇宙化生论的同异问题。何瑭认为老子所讲"有生于无"、周敦颐所讲"无极太极而生阴阳五行"和张载所讲"太虚无形而生天地糟粕"三者所见大致相同,但是老子和周敦颐"犹谓神生形,无生有",而张载则是"直谓虚无形,止为气之聚散",却不知有神、形之分,这是三者的不同之处。⑤

何瑭认为,凡是属于"气"的东西都属于"阳"一类,凡是属于"形"的东西都属于"阴"之类。"天为阳,地为阴,火为阳,水为阴","天不能生地,水不能生火",因此阴阳截然不同,不能混同。其中"天阳为气,地阴为形",而男女牝牡皆属于阴阳之合,以气类分则属阴阳。其中,水与火"各从其类"而"其盛各有在","火"属于"阳"之类,其"盛在天",而"水"属于"阴"之类,其"盛在地",而太阳为"火之精",月亮为"水之精",因此,"日近则为温为暑""日远则为凉为寒",而春夏秋冬四时的更替在"火偏盛"与"水偏盛"的演化过程中就产生了。水与火是"天地之二用",所以"天有阴阳,地有柔刚",只要"默识而旁通之,则并行而不悖"⑥。

与形神二分、阴阳二分观点一致的是在鬼神问题上,何瑭反对王廷相

---

① (宋)张载著,章锡琛点校:《正蒙·太和篇第一》,《张载集》,中华书局1978年版,第7页。
② (宋)张载著,章锡琛点校:《正蒙·太和篇第一》,《张载集》,中华书局1978年版,第8页。
③ (清)黄宗羲著,沈芝盈点校:《诸儒学案中三·文定何柏斋先生瑭·阴阳管见》,《明儒学案》卷四十九,中华书局2008年版,第1167页。
④ (清)黄宗羲著,沈芝盈点校:《诸儒学案中三·文定何柏斋先生瑭·阴阳管见》,《明儒学案》卷四十九,中华书局2008年版,第1168页。
⑤ (清)黄宗羲著,沈芝盈点校:《诸儒学案中三·文定何柏斋先生瑭·阴阳管见后语》,《明儒学案》卷四十九,中华书局2008年版,第1172页。
⑥ (清)黄宗羲著,沈芝盈点校:《诸儒学案中三·文定何柏斋先生瑭·阴阳管见》,《明儒学案》卷四十九,中华书局2008年版,第1165页。

"鬼神无知觉灵应",经典所说祸福祭享之类"止是圣人以神道设教,实无此理"①的观点,何瑭认为,人的血肉之躯所有的知觉感应是人心之"神"所为,而人心之神来自"造化之神",不能因为人有形体声音可以证验就说是"有",而因神无形体声音可以证验就说是"无",如果仅以此判定的话是很粗浅的。因此,人有知觉作为,而鬼神也有知觉作为,如果认为鬼神没有知觉作为和人不同,那是"梏于耳目闻见之验,而不通之以理"②,何瑭认为往圣先哲谈论鬼神的人很多,而张载、二程在这方面不免有些偏失。

因此,何瑭"神能御气,气能御形,造化人物无异,但有大小之分耳",其中"造化神气大",所以其所能者也大,而人物"神气小",所以其所能者也小。师巫祭祀祷告祈求造化之神犹如主人宴请宾客,宴请宾客时宾客有"至"与"不至"两种可能,设主求神时神也有"应"与"不应"两种可能。但是"客有形,人见之;神无形,人不能见",宾客有形体存在所以人可以亲眼见到,而"神"是无形的,人因此不能亲眼看到,但因为眼睛看不到就认为"神"是"无"的看法显然是很浅陋的。在何瑭看来,"人之神与造化之神一也",但"神自外来,不从形气而有",所以二者可以互动,师巫之类不可谓没有,而天地太虚之中"无非鬼神",而鬼神"能听人役使,亦能为人祸福"③。鬼神既然有知觉感应又可以给人祸福祥异,因此通过师巫的祭请或卜筮等活动可以预知人的吉凶祸福或鬼神的感觉动向,从而为人的行为和未来制订较好的规划。

二 心性修养

何瑭继承理学"心统性情"、"性"体"情"用、已发未发等思想,认为"心"是身体的主宰者,人心所有的忿惕恐惧、好乐忧患等情感活动都是"心之用",是"情";心处于"未发"之时则为"性"。心在未发的状态下是廓

---

① (清)黄宗羲著,沈芝盈点校:《诸儒学案中三·文定何柏斋先生瑭·阴阳管见后语》,《明儒学案》卷四十九,中华书局2008年版,第1172页。

② (明)王廷相著,王孝鱼点校:《内台集》卷四《杂著·答何柏斋造化论十四首》,《王廷相集》,中华书局1989年版,第969页。

③ (清)黄宗羲著,沈芝盈点校:《诸儒学案中四·肃敏王浚川先生廷相·阴阳管见辨》,《明儒学案》卷五十,中华书局2008年版,第1191页。

然大公、无所偏倚的,而此时"心之本体方得其正";在已发的状态下,则有偏与不偏两种可能,只要一有偏倚便是"不正",这是善恶产生的根源。对此问题,朱熹认为"未发"之时心是至善的,犹如"鉴空衡平",无所谓正与不正的区分;在已发的状态下才有正与不正的区别,所以朱熹在《中庸章句》中所"用之所行或不能失其正",因此,朱熹称未发为"性"而已发则为"情","情"有正或不正之分,但"性"却是至善无恶的。与朱熹"未发"为正、"已发"有正有不正观点不同,何瑭认为"心之正不正"虽然是"见于既发之后",但其根源却是"未发之前",也就像有人所疑问的那样何瑭此说是在说在"未发之时,心已不正"。何瑭仍然用镜子与衡器的例子来进行说明,"如鉴之不明,衡之不平,虽未照物悬物,而其体固已不正矣。至于用之所行,或不能不失其正"①,镜子与衡器在没有照物、悬物之前已经处于"不正"的状态了,那么在照物、悬物之时"不能不失其正",并且《大学章句》中"修身章"所讲"亲爱五者之偏"说的就是已发为情的意思。如果说《大学》"正心"传内不得其正是指"已发",那就与"修身"传内所讲的"五者之偏"有冲突了。

此外,何瑭针对《大学》中"正心"与"诚意"的问题也提出了自己的看法。在《大学章句》中朱熹把"正心"放在"诚意"之后,而何瑭却认为"正心"与"诚意"没有先后之分,二者是相互为用、互为先后的。在何瑭看来,如果"意"不诚的话,明明知道"善之当行"却不能行,明明知道"恶之当去"却不能去,这是自欺欺人之小人行为,又何谈其心正或不正呢?或者此人是发自内心的"好善而恶恶",但因为"气禀识见之偏"使其"心有未正",此人在接人处事之时往往随其所偏而发,不复加察养工夫,因此,虽然其初衷是好善恶恶,却不免"有时而失"。因此在"诚意"之后继以"正心",是希望其能涵养省察,使心在未发之时无所偏倚,在已发接人处事之时又通过省察的工夫使情之所发、用之所行无一不合于理。但五者之情各行于接人处事之际,接触家人、国人、天下人都是一样,但在家人、国人、天下人三者中"所接莫先于家人",所以《大学》在"修身"与"齐家"两

---

① (清)黄宗羲著,沈芝盈点校:《诸儒学案中三·文定何柏斋先生瑭·儒学管见》,《明儒学案》卷四十九,中华书局2008年版,第513页。

章首先讲明，并不是说"接他人不然"。所谓格物致知是指"格修齐治平之道"而"真知孰善孰恶"，诚意则是"行修齐治平之道，诚行其善而去其恶者也"，在何瑭看来，这就是儒学"体用之大全"①。

在道德修养方面，何瑭强调躬行实践，反对记诵辞章之学或坐谈心性，认为陆九渊、杨简之学已经偏离儒家思想，流入禅学。林爘认为何瑭是"不言而躬行"，孙奇逢评价何瑭是"躬行君子"。《明史》记载当时王阳明以"道学名于世"而何瑭"独默然"，认为"道学"用心于"性与天道"之间以及道学关于存心养性之说"名虽可观，实则无补"，"其可叹者多矣"②。何瑭认为儒者之学应该"当务之为急"，从小的方面来说是指言语威仪，从大的方面来说则是礼乐刑政，这才是"物之当格而不可后"。通过格物致知、学问思辨，"一旦卓有定见，则物格而知至"。由此而"发之以诚，主之以正"，自然可以身修而家齐。追究其本原即"性命"，形于著述则为"文章"，二者并不是截然分开的，但有轻重缓急、次第先后，不可混淆。何瑭指出，阳明之学讲"理出于心，心存则万理备，吾道一贯，圣人之极致也，奚事外求"的观点固然不错，但是，在修齐治平之道方面却有些弱略，最终会导致"所学非所用，所用非所学"，从而与古人提倡的为学之道发生偏差。何瑭批判阳明学说并不是说阳明关于"心为知觉，在物为理"的说法不对，而是因为"本原性命之学非当务之急"，如果仅仅谈论本原性命之学而"无与乎修齐之事"的话，那与清谈就没有什么差别了。同时，何瑭认为，修齐治平之事也不是专靠言语威仪、礼乐刑政所能实现的，如果仅从外在形式着眼而忽略修齐治平的主旨的话就是本末倒置。何瑭认为"四书""五经"记载的都是儒者之道，对"四书""五经"主旨的研究探讨即儒者之学。在"四书""五经"之中何瑭特别推崇《大学》，认为《大学》是儒者之学中的关键。而《大学》之书的关键即一般所说的三纲领、八条目之道。在何瑭看来，人之有生莫不有身，莫不有家，一旦出仕在位又莫不有国家与天下的责任。因此修齐治平即儒学"道之实体"。人能具此道于心神性情之间，即"明德"；能行此道于

---

① （清）黄宗羲著，沈芝盈点校：《诸儒学案中三·文定何柏斋先生瑭·阴阳管见》，《明儒学案》卷四十九，中华书局2008年版，第1163页。

② （清）黄宗羲著，沈芝盈点校：《诸儒学案中三·文定何柏斋先生瑭·阴阳管见》，《明儒学案》卷四十九，中华书局2008年版，第1164页。

家国天下之际,即"新民";明德为体,而实见于新民之用;新民为用,而实本于明德之体。"明德"与"新民"内外合一,则莫不各有至善之当止,此即"止于至善"。然而此道如果不能知之于先的话,就不能行之于后,所以《大学》又有"知止能得"之训。

以此观点为基础,何瑭认为"学与政非二道,学以政为大",为学是为经世致用,要以当务为急。而天下之政总于六部,何瑭从《大学》来进行解说。认为"平天下之用人",是吏兵部之政;理财是户工部之政;治国兴仁让之善是礼部之政;禁贪戾之恶是刑部之政。理想的治理方法是吏兵用人能同天下之好恶而不徇一己之偏,户工理财能节用爱人而不为聚敛之计,礼刑能兴善而禁恶则谓之贤公卿有司。能以《大学》之道治理国家,这才是真正的为政之道,才是儒者之正学,舍此无他。明代郑晓在《今言》中评价何瑭说:何瑭"有文学,行谊高古,灌园自给,不妄取予,洁身独行君子"①。

三 经世致用之道

与反对清谈、主张务实的观点一致,何瑭一生以躬行实践为本,不以讲学论说自名。何瑭曾针对时弊,专门撰写《均徭私论》《均粮私论》《论兵》等文章,分析当时社会存在的各种问题。何瑭主张勤俭治国,坚持量入为出原则。他认为平天下之道在于"理财",因为财用盈虚状况关系着民生休戚和国家安危,理财是国家治乱的关键,不可不慎重。在何瑭看来,在官之财与在民之财虽然都很重要,但是在官之财不足固为可虑但却不如在民之财不足可虑之甚。因为民财不足则乐岁(富裕之年)不免于冻馁而凶年必至于死亡。冻馁死亡之忧迫于中而剥削差科之患又迫之于外,事势穷极,盗贼必起,此就上升到宗庙社稷之忧而不仅仅是小小利害问题了。② 何瑭认为"盖用度奢侈则民财必伤、上下不辨则民志不定,此盖必然之理而为治者所当念也"③。他反对社会上一些奢侈浪费、竞相攀比的做法,认为此等奢侈浮华之风不仅会使有钱之

---

① (明)郑晓撰,李致忠点校:《今言》卷之三《二百六十二》,中华书局1984年版,第144页。
② (明)何瑭:《柏斋集》卷一《民财空虚之弊议》,载(清)永瑢《景印文渊阁四库全书》1266册,台北:台湾商务印书馆2008年版,第472页上—472页下。
③ (明)何瑭:《柏斋集》卷一《一风俗奢借》,载(清)永瑢《景印文渊阁四库全书》1266册,台北:台湾商务印书馆2008年版,第475页下。

人竞相攀比,而且会使没钱之人竞相仿效,最终使有些人在"婚姻丧葬之仪、燕会赗赠之礼"等活动中因为畏惧亲友讥笑而竭力营办,甚至"称贷为之"。何瑭认为应该严厉惩处那些奢侈贪污之人,在没收其所占用的违法之物之外,还应对诸如饮食衣物等不可没收的处以罚款;并且罢黜那些玩忽职守的官员。何瑭认为国家之败由官邪而起。官员失德则宠佞贿赂之风盛行,而官吏贪污贿赂必定会剥削小民,小民穷困不堪则会被迫为盗。大到作乱犯上而国家之治必败,这是必然之理,也是为政者不可不重视的问题,因此何瑭认为要严厉惩处贪官污吏,而不可姑息养奸。① 在赋税问题上,何瑭主张以田地多少制定纳税多少,而不是以资产多少定税。

何瑭认为宗室日蕃、武职日滥、冗食太多、冗费太广这四者是在官之财空虚不足的原因,而官吏剥削、差科繁重、风俗奢僭、生齿蕃多(人口增多)四者是在民之财空虚不足的原因。因此,何瑭建议痛惩贪赂官吏,甚者即行诛杀,"凡犯枉法、赃满贯以上,俱籍没资产,照例充军;犯不枉法及侵盗赃至银一百两以上,及他物值银一百两以上者,亦籍没资产,照常为民。军职犯赃,一体归断",每年年终,巡按御史及法司"俱将问过赃官起数造册具奏,以凭查考",以此解决官吏剥削问题;建议对各种差役进行整合,使之编之有数,用之有时,以此宽缓民力;反对奢侈无度的做法,主张节俭,主张对官民房屋、衣服、器皿等制定严格制度,使"上得兼下,下不得僭上,违者各治以罪",以此遏制奢靡之风;针对人口增多问题,何瑭认为"别无善策,惟有尽辟地利以资生养一法尚可施行"。② 何瑭虽然对人口问题没有提出更为根本的解决方法,但也反映出其对人口增长过快问题的忧虑。③

何瑭一生"笃行励志",博学多识,其学"以格致为宗",强调经世致用,在弘扬儒家思想的同时,对天文、算术、医学和音律都很有研究。在王守仁以道学声名于世、东南学者多宗王守仁良知之说的时候,何瑭"独以躬

---

① 参见(明)何瑭《柏斋集》卷一《一官吏剥削》,载(清)永瑢《景印文渊阁四库全书》第1266册,台北:台湾商务印书馆2008年版,第473页上—473页下。
② (明)何瑭:《柏斋集》卷一《民财空虚之弊议》,载(清)永瑢《景印文渊阁四库全书》第1266册,台北:台湾商务印书馆2008年版,第472页上—478页上。
③ 参见杨玉东《何瑭思想浅论》,《河南科技大学学报》(社会科学版)2005年第3期。

行为主，不以道学自名"，并留心世务，如《均徭》《均粮》《论兵》等著作"皆能深中时弊"。虽然何瑭文体朴质，不合时人赏睐，但却"剖切详细，不支不蔓，犹存弘正以前规范"，与一般卮言剿说、蹈空清谈人士有很大不同①，这也使何瑭之学与时学相比很有特色。

第三节 王廷相的理学思想

王廷相（1474—1544），字子衡，号浚川，明仪封（今河南兰考）人，原籍山西潞州，随父迁居河南。明孝宗弘治十五年（1502）进士。此后经历了四十多年的官宦生涯，历任兵科给事中、亳州判、高淳知县、御史、松江府同知、侍郎等职，最高的官职做到南京兵部尚书。王廷相与王守仁同一时代，并且都做过南京兵部尚书这样的高级官吏。王廷相学术和声望都不及王守仁显著，但是在理学和心学显扬、心性之学笼罩天下的社会思想局面下，王廷相却保持了独立反省和思想批判的立场，这正是他的独特的思想地位。

明代中叶，正是朝政腐败之时，宦官专权，权臣持政，各种弊端层出不穷。王廷相生当此时，为人刚正不阿，力主改革弊政，威武不屈，极力反对宦官和权臣的专横腐败。他曾于1508年和1513年两度遭到专权宦官刘瑾的怪罪而被贬谪，但他并没有被权势压倒，而是坚持正义、置身事外。他又于1539年上书弹劾权倾一时的尚书严嵩和大臣张瓒等辈。

当时学术以道学为尚，不入理学则入心学，王廷相则在综合荀子、王充、柳宗元、刘禹锡、张载、黄绾等人思想的基础上，提出独特的气论思想，驳斥两宋以来理学、心学思想，成为宋元明时期反对理学最突出的思想家。王廷相著述很多，主要有《沟断集》《台史集》《近海集》《吴中集》《华阳稿》《泉上稿》《鄂城稿》《家居集》《慎言》《小司马稿》《金陵稿》《内台集》《雅述》《答薛君采论性书》《横渠理气辩》《答天问》等，以上著作，后人均辑入《王氏家藏集》。

---

① 参见（明）何瑭《柏斋集·提要》，载（清）永瑢《景印文渊阁四库全书》第1266册，台北：台湾商务印书馆2008年版，第465页下。

一　元气之上无物与元气即道体

王廷相对理学的批判集中体现在其对理气的看法上。王廷相在继承张载"太虚即气"思想，批判程朱理学"天地之先只有此理"、理在气先等观点的基础上，提出"元气之上无物""元气即道体"。

元气无形无状、无象无数，因此又称"太虚"。其在《雅述》中说在天地尚未成形之前只有"太空"，"空即太虚，冲然元气"，而"气不离虚，虚不离气，天地日月万形之种，皆备于内，一氤氲萌蘖而万有成质矣"。① 在太虚之中含育天地日月万形之种，在此气氤氲萌蘖、变化发展的过程中万物逐渐生成。《慎言·五行》中也说"虚"为"气之本"而"虚空即气"；"质"为"气之成"而"天地万物有生"，所谓的"生者"即"精气为物"为"聚"，而"死者"即"游魂为变"为"归"，"归"即返回本原的意思，是讲万物"返本复入虚空"。王廷相在《雅述·横渠理气辩》中认为张载所说"太虚不能无气，气不能不聚而为万物，万物不能不散而为太虚，循是出入，皆不得已而然也"，"聚亦吾体，散亦吾体，知死之不亡者，可与言性矣"，"气之为物，散入无形，适得吾体；聚而有象，不失吾常"的观点"阐造化之秘，明人性之源，开示后学之功大矣"。② 并据此批判朱熹"性者理而已矣，不可以聚散言"的观点。其在《慎言》中指出万物化生过程说：有"太虚之气"而后有天地，有天地而后有气化，有气化而后有牝牡，有牝牡而后有夫妇，有夫妇而后有父子，有父子而后有君臣，有君臣而后名教设立。因此，"太虚"是"性之本始"，而天地是"性之先物"，夫妇、父子、君臣是"性之后物"，而礼义则是"性之善也，治教之中也"。③

在《雅述·上篇》中王廷相说，老庄讲道生天地万物，而宋儒讲在天地之先只有此理，宋儒的这种观点与老庄之旨没有什么区别，只不过是改易面目立论而已。王廷相接着提出他自己的观点："愚谓天地未生，只有元气，元

---

① （明）王廷相著，王孝鱼点校：《雅述上篇》，《王廷相集》，中华书局1989年版，第849页。
② （明）王廷相著，王孝鱼点校：《王氏家藏集》卷三十三《杂著·辩十二首》，《王廷相集》，中华书局1989年版，第602页。
③ （明）王廷相著，王孝鱼点校：《慎言·道体篇》，《王廷相集》，中华书局1989年版，第752页。

气具，则造化人物之道理即此而在，故元气之上无物、无道、无理。"① 在天地产生之前只有"元气"存在，并没有所谓的造物主宰或者理或者道，而元气存在了产生天地万物的道理也因此而存在。其在《太极辩》中又指出从南宋以后儒者一般仅以理讲说太极而"恶涉于气"，王廷相认为这种看法是"支离颠倒，岂其然也"，在其看来，万理皆出于气，并不存在悬空独立之理，而天地造化变化过程是自有入无、自无为有的，物虽有千变万化但此气常在，未尝澌灭。

王廷相在《雅述》中多次提到"天地之先，元气而已矣。元气之上无物，故元气为道之本"，在天地之先，只有元气存在，在元气之上并没有别的物事存在，因此，元气是道之本、元气即道体，所谓"有虚即有气，有气即有道，气有变化，是道有变化。气即道，道即气，不得以离合论者"，气即道，道即气，二者是相依相成、不可分离的，因气有变化所以道也有变化，那种认为"气有变"而"道一而不变"的观点是把道与气"歧然二物，非一贯之妙也"。并且，"气有常有不常，则道有变有不变"②，仅仅用"一而不变"来概括"气"与"道"的变化过程是不全面的。

王廷相在《答何柏斋造化论》中还指出元气的实有性："气虽无形可见，却是实有之物，口可以吸而入，手可以摇而得，非虚寂空冥无所索取者。"③气虽然无形可见，但并不因其不可见而是抽象的形上的，也不是"虚寂空冥，无所索取者"，而是和山河大地等实存可见之物一样是"实有之物"，是口可以吸入、手可以摇得的。

王廷相还赋予理学常用范畴太极、理、道以气的内涵。在《太极辩》中王廷相说元气之外无太极，阴阳之外无气。因为在元气之上不可以用意象探求，所以名为"太极"；又因为在天地万物尚未成型之前其状态浑沦冲虚不可以用名义分别，所以统称为"元气"。其在《雅述》中又重申了这种观点，

---

① （清）黄宗羲著，沈芝盈点校：《诸儒学案中四·素敏王浚川先生廷相·雅述》，《明儒学案》卷五十，中华书局2008年版，第1177页。
② （清）黄宗羲著，沈芝盈点校：《诸儒学案中四·素敏王浚川先生廷相·雅述》，《明儒学案》卷五十，中华书局2008年版，第1177页。
③ （明）王廷相著，王孝鱼点校：《内台集》卷四《杂著·答何柏斋造化论十四首》，《王廷相集》，中华书局1989年版，第973页。

认为太极是"道化至极之名,无象无数,而天地万物莫不由之以生,实混沌未判之气也。故曰'元气'",是"天地未判之前,太始浑沌清虚之气是也"①,王廷相这里的"太极"显然不再像宋儒所说的那样具有形上的属性。并且,王廷相认为宋儒"太极散而为万物,万物各具一太极"的观点是错误的,原因是元气化生万物,万物自然各受元气而生,其间有美恶有偏全,或者是人或者是物,或者是大或者是小,不一而足,如果说万物"各得太极一气"则是可以的,但说万物"各具一太极"显然是不可以的,是以偏概全。因为太极是元气"混全之称",而万物不过是各具一支而已。

王廷相认为理学所讲的"道"也不是形上的绝对存在,"离气无道","道"就在"气"之中。元气"茫茫无涯"又"无所始,无所终","不可知其所至,故曰太极;不可以为象,故曰太虚",并不是说在阴阳之外有极有虚。在阴阳二气相互感化的过程中,"群象显设,天地万物所由以生",这正说明元气、道体、太极、太虚的"实体"性。因此,从其象而言可以称为有,从其化而言,可以称为无,在有无之间天地造化之"元机"却未尝泯灭。因此说"道体不可言无",也不可以说"生有有无"②。有形之物是气,无形之物也是气,"道"就蕴含在"有形之物"与"无形之物"之中。并且,有形之物是"生气"而无形之物则是"元气","元气"无息,所以"道亦无息"。因此,"无形者道之氐也;有形者道之显者"。那种认为"道能生气"的看法完全是"虚实颠越,老、庄之谬谈也"③。

同样,王廷相提出"理载于气"的观点。其在《道体》中说,"天内外皆气,地中亦气,物虚实皆气,通极上下造化之实体也。是故虚受乎气,非能生气也。理载于气,非能始气也",反对朱熹"气根于理"的观点,认为理学人士所说的"理能生气"的说法也即老子所讲的"道生天地";而认为理可离气而论则是把"形性不相待而立",落入佛教"以山河大地为病而别有所

---

① (明)王廷相著,王孝鱼点校:《王氏家藏集》卷三十三《杂著·辩十二首·太极辩》,《王廷相集》,中华书局1989年版,第596页。

② (明)王廷相著,王孝鱼点校:《慎言·道体篇》,《王廷相集》,中华书局1989年版,第751页。

③ (明)王廷相著,王孝鱼点校:《慎言·五行篇》,《王廷相集》,中华书局1989年版,第809页。

谓真性"的窠臼。在其看来"理"不是"立于二气五行万物之先"的存在，"万理皆出于气，无悬空独立之理"。① 天地未分之前"理"存在于"太虚"之中，天地已分之后，"理"载于天地之中，也就是说"理"存在于天地万物之中。其在《横渠理气辩》中直接提出"理根于气，不能独存"的观点。王廷相在《慎言·道体》中总结理、气、器三者的关系说"气，物之原也。理，气之具也。器，气之成也"②。就是说"气"是天地万物的本原，"理"是气本身所具有的属性，"器"则是由气形成的具体存在。天之内外皆是气，地中存在的也是气，万物无论虚或实也都是气，"通极上下造化之实体"③，是气而不是理。王廷相还认为儒者所说"天地间万形皆有敝，惟理独不朽"④的观点类似于"痴言"，并据此提出"理因时致宜"⑤的观点。

在《横渠理气辩》中王廷相还提出"理生于气"的观点，认为"气"是游于虚者，理是"生于气者"。气虽有散但仍在聚散之间，不能消灭，因此说"万物不能不散为太虚"，而"理根于气，不能独存"，也因此说"神与性皆气所固有"。

王廷相还在《雅述》中批判了程朱"理一分殊"、万物一理的观点，提出"气一则理一，气万则理万"⑥，认为天地之间皆由一气而生，其或常或变，万有不齐，因此是"气一则理一，气万则理万"，而世儒只讲"理一而遗理万"显然有些偏颇。王廷相认为天有天之理，地有地之理，人有人之理，物有物之理，幽有幽之理，明有明之理，其中差别，不能用"一理"概括。因此，王廷相主张理是因时制宜的，没有永恒不变之理。

在对太极、太虚、理、气、道、器、天地万物的分析中，王廷相认为元气和万物都处在永恒的变化之中。和张载一样，王廷相称此一过程为"气化"。而万物之所以有变化并不是有外在的因素促使其如此，而是其本身所蕴

---

① （明）王廷相著，王孝鱼点校：《王氏家藏集》卷三十三《杂著·辩十二首·太极辩》，《王廷相集》，中华书局1989年版，第596页。
② （明）王廷相著，王孝鱼点校：《慎言·道体篇》，《王廷相集》，中华书局1989年版，第751页。
③ （明）王廷相著，王孝鱼点校：《慎言·道体篇》，《王廷相集》，中华书局1989年版，第753页。
④ （明）王廷相著，王孝鱼点校：《雅述下篇》，《王廷相集》，中华书局1989年版，第887页。
⑤ （明）王廷相著，王孝鱼点校：《雅述下篇》，《王廷相集》，中华书局1989年版，第887页。
⑥ （明）王廷相著，王孝鱼点校：《雅述上篇》，《王廷相集》，中华书局1989年版，第848页。

含的阴阳二气交感的缘故（"盖谓二者相须而有，欲离之不可得者"①）。王廷相在《慎言·乾运篇》中具体说明了阴阳相互作用而产生各种自然现象的问题："阴遏乎阳，畜之极，转而为风。大遏则大吹，小遏则小吹。夏无巨风者，阳盛之极，阴不能以遏之也。阳伏于阴，发之暴，声而为雷。其声缓者，厥伏浅；其声迅者，厥伏固。冬而雷收其声者，阴盛之极，阳不得以发之也。"②王廷相还举雨水草木等例子进一步说明"气"未尝息灭的道理，认为雨水之始，是"气化也"，在火的作用下"蒸而为气"；草木之生则是"气结也"，在火的烧灼之下"复化为烟"。从形体来看好像有"有"与"无"的分别，事实上"气之出入于太虚者，初未尝减也"③。这可以说是对物质不灭规律的初步认识。王廷相还指出"气有偏盛，遂为物主"④，"阴阳之合，有宾主偏胜之义，而偏胜者恒主之"⑤，事物的变化发展是本身具有的矛盾性不平衡所致。

王廷相反对何瑭"神为阳，形为阴"，"阳无形，阴有形"的观点，认为正是这种观点造成其有"以太虚清通之气为太极，不知地水之阴自何而来"的疑问，其在《答何柏斋造化论》中说"元气之中，万有具备"，并对"气""形""神"三者关系作了说明，"气者形之种，而形者气之化，一虚一实，皆气也。神者，形气之妙用，性之不得已者也"，"形""气""神"三者"一贯之道也"，"神必藉形气而有"，没有"形""气"则"神"灭不存，王廷相此一观点可以说是对此前范缜"形神相即""形质神用"⑥、张载"鬼神者，二气之良能也"⑦等观点的进一步继承和发展，同时也与用薪火之喻解释形神

---

① （明）王廷相著，王孝鱼点校：《内台集》卷四《杂著·答何柏斋造化论十四首》，《王廷相集》，中华书局1989年版，第974页。

② （明）王廷相著，王孝鱼点校：《慎言·乾运篇》，《王廷相集》，中华书局1989年版，第757页。

③ （明）王廷相著，王孝鱼点校：《慎言·道体篇》，《王廷相集》，中华书局1989年版，第753页。

④ （明）王廷相著，王孝鱼点校：《内台集》卷四《杂著·答何柏斋造化论十四首》，《王廷相集》，中华书局1989年版，第964页。

⑤ （明）王廷相著，王孝鱼点校：《慎言·乾运篇》，《王廷相集》，中华书局1989年版，第756页。

⑥ （唐）姚思廉撰：《列传第四十二·儒林·范缜》，《梁书》卷四十八，中华书局1973年版，第665—666页。

⑦ （宋）张载著，章锡琛点校：《正蒙·太和篇第一》，《张载集》，中华书局1978年版，第9页。

问题有了本质区别。"神"不是神秘的超能存在,而是阴阳二气之妙用,他还据此批判当时"鱼阴类,从阳而上,二阳时伏在水底,三阳则鱼上负冰,四阳五阳则浮在水面"①的神秘说法,认为"以神为阳,以形为阴"出自释氏错误的"仙佛之论",是"异端之见"。

以元气即道体等思想为基础,王廷相批判了邵雍的先天象数学、五行灾异说、鬼神风水等迷信。并指出正道不昌、邪说横行的社会根源是"在上之势致之":"正道湮塞,邪说横行,多由于在上之势致之。汉光武帝好图谶,故当时纬候之流,顺风趣附,遂使道之所妄,强以为真;命之所无,得以为有。"②

二 知行兼举

在知行观方面,王廷相把"知"分为"天性之知"和"人道之知",认为"天性之知"是生而具有的生理本能,如婴儿"在胞中自能饮食,出胞时便能视听";而"人道之知"则是在"因习而知,因悟而知,因过而知,因疑而知"过程中获得的。王廷相认为即使是父母兄弟之亲也需在"积习稔熟"中才能具备,他还由此提出"万物万事之知,皆因习因悟因过因疑而然"。

王廷相十分重视"见闻"(感性认识)与"思虑"。其在《雅述上篇》中说"心者栖神之舍,神者知识之本,思者神识之妙用也"③。人心有精神活动,而此精神活动具有思维的作用,这是认识的必要条件,但必须借助感官经验才能有所认识。其中,"神"是"在内之灵"而"见闻者"是在外之资。而"物理不见不闻,虽圣哲亦不能索而知之"。王廷相多次以婴儿为例,说明与物接触对个人成长和知识认知获取的重要性:"夫心固虚灵,而应者必藉视听聪明,会于人事,而后灵能长焉。赤子生而幽闭之,不接习于人间,壮而出之,不辨牛马矣,而况君臣、父子、夫妇、长幼、朋友之节度乎?而况万事万物,几微变化,不可以常理执乎?"④"使婴儿孩提之时,即闭之幽室,

---

① (明)王廷相著,王孝鱼点校:《雅述下篇》,《王廷相集》,中华书局1989年版,第884页。
② (明)王廷相著,王孝鱼点校:《慎言·君子篇》,《王廷相集》,中华书局1989年版,第814页。
③ (明)王廷相著,王孝鱼点校:《雅述上篇》,《王廷相集》,中华书局1989年版,第836页。
④ (明)王廷相著,王孝鱼点校:《王氏家藏集》卷三十三《杂著·辩十二首·石龙书院学辩》,《王廷相集》,中华书局1989年版,第604页。

不接物焉，长而出之，则日用之物不能辨矣。"①

人对外界的认知必须在与物接触的过程中获得，假如把一个婴孩出生之后关闭起来不让他接触外界，他长大之后到社会上就会连日常生活中最普通的事物也不能辨识，更不用说知晓君臣之义、父子之亲、夫妇之和、长幼之序、朋友之信、万事万物之生住异灭的变化常则了。

在重视"见闻"之知的同时，王廷相强调"思虑"的重要性，认为"耳目之见闻，善用之足以广其心，不善用之适以狭其心"②，"广识未必皆当，而思之自得者真"③，耳目见闻虽然对知识的获取有重要作用，但却有其局限性。王廷相还把"见闻"的局限性分为三个主要方面，即怪诞、牵合传会、笃守先哲，君子必须结合"闻也、见也、先哲也，参伍之而已矣"④。因此，王廷相认为"神性虽灵，必藉见闻思虑而知"⑤，人心虽然具有认识的能力，但必须凭借"见闻"得来的感性材料，再经过"思虑"的加工才能够真正获得知识。也唯有如此，才能触类旁通，"上天下地，入于至细至精"。

王廷相提出"知行兼举"，特别强调行的重要性。他在《慎言·小宗篇》中把"学之术"分为"致知"和"履事"两个方面，并且认为"兼之者上也"⑥，在王廷相看来，通过"见闻""思虑"获得的认识必须与实践结合，在"实践处用功，人事上体验"，因为只有"知行兼举者能之"才能达到"精于仁义之术，优入尧舜之域"⑦的境界。

王廷相的知行观在《慎言·见闻篇》中有详细的说明："事物之实覈于

---

① （明）王廷相著，王孝鱼点校：《雅述上篇》，《王廷相集》，中华书局1989年版，第836页。
② （明）王廷相著，王孝鱼点校：《慎言·见闻篇》，《王廷相集》，中华书局1989年版，第773页。
③ （明）王廷相著，王孝鱼点校：《慎言·潜心篇》，《王廷相集》，中华书局1989年版，第776页。
④ （明）王廷相著，王孝鱼点校：《慎言·见闻篇》，《王廷相集》，中华书局1989年版，第770页。
⑤ （明）王廷相著，王孝鱼点校：《雅述上篇》，《王廷相集》，中华书局1989年版，第836页。
⑥ （明）王廷相著，王孝鱼点校：《慎言·小宗篇》，《王廷相集》，中华书局1989年版，第788页。
⑦ （明）王廷相著，王孝鱼点校：《慎言·小宗篇》，《王廷相集》，中华书局1989年版，第788页。

见""事理之精契于思""事机之妙得于行"①，就是说要通过与事物接触而认识事物本身，通过思虑作用领悟"事理之精"，通过躬行实践掌握"事机之妙"，只有三者相互结合才能使知识的获取逐渐深入。在王廷相看来，只有讲得一事则实践一事、实践一事即知一事所得到的"知"才是"真知"，如果仅仅讲说而不躬行实践的话，在接人待事之时"终有暗惑"而不能付诸实践、圆融贯通，那正是后世儒者"任耳而弃目，任载籍而弃心灵，任讲说而略行事"的做法最终导致学问"驳杂日长而蔽其涂"②的局面。王廷相还用"如人知越在南，必亲至越而后知越之故"，"学操舟之术"等例子来说明"行"与"真知"的关系。王廷相的这种思想含有"实践出真知"的意蕴，与王充的认识论思想一脉相承。

三 人性论

在人性论方面，王廷相认为"性与习相有而不相离"，反对宋儒人士关于二分人性为天命之性和气质之性的观点。认为宋儒所说"人有二性"是"大惑"。在王廷相看来，"人物之性无非气质所为者，离气言性，则性无处所，与虚同归；离性言气，则气非生动，与死同归；是性与气相资而有，不得相离者也"③，如果离开"气"而说"性"，则"性"无处所，与虚无同归；如果离开"性"说"气"，则"气"非生动，与死同途。"性"与"气"相依相成，没有离开形体的天命之性或天地之性。并且，人是在有了形体之后才有人性的存在，不是宋儒所说的形上存在。王廷相认为人具形气之后才有人性，朱熹认为"性与气合"的观点显然是把性与气分为两物，认为性不是从气而出，是人有形体之后才来与形体相"附合"，这种观点显然是错误的。在王廷相看来，"人有生气则性存，无生气则性灭"，"性"与"气""不可离而论者也"，就像耳之能听，目之能视，心之能思，都是耳目心本来具有的功

---

① （明）王廷相著，王孝鱼点校：《慎言·见闻篇》，《王廷相集》，中华书局1989年版，第771页。

② （明）王廷相著，王孝鱼点校：《慎言·见闻篇》，《王廷相集》，中华书局1989年版，第771页。

③ （明）王廷相著，王孝鱼点校：《王氏家藏集》卷二十八《杂文·书九首·答薛君采论性书》，《王廷相集》，中华书局1989年版，第518页。

能，如果没有耳目与心的话，视听与思等功能也不可能存在。圣人之性也是从形气而出，只不过圣人之形气比较纯粹，所以圣人之性没有恶只有善，而众人所禀赋的形气比较驳杂，所以众人之性多是不善。

王廷相反对孟子所说的"性善论"和宋儒提出的"天命之性"至善的观点，认为孟子所说"性善"是从"性之正者"而言的，而"不正之性未尝不在"，比如孟子所说的"口目耳鼻四肢之欲"即"不正之性"，因此"性之善与不善，人皆具之"，宋儒仅以性善立论而忽略了人性中不正的部分，显然是有问题的。人性是有善有恶的，而善与恶是由"气"决定的。

在"气"与"性"相结合这方面，他认为"气"为主。"气"的"清浊粹驳"决定了人性中有"善"也有"恶"。其在《答薛君采论性书》中说："气有清浊粹驳，则性安得无善恶之杂？"[①] 王廷相认为人为恶而却仍有羞愧之心的原因并不是人性本善而无恶，而是圣人修道立教之功。

王廷相强调后天教育对人性的重要性，提出"凡人之性成于习"的观点，认为人性臻于"善"而去恶的关键在于"习"。在圣人"教以率之，法以治之"的作用下天下古今风俗才以善为归、以恶为禁，并不存在先天的至善。人出生之后，如果没有圣人修道之教、没有君子变化气质之学而仅仅"循其性"的话，就会导致"礼乐之节无闻，伦义之宜罔知"[②]，即使是禀赋上智之资也会寡陋而无能，何况禀赋下智之资的人呢？

在王廷相看来，"性生于气，万物皆然"，"离气无性"，"性与道合则为善，性与道乖则为恶。是故性出于气而主乎气，道出于性而约乎性"。[③] 他认为程颢所讲的"性即气，气即性，生之谓也"，"论性不论气不备，论气不论性不明，二之便不是"，"恶亦不可不谓之性"已经从三个方面对人性进行了明白细致的分析，而后世儒者却仍然拘泥于朱熹所说"本然、气质"二性之说而不详加思虑，这种做法是很可悲的。在圣人与众人的区别方面，王廷相认为圣人之性也是"具于气质之中"，只不过圣人所禀之气清明淳粹与众人不

---

① （明）王廷相著，王孝鱼点校：《王氏家藏集》卷二十八《杂文·书九首·答薛君采论性书》，《王廷相集》，中华书局1989年版，第518页。

② （明）王廷相著，王孝鱼点校：《雅述上篇》，《王廷相集》，中华书局1989年版，第847页。

③ （明）王廷相著，王孝鱼点校：《慎言·君子篇》，《王廷相集》，中华书局1989年版，第814页。

同，因此圣人性之所成是纯善而无恶的，而众人因为禀气驳杂所以其性就有善与不善的复杂情况。

王廷相强调人性是在人知觉运动的过程中形成的。其在《雅述》中说，儒者一般把仁义礼智称为人性中所有的，如果从这个角度来说，出于心之爱为仁，出于心之宜为义，出于心之敬为礼，出于心之知为智，很显然，仁义礼智都是人的知觉运动之后才产生的。那么如果没有人的话也就没有心了，没有心的话仁义礼智就无从产生，因此说"有生则有性可言，无生则性灭矣"。王廷相还把气、性、灵三者结合起来，认为精神魂魄是气，是"人之生"；仁义礼智是性，是"生之理"；知觉运动是灵，是"性之才"，这三者"一贯之道也"，因此说"论性也不可以离气，论气也不得以遗性"，在王廷相看来，这就是孔子所说"性相近，习相远"的主要宗旨（《横渠理气辩》）。同时这段话承继了告子"生之谓性"的思想，并把人性与人的知觉运动结合起来，指出仁义礼智信等道德操守并不能离开人本身而存在，很显然与宋儒关于天地之性与气质之性的讲说是有很大区别的。《慎言》中还说气附于形体而称为"有"，所以阳以阴为体；形体资于气而称为"生"，所以阴以阳为宗。而"性"是"阴阳之神"，"理生于形气，而妙乎形气者也"。在心志好恶状态中魂魄或起或灭，而"神"也相待而神，气、形、神三者"两在则三有，一亡则三灭"。

四 "守道以御时，因势以求治"的历史观

在历史观问题上，王廷相通过对三皇五帝、夏商周三代及秦汉之后朝代的更迭和治理特点，主张"守道以御时，因势以求治"，因时因势而损益变革，认为"弗通于时而泥古，斯困溺于法制者也，迂；谋近小而昧远图，斯困溺于功利者也，陋"，这两者同样都"暗于道者也，谓之识局"。[①] 在王廷相看来，道无定在，所以圣人因时而变。尧舜以禅让传授帝位，汤武则是以征伐得到帝位，太甲和成王则是承袭祖上世袭下来的帝位，"道无穷尽，故圣人有不能"。关于尧舜之事有羲轩未能行者而三代之事有尧舜未能行者。尧舜

---

① （明）王廷相著，王孝鱼点校：《慎言·御民篇》，《王廷相集》，中华书局1989年版，第782页。

与伏羲、皇帝不同，三代又与尧舜不一，这说明整个社会随着时间的推移而不断发展，显然，社会体制也是与时俱进才是合理的。

因此，王廷相提出变法，主张进行社会改革。在其看来，"法久必弊，弊必变，变所以救弊也"①，这是历史趋势，即使圣人仍在，也必定会"救而更张之"②。王廷相用房子比喻"法"，法犹如房子，日久必坏，而蛇虫鼠蚁必定会乘机破坏。此时如果对房子只是小修补、把缝隙堵上的话，那么蛇虫鼠蚁就会在别的地方打洞，而檩和栋就会更坏。因此，必须更换栋檩，才能解决问题。法也是这样，"法久必弊，弊必变，变所以救弊也"③。法存在时间长久了必定出现弊端，出现弊端必定要变革，此时之变革目的就是"救弊"。当然，王廷相所讲的"变"并不是骤变，而是渐变："'曰：变有要乎？'曰：'渐。春不见其生而日长，秋不见其杀而日枯，渐之义也至矣哉！'"④

王廷相充分肯定"君师"在历史发展过程中的重要作用，认为"仁义礼乐，维世之纲；风教君师，做人之本。君师植风教者也，风教达礼乐者也；礼乐敷仁义者也"⑤，君与师是培植风俗教化的主导者，风俗教化则是支配历史的主要力量。并且说："大人公于物，小人务适己。大人得位，以其性治天下，故天下治；小人得位，亦以其性治天下，故天下乱。"⑥ 大人的职责是"公于物"，而小人（一般百姓）的目的是"务适己"，因此，大人得位并用其性治理天下则天下大治，而小人得位也以其性治理天下结果却是天下大乱。从而把社会治乱与少数人本性相互混淆，把天下治乱看成少数人的本性决定的，具有英雄史观色彩。

在文学方面，王廷相与李梦阳、何景明、徐祯卿、边贡、康海、王九思六人被后人称为明代"前七子"，主张"文必秦汉、诗必盛唐"，在明代掀起

---

① （明）王廷相著，王孝鱼点校：《慎言·御民篇》，《王廷相集》，中华书局1989年版，第781页。

② （明）王廷相著，王孝鱼点校：《雅述上篇》，《王廷相集》，中华书局1989年版，第843页。

③ （明）王廷相著，王孝鱼点校：《雅述上篇》，《王廷相集》，中华书局1989年版，第843页。

④ （明）王廷相著，王孝鱼点校：《慎言·御民篇》，《王廷相集》，中华书局1989年版，第781页。

⑤ （明）王廷相著，王孝鱼点校：《慎言·御民篇》，《王廷相集》，中华书局1989年版，第782页。

⑥ （明）王廷相著，王孝鱼点校：《慎言·君子篇》，《王廷相集》，中华书局1989年版，第810页。

改造文风的运动，王廷相之诗清新明快，崇尚自然之理，反对千篇一律的文风，主张"文以载道"。

在理学与心学问题上，王廷相指出："崇朱者以讲论为真诠，守陆者以禅定为要轨，终身畔于圣人之学而不自知，由之各相沿习，误天下后学，至于今尚然。"① 批评朱熹"理于气先"的说法，主张"元气即道体""理载于气"，知行观上主张见闻、思虑、接习三者并重，反对王阳明的"致良知"思想，并指出为学是为了"兴道致治"而不是空谈义理。虽然王廷相仍然实践着儒家所提倡的修齐治平之路，但却开启了明清之际主张经世致用的实学的先河。

第四节　吕坤的理学思想

吕坤（1536—1618），明代学者。字叔简，号心吾、新吾，晚年号抱独居士、了醒亭居士，明开封宁陵（今河南宁陵）人。万历二年（1574）进士及第，官至刑部侍郎。据《明史》卷二二六《吕坤传》记载，吕坤刚介峭直，留意正学。在居家之时，与弟子讲习修身养性之旨，其所著述"多出新意"。其曾在《呻吟语·谈道》中则指出尧舜周孔之道只是傍人情、依物理，"拈出个天然自有之中行将去，不惊人，不苦人"，所以很难企及。后来之人没有领悟其中精神，却去寻出个甚高难行之事、玄冥隐僻之言，"怪异新奇、偏曲幻妄以求胜，不知圣人妙处"，因此只是个"庸常"，而"六经""四书"语言浅近平易，但却"不害其为圣人之笔，亦未尝有不明不备之道"，虽然佛、老、扬、墨、庄、列、申、韩等是贤智之辈，但其所见解才是圣人中万人之一，因此"漫衍闳肆以至偏重而贼道"。更可悲的是后学不明白个中因由"遂至弃菽粟而餐玉屑，厌布帛而慕火浣"，在吕坤看来，这种做法不仅"无补饥寒"，"反生奇病"，是很可悲的。吕坤还在《答姜养冲》的信中指出当时思想界中程朱一派与陆九渊一派激烈的冲突情景（"近日学问，不归陆则归朱，不攻陆则攻朱"）。并在《呻吟语·谈道》中指出自己"不是道学""不是仙学""不是释学""不是老庄申韩学""我只是我"的学术态度。其之所以说

---

① （明）王廷相著，王孝鱼点校：《雅述上篇》，《王廷相集》，中华书局1989年版，第849页。

自己不是道学、"我只是我",与当时思想界学风空疏、坐谈心性、"漫衍闳肆以至偏重而贼道"有很大关系。

从《呻吟语》可以看出,吕坤遵循的仍然是理学"修齐治平"之道,主张以"道心"摄"人心",只不过与理学人士相比,吕坤更加强调儒学经世致用的一面。《呻吟语》一书在探究宇宙人生哲理的同时,抨击时弊得失,品论人情物理,揭示存心养性之道、为人处世要则,在现在仍有其现实意义。明万历四十四年(1616),其子吕知畏把吕坤的著作整理成册,取名《去伪斋文集》。此外,侯外庐先生编的《吕坤哲学选集》① 收集了吕坤比较有代表性的哲学著作。

一 气一元论的宇宙观

在对宇宙万物的看法上,吕坤与王廷相②一样,坚持气一元论,认为"天地万物一气"③,"天地万物只是一气聚散,更无别个"④,天地万物皆是气的聚散变化而成,是气的不同存在状态,在吕坤看来,"形者气所附,以为凝结;气者形所托,以为运动。无气则形不存,无形则气不住"⑤,有形之物是"气"附着凝结的结果,而"气"则是有形之物赖以运动的载体。没有"气"则"形"将不存在,没有"形"则"气"将没有驻留之所。吕坤进一步指出"形者,气之橐囊也。气者,形之线索也"。"形"是"气"之橐囊,而"气"则是"形"之线索。没有"形"则"气"无所凭借以生,没有"气"则"形"无所鼓舞以为生。"形"与"气"二者之间"气"是最根本的,"形须臾不可无气",但是"气"如果没有"形"的话将"万古依然在宇宙间也"。"气"不会因为"形"的消亡而消亡。并且,吕坤认为"气"是"形之精

---

① 参见侯外庐等编著《吕坤哲学选集》,中华书局1962年版。
② 王廷相在《慎言·作圣篇》中说:"人与天地、鬼神、万物一气也。气一则理一,其大小、幽明、通塞之不齐者,分之殊耳。"[(明)王廷相著,王孝鱼点校:《王廷相集》,中华书局1989年版,第764页]
③ (明)吕坤撰,王国轩、王秀梅整理:《呻吟语·广喻》,《吕坤全集》,中华书局2008年版,第886页。
④ (明)吕坤撰,王国轩、王秀梅整理:《呻吟语·天地》,《吕坤全集》,中华书局2008年版,第772页。
⑤ (明)吕坤撰,王国轩、王秀梅整理:《呻吟语·天地》,《吕坤全集》,中华书局2008年版,第772页。

华","形"是"气之渣滓","形中有气,无气则形不生;气中无形,有形则气不载"①,因此说天地间有无形之气,却没有无气之形。

与此观点相应,吕坤认为"形生于气。气化没有底,天地定然没有;天地没有底,万物定然没有"。"形"由"气"而生,如果"气化"没有的东西那么天地肯定没有,天地没有的东西那么万物肯定没有,并且,整个气化过程是无休无止、绵延不息的,吕坤在《呻吟语·天地》中说:"气化无一息之停,不属进就属退。动植之物,其气机亦无一息之停,不属生就属死,再无不进不退而止之理。"②《去伪斋集》卷六《明恒》也说:"自有天地之前,以至无天地之后,一气流行,瞬息不续而乾坤毁矣。草木自萌蘗之后,以至摧萎之前,一气流行,瞬息不续而荣枯决矣。飞潜蠢动之物,自胚胎之后,以至死亡之前,一气流行,瞬息不续而生机绝矣。是天地万物所赖以常存者,恒故耳。"③ 气化过程没有一刻是停滞的,不是进就是退;动物植物自身的发展变化也没有一刻是停滞的,不属于生就属于死,没有不进不退而停滞不动的道理。与朱熹认为"理"在天地产生之前即已存在、天地产生之后乃至"万一山河大地都陷了毕竟也只理在",把"理"作为永恒存在的看法不同,吕坤把"气"看成永恒存在的,整个宇宙万物皆是一气流行的结果。在有天地之前乃至无天地之后,一气流行,永不停绝。而万物得天地之气而生,因为气的不同因此有不同情况。有宜温的,有宜微温的,有宜太温的,有宜温而风的,有宜温而湿的,有宜温而燥的,有宜温而时风时湿的。由哪种气所生成便适宜哪种气的特点,"得之则长养,失之则伤病"。而"气"有一毫之爽,万物将受一毫之病。或宜凉或宜寒或宜暑,无物不然。飞潜动植、蠛蠓之物"无不皆然"。因此说"故天地位则万物育,王道平则万民遂"④。

既然"气"是构成天地万物的根本,而"形"是"气"暂时存在的一种

---

① (明)吕坤撰,王国轩、王秀梅整理:《呻吟语·谈道》,《吕坤全集》,中华书局2008年版,第646页。

② (明)吕坤撰,王国轩、王秀梅整理:《呻吟语·天地》,《吕坤全集》,中华书局2008年版,第767页。

③ (明)吕坤撰,王国轩、王秀梅整理:《去伪斋集》卷六《明恒》,《吕坤全集》,中华书局2008年版,第274页。

④ (明)吕坤撰,王国轩、王秀梅整理:《呻吟语·天地》,《吕坤全集》,中华书局2008年版,第764页。

载体，那么"气"自然没有"终尽之时"，而"形"也没有"不毁之理"①，也就是说"气"是永恒的，是无生无灭的，而"形"则是有生有灭的。"元气亘万亿岁年终不磨灭，是形化气化之祖也"②，元气是横亘古今而终不磨灭的，是形化气化之祖。"自有天地之前，以至无天地之后，一气流行，瞬息不读而乾坤毁矣。"

在吕坤看来，天地万物只是一个"渐进"的过程，理气原是如此，即使想不渐进也不可能。在六合之中，无论动物植物都是"天出气、地出质"陶冶出来的，因此也都要"消磨无迹还他"，即使是人们所说的金石等坚硬之物也都要"归于无"。原因是"从无中生来，定要都归无去"，犹如一盆水，"打搅起来大小浮沤以千万计，原是假借成底，少安静时还化为一盆水"③。

在对"气"的分析中，吕坤又把"气"细分为阴气与阳气，而阴阳相合之气即"中和之气"。吕坤认为，天地间万事万物都是"阴阳两个共成的"，其中"独得于阴者，见阳必避，蜗牛壁藓之类是也"，而"独得于阳者，见阴必枯，夏枯草之类是也"。④ 吕坤还从干旱阴雨等自然现象认识到阴阳二气此消彼长、势极必反的规律。认为阴阳合时只管合，合极则离；离时只管离，离极则合。"不极则不离不合，极则必离必合。"⑤ 并且阴阳之气"一偏必极，势极必反"，阴阳乖戾而分，所以"孤阳亢而不下阴则旱无其极。阳极必生阴，故久而雨。阴阳和合而留故淫，阴升而不舍阳则雨无其极。阴极必生阳，故久而晴"⑥。并且，万物生于阴阳也死于阴阳，这是一个自然而然的现象，阴阳并没有刻意为之。犹如"雨非欲润物，旱非欲燥物，风非欲挠物，雷非

---

① （明）吕坤撰，王国轩、王秀梅整理：《呻吟语·谈道》，《吕坤全集》，中华书局2008年版，第609页。

② （明）吕坤撰，王国轩、王秀梅整理：《呻吟语·天地》，《吕坤全集》，中华书局2008年版，第768页。

③ （明）吕坤撰，王国轩、王秀梅整理：《呻吟语·天地》，《吕坤全集》，中华书局2008年版，第764页。

④ （明）吕坤撰，王国轩、王秀梅整理：《呻吟语·天地》，《吕坤全集》，中华书局2008年版，第764—765页。

⑤ （明）吕坤撰，王国轩、王秀梅整理：《呻吟语·天地》，《吕坤全集》，中华书局2008年版，第765页。

⑥ （明）吕坤撰，王国轩、王秀梅整理：《呻吟语·天地》，《吕坤全集》，中华书局2008年版，第766—767页。

第四章　明朝时期中原理学思想

欲震物",只是"阴阳任其气之自然,而万物因之以生死耳"①,不是天地有心成化,一切皆是自然而然,同样,天地之于万物也是"因之而已,分毫不与焉"②。吕坤认为"中和之气"是"万物之所由以立命者",因此"无所不宜";而"偏盛之气"是"万物之所由以盛衰者",因此"有宜有不宜"。③

吕坤不同意理学人士把"道"与"器"、"理"与"气"分开并把"道""理"作为宇宙本体的观点,认为"道、器非两物,理、气非两件。成象、成形者器,所以然者道;生物、成物者气,所以然者理。道与理,视之无迹,扪之无物,必分道器、理气为两项,殊为未精"④。吕坤认为所谓的道器、理气是体用一如的关系,道是器之理,理是气之规律,其中道与理是无形无迹之物,而器与气则是有形有象之物,道与理是"器"与"气"的所以然,二者是不可分开的。宇宙内万物"只是一块气","生天、生地、生人、生物"的是"气",而其中蕴含的"所以然"则是"理","气即是理。理者,气之自然者","形而上与形而下不是两般道理,下学上达不是两截工夫",因此"理"与"气"也不能用"对待"、二分而言。如果用"对待"关系理解理气关系的话那么"费隐亦二矣"⑤,这显然是不合适的。

吕坤也反对佛教的"轮回"之说,认为人"呼吸一过,万古无轮回之时;形神一离,千年无再生之我"⑥。并批判两汉以来的谶纬神学思想,认为"星陨、地震、山崩、雨血、火见、河清"是自然界中偶然出现的现象,"不必以灾异恐之"⑦,虽然天地是不可完全预知的,但自然界中的万事万物是可以被

---

① （明）吕坤撰,王国轩、王秀梅整理:《呻吟语·天地》,《吕坤全集》,中华书局2008年版,第766—767页。
② （明）吕坤撰,王国轩、王秀梅整理:《呻吟语·天地》,《吕坤全集》,中华书局2008年版,第773页。
③ （明）吕坤撰,王国轩、王秀梅整理:《呻吟语·天地》,《吕坤全集》,中华书局2008年版,第770页。
④ （明）吕坤撰,王国轩、王秀梅整理:《呻吟语·谈道》,《吕坤全集》,中华书局2008年版,第661页。
⑤ （明）吕坤撰,王国轩、王秀梅整理:《呻吟语·谈道》,《吕坤全集》,中华书局2008年版,第661页。
⑥ （明）吕坤撰,王国轩、王秀梅整理:《去伪斋文集》卷五《书启·与讲学诸友》,《吕坤全集》,中华书局2008年版,第226页。
⑦ （明）吕坤撰,王国轩、王秀梅整理:《呻吟语·天地》,《吕坤全集》,中华书局2008年版,第767页。

人认知的:"天地不可知也,而吾知天地之所生。观其所生,而天地之性情形体俱见之矣。是故观子而知父母,观器而知模范。天地者,万物之父母而造物之模范也。"① 通过对天地产生的万物的认知,人可以推测预知天地之性情形体,犹如"观子而知父母,观器而知模范",天地既然是万物之父母、造物之模范,由对万物的观察研究自然可以掌握天地运行的规律和其中蕴含的道理。

二 心性修养论

(一) 人性论

吕坤把人性分为义理之性和气质之性两种,其中义理之性是"有善无恶",气质之性则是"有善有恶",因此"性"是"理气之总名","无不善之理,无皆善之气"。② 吕坤认为论性善者是纯以理而言,论性恶或善恶相混者是"兼气而言",因此不同经典对人性的看法不同,只有孔子所说"性相近,习相远"是比较合理的。吕坤认为义理之性与气质之性一样都是人生而就有的,也就是人性是同时具有善与恶的。也正因此,吕坤说:"善是性,性未必是善;秤锤是铁,铁不是秤锤。"③ 善是人性中有的,但人性未必是善,犹如秤锤是铁,但铁并不一定是秤锤。针对别人说的孟子的性善问题,吕坤认为孟子以耳目口鼻四肢之欲为性,但人的耳目口鼻四肢之欲却并不一定都是善的、合理的,吕坤认为孔子所讲的"一阴一阳之谓道"是讲一阴一阳"均调而不偏",是"天地中和之气,故谓之道"。人秉承此"中和之气"则为善,假若只禀受一阴气则偏于柔,只禀受一阳气则偏于刚,这两种情况"皆落气质,不可谓之道"。

吕坤还分析了纯阴纯阳、一阴二阳、二阴一阳、一阴三四五阳、五阴一三四阳的情况,认为纯阴纯阳则是偏,一阴二阳、二阴一阳则是驳,一阴三

---

① (明)吕坤撰,王国轩、王秀梅整理:《呻吟语·天地》,《吕坤全集》,中华书局2008年版,第763页。
② (明)吕坤撰,王国轩、王秀梅整理:《呻吟语·谈道》,《吕坤全集》,中华书局2008年版,第660页。
③ (明)吕坤撰,王国轩、王秀梅整理:《呻吟语·谈道》,《吕坤全集》,中华书局2008年版,第660页。

四五阳、五阴一三四阳则是杂。因此"仁智之见,皆落了气质一边","礼者见之谓之礼,义者见之谓之义,皆是边见"。吕坤还认为"朱注以继为天,误矣;又以仁智分阴阳,又误矣"。朱熹从"继之者善"的角度认为秉承于天的看法以及以仁智分阴阳的做法是错误的。吕坤把所谓的"天"分为两种,即"理道之天"与"气数之天",此两种天赋之于人之后即为人所有的两种人性,即义理之性与气质之性。这两者同出于"太极",并且"理道之天"是"先天",未附着阴阳五行之前的状态,是纯善无恶的,也即《书经》中所说的"惟皇降衷,厥有恒性",《诗经》所谓"天生烝民,有物有则"。而"气数之天"则是"后天",是下贯于阴阳五行之后具体存在者所具有之性,它是有善有恶的,也即《书经》中所说的"天生烝民,有欲",孔子所说的"惟上知与下愚不移"(《论语·阳货》)。吕坤认为孟子讲性善只从德性之善而言,而耳目口鼻四肢之欲等物欲皆从气质禀赋而来,因此是有善有恶的。①

吕坤认为一般讲性善的人主要是以义理之性为主而没有讲气质之性的原因,主要是从孟子驳斥告子等对人性的看法以后,后世儒家人士一般都从孟子之见而不敢有异议的原因,吕坤认为这种做法是"未观于天地万物之情也"。在吕坤看来,义理之性固然是天所赋予的,而气质之性同样是天所赋予。因此吕坤提出自己对人性的看法:"义理之性,有善无恶;气质之性,有善有恶。"认为气质之性也是"天命于人而与生俱生者",因此也应该称之为"性"。吕坤还认为二程"论性不论气不备,论气不论性不明"的看法是把性、气分作两项,这样的分析是不透彻的;而张载称天地之性是至善的、气质之性则清浊纯驳有种种不同的看法有些"支离"。但理学人士所提的"气质之性"是"有功于孟子"的,有气质之性之后省去了很多口舌来解释性善何以又有性恶的问题。在吕坤看来,天地中只是一个气,而理在气之中,理赋予万物则是物之性。因此"性字从生从心,言有生之心也"。并且,假如没有气质之性而只有至善德性的话,那现实之中应该人人皆是生而知之的圣人,如此一来千古圣贤所说的千言万语、教化刑名就都是多余的了。在吕坤看来,千古圣贤教化施设都是为了"降伏气质,扶持德性"。吕坤还认为自己提出这

---

① 参见(明)吕坤撰,王国轩、王秀梅整理《呻吟语·谈道》,《吕坤全集》,中华书局2008年版,第655—656页。

种观点是颠扑不破的，因此"立案于此，俟千百世之后驳之"①。

此外，吕坤还认为"天以阴阳五行化生万物"，因此禽兽草木也有"性"，其生也是天命使然。并认为喜怒哀乐等七情虽然是"情欲"但是只要得其正则都是"天理"；而仁义礼智信五性虽皆是仁所具备，但只要"不仁了，都是人欲"②。因此，其对人欲的界定和朱熹一样，主要指情欲中"不正"的部分，而不是全部情欲。

（二）收其心、诚敬

在具体的修养方法上，吕坤主张只在"人心"上做工夫，"收放心"，以诚敬的态度养心。吕坤曾说："举世都是我心，去了这我心，便是四通八达，六合内无一些界限。"③ 此处之"我心"即指私我之心，是物我分离、与物有隔之心，有此私我之心便不能与物为一，形成"冲和"之躯乃至成天下之仁，必须去除"我心"，因此一切工夫都要围绕着"心"而做。吕坤认为，"仁是全体"，没有毫发欠缺；"仁是纯体"，没有纤芥瑕疵；"仁是天成"，没有些许造作。众人分一心为胡越之别，圣人则会天下以成其身。人满方寸之间浑成一个德性，没有分毫私欲便是一心之仁；而六尺之躯浑成一个"冲和"，没有分毫病痛便是一身之仁。满六合之内则浑成一个大的身躯，彼此之间没有分毫间隔便是"合天下以成其仁"。因此吕坤认为"两间无物我，万古一呼吸"④，这是圣人才能达到的境界。

吕坤认为，"心"要如称重量的天平一样，称量物体时是"物忙而衡不忙"；不称量时即"悬空在此"。吕坤指出"收放心"不能像追逐放豚，既然已经进猪笼了，就应该使它"从容闲畅，无拘迫懊憹之状"。如果心里恨它难以收回便对其束缚局限的话那与"放失同"，原因是"同归于无得"，如果再放时仍然会"奔逸不可收拾"。在吕坤看来，君子之心应该"如习鹰驯雉，搏

---

① （明）吕坤撰，王国轩、王秀梅整理：《呻吟语·性命》，《吕坤全集》，中华书局2008年版，第611页。
② （明）吕坤撰，王国轩、王秀梅整理：《呻吟语·谈道》，《吕坤全集》，中华书局2008年版，第646页。
③ （明）吕坤撰，王国轩、王秀梅整理：《呻吟语·存心》，《吕坤全集》，中华书局2008年版，第617页。
④ （明）吕坤撰，王国轩、王秀梅整理：《呻吟语·性命》，《吕坤全集》，中华书局2008年版，第612页。

击飞腾，主人略不防闲，及上臂归庭，却恁忘机自得，略不惊畏"。并且，"心放不妨，要在邪正上说，不在出入上说"，也就是说要把心的念想分为邪念、妄念不同的部分，而不能仅在心有念、无念上说。吕坤举例说"高卧山林，游心廊庙；身处衰世，梦想唐虞。游子思亲，贞妇怀夫"等这些念头都不是邪念，而心具有这些思虑并不是"放心"。因此，如果不论"邪正"而仅仅从"出入"来讲"心"的话就会落入佛教禅定之学。而人生活在天地之间，既然没有一天不起心动念，那自然要有个动念的道理；既然没有一天不说话，那自然要有个说话的道理；既然没有一天不处事，那自然就要有个处事的道理；既然没有一天不与人接触，那自然就要有个与人接触的道理；既然没有一天不"理物"，那自然就要有个"理物"的道理，乃至怨怒笑歌、伤悲感叹、顾盼指示、咳唾涕洟、隐微委曲、造次颠沛、疾病危亡等行为"莫不各有道理"。既然这样，只要时时体认，件件讲求，"持一个自强不息之心通乎昼夜，要之于纯一不已之地忘乎死生"，自然可以无毫许逾闲放殆之心，从而还本归全，戴天履地，与天地万物为一体。否则就会"恣情纵意而各求遂其所欲"，从而堕入与只有知觉运动的动物一样的地步而不再是万物之灵。

而具体的去除我心、收放心的方法就是"时时省察"、尽日检点自己的念头"是为天地万物？是为我？"① 自己之心是"公己公人心"还是"自私自利心？"② 发出念头"果是人心？果是道心？"出言行事"果是公正？果是私曲？"③

在吕坤看来，这些念头是至关重要的，如果"充一个公己公人心，便是胡越一家；任一个自私自利心，便是父子仇雠"。吕坤认为天下兴亡、国家治乱、万姓死生"只争这个些子"。而当自己有"放心如何收"、公心私心等这种念头之时"便是收［放心］了"，放心与收心是很容易的事，"才昏昏便出

---

① （明）吕坤撰，王国轩、王秀梅整理：《呻吟语·存心》，《吕坤全集》，中华书局2008年版，第617页。
② （明）吕坤撰，王国轩、王秀梅整理：《呻吟语·存心》，《吕坤全集》，中华书局2008年版，第624页。
③ （明）吕坤撰，王国轩、王秀梅整理：《呻吟语·修身》，《吕坤全集》，中华书局2008年版，第674页。

去，才惺惺便在此"，"人只是心不放肆，便无过差；只是心不怠忽，便无遗忘"，只要时时警醒，心不懈怠，自然不放失。吕坤认为心一松散则万事不可收拾，心一疏忽则万事不入耳目，心一执着则万事不得自然，因此强调"心""从容闲畅"，"静虚中正"，"忘机自得，略不惊畏"的状态。

而在收放心的同时，还必须有"存养心"的工夫。吕坤强调君子要养"心气"、要"存心"，因为"心气一衰，天下万事分毫做不得"①，"不存心，看不出自家不是"，所以在动静、语默、接物、应事等日常行为中不能有一时之疏忽，要把件件事都想一想，即可见浑身都是过失，必须"动合天则，然后为是"。

而存心的关键即"主静"，吕坤认为，只要"静"了，"千酬万应都在道理上，事事不错"，"静里看物欲，如业镜照妖"，"静则凝重。静中境自是宽阔"。吕坤认为"躁心、浮气、浅衷、狭量"这八个字是修德之人的大忌，而去除此八字的方法就是"主静"，在吕坤看来，主静的工夫"大于千牛，勇于十虎"，因此静在心思沉着，自然明白公心私心之别。但是吕坤所讲"主静""沉静"并不是缄默不言的意思，真正的"沉静"是"意渊涵而态闲正"，"虽终日言语，或千军万马中相攻击，或稠人广众中应繁剧，不害其为沉静，神定故也。一有飞扬动扰之意，虽端坐终日，寂无一语，面色貌自浮。或意虽不飞扬动扰，而昏昏欲睡，皆不得谓沉静。真沉静底自是惺惚，包一段全副精神在里"。②

吕坤还指出治心之学"莫妙于瑟僩二字"，这里的"瑟"意指"严密"，就像重关天险，无隙可乘，"此谓不疏，物欲自消其窥伺之心"。而"僩"意指"武毅"，犹如将军按剑，见者两股战栗，"此谓不弱，物欲自夺其猖獗之气"。吕坤认为当时人心犹如"四无墙户，如露地钱财，有手皆取。又孱弱无能，如杀残俘虏，落胆从人。物欲不须投间抵隙，都是他家产业；不须硬迫柔求，都是他家奴婢。更有那个关防？何人喘息？"③ 人心丧失、良知泯灭的

---

① （明）吕坤撰，王国轩、王秀梅整理：《呻吟语·存心》，《吕坤全集》，中华书局2008年版，第616页。

② （明）吕坤撰，王国轩、王秀梅整理：《呻吟语·存心》，《吕坤全集》，中华书局2008年版，第625页。

③ （明）吕坤撰，王国轩、王秀梅整理：《呻吟语·存心》，《吕坤全集》，中华书局2008年版，第625页。

这种状态真是可悲可恨!

因此,吕坤在主静的同时,又提出"主敬"之道,并把"敬"分为不同种类,比如"静时涵养底敬""主一无适底敬""随事小心底敬"等。认为"外面整齐严肃,内面齐庄中正"是静时涵养的敬;"读书则心在于所读,治事则心在于所治"是主一无边的敬;"出门如见大宾,使民如承大祭"则是随事小心的敬。总的来说,"敬"要"以端严为体,以虚活为用,以不离于正为主",只要"心"不流于邪僻,"事"不诡于道义,虽"不拘拘于端严",却并不妨碍"诚敬"之道。如果去"断严"上刻意"求敬"的话那么荷锄负畚、执辔御车、鄙事贱役等日常生活就无从做起了。相反,如果"心游千里,意逐百欲,而此身却兀然端严在此",这并不是"敬"。因此,吕坤认为"敬不择人,敬不择事,敬不择时,敬不择地","只要个心与正依,事与道合"。①

此外,在《呻吟语》中吕坤还提出一些具体的人生智慧,比如针对一般人困惑的"横逆"态度问题,吕坤采取了比较理性的处理态度,主张"凡有横逆来侵,先思所以取之之故,即思所以处之之法,不可便动气。两个动气,一对小人,一般受祸"②。

此外还有有过则改、权变之宜、不自是自见等,但主要还是围绕"心"来做进德成圣工夫,这或许与其生活在阳明学盛行的环境有关。但与阳明主张"致良知"的观点不同,吕坤不赞成生而知之、良知良能的说法。他认为,"良知"生于"良心",而"良心"生于"天命","良知之说"虽然也是"致曲扩端学问",但是"作用大端费力"。而"作圣工夫当从天上做,培树工夫当从地上做"。比如射箭之道,"中者矢也。矢由弦,弦由手,手由心。用工当在心,不在矢";而驾御之道,"用者衔也,衔由辔,辔由手,手由心。用工当在心,不在衔"。③ 和阳明一样,吕坤强调知行合一、真知必能行,认为天下之事"真知再没个不行,真行再没个不诚,真诚之行再没个不自然底。

---

① (明)吕坤撰,王国轩、王秀梅整理:《呻吟语·谈道》,《吕坤全集》,中华书局 2008 年版,第 648 页。
② (明)吕坤撰,王国轩、王秀梅整理:《呻吟语·应务》,《吕坤全集》,中华书局 2008 年版,第 727 页。
③ (明)吕坤撰,王国轩、王秀梅整理:《呻吟语·谈道》,《吕坤全集》,中华书局 2008 年版,第 660 页。

自然之行不至其极不止,不死不止,故曰'明则诚'矣"①。在《答孙立亭论格物第四书》和《别尔瞻书》中,吕坤强调知行并重,认为"行"更重要,并把那些"是古非今"的人称为"俗儒",认为王学空疏而把对"国家之存亡,万姓之生死,身心之邪正"有用的事功之学作为学术道脉,从而走向功利主义与实用主义。

(三) 以"道"为师

在对待儒、佛、老、庄、申、韩、管、商等诸家态度上,吕坤坚持"师道",以"道"为师,而不是"师汉唐""师宋儒""师先圣之言",抑或其他学派。②吕坤认为,从汉唐以下,儒家议论"驳而至理杂",宋儒求以明道但却"多穿凿附会之谈,失平正通达之旨",先圣之言则"煨于秦火,杂于百家,莠苗朱紫,使后学尊信之而不敢异同",汉唐诸儒议论驳杂而"杂道",宋儒议论穿凿附会"隘道",先圣之言良莠难分又成为成规,只有"道"是"无二"的,是"千圣万世无不吻合"③ 的,因此只有以道为师才是最合理的。

而所谓的"道"即"天下古今共公之理",是人人都有份的。"道"没有"津涯",不是生人之言所能局限的,而"事有时势",也不是圣人之制所能详尽的。"道不自私,圣人不私道",而儒者却"每私之",说"圣人之道",又"言必循经,事必稽古"说是"卫道",事实上"道"是"千古之大防也,谁敢决之?"吕坤认为后世如果"有明者出","发圣人所未发,而默契圣人欲言之心;为圣人所未为,而吻合圣人必为之事,此固圣人之深幸而拘儒之所大骇也"。④ "道"既不是某一人某一派所能独有的,也不是圣人的经典言

---

① (明) 吕坤撰,王国轩、王秀梅整理:《呻吟语·谈道》,《吕坤全集》,中华书局 2008 年版,第 665 页。

② 《呻吟语·谈道》记载吕坤和友人的谈话说:"人问:君是道学否?曰:我不是道学。是仙学否?曰:我不是仙学。是释学否?曰:我不是释学。是老、庄、申、韩学否?曰:我不是老、庄、申、韩学。毕竟是谁家门户?曰:我只是我。"[(明) 吕坤撰,王国轩、王秀梅整理:《吕坤全集》,中华书局 2008 年版,第 644 页]

③ (明) 吕坤撰,王国轩、王秀梅整理:《呻吟语·谈道》,《吕坤全集》,中华书局 2008 年版,第 643 页。

④ (明) 吕坤撰,王国轩、王秀梅整理:《呻吟语·谈道》,《吕坤全集》,中华书局 2008 年版,第 642 页。

论所能范围的;"道"不仅指自然界中万物自身的变化规律,而且也是人类社会所必须遵守的社会法则,更是人人应该实践的道德伦常,是人之所以为人的关键所在。因此,吕坤说圣人学问只是"人定胜天",这里的人定胜天显然并不仅指掌握自然界的客观规律而言,更重要的是就"尽其心""知其性"从而"知天"、"体天"、天人合一意义上而言的。

并且,吕坤还认为"异端者,本无不同,而端绪异也",所谓异端本来没有不同之处,只不过端绪不同而已。在吕坤看来,千古以来,只有尧、舜、禹、汤、文、武、孔、孟一脉是正端。而佛、老、庄、列、申、韩、管、商乃至伯夷、伊尹、柳下惠都是异端,还认为子贡、子夏之徒也"流而异端"[1]。先秦之后,汉儒之道驳杂,宋儒之道狭隘,学者若要"入道""求道学真传"[2],只要诵读体玩"六经""四书",先看"孔孟以前胸次"即可;可以先不看"百氏诸儒"之书,也不要受宋儒观点影响,"休著宋儒横其胸中";而如果非要参看宋儒之道,吕坤建议可以"先看濂溪、明道"[3]。而"问治平要旨"则只"远宗三皇、五帝,净洗汉、唐而下心肠"[4]。因为三皇五帝实行的是王道之治,而汉唐以下实行的则是霸道之治。也正因此,吕坤认为自己非儒、非道、非佛,"我只是我",在某种意义上来说,吕坤又可以说是亦儒亦道亦佛亦杂,含摄诸家而实践其"师道"的宗旨。

三 为政之道

与其反对王学空谈心性的观点一致,吕坤十分注重经世致用。吕坤在《呻吟语》一书序言中,揭示其著述宗旨是"病时疾痛语也","三十年来,所志《呻吟语》凡若干卷,携以自乐。司农大夫刘景泽摄心缮性,平生无所呻吟,予甚爱之。顷共事雁门,各谈所苦,予出《呻吟语》视景泽。景泽曰:

---

[1] (明)吕坤撰,王国轩、王秀梅整理:《呻吟语·谈道》,《吕坤全集》,中华书局2008年版,第654页。

[2] (明)吕坤撰,王国轩、王秀梅整理:《呻吟语·存心》,《吕坤全集》,中华书局2008年版,第629页。

[3] (明)吕坤撰,王国轩、王秀梅整理:《呻吟语·品藻》,《吕坤全集》,中华书局2008年版,第788页。

[4] (明)吕坤撰,王国轩、王秀梅整理:《呻吟语·存心》,《吕坤全集》,中华书局2008年版,第629页。

'吾亦有所呻吟，而未之志也。吾人之病大都相同，子既志之矣，曷以公人？盖三益焉：医病者见子呻吟，起将死病；同病者见子呻吟，医各有病；未病者见子呻吟，谨未然病。是子以一身示惩于天下，而所寿者众也。'"① 可见《呻吟语》一书名为个人治病防病之书，实则是治疗世病之书。

吕坤一生从政长达二十三年，对当时的政治、经济、民生、军事等问题有深刻的认识。万历二十五年（1597）四月其在《忧危疏》中指出当时百姓"冻骨无兼衣，饥肠不再食，垣舍弗蔽，苫蒿未完；流移日众，弃地猥多，留者输去者之粮，生者承死者之役"，而国家却仍然奢侈糜费无度，数年以来"寿宫之费几百万，织造之费几百万，宁夏之变几百万，黄河之溃几百万，今大工、采木费，又各几百万"，这种局面说明当时社会虽"乱势未动"但"乱象已行"，当时之人虽"乱人未倡"但"乱心已萌"，当时之政也是"拨乱机使之动、助乱人使之倡者也"②。吕坤还指出从万历十年以后虽然"无岁不灾"但朝廷却"催科如故"，这是百姓贫困的主要原因。吕坤根据自己在外地做官见到民间百姓情况劝谏神宗朱翊钧，希望神宗改善万历后期腐败的政治。吕坤认为祸患因安乐而产生、因勤于事物而被避免；因奢侈放纵而产生、因谨慎节俭而被避免；因贪欲过多而产生、因知足常乐而被避免；因多事而产生、因行为谨慎而被避免。

在安乐与忧勤、奢肆与谨约、"觎望"与知足、多事与慎动等行为的对比中，吕坤指出其理想的为政之人应该"以徇私、弭谤、违道、干誉为第一耻"，应该"自有应行道理，合则行，不合则去"③，不能为去迁就，计利虑害；在情与法之间应该"徇情而不废法，执法而不病情"④。为政之道应该是"以不扰为安，以不取为与，以不害为利，以行所无事为兴废起弊"⑤，"宽

---

① （明）吕坤撰，王国轩、王秀梅整理：《呻吟语原序》，《吕坤全集》，中华书局2008年版，第605页。

② （明）吕坤撰，王国轩、王秀梅整理：《附录·附录三·传记·明史吕坤传》，《吕坤全集》，中华书局2008年版，第1722页。

③ （明）吕坤撰，王国轩、王秀梅整理：《呻吟语·治道》，《吕坤全集》，中华书局2008年版，第848页。

④ （明）吕坤撰，王国轩、王秀梅整理：《呻吟语·治道》，《吕坤全集》，中华书局2008年版，第849页。

⑤ （明）吕坤撰，王国轩、王秀梅整理：《呻吟语·治道》，《吕坤全集》，中华书局2008年版，第815页。

简"二字乃为政之大体,"不宽则威令严,不简则科条密。以至严之法,绳至密之事,是谓烦苛暴虐之政也",不仅困己,而且扰民,明君应以此为戒,谨记为政"先以扶持世教为主"①,"先尽革靡文而严诛淫巧",去伪存诚②,"使百姓大家相安"③,不可有意"立名建功以求煊赫之誉"④。

《呻吟语·治道》展示了吕坤的这种治国为政理念,即以不扰民为安定,以不过分榨取百姓为施与,以不祸害百姓为有利,以不劳民伤财为兴废除弊。在其为官期间,吕坤多次犯颜直谏,反对当时的腐败现象,主张革除弊政。

明万历二十五年(1597)五月,吕坤上疏条陈天下安危,指出当时百姓"冻骨无兼衣,饥肠不再食;垣舍弗蔽,苫藁未完;流移日众,弃地猥多;留者输去者之粮,生者承死者之役"⑤的悲惨处境,希望明神宗朱翊钧关心百姓生计,实施得民心的措施,"有利于民者悉修举之,有害于民者悉扫除之",并建议朱翊钧停止征收山西之绸,苏、松之锦绮,饶州之瓷器,川贵湖广之木材,南阳之矿,以及畿甸之租银,并且严惩奸佞,优待忠臣。明万历三十六年(1608),吕坤在《又答孙月峰》中指出当时存在的种种腐败现象:"灭纪法以树私交,怠职业而相玩愒。工机械而丑诚直;尚翕訿而无公论,苟目前而忘远虑,重宠利而轻民社,急虚文而弃实务。"⑥正因为官员的这种玩忽职守、目无法纪、苟且偷安、虚度时日的做法使明朝处于积贫积弱、一触即溃的局面。

吕坤同情百姓疾苦,指出"不生富贵人,贫贱安得死?"⑦并且说"百姓

---

① (明)吕坤撰,王国轩、王秀梅整理:《呻吟语·治道》,《吕坤全集》,中华书局2008年版,第815页。

② 《附录·附录三·传记·杂志》记载:"先生讲身心性命之学,每从乐庵,有所领会,遂借'去伪'二字以名其斋。"[(明)吕坤撰,王国轩、王秀梅整理:《吕坤全集》,中华书局2008年版,第1739页]

③ (明)吕坤撰,王国轩、王秀梅整理:《呻吟语·治道》,《吕坤全集》,中华书局2008年版,第850页。

④ (明)吕坤撰,王国轩、王秀梅整理:《呻吟语·治道》,《吕坤全集》,中华书局2008年版,第850页。

⑤ (明)吕坤撰,王国轩、王秀梅整理:《附录·附录三·传记·明史吕坤传》,《吕坤全集》,中华书局2008年版,第1723页。

⑥ (明)吕坤撰,王国轩、王秀梅整理:《去伪斋集》卷五《书启·又答孙月峰》,《吕坤全集》,中华书局2008年版,第213页。

⑦ (明)吕坤撰,王国轩、王秀梅整理:《去伪斋集》卷十《诗·反挽歌十首》,《吕坤全集》,中华书局2008年版,第593页。

只干正经事，不怕衣食不丰足。君臣只干正经事，不怕天下不太平"①。也正因对百姓生活有深切的了解和同情，吕坤才多次讲到要爱惜民力，重视民生，希望能实行孟子所说的"养政之道"，使"老者衣帛食肉，黎民不饥不寒"，"鳏寡孤独废疾者皆有所养"，并把民意看成天意的体现，认为"天之生民非为君也，天之立君以为民也，奈何以我病百姓？夫为君之道无他，因天地自然之利而为民开导撙节之，因人生固有之性而为民倡率裁制之，足其同欲，去其同恶，凡以安定之使无失所，而后天立君之意终矣。岂其使一人肆于民上而剥天下以自奉哉？"②认为"人心者，国家之命脉也"③，"知君身之安危，社稷之存亡，百姓操其权故耳"④。民心、民意左右着君主的安危和社稷的存亡，先王为政"全职人心上用工夫"，而先王体察人心则在"我心"上用工夫，其原因在于人同此心，心同此理："同然之故也。"⑤

  吕坤生活的嘉靖、万历时代，当时"民心如实炮，捻一点而烈焰震天；国势如溃瓜，手一动而流液满地"⑥，社会道德体系到了濒临崩溃的边缘。吕坤试图重建儒家修齐治平的道德体系，唤醒人们心中久违的羞耻感和道德心。他希望君主能以百姓心为心，希望官吏能"以伊尹之所志为己任，以社稷苍生为己责"⑦，希望人们能以儒家道德伦理规范约束自己日渐膨胀的物欲和行为。吕坤本人也身体力行着自己的政治主张，其在为政期间，关心百姓疾苦、冒死为民请命，著书立说揭露当时的社会弊端，提出自己的政治、人生主张。吕坤虽没有挽回明朝颓败的局势，但其积极用世、关心国家、心系百姓的精

---

① （明）吕坤撰，王国轩、王秀梅整理：《呻吟语·治道》，《吕坤全集》，中华书局2008年版，第827页。
② （明）吕坤撰，王国轩、王秀梅整理：《呻吟语·治道》，《吕坤全集》，中华书局2008年版，第845—846页。
③ （明）吕坤撰，王国轩、王秀梅整理：《附录·附录三·传记·明史吕坤传》，《吕坤全集》，中华书局2008年版，第1723页。
④ （明）吕坤撰，王国轩、王秀梅整理：《去伪斋集》卷一《奏疏·忧危疏》，《吕坤全集》，中华书局2008年版，第8页。
⑤ （明）吕坤撰，王国轩、王秀梅整理：《呻吟语·治道》，《吕坤全集》，中华书局2008年版，第820页。
⑥ （明）吕坤撰，王国轩、王秀梅整理：《去伪斋集》卷五《书启·答孙月峰》，《吕坤全集》，中华书局2008年版，第215页。
⑦ （明）吕坤撰，王国轩、王秀梅整理：《去伪斋集》卷五《书启·贺侍御侯碧塘》，《吕坤全集》，中华书局2008年版，第215页。

神却使自己名留史册。

第五节　杨东明的理学思想

杨东明（1548—1624），字启修，号晋庵，虞城（今河南虞城北）人，明神宗（朱翊钧）万历年间进士，历任中书舍人、太常少卿、光禄寺卿、通政使、刑部侍郎。崇祯初年，赠刑部尚书。任职刑科右给事中一职时曾上神宗《河南饥民图》，共十四幅图，前面十三幅图详细描绘了逃亡流民的各种状况，用通俗易懂的俚语纪实，并配有解释。第十四幅图画的是杨东明朝拜疏文的画像，疑是后人所加。在上《河南饥民图》的同时，杨东明还同时推荐寺丞钟化民前去河南赈灾。后来因为弹劾沈思考而被贬为陕西布政司照磨，里居长达二十六年。光宗朱常洛即位后启用杨东明为太常少卿。熹宗时期曾升迁至刑部右侍郎。后归隐乡里，天启甲子年去世时七十七岁，《明史》卷二四一《王纪传》中记载有杨东明的事迹。著有《青琐荩言》《晋庵论性臆言》等。据《明儒学案》记载，杨东明在居家期间，凡有民间利弊，无不"身任"，曾经说："身有显晦，道无穷达，还觉穷，则独善其身之言有所未尽。"

杨东明学宗王阳明，与穆孔晖、孟我疆、尤时熙、孟化鲤、南大吉等同为北方"王学"代表人物，但杨东明很少谈论阳明提倡的"致良知"，而是对阳明"无善无恶者心之体"多有阐发，认为王阳明以"无善无恶心之体""言心"而不是以之"言性"，犹如孔子之言"无知"，黄宗羲认为东明此说是"真得阳明之肯綮"①。

一　理与气

据《明儒学案》记述，杨东明为学要领在于关于气质之性的讨论，而杨东明所言"气质之性"虽源自宋儒，且其本人也认为气质之性四字"适得吾性之真体，非但补前辈之所未发也"，但其对气质之性的论述却与宋儒从本体论的角度阐述"理""气"关系不同。② 杨东明在《晋庵论性臆言》中指出

---

① （清）黄宗羲著，沈芝盈点校：《北方王门学案·侍郎杨晋庵先生东明·晋庵论性臆言》，《明儒学案》卷二十九，中华书局2008年版，第649页。

② 如程颢把"理"与"天"相连，认为"天理"二字乃自家体贴出来；朱熹认为理在天地万物之中，犹如"人搭挂在马上相似"，万一天地万物不在了，毕竟也只有理在。

"理气一也"①,"理气断非二物"②,"一边言气,一边言理"并不是说"气"与"理"背道而驰,这两者是浑然一体的,"气者理之质也,理者气之灵也",理与气犹如"铜镜生明,有时言铜,有时言明",虽然"不得不两称之",但"铜生乎明,明本乎铜,孰能分而为二哉?"③

杨东明认为"盈宇宙间只是浑沦元气,生天生地,生人物万殊,都是此气为之。而此气灵妙,自有条理,便谓之理"④。充盈于宇宙之间的只有元气,包括人在内的天地万物皆由此元气生成,宋儒主要是从形上的"道""理"的角度诠释"太极"的⑤,而杨东明则认为天地、五行、阴阳乃至于"太极"皆是"气",其区别在于有质和无质而已:"天地亦气质也,五行亦阴阳也,

---

① (清)黄宗羲著,沈芝盈点校:《北方王门学案·侍郎杨晋菴先生东明·晋菴论性臆言》,《明儒学案》卷二十九,中华书局 2008 年版,第 650 页。
② (清)黄宗羲著,沈芝盈点校:《北方王门学案·侍郎杨晋菴先生东明·晋菴论性臆言》,《明儒学案》卷二十九,中华书局 2008 年版,第 650 页。
③ (清)黄宗羲著,沈芝盈点校:《北方王门学案·侍郎杨晋菴先生东明·晋菴论性臆言》,《明儒学案》卷二十九,中华书局 2008 年版,第 650 页。
④ (清)黄宗羲著,沈芝盈点校:《北方王门学案·侍郎杨晋菴先生东明·晋菴论性臆言》,《明儒学案》卷二十九,中华书局 2008 年版,第 649 页。
⑤ 程颐在《易序》中解释"易有太极,是生两仪"时说"太极者道也,两仪者阴阳也。阴阳,一道也。太极,无极也。万物之生,负阴而抱阳,莫不有太极,莫不有两仪,絪缊交感,变化无穷"[(宋)程颢、程颐著,王孝鱼点校:《二程集》,中华书局 2004 年版,第 667 页]。朱熹在《周易序》中说"易有太极,是生两仪。太极者,道也;两仪者,阴阳也"[(宋)朱熹:《周易本义》,中华书局 2009 年版,第 1 页]。其中《周易本义》卷三《系辞上传》第十一章中说:"一每生二,自然之理也。易者,阴阳之变。太极者,其理也。两仪者,始为一画以分阴阳。四象者,次为二化以分太少。八卦者,次为三画而三才之象始备。"[(宋)朱熹:《周易本义》,中华书局 2009 年版,第 240 页]《朱子语类》卷一《理气上·太极天地上》中说,"太极只是天地万物之理。在天地言,则天地中有太极;在万物言,则万物中各有太极。未有天地之先,毕竟是先有此理"[(宋)黎靖德:《朱子语类》,中华书局 1986 年版,第 1 页],"太极只是一个'理'字"[(宋)黎靖德编:《朱子语类》,中华书局 1986 年版,第 2 页],《性理二·性情心意等名义》中说,"太极是理,形而上者;阴阳是气,形而下者。然理无形,而气却有迹","心之理是太极,心之动静是阴阳"[(宋)黎靖德编:《朱子语类》卷五,中华书局 1986 年版,第 84 页],朱熹在《周子之书·通书·理性命》中说,"盖体统是一太极,然又一物各具一太极","本只是一太极,而万物各有禀受,又自各全具一太极尔。如月在天,只一而已;及散在江湖,则随处而见,不可谓月已分也"[(宋)黎靖德编:《朱子语类》,中华书局 1986 年版,第 2409 页]。朱熹在解释生魂死魄问题时说:"一片底便是分作两片底,两片底便是分作五片底。做这万物、四时、五行,只是从那太极中来。太极只是一个气,迤逦分做两个:气里面动底是阳,静底是阴。又分做五气,又散为万物。"[(宋)黎靖德编:《朱子语类》卷三《鬼神》,中华书局 1986 年版,第 41 页]很显然,朱熹也从形下的气的角度解释太极,但是,其主要还是从形上的角度诠释太极。

阴阳亦太极也，太极固亦气也，特未落于质耳。"①

"元气"是万物生成之根源，而"理"即"元气"本身具有的条理性。宇宙间天地之气寒来暑往，寒必于冬，暑必于夏，这是天地万物本然之理。其间或有特殊环境出现，比如"冬而夏，夏而寒"，这是"愆阳伏阴，失其本然之理也"，而失其本然，"便不可名之为理也"。夏去冬来，四时更替，这是天地间万古之常道，阴阳二气愆阳伏阴之体现，

"夫一边言气，一边言理，气与理岂分道而驰哉？""气"如水火而"理"就如寒暑之性，"气犹姜桂"而"理"则是姜桂本身具有的"辛辣之性"，水火与寒暑之性、姜桂与辛辣之性浑然一体，毫无分别，理与气"所称与生俱生，与形俱形，犹非至当归一之论也"，因此，"理气一"而不是理、气分而为二。

《明儒学案》评价杨东明学术思想时说杨东明关于"理气一也"的观点"可谓一洗理气为二之谬矣"②。

二 "气质外无性"

在人性论方面，与"理气一也""理气断非二物"的观点相一致，杨东明反对把人性分为"天地之性"与"气质之性"的做法，强调"性为气质所成，而气质外无性"③，认为人性只有气质之性一种，而不是二分为气质之性与天地之性或理义之性。人性与理气相似，如专言理义之性，则有善无恶；如果专言气质之性，则有善有恶。

在气质之性之外并不存在所谓的天地之性或天命之性，而天地万物在生成过程中由于所禀赋的"气"不同，呈现出来的状态也就不同。

人由于禀赋不同的"气"而呈现不同的气质。从"气"的角度来说，人生而有欲望，因此是"几善恶"、可善可恶、人心惟危，而"恶"显然也是属于"性"的一部分；从"理"的角度来说，帝降之衷、民秉之彝、继善成

---

① （清）黄宗羲著，沈芝盈点校：《北方王门学案·侍郎杨晋菴先生东明·晋菴论性臆言》，《明儒学案》卷二十九，中华书局2008年版，第650页。

② （清）黄宗羲著，沈芝盈点校：《北方王门学案·侍郎杨晋菴先生东明·晋菴论性臆言》，《明儒学案》卷二十九，中华书局2008年版，第649页。

③ （清）黄宗羲著，沈芝盈点校：《北方王门学案·侍郎杨晋菴先生东明·晋菴论性臆言》，《明儒学案》卷二十九，中华书局2008年版，第651页。

性、道心惟微。其中，"得气清者，理自昭著"，即为圣贤；而"得气浊者，理自昏暗"，即为愚不肖之人。原因是"禀气以生"，而"气"分为阴阳二气，而阴阳二气之中又含有金木水火土五行，因此，一方面"不得不杂揉，不得不偏胜"，但另一方面又因"太极本体，立二五根宗"，虽"杂揉而本质自在，纵偏胜而善根自存"，由此，杨东明得出"人性所以不皆善也"但"人性所以无不善也"① 的结论。

杨东明认为，宋儒关于"气质之性"的论述不但弥补了此前论者所未论述的问题而且"适得吾性之真体"。原因是天地间皆是气质，天地是气质，五行是阴阳，阴阳是太极，而"太极固亦气也"，太极是"未落于质"的"气"。气质是"义理质体段"，义理是"气质之性情"，气质与义理"举一而二者自备，不必兼举也"。但是，义理与气质虽然并立存在但"体有专主"，如果说"义理之性出于气质"则可，说"气质之性出于义理"则不可，说"气质之性与义理之性合并而来"更是"不通之论"。杨东明用醋的例子进一步解释气质之性与义理之性的关系，在杨东明看来，气质之性犹如醋，义理之性犹如醋具有的酸性，说酸出于醋是可以的，但说醋出于酸则是不可以的，说醋与酸合并而来更是说不通的。杨东明认为，宋儒提出"气质之性"四字论说人性善恶问题，可以弥补"性之所未备"，但是却不知道"气质外无性"的道理，把人性分为理义之性和气质之性的做法，"非至当之论"②。

杨东明还认为王阳明说的"无善无恶心之体"主要指"心体"而言，并不是说"性中一无所有"。因为人心在寂然不动的时候，一念未起之时无所谓恶，也无所谓善，因此阳明此说是指心体，而不是说"性之体"。并且，杨东明认为气质是阴阳五行之气凝结而成的，在这个方面说五行一阴阳，阴阳一太极，而阴阳五行原不是不善之物，又怎么能产生不善之气质呢？但是，既然说二气五行，则说明了二气五行错综分布的关系，而有此关系则自然有偏胜杂糅之病，于是气质中出现"不纯善者"。但是，虽然"不纯然善"，太极本体却是仍然存在的，因此见孺子入井而会有恻隐之心，遇蹴就之食而不屑

---

① （清）黄宗羲著，沈芝盈点校：《北方王门学案·侍郎杨晋菴先生东明·晋菴论性臆言》，《明儒学案》卷二十九，中华书局2008年版，第649页。
② （清）黄宗羲著，沈芝盈点校：《北方王门学案·侍郎杨晋菴先生东明·晋菴论性臆言》，《明儒学案》卷二十九，中华书局2008年版，第650页。

俯就，气质清纯的人会这样，气质薄浊之人也可能这样做。这就是人性所以皆善的原因，同时，也是孟子所讲的性善。先圣所说继善成性、天命谓性说的都是这个"性"，而孟子所讲"动心忍性"，"性也，有命焉"则是指气质之性。事实上"性"是"气质"所成，"气质外无性"，因此不可能在"气质"之外说"性"的问题。自从宋儒分出气质之性与义理之性，关于"人性"的内涵逐渐模糊，岂不知人性中并没有这两种人性的划分，如果把一种人性划分为两种，是不可能更深入地认识人性的真面目的。因此，明白了何谓气质之性，气质即义理，"不必言义理可也"；如果明白了气质之性，"不必言气质可也"，因为气质即义理，"不可专目为气质也"。在杨东明看来，如果学者能够了悟这种道理，就不会被气质之性与义理之性迷惑了。

杨东明还把"善"的内涵分为两种，即"本性之善"与"感动之善"。其中"本性之善"是"至善"的，本性之善犹如眼之明、鉴之明，这里的"明"也就是"善"，虽"无一善"但却是"善之所从出也"；"感动之善"则是"意之感动而为善者"，比如发善念、行善事之类，此类之善是有感则生，无感则无，"无乃适得至善之本体"，如有一善则为一善所障碍而"失其湛空之体"，此善犹如"眼中金屑，镜中美貌"，"美则美矣"，对于眼与镜来说却仍是"一障"，杨东明认为阳明说的"无善无恶"主要指"感动之善"而言，在其看来，"性主其静，心主其感"，"心可言有无，而性不可言有无也"[1]，因此阳明不说"性之体"而只说"心之体"。

黄宗羲在《明儒学案》中评论杨东明思想时认为杨东明此说"可谓一洗理气为二之谬"，有其独到之处，但另一方面又认为"其间有未莹者"，即认为杨东明"以不皆善者之认为性"是把气之杂糅方面当作了气之本然的一面，是不合适的。

杨东明与邹南、冯少墟、吕新吾、孟我疆、耿天台、张阳和、杨复等人往来讲学，所以能够得到阳明之学的真传，是阳明后学所开创的七个主要派别中"北方王门"中的代表人物之一，为王学在北方特别是中原地区的传播作出了自己的贡献。

---

[1] （清）黄宗羲著，沈芝盈点校：《北方王门学案·侍郎杨晋菴先生东明·晋菴论性臆言》，《明儒学案》卷二十九，中华书局2008年版，第649页。

第六节　高拱的理学思想

高拱（1512—1578），字肃卿，号中玄，晚年号中元山人。河南新郑人，明代中后期比较有才干的政治家之一，嘉靖二十年（1541）进士及第，选庶吉士，一生从政三十多年，历任翰林院编修、文渊阁大学士、少师兼太子太师、尚书、首辅。隆庆六年五月穆宗驾崩，六月神宗即位，高拱以"专权擅政"的罪名"回籍闲住"，但回归故里之后高拱著书立说，写下了大量学术著作。神宗万历六年（1578）七月高拱逝世，终年六十六岁，谥文襄。在嘉靖、隆庆之际，高拱为振兴朝政进行了整顿吏治、选用贤能、富国强兵等一系列的改革，使穆宗时期的政治局面有所改观，也为其后张居正的改革奠定了基础。高拱不仅是一位能干的有谋略的政治家，也是一位博学精虑的思想家，这是徐阶和张居正所不及的，高拱总是自觉地把"实政"与"实学"结合起来，因此能在实施政治改革的同时，在批判程朱理学、改造陆王心学的过程中构建其实学理论体系。①

据王世贞《嘉靖以来首辅传》记载，高拱"生而状环奇，刻苦学问，通经义务识大旨，为文不好称辞藻而深重有气力"②。素好读书，"五岁善对偶，八岁诵千言"，年纪稍长时即攻读经义，钻研经典，十七岁时以"礼经"夺魁乡里。高拱一生著述很多，有《问辨录》十卷、《春秋正旨》一卷、《本语》六卷、《边略》五卷、《纶扉外稿》四卷、《掌铨题稿》三十四卷、《南宫奏牍》四卷、《政府书答》四卷、《纶扉集》一卷、《程士集》四卷、《外制卷》二卷、《日进直讲》十卷、《献忱集》四卷等，后人编辑为《高文襄公文集》。

一　理与气

在宋明诸儒讨论的理气问题上，高拱赞同王廷相、杨东明等人的观点，认为"盖天地之间，惟一气而已矣"③，天地之间只有"气"，并不是有独立

---

① 详见陈鼓应、辛冠洁、葛荣晋主编《明清实学思潮史》，齐鲁书社1989年版。
② （明）王世贞：《嘉靖以来首辅传》卷六，载（清）永瑢《景印文渊阁四库全书》第452册，台北：台湾商务印书馆2008年版，第488页下。
③ （明）高拱著，岳金西、岳天雷编校：《程士集》卷四，《高拱全集》，中州古籍出版社2006年版，第1048页。

存在之理、独立存在之气，"气具夫理，气即是理；理具于气，理即是气。原非二物，不可以分也"，"气即是理，理即是气，不得以相离也"。① 气即是理，理即是气，理既不是形上的抽象的存在，也不是产生天地万物的根源，而是气本身所具有的规律和属性；同时，气是理的载体，是构成万物的基础。理与气是同一事物本身具有的不同方面，并不是二分、对立的两个存在。同时，气聚则理聚，理气"与生具生"；气散则理散，理气"与死具死"，理与气是不可能两分而存在的。② 天地万物皆是"气"之所为，是"理"具体存在的载体，没有气则没有天地万物，没有理则物没有其特殊性。"有物必有则"，因此"此气即此理也"。③ 而"气"的运行规律是多样的，有时顺，有时舛，有时速，有时迟。当其处于舛劫之时，虽然是尧汤等圣王也不能"御其来"；当其处于顺势之时，即使是鲁庄公、鲁宣公这样的国君也能安享太平。④ 并且，事物产生变化并不是有一个外在的主导者促使其如此，而是事物本身所蕴含的"动静相感"之性促使其如此。高拱在解释乾坤动静时说："静专动直而广生焉，乾之所以易知也；静翕动辟而大生焉，坤之所以简能也。动静相感而化生焉，乾坤之所以育物也……乾之专也，坤之辟也，其动静而无端也，乾坤通复而不穷也。"⑤ "乾"静专而动直，坤翕而动辟，在乾坤交感、动静相应的过程中万物化生而变化无穷，整个宇宙就处于这样一种生生不已、往复无穷的过程之中。

高拱认为理学家所讲的"理属精纯，气或偏驳"⑥，"虽无其事，实有此理"，"虽无其事，乃有其理"⑦，把理当作至善绝对存在而气则偏驳不一等观

---

① （明）高拱著，岳金西、岳天雷编校：《问辨录》卷十，《高拱全集》，中州古籍出版社2006年版，第1218页。

② （明）高拱著，岳金西、岳天雷编校：《问辨录》卷八，《高拱全集》，中州古籍出版社2006年版，第1191页。

③ （明）高拱著，岳金西、岳天雷编校：《问辨录》卷十，《高拱全集》，中州古籍出版社2006年版，第1213页。

④ （明）高拱著，岳金西、岳天雷编校：《程士集》卷四，《高拱全集》，中州古籍出版社2006年版，第1048页。

⑤ （明）高拱著，岳金西、岳天雷编校：《诗文杂著》卷一，《高拱全集》，中州古籍出版社2006年版，第696页。

⑥ （明）高拱著，岳金西、岳天雷编校：《问辨录》卷八，《高拱全集》，中州古籍出版社2006年版，第1191页。

⑦ （明）高拱著，岳金西、岳天雷编校：《问辨录》卷二，《高拱全集》，中州古籍出版社2006年版，第1102页。

点是很错误的，是后世儒者"求其理而不得，从而为之辞"的片面之说。高拱认为，有其理则必有其事，既无其事则此事之理也是不可能有的。理与气是一体的，事与理也是一体的，高拱把此实有之事称为"实事"，实有之理称为"实理"，"实理，实事，实言，非感名之说也"①。因此，程朱所讲的形上之"理"到高拱这里之后就成了"实理"而不是"虚理"。

理气思想具体到现实社会就是理学人士所说的"天理""人欲"问题。高拱认为"天理"不外乎人情，圣人以"人情"为"天理"，并不是像后世儒者所认为的那样"远人情以为天理"，天理并不是一种抽象的形上的道德本体或原则，天理即在人情之中，而一般所说的"中""庸""和"皆以"人情"为本，以"不远人以为道"②，如果"远人情以为天理"③的话，那就不能称其为"天理"了。

总的来说，高拱所讲之气有以下特点：气不是虚无精神而是实有物质，不仅是形而且是形之本，气是运动不止、变动不居的，气在动静相感之中生成天地万物，气具理而理是万物的本质规律和内在属性。④

二 求"是"与务实

高拱生活在王学广为流行的时期，王学发明本心、以本心为是非、疑经疑古的精神对高拱有着潜移默化的影响。其在《本语》中曾说，"苟求诸心而果得，则安敢罔吾之心而随人以为疑？苟求诸心而果不得，则又安敢罔吾之心而随人以为信"，但与王学不同，高拱强调"人心"是为了求"是"而不是致本心所有之"良知"，认为儒家之言只是要成就一个"是"而已，此"是"即"理"，是"事之本情"、事物本身具有的内在规律和本质属性，在其看来，"事有本情"而人有"本心"，"出吾本心，以发事之本情"则"议道而道不睽"，以此作事则可推之四海而皆准，通之千古而不谬。人有"本

---

① （明）高拱著，岳金西、岳天雷编校：《问辨录》卷二，《高拱全集》，中州古籍出版社2006年版，第1100页。

② （明）高拱著，岳金西、岳天雷编校：《本语·自序》，《高拱全集》，中州古籍出版社2006年版，第1225页。

③ （明）高拱著，岳金西、岳天雷编校：《问辨录》卷二，《高拱全集》，中州古籍出版社2006年版，第1105页。

④ 详见岳天雷《高拱气本论述略》《高拱的法治改革及其思想基础》，《学习论坛》2005年第6期。

心"也就有了认识事物、体察物理的可能性与能动性,"事有本情"则说明事物本身有其固有属性而成为人认知的对象且能被人认知,这样主体之心与客体之物就在现实的基础上建立了联系。因此,高拱认为"事必求其实"①,必须对事物本身的本来面目实事求是地进行分析认识事物的"本情",而不能望文生义或道听途说,从而体现出高拱务实的实学精神。

也正因此,高拱为学不拘泥于先儒成说,认为"其不能得者亦不可强从"。主张为己之学"只当忘人忘己,虚心以求其是"②。在《问辨录》中,高拱针对朱熹《四书章句集注》《疑义》逐条分析辩驳,比如认为《大学》所说的"三纲领"中"新民"即"明德"中应有之事,而不应该一分为三,又如朱熹认为伊川讲"敬事而用"一章主要讲存养之道而没有讲具体事务,而高拱则认为伊川所讲"节用使民"即讲经世致用等。其在《本语》中曾说圣人有"为己之实学"而祸福毁誉"不与焉";圣人有"为国之实政"而灾祥"不与焉"。

与反对循虚蹈空、"理气一也"的理气观一致,高拱在现实政治中主张"循名责实","务实而不务名",改变当时浮华颓靡的风气以及一切陈规陋习。因此,其政治理念是以"实"——事物的真正状态与效用为准则的,提出"事务乎循名核实"③。其在《程士集·策》中说,"夫能必贵当,则释法为奇,非吾能也。计必贵当,则参验不合,非吾计也。利必贵当,则失得不偿,非吾利也。法必贵当,则朝四暮三,非吾法也",这是国家安定的根本和关键。并且,"言必责实,则捷给为佞者,不可饰言也。行必责实,则儇利任术者,不可饰行也。功必责实,则比周为誉者,不可饰功也。罪处贵实,则巧文曲避者,不可饰罪也"④,言行一致,反对巧言令色、虚名饰言;功罪据实,信赏必罚。高拱认为这是整齐人心、安定国事、上下和谐的基础,并且,

---

① (明)高拱著,岳金西、岳天雷编校:《本语·自序》,《高拱全集》,中州古籍出版社2006年版,第1225页。
② (明)高拱著,岳金西、岳天雷编校:《本语》卷二,《高拱全集》,中州古籍出版社2006年版,第1246页。
③ (明)高拱著,岳金西、岳天雷编校:《政府书答·答同年符后冈书》,《高拱全集》,中州古籍出版社2006年版,第543页。
④ (明)高拱著,岳金西、岳天雷编校:《程士集》卷四,《高拱全集》,中州古籍出版社2006年版,第1045页。

只有"崇本尚质,急当务而不为无益"。高拱由此批判了当时"只用形迹,更不察实"的做法,在高拱看来,正是这种"务为夙夜奔走之状以为勤者"而"有益于事则鲜","务为慷慨忧时之说以为忠者",而"然有济于事则鲜"的做法导致了"无益于事""无济于事"的后果,只有"形迹"与事实一致才能使"务实者既可以奏功,无实者亦不敢增扰"(《本语》)。如牟钟鉴在《明清实学思潮史》中所说,做人求诚,做学问求是,做事情求实,这就是高拱的真精神。

在求实、务实的思想基础之上,高拱批判两汉以来天人感应为基础的"灾异谴告"思想。高拱指出孔子在《春秋》一书中只记载了"灾异"之事而没有记载"事应"即"感应"之事,原因是"灾异之不可以事应言也",这表明孔子是按事实进行记载的,并不是"有意隐约乎其间也",故意隐瞒了感应之事而不记载,不能用《洪范》中的感应之事来解说《春秋》,因此高拱认为"论灾异者,必当以《春秋》为准,其意真,其辞直,确乎不者也"①。

高拱还指出灾异感应思想产生的社会根源是天下无道。在其看来,"天下有道,理为主;天下无道,命为主"。在有道之世,是非明白,赏罚公允,为善之人得到褒奖,为恶之人受到惩处,为善为恶"其昌其殃,虽莫非命,然而理有可据,天下之人不谓命",因此是"理为主","命无可倬",小人者"惟有窜伏而已矣";而在无道之世,是非不分,赏罚不明,"善类屏息以畏谗。飞廉之恶可行于比干,桓魋之凶可加于孔子","理无可据"而天下之人只有"相与咨嗟叹息,曰'命实为之',谓之何哉?"此种情况之下,虽然"莫非命"然而"命之说"却盛行起来,因此说是"命为主",在"命为主"的时代,"理且不信于人",因此"小人益肆矣"②。

针对这种情况,高拱提出"修人事以胜之"的主张。其所说"人事"即"实事",即"防其未生,救其既形,备饬虑周,务以人胜"③,要在灾异没有

---

① (明)高拱著,岳金西、岳天雷编校:《程士集》卷四,《高拱全集》,中州古籍出版社 2006 年版,第 1048 页。

② (明)高拱著,岳金西、岳天雷编校:《问辨录》卷十,《高拱全集》,中州古籍出版社 2006 年版,第 1203—1204 页。

③ (明)高拱著,岳金西、岳天雷编校:《程士集》卷四,《高拱全集》,中州古籍出版社 2006 年版,第 1047 页。

发生之前做好防备工作，在灾异已经发生之后紧急补救、挽回损失，要充分准备、考虑全面，做到"修人事以胜之，庶乎有不为害"①。高拱认为，一个好的管理者不会在意"灾与不在"，主要要看其"备与弗备"，即关键是有没有防备，如果准备充分的话，"不灾犹善，灾有可无恐也"，如果没有准备的话，"不灾犹未可矣，且如有灾，何乎?"② 高拱认为只要勤于"修人事"，做到有备无患，在灾异面前就可以立于不败之地。高拱的这种"实事"精神与其在政治上的实政精神也是一脉相承的。

三 "性一而已"

在心性论方面，高拱反对把人性分为"天地之性"与"气质之性"的观点，认为"性一而已"，此"一气"即"气质之性"。高拱在《问辨录》卷十中说："夫性一而已，将何者为'气质之性'? 又将何者为'义理之性'乎?"并且，宋儒认为"'气质之性'谓其杂于形气者也，'义理之性'谓其不杂于形气者也"，按照这种观点说"气质之性"在形气之中是可以理解的，"义理之性"则不在形气之中，而如果"义理之性"不在形气之中又"将何所住着乎?"③ 高拱认为，天赋予人的只有"一性"，而宋儒却认为有"二性"，这是其所不能赞同的。

高拱认为程颢所讲的"论性不论气，不备；论气不论性，不明"，"性即气，气即性"的观点是"合孔子之旨"，而学者只要求诸明道先生即可知"孔子之说"。高拱还从字源上对人性进行了解释，认为"'性'从'生'，生非气欤? 从'心'，心非气欤?"④ 并认为孟子"形色，天性"，孔子"性相近，习相远"的观点是"万古的确之论"，"千古论性断案，莫的于此"，因此为学之人"必当以是为准焉"。高拱认为应该从"形色天性"的角度谈论人性。在高拱看来，有形有色的具体存在是"气"之所为，是"天性即此"

---

① （明）高拱著，岳金西、岳天雷编校：《程士集》卷四，《高拱全集》，中州古籍出版社2006年版，第1049页。
② （明）高拱著，岳金西、岳天雷编校：《程士集》卷四，《高拱全集》，中州古籍出版社2006年版，第1050页。
③ （明）高拱著，岳金西、岳天雷编校：《问辨录》卷十，《高拱全集》，中州古籍出版社2006年版，第1218页。
④ （明）高拱著，岳金西、岳天雷编校：《问辨录》卷八，《高拱全集》，中州古籍出版社2006年版，第1191页。

"气之未始不为理也";而"天性"是"理之具","形色"因"理"而有了存在的本质规律,但"理之未始不为气也"。人出生之后,同时具有"形色"与"天性",同时具有"气"与"理";人死亡之后,其本身具有的"形色"之体随之毁坏,而"天性"也随之毁灭,"气"与"理"同时"止息"。因此,"气即是理,理即是气,不得以相离也"①。高拱此处所讲之理显然不是程朱所讲的"性即理"之"理"。从其对"实理"的角度出发,高拱认为如果性即理、理即性的话,那么世人所讲之"伦理""文理"也可以说成"伦性""文性"了②。由此也可见高拱之理(实理、物理)与程朱所讲之抽象的形上之理的内涵有很大的不同。

高拱认为,"理"即"脉络微密,条派分明"的意思,天下之理皆是"理",而人性之"性"从"生"、从"心",是人心具有的生理。"性乃完名,理为虚位","性"是具体存在者所具有的,"性含灵而能应,理具体而无为。性存郭廓之中,厥惟恒秉;理随事物而在,各有不同"③。具体来讲,人有人之性,物有物之性,其所具有之性即其特殊性所在,因此,不能把人之性比喻为牛之性,把牛之性比喻为犬之性。况且天地之间皆是物,草木土石等皆是天地间的不同存在者,如果认为人生时禀赋了天理而为其健顺五常之德的话,那草木土石所禀赋的健顺五常之德又是什么样的?如果说"人物各循其性之自然,日用事物之间,若不各有其当行之路"④,那么不知草木土石所当行之路又是什么样的?这在道理上是说不通的。

关于孔子的"性相近,习相远"一句,理学家有不同的解释,伊川认为孔子是说"气质之性,非言性之本也",朱熹认为"所谓性,兼气质而言也。有天地之性,万殊之一本也;有气质之性,一本之万殊也",而高拱认为人"只是一个性,此言气质之性,又有何者非气质之性乎?""晦翁遵伊川之言,

---

① (明)高拱著,岳金西、岳天雷编校:《问辨录》卷十,《高拱全集》,中州古籍出版社2006年版,第1218页。
② (明)高拱著,岳金西、岳天雷编校:《问辨录》卷二,《高拱全集》,中州古籍出版社2006年版,第1100页。
③ (明)高拱著,岳金西、岳天雷编校:《问辨录》卷二,《高拱全集》,中州古籍出版社2006年版,第1100页。
④ (明)高拱著,岳金西、岳天雷编校:《问辨录》卷二,《高拱全集》,中州古籍出版社2006年版,第1100页。

然不敢自定，故以为兼气质而言。人只是一个性，此所为兼气质而言，又有何所为性者不兼气质而言乎？"既然人只是一个"性"，又有何者是天地之性，何者是气质之性呢？况且气质之性又怎能非得之于天地呢？高拱认为，孔子讲"性相近"与孟子讲的"性善"二者有一些细微的不同，而后世儒者"欲比而同之"，想承孔子"性近"之说但却与孟子性善思想有些不合，因此提出"天地之性"为"性之本"，以合孟子"性善"之说。在高拱看来，这种做法虽然很好，但终不能使孔、孟之说归于"大同"。而从孟子"性善"之说出来之后有学者"求其理而不得"，因此讲"性恶"、讲"善恶浑"、讲"性有三品"，宋代儒者"欲扫去诸说"而还归孟子，因此又从"理"与"气"两个方面讲，以求用孟子性善之说合于孔子"性相近"之旨，然而最终也没能真正使二者圆融起来，于是又引起后世论者议论纷纷。①

在气与情理的关系问题上，高拱也提出了不同于理学人士的观点。高拱认为"情"是"人之本心""事之本情"，而"天理"则是"人情"之至，因此人情即天理："天理不外于人情，若远人情以为天理，则非所以为天理也。"②高拱此种观点与程朱、张载等从"心统性情"的角度讲心与性情的关系显然有很大不同。并且，高拱认为，所谓的"中"即"言乎其当也"，所谓的"庸"即"言乎其平也"，所谓的"和"即"言乎其顺也"，"中""庸""和"三者并不是像《中庸》中所讲的"喜怒哀乐之未发谓之中，发而皆中节谓之和"，"不偏之谓中，不易之谓庸"，而是以人情为本、"不远人以为道"③，因此，高拱所讲的中、庸、和直接与现实建立了联系，并且指出"道"即在"人情"之中，即在人伦日用之中。

高拱要求学者"求之以问学，练之以事行，会之以深思，涵之以积养，渣滓既尽，自圆自通"④。从不同方面要求自己，在涵养身心、增进学识的同

---

① （明）高拱著，岳金西、岳天雷编校：《问辨录》卷八，《高拱全集》，中州古籍出版社 2006 年版，第 1191 页。

② （明）高拱著，岳金西、岳天雷编校：《问辨录》卷二，《高拱全集》，中州古籍出版社 2006 年版，第 1105 页。

③ （明）高拱著，岳金西、岳天雷编校：《本语·自序》，《高拱全集》，中州古籍出版社 2006 年版，第 1225 页。

④ （明）高拱著，岳金西、岳天雷编校：《问辨录》卷六，《高拱全集》，中州古籍出版社 2006 年版，第 1164 页。

时，身体力行，在"渣滓"殆尽之后人性自会圆通。

四 经权与义利

高拱对两汉"反经合道"、宋儒"常则守经，变则行权"的做法做了批判，从体用的角度对经权作了新的诠释，认为"经"与"权""常相为用，而不得以相离"，"经乃有定之权，权乃无定之经，无定也，而以求其定，其定乃为正也"，"经"是物之"则"、是"立本者"，"权"是"称物而使当其则"、是"趋时者"，"经"以"权"为用，"经"与"权"是对立统一的。高拱用衡与锤来比喻经与权的关系："经也者，立本者也，犹之衡也；权也者，趋时者也，［犹之锤也］。"① "经"犹如称量物体重量的"衡"，而"权"则犹如称量物体重量时用的秤锤，"经以权为用"犹如"衡"以"锤"为用，"权非用于经，无所用之者也"犹如没有"衡"而"锤"成了无用之物，因此说"权不离经"；但另一方面说"权即是经"犹如说"锤"即"衡"，显然是不合适的。在高拱看来，"义即是经，不合义便是拂经，拂经便不是权"，与"义"相合便是与"经"相合，与"经"相合便是"权"，并不是说在"经"之外另有所谓的"义"存在、另有所谓的"权"存在。

"权以称轻重，非以尽细微也"，"权"以权衡轻重，并不是用来极细尽微，只要"正理所在，莫非经"，而"称之而使得轻重之宜者，莫非权"。"经"与"权"之间，"称之孰为专立其大？孰为独尽细微？孰为之缺？孰为之补？"二者是相依相成的，并不是主辅关系，那种认为"经可自用，用之而有所不及，则以权济之"的观点就好像说"衡可自用，用之而有所不及，则以锤济之"，显然是有问题的。"经"与"权"是不能相离而各自为用的，"权自是权"，但不能"离经"；"经自是经"，但"非权不能行也"。② 在高拱看来，在日用彝伦之间、人伦物理之际、语默动静之时，虽至纤至细，无不有其"当然不易之则"，仔细分析其"所以各当其则，而无过不及之差者"的内在原因就会发现是"权"在其中的作用使然，如果没有"权以称至"是

---

① （明）高拱著，岳金西、岳天雷编校：《问辨录》卷六，《高拱全集》，中州古籍出版社2006年版，第1162—1163页。

② （明）高拱著，岳金西、岳天雷编校：《问辨录》卷六，《高拱全集》，中州古籍出版社2006年版，第1160页。

不可能"各中其则，而无过不及之差"的。

针对当时有些人主张的"反经"以"合道"的观点，高拱提出"经是何物？道是何物？既曰反经，安能合道？既曰合道，何谓反经？"在其看来，"道"之所在即"经"之所在，"反经"也就是"反道"，"合道"即"合经"，如果认为"反经"可以"合道"，就好像用衡称量重量时"背其星子而可也得其分两"一样，显然是不可能的。并且高拱认为这种理解不仅没有正确认识"经权"，而且，"纵使其不流于变诈，亦自不是权也"①。高拱认为，圣人之所以用"权"主要是因为"经"与"权"相互为用，相依相成。高拱援引《易经》中"阴阳"变化的事例来对之作进一步的解释，"夫奇之为阳，偶为之阴，阳以健施，阴以顺受，人所知也。然阳或变而之阴，阴或化而之阳，刚或摧而为柔，柔或往而从刚，其理不可定也"，阳奇阴偶、阳健阴顺的道理是一般人都知道的，但阴阳之间的变化规律却是神妙莫测的，因此"事以位异，则易事以当位；法以时迁，则更法以趋时"，正因阴阳"变动不居，周流六虚"，所以才有万物的生育长养、春繁秋枯，而"经"与"权"也是与时俱进的，如经典所说"不可为典要，惟变所适"②，高拱的这种观点也是为其政治上的一系列改革作理论铺垫的。在现实的政治改革中，高拱提出"时势不同，尤有所变而通之"，"有时异势殊不宜于今者，亦皆为之，变通之，斟酌损益，务得其理"。③ 主张改革当时对社会产生阻碍作用、与时势不合的一些弊政。

高拱有远大的政治抱负，其在《政府书答》中说"欲为主上扶纪纲，正风俗，用才杰，起事功，以挽刷颓靡之习"④，"务为君父正纪纲，明宪度，进忠直，黜欺邪，革虚浮，核真实"⑤，这既是高拱的政治追求，也是其一生

---

① （明）高拱著，岳金西、岳天雷编校：《问辨录》卷六，《高拱全集》，中州古籍出版社2006年版，第1159—1160页。
② （明）高拱著，岳金西、岳天雷编校：《问辨录》卷六，《高拱全集》，中州古籍出版社2006年版，第1160—1164页。
③ （明）高拱著，岳金西、岳天雷编校：《问辨录》卷二，《高拱全集》，中州古籍出版社2006年版，第1106页。
④ （明）高拱著，岳金西、岳天雷编校：《政府书答·答宣大王总督书一》，《高拱全集》，中州古籍出版社2006年版，第487页。
⑤ （明）高拱著，岳金西、岳天雷编校：《掌诠题稿序》，《高拱全集》，中州古籍出版社2006年版，第185页。

实践人生价值的宗旨。

高拱的经权论"打破了人们多年相沿成习的经权观,特别是打破了人们对于'权'的一种偏见,即认为'权'是权宜之计,是不得已的应急措施,或者是权术诡行,从而大大提高了'权'的地位和普遍实用性……不仅在理论上使人耳目一新,也产生极大的实际意义"①。

与其对经权问题理解相应,在义利问题上,高拱一反理学后学奢谈心性、不言功利的空疏不实风气,提出"义利之分,惟在公私之判",和墨子一样从功利的角度来界定"义",而不是从道德道义方面来界定"义"。高拱认为为公谋利即义,为私谋利则是"私"、是"利",是应该被批判的。其在《问辨录·大学改本》中说《大学》讲"生财之道"、《洪范·八政》中"食货"位第一、《禹谟》三事而以"厚生"为旨归,都表明圣贤之学是"有用之学",而"理财"是"王政之要务"。高拱认为后世迂腐好名之徒"不识义利,不辨公私"而"倡为不言利之说","徒以不言利为高,乃至使人不可以为国"的做法是不合适的,并没有理解义利的真正内涵,并且如果那些"俗儒不通国体者转相传习"还会使"其事愈轻,甚有误国事"。在高拱看来,"聚人曰财,理财曰义","义者利之和,则义固未尝不利也",因此"义利之分,惟在公私之判",如果出于"义"、为公谋利的话,则"利皆义也";如果出于"利"、为一己之私谋利的话,则"义亦利也"。因此对待"义"与"利"应该具体分析,分别对待,不能仅仅以不谈论"利"为高尚而使人"不可以为国",因为这种做法也是"以名为利者耳",根本不是所谓的"义"。

高拱以"公"与"私"作为"义"与"利"的判断标准,而不是董仲舒所说"正其谊不谋其利,明其道不计其功"的超功利主义,并直接指出"生财自有大道,苟得其道,则财用自足",这就把"义利"之辨提升到一个新的高度。

五 知与行

在知行问题上,高拱把宋儒强调的"真知"必能行付诸实践,更强调行的重要性,认为"学者读书,贵乎知而能行"②,认为王阳明说的"知即是

---

① 陈鼓应、辛冠洁、葛荣晋主编:《明清实学思潮史》,齐鲁书社1988年版。
② (明)高拱著,岳金西、岳天雷编校:《本语》卷六,《高拱全集》,中州古籍出版社2006年版,第1290页。

行"的观点是"异说"①,"金必火而后知其精与不精,刀必割而后知其利与不利"②,金必借助火的冶炼才能知道金精纯还是不精纯,刀子必须在切割东西之后才能知道是否锋利,同样,人的知识只有经过实践的检验才能知道是不是真知。高拱还把"践履"放在很重要的位置,认为"践者,履其实也。恭作肃,便是践貌之实;从作义,便是践口之实;明作哲,便是践目之实;聪作谋,便是践耳之实;睿作圣,便是践心之实"③。高拱把"践"解作"履其实",认为貌、口、目、耳、心必须同归践履才能获得对事物的认识,也可以说实践是认识的来源,因此,对一切事物都必须"验之以行事,研之以深思"④,用具体的行为来检验知识、用理性思考来研究知识。

在教育选拔人才问题上,高拱认为君主首先要学习一些具体的为君之道,比如学习"如何慎起居,如何戒嗜欲,如何务勤俭,如何察谗佞,如何总揽大权,如何开通言路,如何进君子退小人,如何赏功罚罪,如何肃宫闱,如何御近习,如何董治百官,如何安抚百姓,如何镇抚八荒",而不是像以前那样空谈心性,"所用非所养,所养非所用"。而针对教育培养具体管理人员的翰林院,高拱认为不应该再以诗文为选拔人员的标准和教育的主要内容,而要从现实情况出发,从不同方面施以不同教育内容。其在说明翰林院具体教育内容时指出"辅德"——教育德性方面要教授"正心修身以为感动之本""明体达用以为开导之资",具体到"如何潜格于其先,如何维持于其后",关键是不能流于迂腐,不能扭于"曲学"。在"辅政"方面,要教授以"国家典章制度必考其详,古今治乱安危必求其故",具体到"如何为安常处顺,如何为通权达变;如何以正宫邪,如何以定国是";再进而具体到教育其如何"明解经书,发挥义理,以备进讲";如何"以训迪播告之辞,简重庄严之体,以备代言",如何"以错综事理,审究异同,以备纂修";至于时人强调的

---

① (明)高拱著,岳金西、岳天雷编校:《问辨录》卷二,《高拱全集》,中州古籍出版社 2006 年版,第 1114 页。
② (明)高拱著,岳金西、岳天雷编校:《本语》卷二,《高拱全集》,中州古籍出版社 2006 年版,第 1244 页。
③ (明)高拱著,岳金西、岳天雷编校:《问辨录》卷十,《高拱全集》,中州古籍出版社 2006 年版,第 1218 页。
④ (明)高拱著,岳金西、岳天雷编校:《本语·序》,《高拱全集》,中州古籍出版社 2006 年版,第 1125 页。

"应制之诗文，程士之文艺"则是等而次之、不甚重要的问题了。①

在具体国家治理问题上，高拱认为"礼乐"与"法度"各有其特殊的功效，礼乐驯服，法度绳约，其中"政刑之效，但使苟免而无耻"而"德礼之效，不惟有耻而且格"，二者"殊途同归"，因此，应该"礼"与"法"结合，把"礼乐"与"法度"的效用结合起来："礼法殊途而同归，赏刑递用而相济"，而不能忽略"礼乐"教化而"徒恃夫政刑"。② 因此，高拱主张"以德为威，以德为明"，要对百姓施以德教，而不是滥用刑罚，要"富之而使之廉耻生，教之而使之礼义明"③，只有"轻可措刑而不用"才能达到"无有颠倒曲直相争讼"④ 的"无讼"的理想社会状态。

高拱"实"学思想贯穿在各个方面，如其提出的实学、实理、实事、实言、实政、实功、实践、践实、实行、访实、实见、实闻、循实、举实、务实、求实、核实、指实、责实、察实、真实、事实、实效等。高拱的气本论与王廷相的气本论为明清之际实学思潮的兴起奠定了基础，成为连接张载与王夫之气本论思想的中间环节。

---

① 详见（明）高拱著，岳金西、岳天雷编校《本语》，《高拱全集》，中州古籍出版社2006年版，第1126—1298页。

② （明）高拱著，岳金西、岳天雷编校：《日进直讲》卷三，《高拱全集》，中州古籍出版社2006年版，第908页。

③ （明）高拱著，岳金西、岳天雷编校：《问辨录》卷八，《高拱全集》，中州古籍出版社2006年版，第1193页。

④ （明）高拱著，岳金西、岳天雷编校：《日进直讲》卷一，《高拱全集》，中州古籍出版社2006年版，第847—848页。

第五章 清朝时期中原理学思想

明清之际是社会动荡的时期,从思想的角度,经历了朝代更迭的知识阶层,从不同层面对传统思想进行反思,因此,其学术思想不仅延续了宋明时期儒佛道之间及理学内部程朱之学与陆王之学的争论,而且还出现了一些像顾炎武、黄宗羲、方以智、王夫之、颜元等独辟蹊径、自成一家的思想家。而就王学而言,其发展愈见空疏,学者空谈心性、罕言务实,使学者只知门户之见而不习实务,整个学界充斥着空疏之风,这一点我们在王廷相、吕坤、杨东明、高拱等对王学及理学的批判中可以看出。明朝的覆亡使受宋明理学熏陶的有识之士对理学(包括心学、理学、气学等)采取了不同的取舍态度。有的继续提倡程朱之学(如陆世仪、张履祥、朱用纯、张伯行),有的持以批判态度(如王艮、何心隐、罗汝芳、李贽等),有的在理学内部试图寻找新的解决方法(如刘宗周等),有的则试图调和程朱与陆王、为理学赋予新的使命(如罗钦顺、王廷相、吕坤、方以智、孙奇逢、耿介、汤斌等)。在中原地区就有不少这样的有识之士,最为著名的有孙奇逢、耿介、汤斌和张伯行等。

第一节 孙奇逢的理学思想

孙奇逢(1584—1675),字启泰、钟元,号夏峰,清保定容城(今属河北)人,明朝天启年间因参与营救东林党人左光斗并在家乡守城抗清而与家人避难到易州五峰山,清朝建立后,孙奇逢拒绝入仕,举家迁居至河南苏门百泉山,清朝顺治七年以后,长期定居在河南辉县夏峰讲学著述,被世人尊称为夏峰先生。清康熙十四年(1675),孙奇逢去世,年九十二岁。

孙奇逢与黄宗羲、李颙被世人称为清初三大儒,道光皇帝在御批中说

"孙奇逢学正醇笃，力行孝弟，其讲学著书，以慎独存诚，阐明道德，实足扶持名教，不愧先儒"①。孙奇逢弟子很多，比较著名的有汤斌、耿介、孙博雅、王余佑、赵御众、魏裔介、马尔楹、耿极等。

孙奇逢著述甚丰，比较重要的有《理学宗传》《日谱》《夏峰集》《中州人物考》《游谱》《年谱》《家礼酌》《孝友堂家规》《答问》《晚年批订四书近指》《书经近指》《四书近指》《读易大旨》《畿辅人物考》《两大难录》《圣学录》《甲申大难录》《苏门纪事》等。

一　太极、理、气、心

孙奇逢承继理学人士对太极、理、气等问题的看法，认为"太极"为"理""天理"，且是"极至之理"②，并且还赋予"太极"以"天""诚""无极"等内涵。孙奇逢在《日谱》中还指出"性即理也……命即理也。曰天理，曰至诚，曰至善，曰大德，曰大中，随意取名，其实一而已矣"③。又说："诚即太极，即乾元。千古神圣，只此命脉。天地人物，从此化生。曰道、曰善、曰易、曰性命，皆诚之异名耳。诚之一字，最难名言。故注曰：寂然不动者，诚也。"④"道在何处？'无物不有，无时不然'八字要体得亲切。"⑤"天理者，天然自有之理，非人之所能为，欲须臾离之而不得者也。"⑥在孙奇逢看来，所谓的无极、太极、天、天理、天道、道、理、至善、大德、大中、道、易、性命不过是异名同谓，是"太极""天道"在宇宙根源、人物秉性、事物内在属性、社会伦常关系等各个方面的不同体现。

在宋儒朱熹和陆九渊就"无极""太极"争论的问题上，孙奇逢赞同朱

---

① （清）孙奇逢著，朱茂汉点校：《夏峰先生集》，中华书局2004年版，第1页。
② （清）孙奇逢著，张显清主编：《日谱》卷十三，《孙奇逢集》（下），中州古籍出版社2003年版，第531页。
③ （清）孙奇逢著，张显清主编：《日谱》卷十三，《孙奇逢集》（下），中州古籍出版社2003年版，第531页。
④ （清）孙奇逢著，张显清主编：《日谱》卷十四，《孙奇逢集》（下），中州古籍出版社2003年版，第554页。
⑤ （清）孙奇逢著，张显清主编：《夏峰先生集》卷一《语录》，《孙奇逢集》（中），中州古籍出版社2003年版，第522页。
⑥ （清）孙奇逢著，张显清主编：《日谱》卷九，《孙奇逢集》（下），中州古籍出版社2003年版，第336页。

熹的观点，认为周敦颐之后的学者把"无极"和"太极"分而理解的做法是"不解太极图也，是不解大易也"，孙奇逢认为"易有太极是生两仪，极者阴阳之枢纽，其无声无臭处至妙至妙"，因此说"太极即无极也"，朱熹"恐人不解太极，误执有形，故明疏其义曰无极。而太极非与太极上又有，无极明矣"①。太极是"易道之所以为至"，是宇宙天地万物生住异灭及其所蕴含的生生不息之道的"强名"："易有太极，乾坤之生生而不息者是，是以乾坤列，而四象与八卦相蕴而生，此易道之所以为至也，强名之曰'太极'。"②

"太极"在这里是一种统称，是"道"，"太极者，极至之理，所以生天、生地、生人物者也。天地人物未生之先，只此一太极以立其体"③，"太极者，极至之理也。在天命心性之先而不为先，在天命心性之后而不为后，与天地万物圆融和合，物终始离合之可言。自古及今，无时不存，无事不在，此为太极而已矣"④，"道立于阴阳之先者也，道生天生地生万物"⑤。"才有此理，便有此气"⑥，"理一而已矣，而气有阴阳"⑦。在天地人物没有产生之前，只有此"太极"以"立其体"；在天地人物既生之后，"统此一太极以妙其用"。但此处之先仅是逻辑之先，而并非时间序列之先，也正因此，才有"寂然不动，太极之静也；感而遂通，太极之动也。动静之相续浑然处，莫非太极之流行，非动静之外复有太极也"。这里的动静并不是说太极是一存在实体而有动静，太极之动静是即物而动静，同时，动静也不是决然分开的，而是浑然一体，即动而静，即静而动的。"八卦，一阴阳也。阴阳，一太极也。一物各

---

① （清）孙奇逢著，张显清主编：《游谱》，《孙奇逢集》（下），中州古籍出版社2003年版，第1439页。
② （清）孙奇逢著，张显清主编：《读易大旨》卷三，《孙奇逢集》（上），中州古籍出版社2003年版，第123页。
③ （清）孙奇逢著，张显清主编：《日谱》卷二十二，《孙奇逢集》（下），中州古籍出版社2003年版，第960页。
④ （清）孙奇逢著，张显清主编：《夏峰先生集》卷一《语录》，《孙奇逢集》（下），中州古籍出版社2003年版，第531页
⑤ （清）孙奇逢著，张显清主编：《日谱》卷九，《孙奇逢集》（中），中州古籍出版社2003年版，第540—541页。
⑥ （清）孙奇逢著，张显清主编：《日谱》卷十三，《孙奇逢集》（下），中州古籍出版社2003年版，第531页。
⑦ （清）孙奇逢著，张显清主编：《四书近指》卷二十，《孙奇逢集》（上），中州古籍出版社2003年版，第537页。

具一太极,万物统体一太极,太极本无极"①,无极是对太极的修饰描摹,阴阳二气、八卦万物乃太极之化育流行,人人有一太极,物物有一太极,孙奇逢在这里对太极与万物的看法与朱熹讲理与万物的看法是一致的。孙奇逢认为孔子所说"易有太极"是说阴阳变易之中有"至极之理,是就气中之理以示人",而周敦颐所说"无极而太极"是"言虽无声无臭之中,而有至极之理,则专以理言";从"无极而太极"的角度说天地之性纯粹不杂染形下之气;从"太极动而生阳,静而生阴"的角度是说气质之性,是说太极不离形下之气,不论天地之性之"太极"还是"气质之性"之"太极","总之一太极",天地之性与气质之性一而二,二而一。"一本大殊,万殊一本之理,要开眼便能见得。"② 太极遍在于一切,道亦遍在于一切,"道不离器,离器何处觅道?性不离形,离形何处觅性?六十四卦之中,无一卦非太极也。三百八十四爻之内,无一爻非太极也。谢上蔡曰:洒扫应对便是形而上者,是在学者自悟耳"③,"无物不有,无物不然"④,"道在眼前……任举一物一事,莫非道也,百姓日用而不知耳","天之明命,无一刻不流行于人伦事物中","道不可须臾离也,起居、食息、语默、动静,皆道也"⑤。"道"遍在于一切,因此,为学之人如果能于日用食息之间体认天道流行不已,能知晓"无一物一事非道,时行物生,古今天地,皆呼吸于一气之中,方是吾之全体"⑥,就自然找到了成圣之道的"下工夫处",也因此学道之人既要从"体用一源,显微无间"认得分明,又要从起居、食息、语默、动静学而时习之。

孙奇逢在回答门人"太极是理、是气?是理气兼有"问题时说:"太极

---

① (清)孙奇逢著,张显清主编:《读易大旨》卷四,《孙奇逢集》(上),中州古籍出版社2003年版,第148页。
② (清)孙奇逢著,张显清主编:《日谱》卷三十四,《孙奇逢集》(下),中州古籍出版社2003年版,第1324页。
③ (清)孙奇逢著,张显清主编:《日谱》卷十九,《孙奇逢集》(下),中州古籍出版社2003年版,第778页。
④ (清)孙奇逢著,张显清主编:《夏峰先生集》卷一《语录》,《孙奇逢集》(中),中州古籍出版社2003年版,第522页。
⑤ (清)孙奇逢著,张显清主编:《日谱》卷十,《孙奇逢集》(下),中州古籍出版社2003年版,第364页。
⑥ (清)孙奇逢著,张显清主编:《夏峰先生集》卷一《语录》,《孙奇逢集》(中),中州古籍出版社2003年版,第527页。

者,极至之理也。才有此理,便有此气。《易》所谓'太极生两仪,两仪生四象,四象生八卦'。两仪是阴阳之气,不止到生两仪后,理气浑然离不得。当生两仪时,气已在其中矣。"① 太极即理,有此理便有此气,太极生两仪,两仪即阴阳二气,"理"生"气"之后理气浑然一体,阴阳二气同时蕴含在太极之中,阴阳二气"原只是一气"而不是二分。当有人问孙奇逢"理与气是一是二"的问题时,孙奇逢回答说"浑沌之初,一气而已",不过"其主宰处为理,其运旋处为气",这二者之见"指为二不可,混为一不可"②,并且穷天罄地,无一物非阴阳之所鼓铸。具体的有形世界皆是气构成的,但是要"就气认理,认气为理",要既看到理与气的分别,又要看到二者之间的联系。

天地之道可以一言而尽之,纷纭浩瀚的天地万物都要收归到一理之中,因此,宇宙间只有此理。此"理""天理"是"天然自有之理",不是人力所能为的,也是"欲须臾离之而不得者也"。从天理是天然自有之理、非人之所能为的角度来说,其所说天理似乎即"物之理",也就是天地万物本身以及宇宙运行所具有的本质属性和规律;从人须臾不可离的角度来说"天理"又是人立身行事、人伦日用之中自然体现又遵其而行的社会规范和必具的道德品性。天理既超越于现实经验世界,又遍在于现实经验世界。

天地禀气生养万物,而"自为气之主","心"禀气以管摄万物,而亦自为气之主、身之主;心神不定则烦躁聩乱,随气浮沉,从而使"心"为物所役。在其看来,圣人所言立德、立功、立言"总之以气为主",而"气犹水也。水盛则物之巨细无不承载,不竭不涸,务自己达。若无气则奄奄如泉下,人其生也,已朽矣"③。

既然太极是理之极至,而理又遍在于一切存在,并且"天理"又是"天地生物之仁,而人之所以为心者"④,而"吾心即天地,万物就是博文。

---

① (清)孙奇逢著,张显清主编:《日谱》卷十三,《孙奇逢集》(下),中州古籍出版社2003年版,第531页。

② (清)孙奇逢著,张显清主编:《夏峰先生集》卷一《语录》,《孙奇逢集》(中),中州古籍出版社2003年版,第518页。

③ (清)孙奇逢著,张显清主编:《日谱》卷十,《孙奇逢集》(下),中州古籍出版社2003年版,第394页。

④ (清)孙奇逢著,张显清主编:《夏峰先生集》卷七,《孙奇逢集》(中),中州古籍出版社2003年版,第744页。

天地万物即吾心，就是约礼"①，"天下外不了一个理，理外不了一个心"②，因此孙奇逢和陆九渊、薛瑄、王阳明、钱德洪一样，在从"血气之心"与"虚灵之心"的角度界定"心"的同时，突出"心"的本体性质，认为顾氏所说"性即理也，言不得认气质之性为性也；心即理也，言不得认血肉之心为心也"皆是"吃紧为人语"③，由此把程朱之"性即理"与陆王之"心即理"融会贯通，乃至于汤斌在评价孙奇逢时说"夏峰，今之河东姚江也"④。

孙奇逢曾说："吾人一点性灵，为天地古今大主宰！"⑤ 此"一点性灵"即"心"，也即"与天同道""与天地同流"的天地万物之"主宰"。此心本来素朴洁净无染，但因世俗的功利、名誉或者技艺辞章等外在因素而使其"素之存焉者寡矣"⑥，因此必须清除"物障"⑦，空其心⑧、虚其心，使心"空洞无一物"⑨，使"人心止此天理"⑩。

在对"心"的强调方面，孙奇逢说陆九渊谈本心"恶言心者群起而攻

---

① （清）孙奇逢著，张显清主编：《读易大旨》卷五，《孙奇逢集》（上），中州古籍出版社2003年版，第157页。
② （清）孙奇逢著，张显清主编：《四书近指》卷三，《孙奇逢集》（上），中州古籍出版社2003年版，第392页。
③ （清）孙奇逢著，张显清主编：《理学宗传》卷十一，《孙奇逢集》（上），中州古籍出版社2003年版，第878页。
④ （清）汤斌著，范志亭、范哲辑校：《汤斌集》第一编《汤子遗书》卷六，中州古籍出版社2003年版，第285页。
⑤ （清）孙奇逢著，张显清主编：《日谱》卷十四，《孙奇逢集》（下），中州古籍出版社2003年版，第557页。
⑥ （清）孙奇逢著，张显清主编：《日谱》卷二十二，《孙奇逢集》（下），中州古籍出版社2003年版，第953页。
⑦ （清）孙奇逢著，张显清主编：《日谱》卷十四，《孙奇逢集》（下），中州古籍出版社2003年版，第555页。
⑧ 《理学宗传》卷二十一记载钱德洪关于"学问须要解脱"的问题时说："汝之所谓解脱，只是心不挂事，却遇事便不耐心。我说超脱异于是，目不累色，便是目之超脱。而不累声，便是耳之超脱。心不累私，便是心之超脱。非是离却事物以为超脱也。"此种解脱论与禅宗"于相而离相""于念而离念"的解脱论如出一辙，也从侧面说明儒佛皆是关于成"人"为"己"之学。
⑨ （清）孙奇逢著，张显清主编：《日谱》卷十四，《孙奇逢集》（下），中州古籍出版社2003年版，第557页。
⑩ （清）孙奇逢著，张显清主编：《日谱》卷十四，《孙奇逢集》（下），中州古籍出版社2003年版，第558页。

之"、王阳明谈良知"恶言良知者群起而攻之"的现象"未免有激乎其言之耳"①，在直接承继陆九渊"吾心即是宇宙，宇宙即是吾心"的观点的基础上，结合《论语》"博我以文，约我以礼"的话对"心"作进一步的诠释："吾心即天地万物，就是博文。天地万物即吾心，就是约礼。"② 并且认为心一而不二，一般所说人心道心、操存舍亡、尽心存心，说的都是此一个心，并不是说在此心之外还存在一个心来统摄此心。

"心，一天地也。四方上下，往古来今，原无隔碍，只为私欲间杂，插藩树棘，遂令一室之中，渐分胡越"③，东海、西海、南海、北海有圣人出，心、理自同，"亦学吾之心而已"④，而此心所具有的"自然而然"却又"不得不然"的属性便是人之"良心"，同时也是天地之所以为天地、鬼神之所以为鬼神、三王之所以为三王、后王之所以为后王的根本原因，因此，"心"具有不得不然的必然性，也可以说即事物本身之所以成为此事物而不是彼事物的内在规律和本质属性。因此，孙奇逢说"欲观天地，观之于万物而已"，因为"万物所以成天地也"；而"欲观万物，观之于我而已"，因为"天地万物之实理，皆备于人之一身"⑤，"我备万物"而万物皆备于我也。人正因为没有真正的认知自己（"识我"），所以不能识天地万物，不能明白人本身也只是万物中之一物，因此，采取向万物寻万物的做法不仅不能达到认知事物本质规律的目的，而且会造成物我对立。

也正因此，孙奇逢主张求理于心，而不是求理于物。在这个问题上，孙奇逢遵循的主要是陆王心学的体物方式，而不是程朱格致的认知方式。据《日谱》记载孙奇逢在《格物说》中说"大约谓天地古今只有此一物，千圣万贤只有此一格"，而每一物皆有其当然之则而不容已者，这就是所谓的

---

① （清）孙奇逢著，张显清主编：《夏峰先生集补遗》卷上《答问》，《孙奇逢集》（中），中州古籍出版社2003年版，第1039页。
② （清）孙奇逢著，张显清主编：《读易大旨》卷五，《孙奇逢集》（上），中州古籍出版社2003年版，第157页。
③ （清）孙奇逢著，张显清主编：《夏峰先生集》卷一《语录》，《孙奇逢集》（中），中州古籍出版社2003年版，第517页。
④ （清）黄宗羲著，沈芝盈点校：《夏峰学案·孙先生奇逢·文集·四书近指序》，《清儒学案》卷一，中华书局2008年版，第19页。
⑤ （清）孙奇逢著，张显清主编：《日谱》卷二十五，《孙奇逢集》（下），中州古籍出版社2003年版，第1058页。

"理",此理"外而至于人"则人之理不异于己,远而至于物则物之理不异于人,由此而言也是"求理于心,非就事物而求其理也",并不像后人所说的那样要从具体的一草一木中寻求"理",因为一草一木所具有的理主要是物之理也即物的本质属性,而向"心"中所寻求之理则主要是体认作为天地万物存在合理性以及人伦社会具有的道德属性之理,此理既含摄物理,又含摄性理,同时还含摄义理,因此孙奇逢很推崇王阳明把"格物"之"格"解释为"正"的做法。在其看来,"物之得其正,而理始极其明",只有"物"得其正,按照自己本质属性存在发展,才能使此物所具之理正确明白地呈现出来。此处之"物得其正",主要是就"心"做工夫,比如侍奉父母的事,并不是向父母身上寻找个事物的道理,只要尽自己心中具有的孝敬之情、把自己心中本具的爱亲之情表达实践出来即可,同样,君臣、兄弟、朋友等之理也是如此,主要是从行为者本心入手,而不是就行为的对象上来寻君臣之道,兄弟之爱、朋友之信,而此也就是一般说的"求理于心"。因此,孙奇逢认为,所谓的"知天",也就是知自心之天;所谓的"事天",也就是"事自心之天";所谓的"立命"也就是"立自心之命",总之,"心"生天生地,生物生命。而圣人之所以"万善皆备"而成为圣人就是因为圣人能够真正体悟"万物皆备于我之本体",能够明白天地之间,"理"总是"吾心之理",所以能近取譬,"会作一个",即"多即是一",万理归于一理一心;"分作千万个",即"一即是多",理一而分殊。很明显,孙奇逢对太极、理、气、心的诠释是调和程朱与陆王之学的结果。

二 心、性、情

在人性论方面,孙奇逢主张孟子的性善说,认为"人性"是"天之所予,与生俱生"的,同时,"性"也是没有增减、"只任他本来流出来便是道",并认为谈论人性的人虽然有不同的观点,但是只有性善的观点是"确然不易之旨"(《理学综传》卷二十三),并且,孙奇逢认为人性之善的最根本依据是人的天地好生之德而成为人人皆有的不忍人之性,此不忍人之性虽然能被情封物蔽,但乍见孺子入井之时此性善之心却依然存在。

在孙奇逢看来,千古以来针对人性问题的探讨开端于《尚书》中"若有恒性"与"习与性成"这两句话。其中,"恒性"是就"天地之性"而言的，也是孟子所说的"性善"立论的根本；而孔子所说"性相近也，习相远也"（《论语·阳货》），则是就"习与性成"而言的。从"恒性"的角度来说，人性中是只有善而无恶的，只是因为"习于恶"之后人性才"流于恶"而表现出恶的一面。但是，只要能够"谨所习，而习于善则善反之"，人所本具的"天地之性"自然会存留下来，《尚书·太甲》中所说"终允德"就是这个意思。孙奇逢认为，天地之性与气质之性的划分虽然是宋儒张载最早提出的，但这种思想却早已"肇端于"商汤、伊尹关于人性的谈论中了。①

但是，与张载等宋儒不同，孙奇逢以程颐"性即理"的观点为孔子以后谈论人性最彻底的、是"千万世说性之根基"② 的同时，继承杨东明反对把人性划分为天地之性与气质之性的观点，认为"天地之性、气质之性，一而二，二而一者也"③，就理而言人性皆善，就气而言，性有不善。

   理一而已矣，而气有阴阳。谓性之善者，是就其理之一者言。谓性有不善者，是就其气之杂者也。然才有此理，便有此气，共域而行，反之之君子，身之之圣人，调剂于阴阳偏胜之会。阳不使之不足，阴不使之有余，仍归于理之一。此所谓性无有不善。④
   问：告子曰，生之谓性，是纯以知觉运动为性矣。而宋儒则曰性即理也，理是所知觉的，何以主张一身耶？性果理耶，抑理气合一，而主宰此知觉运动的一点灵妙处为性耶。曰：太极生两仪，两仪生四象，四象生八卦。以迁相生于无穷。总之，理与气浑渝融浃于其间，欲分之而无可分，欲合之而不待合。人为万物之灵，得其醇独厚。孔子曰：性相近。盖人与

---

① （清）孙奇逢著，张显清主编：《书经近指》卷三，《孙奇逢集》（上），中州古籍出版社2003年版，第199页。"若有恒性"与"习与性成"见于《尚书》，《尚书·汤诰》中商汤说："惟皇上帝，降衷于下民，若有恒性。"《尚书·太甲》中伊尹说："兹乃不义，习与性成。"

② （清）孙奇逢著，张显清主编：《四书近指》卷十六，《孙奇逢集》（上），中州古籍出版社2003年版，第544页。

③ （清）孙奇逢著，张显清主编：《日谱》卷三十四，《孙奇逢集》（下），中州古籍出版社2003年版，第1324页。

④ （清）孙奇逢著，张显清主编：《夏峰先生集》卷一《语录》，《孙奇逢集》（中），中州古籍出版社2003年版，第537页。

人相近，与物则相远矣。孟子曰：性善，人性皆善，物性皆有不善矣。如专以知觉运动为性，理于何归？专以理为性，气于何往？理以主宰乎气，气以运施乎理。上下四方，往古来今，无处不充。周圣人尽性，所以能联宇宙为一家，为一身。性中一点灵妙处，告子既不知，恶能尽天命，谓性故尽性，能参天地赞化育。①

孙奇逢对宋儒所说的"性""质""气""心""才""情"等概念作出自己的解释，认为"仁者，人也。仁非，人则无所附丽之处。性者，心之理。理非，心则无着落之处。不明于此，性与仁，天之所命，而心与人，一知觉运动耳"②，"性乃天之所命，健顺无常之德，无一不备"③，此"性"乃各种学问源头，而"一部《中庸》皆复性功夫"④，"具于心者，谓之性；成于形者，谓之质；流于形质之际，谓之气"，因此"性自是性，气质自是气质"，"性"与"气质"有不同的本质区别。"性"是至善无恶的，"气质"则有"昏明强弱"等不同，"性"之上添不得一物，也减不得一物。而"恶"是气禀物欲所为，与"性"无涉。虽然有气禀物欲的遮蔽影响，人的"本性"却依然"发见"；但又由于毕竟备气禀物欲"汩没"，所以人才"丧失其善，卒归于恶"。因此，孟子所说"性善"是直指本体而言。而凡为恶者皆是自欺自画，原不是"性"里带来，自然如此，这也是"圣贤可学而至"的根源所在。孙奇逢认为朱熹在《朱子晚年定论》中所说"孟子道性善，此是第一义。若于此看得透，信得及，直下便是圣贤"的论点很是精确。⑤ 人性没有不善，就好像水没有不向下流的，此说的是"性"；对人性善的道理"思则得之，不思则不得"，"先立乎其大，小者不能夺"说的则是"心"的特点；看见孺子

---

① （清）孙奇逢著，张显清主编：《日谱》卷十四，《孙奇逢集》（下），中州古籍出版社 2003 年版，第 587 页。
② （清）孙奇逢著，张显清主编：《日谱》卷二十二，《孙奇逢集》（下），中州古籍出版社 2003 年版，第 963 页。
③ （清）孙奇逢著，张显清主编：《日谱》卷十六，《孙奇逢集》（下），中州古籍出版社 2003 年版，第 654 页。
④ （清）孙奇逢著，张显清主编：《日谱》卷十六，《孙奇逢集》（下），中州古籍出版社 2003 年版，第 654 页。
⑤ （清）孙奇逢著，张显清主编：《四书近指》卷十六，《孙奇逢集》（上），中州古籍出版社 2003 年版，第 545 页。

将坠入井中而有怵惕恻隐之心,"嘑蹴而与,行道之人弗受"说的则是"情";凡有四端之情而"知皆扩而充之,苟能充之,足以保四海"说的则是"才"。因此"性""心""情""才"是从不同方面对"性"的陈述,"性"是从"命之于天者"而言的,"心"是从"具之于身者"而言的,"情"是从"发之于事者"而言的,"才"是从"用之于力者"而言的,心、性、才、情虽有分别,但都源自于"性",是"性之流露",只不过是"随处异名"①,因此孟子说"性善"。

但是,"情"是"性之发动处",因此有"性"便有"情","善者,性之真体;为不善者,性之浮用"②,人在人性本质上来说都是相同的,"不同者气质",造成人人不同的是禀赋的气质,因此不赞成把人性分为"气质之性"与"天地之性"。在其看来,"心性才情,虽有分别,随地异名。学者统体理会,心不放而性自复,才善用而情毕顺",要之,"总在去人欲、存天理作功夫"。③

孙奇逢重视后天教育与外在环境对人性的重要作用,认为习能移性,日习则日远,要求慎重对待"习"与"性"的关系问题。认为张载提出的"变化气质"的思想"甚有功于后学",认为"以勤补拙,以人合天,总变化气质之事","学以变化气质为主"④,也正因此,孙奇逢强调"上智"与"下愚"是"习成",而不是"生成",只要在没有定型之前努力学习、不放逸心性,人的习性都是可以改变的,人的贤愚也是可以改变的。孙奇逢在《日谱》中把人分为上智、中人、下愚三种,其中,属于上智与下愚的人少,而"中人"则比较多。上智之人"不废学力,而不恃学力,此心常得空明";下愚之人不知道"学力"为何事,因此此心放逸已久,所谓视而不见,听而不闻,食而不知其味,并不是不能转化这种"下愚"状态,而

---

① (清)孙奇逢著,张显清主编:《日谱》卷二十二,《孙奇逢集》(下),中州古籍出版社2003年版,第976页。
② (清)孙奇逢著,张显清主编:《日谱》卷七,《孙奇逢集》(下),中州古籍出版社2003年版,第274页。
③ (清)孙奇逢著,张显清主编:《日谱》卷二十三,《孙奇逢集》(下),中州古籍出版社2003年版,第993页。
④ (清)孙奇逢著,张显清主编:《日谱》卷十三,《孙奇逢集》(下),中州古籍出版社2003年版,第516页。

是因为"难移";只有"中人""乘愈物感,不能不恣为情识;胶于意见,不能不执为胜气。纷纷扰扰,翳我空明",但此时如果"加意提撕,则空明自若",否则积蔽日深,渐至昏昧,从而转化为"不移之愚"。① 在上智、中人、下愚之间并不是截然分割而不相通的,只要施加"学力",中人与下愚之人皆可向上智之人转化,同样,如果没有施加"学力",上智、中人也可以向下转为下愚之人。孙奇逢以"学力"作为变化气质的主要方法显然有其重要价值。

也正因此,孙奇逢认为,虽然以先天的"性而得之"与后天的"教而得之"来区分天道与人道,但实质上却是"同于诚明耳",因为"诚"与"明"是"相须"而不"相离"的,因此所谓的"性"与"教"、先天与后天也就没有绝对的分别,只要能够"人天合一",是不用问功力的先后问题。在其看来,《中庸》皆是告诉人要从"教"入手,那些"高天事而薄人功"的人都是因为没能明白《中庸》之旨。因此,孙奇逢在《中庸·天命谓性章》中提出"性命不得分为两物,中和不得分为两念,戒惧慎独不得分为两功,位育不得分为两事,至未发与发亦不得分为两境"②,并认为孔子所说"天何言哉"是讲"喜怒哀乐未发气象",而"四时行焉,百物生焉,天何言哉"则是说"到发处依旧是未发气象",并认为此就是所谓的"体用一源,显微无间"。

在对待性与情的关系问题上,孙奇逢认为"情者,圣人之所据以统古今者也"③,因人对待性与情处理不同,而有圣人、贤人及常人之别:"圣人性其情,贤人化情于性,常人情其性,三言道尽好恶者,情之发而知之用。"④情与理相即不离,"千古无离理之情,无离情之理。喜怒哀乐,情也。发而中

---

① (清)孙奇逢著,张显清主编:《日谱》卷三十四,《孙奇逢集》(下),中州古籍出版社2003年版,第1329页。

② (清)孙奇逢著,张显清主编:《四书近指》卷二,《孙奇逢集》(上),中州古籍出版社2003年版,第377页。

③ (清)孙奇逢著,张显清主编:《四书近指》卷十四,《孙奇逢集》(上),中州古籍出版社2003年版,第526页。

④ (清)孙奇逢著,张显清主编:《日谱》卷十九,《孙奇逢集》(下),中州古籍出版社2003年版,第785页。

节，则理也"①，不近情之理因真意不足而索然无味；不近理之情，即使"知和而和，荡然自放"也因其发而不中节而不可行。孙奇逢认为，人情喜奢侈豪华而厌恶俭朴艰辛，正是这种好恶之情致使"人心放荡"，从而导致"败裂纲常"，因此认为《论语》中所说"宁俭、宁固"乃"持世之学"。并认为朝廷、卿大夫应该在俭固之风方面首先做表率，否则禁令虽严，风气日侈，所令反所好，民岂有从之者哉？

孙奇逢的人性论既是对《尚书》、孔孟人性思想的继承，也是对张载、二程、朱熹、王阳明、杨东明等宋明诸儒人性思想的发展，在人性方面孙奇逢虽然没有提出更为精致系统的观点，但其对宋明理学的传承却起到了重要作用。

三 学归尼山，专主躬行

在孙奇逢看来，孔子学成先王之教，乃"万世之师，道之宗也"，其思想博大精深，因此学者要"立必为圣人之志，只折衷于孔子足矣"②。而后世儒者从不同角度或如"大德之敦化"，或如"小德之川流"，各得其一以成其说，"自浑朴散，而象数之繁，异同之见，理气之分，种种互起争长，然皆不谬于圣人，所谓小德之川流也。有统宗会元之至人出焉，一以贯之，所谓大德之敦化也"③，"如周之无欲，程之主敬，朱之穷理，陆之本心，王之良知，皆从浩博中体认精微，所谓殊途而同归，百虑而一致"④，因此为学之人要有"大见识"，切不可专执一偏之见，"正宜于古人议论不同处著眼理会。茹夷、尹、惠不同；微、箕、比不同；朱、陆不同，岂可相非，正借有此异以证其同"⑤。孙奇逢以四时做喻，认为孔子思想之完备犹如春夏秋冬四时之令，后

---

① （清）孙奇逢著，张显清主编：《日谱》卷十九，《孙奇逢集》（下），中州古籍出版社2003年版，第787页。
② （清）孙奇逢著，张显清主编：《日谱》卷七，《孙奇逢集》（下），中州古籍出版社2003年版，第255页。
③ （清）孙奇逢著，张显清主编：《日谱》卷六《答李颐庵》，《孙奇逢集》（下），中州古籍出版社2003年版，第233页。
④ （清）孙奇逢著，张显清主编：《日谱》卷七《重刻鹿伯顺先生四书说约序》，《孙奇逢集》（下），中州古籍出版社2003年版，第275页。
⑤ （清）孙奇逢著，张显清主编：《夏峰先生集》卷一《语录》，《孙奇逢集》（中），中州古籍出版社2003年版，第515页。

世"诸大儒各具春夏秋冬之一令耶,次之其二十四气耶,再次之其七十二候矣,合之始成此岁功也"①。因此,孙奇逢在严辨儒佛②、挺立儒家的同时,会通朱陆之"理""心",学归尼山,"专主躬行"③。孙奇逢的这种见解和认识既与其所受教育有关,也与其不囿于门户之见、主张和而不同的广博视野有关,更与其客观的学术立场密不可分。《寄张蓬轩》中孙奇逢自述其一生为学经历说:

> 某幼而读书,谨守程、朱之训,然于陆、王亦甚喜之。三十年来,辑有《宗传》一编,识大识小,莫不有孔子之道,小德之川流也。及领指示,觉人繁派淆,殊非传宗之旨,故止存周、张、二程、邵、朱、陆、薛、王、罗、顾十一子,标曰《传宗录》。然于旧所江者,终不敢有散佚也。若云付梓,浅学曲识,不能自信,乌能信天下后世?又念宋文宪、方正学,根极理要,开我明道学之传,复汇数人为一编,内虽有学焉而未纯者,要皆各具一得,录以备考。皆欲携以就正,恨未得各家全书,零星收录,不成片断。……某谓学人,不宜有心立异,亦不必着意求同。……譬之适都者,虽南北之异,远近之殊,要必以同归为止。总之,学以尼山为宗。④

(一) 格物致知与知行并进

在理学人士所说的"格物致知"问题上,孙奇逢坚持的不是程朱即物而

---

① (清)孙奇逢著,张显清主编:《理学宗传·义例》,《孙奇逢集》(上),中州古籍出版社2003年版,第623页。

② 《日谱·录存》中说"儒与禅有不得不同者,儒不能避也,禅与儒有不得不异者,禅不能强同也",儒佛有着本质区别。《理学宗传·义例》中记载,在《理学宗传》编成之后,有人质疑孙奇逢"本天本心"之说,认为其远尧舜周孔之"心"而"独禅学本心",孙奇逢则明确区分了儒佛宗旨的区别:"正谓心有人心道心,人心危而道心微,必精以一之,乃能执中。中即所谓天也,人心有欲,必不逾矩,矩即所谓天也。释氏宗旨,于中与矩相去正自千里。"[(清)孙奇逢著,张显清主编:《孙奇逢集》(上),中州古籍出版社2003年版,第622—623页]

③ (清)孙奇逢著,张显清主编:《理学宗传·义例》,《孙奇逢集》(上),中州古籍出版社2003年版,第622页。

④ (清)孙奇逢著,张显清主编:《夏峰先生集》卷七,《孙奇逢集》(中),中州古籍出版社2003年版,第721—722页。

第五章 清朝时期中原理学思想

穷其理的做法,而是和王阳明一样,把"格"解释为"正",把"物"解释为"己"、"欲"、"有我之私"、"物欲之物"、一己私欲,而不是普遍意义上的事物。在其看来"身心意家国天下皆物也,诚正修齐治平皆格也"。所谓"格物",便是"正物"①,并说自己四十年来所主张的主要就是"正物",因为"我与物流通无间隔,正是万物一体,正己物正之意,岂有诚正修之后而始穷理者乎?"因此,"致知者,知之明;格物者,处之当,正见知行合一"②。并认为天地之间号物之数有万,自一草一木以至于家国天下,皆是物,"语大莫能载,语小莫能破,有何巨细粗精之可言?"很显然,孙奇逢认为朱熹所说必"即是物"而求其理的说法是片面的。③ 孙奇逢认为所谓的"格"是"吾心神明之妙用而穷理,尽性至命之关钥"④。孙奇逢在比较朱熹与阳明关于"格物"思想时曾说:就"格物"而论,朱熹认为"理有未明,则知有未尽",因此格物是"穷理";王阳明则认为"为善去恶是格物"。朱熹是"偏以穷理属知";但从朱熹"凡物必有当然之则,而自不容已。所谓理也,外而至于人,则人之理不异于己;远而至于物,则物之理不异于人"的话中可以看出,此仍然是"求理于心,非就事物而求其理",并不是像后人所理解的那样要向一草一木而求其理。而阳明把"格"训为"正",只有"物之得其正,而理始极其明",比如事父一事,并不是向父上寻个"事"的道理,只要尽自己心中孝敬之情即可,此即"求理于心";同样,要为善去恶如果舍去"穷理"的途径也是不行的。"穷理"所做的正是为善去恶的工夫。由此看

---

① 《日谱》卷九记载:"远取诸物,近取诸身。尼山之所谓格物也,亦紫阳之所谓格物也。然取诸物者,而正物之意已在。取诸身者,而正身之意已在。姚江格物之说,亦非判然为二。"[(清)孙奇逢著,张显清主编:《孙奇逢集》(下),中州古籍出版社 2003 年版,第 335 页]
② (清)孙奇逢著,张显清主编:《夏峰先生集补遗》卷上,《孙奇逢集》(中),中州古籍出版社 2003 年版,第 1050—1051 页。
③ 朱熹《大学》补"格物"章说"所谓致知在格物者,言欲致吾之知,在即物而穷其理也。盖人心之灵莫不有知,而天下之物莫不有理,惟于理有未穷,故其知有不尽也。是以《大学》始教,必使学者即凡天下之物,莫不因其已知之理而益穷之,以求至乎其极。至于用力之久,而一旦豁然贯通焉,则众物之表里精粗无不到,而吾心之全体大用无不明矣"[(宋)朱熹撰:《大学章句》,《四书章句集注》,中华书局 1983 年版,第 6—7 页]。孙奇逢认为,顺性命之正,处事物之当,"非徒穷物之理,而正物在其中矣"[(清)孙奇逢著,张显清主编:《理学宗传》卷六,《孙奇逢集》(上),中州古籍出版社 2003 年版,第 764 页]。
④ (清)孙奇逢著,张显清主编:《游谱》四月二十七日条,《孙奇逢集》(下),中州古籍出版社 2003 年版,第 1437 页。

来，朱熹之格物与阳明之格物是相通的。"穷理"是"圣学之首事"，而"正物"则是"圣学之结局"①，"紫阳穷理说的浑成，阳明正物说的直截，总谓有物必有则。穷理穷其所谓则也，正物正其所谓则也"②，"朱王入门，原有不同，及其归也，总不外知之明、处之当而已。至用功先后，虽有次序，其实合"③，"文成（阳明）之良知，紫阳（朱熹）之格物，原非有异"④，"天下、国家、身心、意志以为物，不离平治、修齐、诚正以为格也"，二者"求信于心，共偕大道"⑤，朱熹和王阳明"各有得于尼山，犹颜、曾、由、赐诸贤，各有所得，各不相同。总之，要各成一个面目，正不必强而同之"⑥。

　　但是，格物并不是针对身、心、意、家、国、天下而泛泛地做格物工夫，而是有根本主旨，孙奇逢认为格物之本即"明德"，而与明德之"本"相对的格物之末即为"亲民"。二者并不是截然对立的，不能截然分开，所谓"格物之末而不离于本者，为明明德于天下。明明德于心、于意、于知者，真身也；明明德于家国天下者，大身也"⑦。"亲民"有赖于"明明德"，明明德是为了"亲民"，因此具体的修养工夫首先要做"明明德"的工夫，要明明德于一己之心、一己之意、一己之知，即明其真身，然后推而及至家、国、天下，明其大身。只有"真身"之明已成，才有"大身"之明之彰，而个人之身与天下之事在此意义上贯通一体，圆融无碍，而《大学》所讲格致诚正、修齐治平之功也就自然而成。因此，天地之间，"触目皆物"，日用之间，"动念皆格"。而一部《大学》皆是"格物"，"六经"诸典皆是"格物"，"《孟

---

① （清）孙奇逢著，张显清主编：《日谱》卷二十七，《孙奇逢集》（下），中州古籍出版社 2003 年版，第 1115 页。

② （清）孙奇逢著，张显清主编：《日谱》卷二十七，《孙奇逢集》（下），中州古籍出版社 2003 年版，第 1109 页。

③ （清）孙奇逢著，张显清主编：《日谱》卷二十七，《孙奇逢集》（下），中州古籍出版社 2003 年版，第 1115 页。

④ （清）黄宗羲著，沈芝盈点校：《夏峰学案·孙先生奇逢·四书近指》，《清儒学案》，中华书局 2008 年版，第 3 页。

⑤ （清）孙奇逢著，张显清主编：《日谱》卷二十七，《孙奇逢集》（下），中州古籍出版社 2003 年版，第 1115 页。

⑥ （清）孙奇逢著，张显清主编：《日谱》卷二十七，《孙奇逢集》（下），中州古籍出版社 2003 年版，第 1127 页。

⑦ （清）孙奇逢著，张显清主编：《四书近指及万年批定四书近指》卷一，《孙奇逢集》（上），中州古籍出版社 2003 年版，第 278 页。

子》七篇，便可作《大学》注疏"①，"时中不离日用"，"大知只是百姓日用"，"眼前天地，心上鸢鱼，室中夫妇，无一处不是道"，"道理只在眼前，眼前有相对之人，相对之物，静对之我。正所谓道也者，不可须臾离也。能尽人性，尽物性，皆是眼前事。舍眼前而求谐远且难，不知道者也。学而时习之，智及之，仁能守之，知之，好之，乐之，皆指此眼前说。不离日用常行内，直造先天未画前"②。但"天下古今，止有此一物；千圣万贤，止有此一格。只缘朱子补传，阳明复古本，遂成聚讼。今就格物而论，朱子谓即物穷理，阳明谓为善去恶是格物"③，因此，孙奇逢强调于日用伦常之际做诚敬、涵养、知行工夫。

孙奇逢提出"格物而后知行合一"④，其所谓"致知"即"致此良知"，发掘人本有、无蔽之"明德"。此"知"是生而即有、无蔽无坏、无偏无欺的，因此对此良知的格致工夫即修其本无坏者、正其本无偏者、诚其本无欺者、致其本无蔽者，因此在与天地感动交涉、通为一体而无有间隔的过程中，自然会物格知至、得其所止，物格而后知行合一，完成圣学之全功。在致知格物、知明处当之际，知与行自然合一。孙奇逢所讲知行合一与王阳明所讲知行合一相比，更强调日用工夫，因此他说"除去人情物理，良知何所着落？"也正因此，在"知"与"行"之间，孙奇逢更重视"行"，认为论事易而任事难，"不离'躬行'二字。口里说一丈，不如身上行一尺"⑤。反对以"知"代"行"，并举例说明知与行的问题："童而习之，白首不悟，读书破万卷，只谓之不识字。"这就强调知识的获取必须与个人身心性命、实际践履融为一体，而不是徒记语言文字。孙奇逢很赞赏王阳明的弟子王汝止（王艮）以"不行不为知"来讲"良知"的做法，认为不经身体力行、不亲身体验而

---

① （清）孙奇逢著，张显清主编：《日谱》卷二十七，《孙奇逢集》（下），中州古籍出版社2003年版，第1108页。

② （清）孙奇逢著，张显清主编：《夏峰先生集》卷一，《孙奇逢集》（中），中州古籍出版社2003年版，第527页。

③ （清）孙奇逢著，张显清主编：《日谱》卷二十七，《孙奇逢集》（下），中州古籍出版社2003年版，第1114页。

④ （清）孙奇逢著，张显清主编：《夏峰先生集补遗》卷上，《孙奇逢集》（中），中州古籍出版社2003年版，第1050页。

⑤ （清）孙奇逢著，张显清主编：《夏峰先生集》卷七，《孙奇逢集》（中），中州古籍出版社2003年版，第736页。

即认为是已知的做法"毕竟是浮游影响之见",与己有隔。

当然,在日常的践履过程中,因人的差异,对知行的实践问题也不是一概而论。《日谱》卷十四记载:"问:有言先知后行者,有言知行合一者,何者为是?曰:知行自是合一。然此乃圣者事,知而后行,贤者勉焉。知而不行,庸众也。不知而行,妄人也。"① 圣者自然是"性之"(《孟子·尽心上》),不勉而中,不思而得,从容中道,知行合一;贤者则是"反之",需要勉而中、思而得,知而后行;普通人则不能反求诸己,更多受外物影响,考量义利得失,知而不行;"妄人"则按口腹之欲诉求,不知而行。因此,要像王阳明那样"只存得此心常见在",孙奇逢认为"常见在"三字"极平易,极高远",此三字即孔子之"时习",曾子之"日省",颜子之"四勿",孟子之"勿助勿忘",子思之"戒慎不观,恐惧不闻",此良知之心无一刻不在,便是至诚无息。"天之道不已,稍杂以物欲,则此心时在时不在。全为物欲所固蔽,则此心一放而不复存矣。只一心不在,便不可以为人。"在其看来,孟子之"求放心"三字,是"起死回生之手"。② 可以看出,孙奇逢之知行合一,即王阳明所说"实实落落依着良知做去",尤其强调躬行实践。耿介《敬恕堂文集》中记载孙奇逢对其所说之语说:"学者只要躬行实践。夫子曰:'躬行君子,则吾未之有得,则吾未之有得。'又曰:'君子耻其言而过其行。'又曰:'先行其言而后从之。'皆是侧重行。人谁不知忠君孝亲?必须行忠君孝亲底事。"③

(二) 慎独与存理灭欲

《中庸》首篇"天命之谓性,率性之谓道,修道之谓教。道也者,不可须臾离也,可离非道也"言明"道之本原出于天而不可易,其实体备于己而不可离",因此君子须"戒慎乎其所不睹,恐惧乎其所不闻",以"慎独"工夫存养省察,"以去外诱之私,而充其本人之善"④。孙奇逢认为此"性""道""教"

---

① (清)孙奇逢著,张显清主编:《日谱》卷十四,《孙奇逢集》(下),中州古籍出版社2003年版,第585页。
② (清)孙奇逢著,张显清主编:《日谱》卷十四,《孙奇逢集》(下),中州古籍出版社2003年版,第582页。
③ (清)耿介撰,梁玉玮、孙红强、陈亚校点:《敬恕堂文集》第二卷,中州古籍出版社2005年版,第117页。
④ (宋)朱熹撰:《中庸章句》,《四书章句集注》,中华书局1983年版,第17—18页。

乃古已有之之名目,子思只不过一切从人身上指点以证之,"圣学只在诚意,诚意只在慎独"①,"'慎独'二字,千圣万贤之总途也,舍此别无学问"②,"论本体,只是性善;论功夫,知识慎独,尽之矣"③,慎独是"一统的功夫,千圣万贤,总只是这一件事,无内外,无精粗,无大小,一以贯之"④。

孙奇逢在《四书近指及晚年批定四书近指·中庸》中说,人性从根源上来说是本于"天"的,本来应该是"生知安行"、无增无减的,"以道字为主道,横该六合,竖贯古今,大无不包,细无不入,若说可离,便不是道","道"原不能离人而存,人亦不能离"道"而在,但是,"道"在下落于人事之后"便不能无增减",因此,圣人立教的宗旨就是"尽人以合天",从古神圣王到孔子做君为师都是为了"鼓铸斯世,以裁成天地,辅相斯民"。天下有有形有声之时,亦有无形无声、耳目不睹不闻之时,天命之性不囿于耳目之限在不睹不闻之间自有所睹所闻,"未见形而见心,未闻响而闻寂,是吾心之睹闻也";同时在耳目之所睹所闻内又"有不睹不闻,形声接而寂若不为之动",不为形声应物所左右,"戒慎恐惧即是不睹不闻之惺体,此际着力不得,只有默默检点,工夫则即工夫、即本体耳,此兼动静乃根尘不及之处。打醒此心见天于天,又见人于天,真是顾误天命光景",而《中庸》其后所说"喜怒哀乐之未发谓之中,发而皆中节谓之和","是养成后复还得个天命之性,紧承慎独来。末节乃率性之能事,而修道至此极矣"⑤。可见,《中庸》中所讲的"戒慎、恐惧、慎独"等是"须臾不可离之功",正是为了"修道","修之使无须臾之可离"。也因此,孔子在"中"字下面"添一注脚曰庸",在"中"字上面"添一注脚曰时","中不离日用,故曰庸;中不可执

---

① (清)孙奇逢著,张显清主编:《日谱》卷二十七《答陈子石问》,《孙奇逢集》(下),中州古籍出版社2003年版,第1121页。

② (清)孙奇逢著,张显清主编:《日谱》卷二十七《慎斋说》,《孙奇逢集》(下),中州古籍出版社2003年版,第1123页。

③ (清)孙奇逢著,张显清主编:《日谱》卷二十七《答王人能》,《孙奇逢集》(下),中州古籍出版社2003年版,第1137页。

④ (清)孙奇逢著,张显清主编:《夏峰先生集》卷二,《孙奇逢集》(中),中州古籍出版社2003年版,第565页。

⑤ (清)孙奇逢著,张显清主编:《四书近指及晚年批定四书近指》,《孙奇逢集》(上),中州古籍出版社2003年版,第282页。

着，故曰时"①，君子戒慎、恐惧、慎独、无须臾离道之时，则未发而中，已发而和，千变万化，"无不握枢于此"；六通四辟，"无不顺适于此"。在戒慎、恐惧、慎独三种修道工夫之中，戒慎与恐惧二者是"全体功夫"，而"慎独"则"拈出关键"，是"下手处"，是"求放心"的工夫所在，"慎独"是程颢之"体贴""以仁存心"②，是"集义"，不慎独是"义袭"③，必须在"事上磨炼"④、"事上磨勘"⑤。因此孙奇逢把慎独作为修身的切入点和着手之处，强调在人伦日用之中体认天理。比如在"心"与"气"关系的问题上，孙奇逢认为必须用慎独工夫才能"识得此心是何物，此气是何物，心主得气是如何气象，气役乎心是如何景象"⑥。而从上文孙奇逢对未发、已发之性的分析中可以看其所谓"独"并不仅仅指省察心念发动之机，而且指在应事接物之时针对心念倾向采取的种种对治方法。和其他理学人士一样，孙奇逢所对治的主要是人欲，而其所体认的是"天理"。

在去欲存理问题上，孙奇逢主张"寡欲"，认为"欲为心所生，本不能绝，故只曰：寡心为欲所害。……除寡欲别无存心之法"⑦。在其看来，"立身之道，须清心。清心之要，在寡欲。寡欲则神闲志静，容色辞气之闲，自与纷逐者不同"⑧。

孙奇逢所说之"寡欲"并非"无欲""绝欲"。孙奇逢认为"无欲"虽是

---

① （清）孙奇逢著，张显清主编：《四书近指及晚年批定四书近指》，《孙奇逢集》（上），中州古籍出版社2003年版，第283页。

② （清）孙奇逢著，张显清主编：《夏峰先生集》卷七，《孙奇逢集》（中），中州古籍出版社2003年版，第744页。

③ （清）孙奇逢著，张显清主编：《夏峰先生集》卷二，《孙奇逢集》（中），中州古籍出版社2003年版，第565页。

④ （清）孙奇逢著，张显清主编：《日谱》卷二十七《答陈子石问》，《孙奇逢集》（下），中州古籍出版社2003年版，第1121页。

⑤ （清）孙奇逢著，张显清主编：《日谱》卷二十七《答戴荆碧书》，《孙奇逢集》（下），中州古籍出版社2003年版，第1121页。

⑥ （清）孙奇逢著，张显清主编：《夏峰先生集》卷二，《孙奇逢集》（中），中州古籍出版社2003年版，第566页。

⑦ （清）孙奇逢著，张显清主编：《四书近指》卷二十，《孙奇逢集》（上），中州古籍出版社2003年版，第610页。

⑧ （清）孙奇逢著，张显清主编：《日谱》卷十，《孙奇逢集》（下），中州古籍出版社2003年版，第394页。

"圣学之要",但"无欲未易言,须自寡欲始"①,"欲"由"心"生,所指甚广,本来是不能灭绝的,因此只能说"寡"。而"心"因为"欲"的原因而有亡失的可能,为了避免这种现象,因此要存其"心",使"心做得主",便是"存",如果"心做不得主",便是"不存"。在存与不存的方法上,"欲不能寡,则心不能养,从古未有多欲而为圣贤者也。寡得一分欲,清得一分心,方能成得一分人。声色货利中,断无人品。此处须要割弃"②。而寡欲的具体方法就是孔子所说的"思不出其位,感应两忘,万变而不出其宗"与宋儒所讲的"主敬",前者给人指出具体的操作之法,只要尽其事即可;后者则更进一步,要在尽其事的基础之上涵泳、体会本心所主之事,然后以积极的态度去对待培育,而不能有一毫"胶困系恋"之迹。此种胶困系恋的对象并非仅限于"声色货利",即便是功名道德,一旦有所系缚,其心便不能泰然自若,又如何能"静虚动直、物来顺应?"孙奇逢认为"物欲"二字"至近而远,至约而尽,至易而难,非深造自得之后,未敢轻言也"③,因此,只要去一分人欲,即可"复一分"天理,而人欲去尽则天理自然"全复"。孙奇逢主张"闲邪"而"存其诚",并认为古往今来,"一诚流贯",原无区别、无悖违,只是因为"邪",此"诚"此"理"被遮蔽,因此孙奇逢认为不仅初学之人要"随时随处体认天理"④,而且要使心"无欲"也"随时随处体认天理",因为"天理熟,欲虽有存焉者,寡矣!"⑤

(三) 学至圣贤

"学以圣人为归"是孙奇逢在《理学宗传·叙一》中开宗明义的,他认为:"周子曰:'圣希天。'程子曰:'圣学本天。'又曰:'余学所有所受,"天

---

① (清)孙奇逢著,张显清主编:《日谱》卷十四,《孙奇逢集》(下),中州古籍出版社2003年版,第571页。
② (清)孙奇逢著,张显清主编:《夏峰先生集补遗》卷上,《孙奇逢集》(中),中州古籍出版社2003年版,第1049页。
③ (清)孙奇逢著,张显清主编:《日谱》卷十八,《孙奇逢集》(下),中州古籍出版社2003年版,第720页。
④ (清)孙奇逢著,张显清主编:《夏峰先生集补遗》卷上,《孙奇逢集》(中),中州古籍出版社2003年版,第1048页。
⑤ (清)孙奇逢著,张显清主编:《夏峰先生集补遗》卷上,《孙奇逢集》(中),中州古籍出版社2003年版,第1049页。

理"二字却是自己体贴出来。'"① 陆九渊从尊德性入与朱熹从道问学入，二者虽有不同，但尊德性离不开道问学，道问学也离不开尊德性，二者皆是"圣人之事"②，孙奇逢多次强调学者"必为圣人之志"③，以学至圣人为旨归。

为学之人之所以能学至圣人，就在于"圣人之心，与吾人之心，一而无二"，"千圣万贤，总之此心"。④ 既然吾心和圣人之心"一而无二"，何以圣人之心能与性命天道融合而常人之心却与天道间隔呢？对此问题，孙奇逢认为，"万物无所不禀，则谓之曰命；万物无所不本，则谓之曰性；万物无所不主，则谓之曰天；万物无所不生，则谓之曰心，其实一也。古之圣人，尽性、立命、知天，皆本于心。故但尽其心而已矣"⑤，"自古大圣大贤，俱是从心上做功夫"⑥，因此，"凡言存心、养心、尽心、求心、正心，皆所谓学以复此本心之工夫也"⑦，知自己之心则可知圣人之心，知圣人之心则"尧舜之能事毕矣"。而此心非一般所说物欲血肉之心，乃秉天地之诚、天地之性之"圣人之心""本心"，孙奇逢认为，如果能时时不违心，事事不违心，则是人生最乐之事。⑧

---

① （清）孙奇逢著，张显清主编：《理学宗传·叙一》，《孙奇逢集》（上），中州古籍出版社2003年版，第620页。

② 《日谱》卷十四记载："问：朱陆毕竟是同、是异，异果何以异，同果何以同？曰：陆从尊德性入，朱从道问学入，此其所以异也。然尊德性，岂能离得道问学？道问学，亦不能离得尊德性。总皆是圣人之事也。此同所以同也。"[（清）孙奇逢著，张显清主编：《孙奇逢集》（下），中州古籍出版社2003年版，第585页]

③ （清）孙奇逢著，张显清主编：《日谱》卷六，《孙奇逢集》（下），中州古籍出版社2003年版，第235页。

④ （清）孙奇逢著，张显清主编：《日谱》卷二十三，《孙奇逢集》（下），中州古籍出版社2003年版，第1000页。

⑤ （清）孙奇逢著，张显清主编：《夏峰先生集》卷一《语录》，《孙奇逢集》（中），中州古籍出版社2003年版，第540页。

⑥ （清）孙奇逢著，张显清主编：《日谱》卷二十五，《孙奇逢集》（下），中州古籍出版社2003年版，第1079页。

⑦ （清）孙奇逢著，张显清主编：《日谱》卷二十三，《孙奇逢集》（下），中州古籍出版社2003年版，第1000页。

⑧ 《日谱》卷十三"初五日"记载有人问"人生何事最乐"的问题时，孙奇逢回答说："无违心之事则乐矣。时时不违心，事事不违心，自然充实光辉，有根心生色之乐。违心则疚，疚则恶，恶则辱，恶得乐。"[（清）孙奇逢著，张显清主编：《孙奇逢集》（下），中州古籍出版社2003年版，第487—488页]

也因此，孙奇逢由王阳明所说"心外无物，心外无理"推出"心外无学"，并以种植为喻，把"心"比喻为"根"，为学便是对"心"之培拥、灌溉、扶植而删锄，"无非有事于根焉耳矣"①。由此，"知学"便是人生最紧要之事："客问：人生最吃紧者何事？曰：知学。不知学，即志士求危身以著节，义士乐奋勇以立声，介士甘遁迹以遂高，退士务匿名以避咎，其行不同，失中一也。"②"人孰为重？身为重。前有千古，以身为承；后有千古，以身为垂，而可轻视之乎？不轻视其身，则莫大于学。学可令吾身通天地万物为一体，千古上下皆联属于呼吸一气之中。故学者，圣人所以助乎天也；不学，则身亦夷于物耳，何以仰答天地父母之生我？"③同样为学，要先立其大，"第一要有识见……须开第一等眼界，认第一等题目"④，"先要见出大总脑"，要"必先有所主"⑤，要知道"读书、做人非两事也"，要"读得一分书，做得一分人"⑥，知行合一⑦。孙奇逢认为学问之事，如果能勘破生死一关，外在的富贵功名便不难割舍。

对于学以成圣之方，孙奇逢虽然认为不是一蹴而就的事，但提出刚、健、中、正、纯、粹、精七字格式："刚、健、中、正、纯、粹、精也，夫子以此七个字赞乾之德。愚谓圣人法天，则七个字，又古昔圣人之格式。刚言其不

---

① （清）孙奇逢著，张显清主编：《日谱》卷二十三，《孙奇逢集》（下），中州古籍出版社2003年版，第1000页。

② （清）孙奇逢著，张显清主编：《夏峰先生集》卷一《语录》，《孙奇逢集》（中），中州古籍出版社2003年版，第518页。

③ （清）孙奇逢著，张显清主编：《夏峰先生集》卷一《语录》，《孙奇逢集》（中），中州古籍出版社2003年版，第520页。

④ （清）孙奇逢著，张显清主编：《日谱》卷十四，《孙奇逢集》（下），中州古籍出版社2003年版，第554—555页。

⑤ （清）孙奇逢著，张显清主编：《夏峰先生集补遗》卷上，《孙奇逢集》（中），中州古籍出版社2003年版，第1041页。

⑥ （清）孙奇逢著，张显清主编：《日谱》卷二十二，《孙奇逢集》（下），中州古籍出版社2003年版，第958页。

⑦ 《夏峰先生集补遗》卷上记载孙奇逢评价王阳明《传习录》说："《传习录》极论知行合一，既详且尽。愚谓知行合一是圣者事，大贤勉为之，庶不至言行不相顾。如知为人子，当孝便孝；为人弟，当悌便悌；为人君，当仁便仁；为人臣，当敬便敬；非生安未易言也。……知行合一，是直指本体作工夫，见为二者，学问原未到家，未能以工夫还本体。强说是一，毕竟是二，耻射不逮之人欲讽言之。君子自不分作两般事。"［（清）孙奇逢著，张显清主编：《孙奇逢集》（中），中州古籍出版社2003年版，第1040页］

挠，健言其不息，中言其无过不及，正言其不偏不倚，纯言其不二，粹言其不杂。精则洁净，微密之极矣。然以此律古圣人，恐尧、舜、文、孔之外，鲜克中此式者，大哉乾乎？圣人之于天道，亦非可一蹴至也。"① 并且认为在为学入门之方上"诸儒殊途同归"："周子立静，曰无欲故静。程子主敬，有纤毫之欲，便不得谓之敬。陆之尊德性、朱之道问学、阳明之致良知，总是去人欲、存天理而已。"②

圣贤学问、帝王政治之根本在于皆"以孝弟仁让为教"，而以孝悌仁让为教则"言满天下无口过，行满天下无身过"，如此"经正则庶民兴"，孙奇逢认为孟子"得力处在此"③。"孝"即"所以事君也"，《论语》说"孝悌为仁之本"，《孟子》说"尧舜之道，孝悌而已"，"仁义礼智乐之实，总归于事亲从兄。尧舜，唐虞之孝子也；孔子，春秋之孝子也"。为子不孝，"断未有为臣而忠者"，因此，"训人家子弟，只教之以孝悌，则其造福于人也大矣"④。就个人而言，必须与个人的身心性命相结合，在人伦事物之间、出入食息之际检验"学问之事"，要谨记"随时随处皆有天则"⑤，"随时随处，体认此心此理"⑥，"日用食息间，每举一念，行一事，接一言，不可有违天理、拂人情处"⑦，这是学问下手处，而起念、举事、接言是"吾心与天下贯通之脉络"，能做到起念无妄，以义制事，以道接言，便是大圣贤境界。而人之所以不能当下像圣贤那样与天理道义合拍，原因就是"人欲牵缠，见己而不见人"，因此，孙奇逢和孟子、陆象山一样，强恕而行，"先立乎其大"，认为陆九渊所讲"求放心"和

---

① （清）孙奇逢著，张显清主编：《日谱》卷七，《孙奇逢集》（下），中州古籍出版社2003年版，第255页。

② （清）孙奇逢著，张显清主编：《日谱》卷二十二，《孙奇逢集》（下），中州古籍出版社2003年版，第952页。

③ （清）孙奇逢著，张显清主编：《夏峰先生集》卷一《语录》，《孙奇逢集》（中），中州古籍出版社2003年版，第522页。

④ （清）孙奇逢著，张显清主编：《夏峰先生集补遗》卷下，《孙奇逢集》（中），中州古籍出版社2003年版，第1066页。

⑤ （清）孙奇逢著，张显清主编：《日谱》卷二十二，《孙奇逢集》（下），中州古籍出版社2003年版，第966页。

⑥ （清）孙奇逢著，张显清主编：《夏峰先生集》卷一《语录》，《孙奇逢集》（中），中州古籍出版社2003年版，第523页。

⑦ （清）孙奇逢著，张显清主编：《夏峰先生集》卷一《语录》，《孙奇逢集》（中），中州古籍出版社2003年版，第523页。

"先立乎其大"二者之中,"先立乎其大"是"求放心"之"主脑"。①

孙奇逢在涵养本心、"直心循理"的基础上又融合张载《西铭》"民胞物与"思想,提出"古今四方皆一家人"的观点。认为张载"乾吾父,坤吾母,民吾同胞,物吾与也"是对心宽体胖、德性纯粹、天理流行之人境界的最好诠释,为学之人应该仔细体会其中意蕴。在孙奇逢看来,"居同而心异"不如"居异而心同",古往今来、四海之内皆是一家人,不必局限于"合聚同堂",而"宇宙是一家人"是因"诚"的贯通。人与物同样是天地间的自然存在,皆是禀天地之德、阴阳之气而生,既然如此,人不应局限于个人一己之私,而应该以"公心"对天下,最终提升自己的境界,实现人生的价值与意义。

孙奇逢强调修身与经世致用对一个为学之人来说是同等重要的,但一个人的志向能否实现却不是个人所能左右的,还有着诸多的外在因素约束。但是,孙奇逢并不因此而气馁,而是提出"不得志,而修身见行于世",并提出其做人修身的三个原则:"饥饿穷愁困不倒,声色货利浸不倒;死生患难考不倒,人之事毕矣。"② 孙奇逢反对那些假借"修身见行于世"而沽名钓誉的做法,还提出"心隐",认为在"心隐"与"身隐"之中,"心隐"为上,如果仅仅"身隐"、形迹上隐迹山林而"心"中却眷恋世俗名利的话,仍然是有"终南捷径之意",因此一生安贫而乐道,不为世俗名利动其心志,身体力行着自己的志向和追求。

四 为政之道

与所有儒家学者一样,孙奇逢在恪守儒家修齐治平之道的同时,继承孟子仁政爱民的思想,并笃守华夏文化传统,具有强烈的民族情结。主张为政首先要"正己",认为"得民"则"得天",并对循利而忘义的现象进行批判,认为"义利之界而国之兴亡系焉"。

孙奇逢认为,"正"是为人之本,也是"为政"之本,"从政,所以正

---

① (清)孙奇逢著,张显清主编:《夏峰先生集》卷一《语录》,《孙奇逢集》(中),中州古籍出版社2003年版,第524页。

② (清)孙奇逢著,张显清主编:《夏峰先生集》卷一《语录》,《孙奇逢集》(中),中州古籍出版社2003年版,第517页。

人",而正人首先要从"正身"开始,"要着民正,须先自正"①,并且只有在上位之人清心寡欲,在下之人才能安分守法。而在上之人的"自正"的标准并不是仅仅独善其身,更重要的是要"重民事",予民以利而不是与民争利。在其看来,王道之政是"以民为主"的,"民为邦本,为君以爱民为仁"②,"王政以因民为主",一切以民生为主,要"善养"百姓,"以仁心行仁政",具体即"田里是因天下之地,树畜是因天下之物,妻子是因天下之人,教导之使养其老",如此则"事既易成又无费"而"仁人必归之"③。只要是以民利民情为本,则"润泽非必更张",并不一定非要如后世之人那样"夺民田以与民而后可井授",孙奇逢反对那种为变法而变法,忽略变法根本目的是更好治理国家,更好"利民"的做法。在孙奇逢看来,"政"与"教"虽然都是以"善而著声",但"政能令人畏,教则令人爱"。④

在其看来,"得天所以得民,得民正是得天",而"救民"即所谓"畏天",此处之谓并非恐惧之畏,而是敬畏之畏。孙奇逢批判当时"以利天下之意,转而为一己之私"的政治风气,认为千乘之国可以"冒而窃之",但是百姓之心却不可"伪而邀之",因此,为政者必须在人与百姓之事上做修身之功、"明德"之功,只要其心"对得过上帝,信得过小民",便无愧于成汤诸王,也无愧于先祖。因此,所有工夫都在"己"上,而着眼点则是在"民与百姓"之上,只要"民与百姓"稍有未安,便是"己之昏昧放逸处",而政治的好坏得失只要察看其所治理的"民情"向背即可知道,"未有近不悦、远不来而可称治理者"⑤。既然如此,那为政之人自然应该以天下之利、以天下之义为根本,本公心而杜私心,唯其如此,才是长治久安。

据《年谱》记载,孙奇逢少承家学,学术上先宗阳明,清朝建立之后开始

---

① (清)孙奇逢著,张显清主编:《四书近指》卷九,《孙奇逢集》(上),中州古籍出版社2003年版,第466页。

② (清)孙奇逢著,张显清主编:《四书近指》卷二十,《孙奇逢集》(上),中州古籍出版社2003年版,第602页。

③ (清)孙奇逢著,张显清主编:《四书近指》卷二十,《孙奇逢集》(上),中州古籍出版社2003年版,第596页。

④ (清)孙奇逢著,张显清主编:《四书近指》卷二十,《孙奇逢集》(上),中州古籍出版社2003年版,第594页。

⑤ (清)孙奇逢著,张显清主编:《四书近指》卷十,《孙奇逢集》(上),中州古籍出版社2003年版,第474页。

调和朱陆之学,其在《理学宗传》中认为周敦颐、程颢、程颐、张载、朱熹、陆九渊、薛瑄、王阳明、罗洪先、顾炎武等十一人是道统正宗,明显是打破门户之见,把理学与心学合而言之。其曾在《寄张蓬轩》中说自己幼时读书谨守程朱之训,亦甚喜陆王之学。在其花三十年编撰的《理学宗传》中收录诸多观点,认为无论"识大识小,莫不有孔子之道,小德之川流也",后觉"人繁派淆,殊非传宗之旨",因此只保留周敦颐、张载、程颢、程颐、邵雍、朱熹、陆九渊、薛瑄、王阳明、罗念庵、顾宪成十一人为《传宗录》,并把"学焉而未纯""皆各具一得"者汇为一编,"录以备考"。孙奇逢总结当时朱陆后学笃守门户之见的情况说,"建安没,天下之实病,不可不泄;姚江没,天下之虚病,不可不补。守建安者,谓建安何病?病在姚江之支离。守姚江者,亦极言姚江无病。其守之专,而卫之严,两人各守师说,不致流为陈相,但未免虚亦虚,实益实"①。针对此种状况,孙奇逢采取"不薄程朱爱阳明","以孔子印证诸儒,当看其是不是,不当问谁朱谁王"的态度,试图在理学的范围之内调和理学与心学。《清儒学案》记录其行状说:"先生之学,原本象山、阳明,以慎独为宗,以体认天理为要,以日用伦常为实际,不欲判程、朱、陆、王为二途,以《朱子晚年定论》为归。"② 在《夏峰集》记载的《年谱》(下)中,记载了孙奇逢关于弟子"朱陆异同"问题的回答,"鹅湖之会,人皆咎其不同。余谓道一而已矣,不同宜求同。所谓南北海有圣人出焉,此心同此理同也。未至于同,万不可强不同以为同。由求不同于游夏,游、夏不同于颜、闵。点曰:异乎三子者之撰。子曰:我则异于是。不同何病,皆足入道",并比较说"陆从尊德性入,朱从道问学入,此其所以异也。然尊德性岂能离得道问学,道问学亦不能离得尊德性,总皆圣人之事也,此其所以同也"③。孙奇逢提倡不拘门户之见,主张在朱熹与陆九渊之间不应该"有心立异",也不必"著意求同"④,关键要

---

① (清)孙奇逢著,张显清主编:《夏峰先生集》卷七《书·寄张蓬轩书》,《孙奇逢集》(中),中州古籍出版社2003年版,第722页。
② (清)黄宗羲著,沈芝盈点校:《夏峰学案·孙先生奇逢》,《清儒学案》卷一,中华书局2008年版,第2页。
③ (清)孙奇逢著,张显清主编:《夏峰先生集补遗》卷上《答问》,《孙奇逢集》(中),中州古籍出版社2003年版,第1049页。
④ (清)孙奇逢著,张显清主编:《夏峰先生集》卷七《书·寄张蓬轩书》,《孙奇逢集》(中),中州古籍出版社2003年版,第722页。

以自得为主。《四库全书·四书近指提要》中记述孙奇逢之学时说:"奇峰之学,兼采朱陆,而大本主于穷则励行,出则经世。"① 汤斌在阐释孙奇逢的为学宗旨和生命工夫时说:孙奇逢之学"以慎独为宗,以体认天理为要,以日用伦常为实际。尝言:七十岁工夫,较六十而密;八十岁矣,较七十而密,九十岁矣,较八十而密。学无止境,此念无时敢懈,此心庶几少明"②,因此《四书近指提要》说孙奇逢之学虽然不一定一一与经典大义相合,但"读其书者知反身以求实用于学者,亦不为无益也"③,这种评价还是比较客观的。

第二节　耿介的理学思想

耿介(1622—1693),原名冲壁,字介石,号逸庵,河南登封城关人。十一岁时因到嵩阳书院游玩看到书院颓败的景象,有感于"程门立雪"的故事而立志弘扬理学,复兴嵩阳书院。崇祯年间,耿介先是停学在家自学,改名"耿介",然后又开办私塾,授徒讲说。清朝建立后,曾任福建巡海道按察副使、江西湖东道按察副使、大名府兵备道按察副使、河南按察使、少詹事等职。《清儒学案》记载说耿介在出任福建巡海道期间,"筑石城以捍海,除积弊,革冗费,戒贪墨,恩威大著",在出任江西湖东道按察副使期间,处理三百余案,"不蔓及无辜,民咸感之"④。但对振兴嵩阳书院、弘扬道学的志向并没改变。其在《中州道学编》一书中,主要记载中原地区道学的传承与发展情况,从北宋的程颢、程颐,到清朝的笁熔等,共记载了五十七人。耿介在此书中像《宋元学案》和《明儒学案》体例一样,在给每人立传的同时,在后面又附有其人的语录及著书。康熙三年(1664)辞官回乡主持嵩阳书院,康熙六年(1667)到大梁书院讲学,康熙十二年(1673)耿介到苏门拜访孙

---

① (清)永瑢等撰:《经部三十六·四书类二·四书近指二十卷》,《四库全书总目》卷三十六,中华书局1965年版,第304页。
② (清)魏裔介著,魏连科点校:《传·孙征君先生传》,《兼济堂文集》卷十一,中华书局2007年版,第296页。
③ (清)永瑢等撰:《经部三十六·四书类二·四书近指二十卷》,《四库全书总目》卷三十六,中华书局1965年版,第304页。
④ 徐世昌等编纂,沈芝盈、梁运华点校:《潜庵学案·潜庵交游·耿先生介》,《清儒学案》卷九,中华书局2008年版,第453页。

奇逢,"执贽于孙夏峰之门,笃志躬行"①,从孙奇逢学习理学。康熙十三年（1674）建立嵩阳书院诸贤祠,康熙二十三年（1684）编修《嵩阳书院志》。康熙二十六年（1687）又辞官大兴嵩阳书院。康熙三十年（1691）病逝,享年七十一岁。曾参与编修《明史》《大清会典》等,主要著作有《敬恕堂存稿》《孝经易知》《理学要旨》《中州道学编》等。

其对嵩阳书院的振兴,是借此弘扬理学。嵩阳学院在耿介心目中是道学的载体,理学的重要代表人物程颢、程颐以及当时著名的文学家、政治家范仲淹、司马光等皆在此讲学,与岳麓、睢阳、白鹿书院被时人尊称为"四大书院"。书院教育出来的学生不仅学问扎实,品德名节很高,而且使当地风俗为之一变。并且,嵩阳书院的特点就是弘扬道统精神,其下设置有供朋友讲习的丽泽堂,有观善堂、辅仁居,有博约与敬义两个斋,可以说此书院既是耿介弘扬理学的重要地方,也是清代初期中原理学传承的重要场所。与耿介一起讲学的文人及弟子有很多,比如冉觐祖、宝克勤、李来章、王泽溢、姚尔申、赵赐琳、孙祚隆、赵国鼎、杨淑荫、乔廷谟、裘清修、梁家蕙等（《中州先哲传》卷十九）。

耿介的思想基本上继承孙奇逢思想中重视孝悌、谨严礼法,尤其重视家庭教育的特点,但是,与孙奇逢不同,耿介在对理学的继承上和同时代的诸多理学家一样,断然地摆脱阳明学的影响而尊程朱为正统,不像孙奇逢那样肯定、吸收阳明之学,而是多次严厉指斥阳明学的悖谬②,力主回归程朱之学。

一 太极与理

耿介师从孙奇逢学习理学,以弘扬理学为己任。与孙奇逢一样,认为

---

① 徐世昌等编纂,沈芝盈、梁运华点校:《潜庵学案·潜庵交游·耿先生介》,《清儒学案》卷九,中华书局2008年版,第453页。
② 比如耿介在癸丑（康熙十二年,1673）《自课》中说"阳明说无善无恶,谓心之未发时,即善念亦不着此,大悖缪",并以镜子为喻,镜子未照人物之时,镜中自然没有一物,但"其明固自在也","物可不有,而明亦可不有乎?"在其看来,心如镜,而心之善犹如镜子所具之"明","镜惟明然后能照物,心惟善然后能应事也"。耿介认为,按照王阳明的观点,讲心无善,是把心看成槁木死灰,"岂不谬哉!"[（清）耿介撰,梁玉玮、孙红强、陈亚校点:《敬恕堂文集》第二卷,中州古籍出版社2005年版,第121页]

"太极，天理也"①，"易之道尽于太极。太极者，天理也"②，"太极者，极至之理也"③。耿介在《〈太极图〉疏义》中说太极之理"至中、至正、至平、至庸、至纯、至粹、至微、至妙，无以复加，故曰太极"，在天地未产生之前，便先有此太极之理，但此极至之理不能悬空不附着在阴阳二气之上，否则不能化生万物，因此"动而生阳，静而生阴，遂生两仪"，两仪立则太极涵蕴其中，由一动一静、一消一息、一阖一辟，"做出天地古今无限事"。耿介以元亨利贞四德、木火金水土五行、春夏秋冬四时、春生夏长秋收冬藏具体阐释天之理，并且认为"天之理虽有四，只是一个元气流行"，无时不然，无处不在，物物皆具此天理。

"道无处不在"④，四时迭运，日往月来，寒往暑来，皆天地之易，道自在其中。天道微渺，但世人却可以从四时运行、百物化生的过程中予以体认；圣人道理亦是如此，在日用伦常中可以体认。"动静无端，阴阳无始，体用一体，显微无间，知行合一，诚明并进，都是一样。"⑤ 耿介认为，阴阳二气、金木水火土五行化生万物，"物得其浊，人得其清。五常之性，人固有之，物亦宜然"⑥，立天之道曰阴与阳，立地之道曰柔与刚，立人之道曰仁与义，天地间化育流行运转不息，"吾之此心，天理流行亦是不息。若能见得此心与天地相似，便见得触处皆性命流行"。其在《理学要旨》序中说："天命之谓性，性即理也。"但此理虽然原于天，人禀天命之性而生，但所禀天命之性"或为气禀所拘，或为物欲所蔽，非假学以治之，则不能有以复其性之本体也"⑦，因

---

① （清）耿介撰，梁玉玮、孙红强、陈亚校点：《自课》，《敬恕堂文集》第二卷，中州古籍出版社 2005 年版，第 121 页。

② （清）耿介撰，梁玉玮、孙红强、陈亚校点：《自课》，《敬恕堂文集》第四卷，中州古籍出版社 2005 年版，第 225 页。

③ （清）耿介撰，梁玉玮、孙红强、陈亚校点：《〈太极图〉疏义》，《敬恕堂文集》第六卷，中州古籍出版社 2005 年版，第 338 页。

④ （清）耿介撰，梁玉玮、孙红强、陈亚校点：《自课》，《敬恕堂文集》第二卷，中州古籍出版社 2005 年版，第 122 页。

⑤ （清）耿介撰，梁玉玮、孙红强、陈亚校点：《自课》，《敬恕堂文集》第四卷，中州古籍出版社 2005 年版，第 227 页。

⑥ （清）耿介撰，梁玉玮、孙红强、陈亚校点：《嵩阳书院〈双柏赋〉并序》，《敬恕堂文集》第三卷，中州古籍出版社 2005 年版，第 129 页。

⑦ （清）耿介撰，梁玉玮、孙红强、陈亚校点：《理学要旨·序》，《敬恕堂文集》第二卷，中州古籍出版社 2005 年版，第 109 页。

此必须学而时习之，随时用"省察克治"之功"体认天理"，去除人欲。①

因此，耿介认为看《太极图》必须用心"体认"，而不是仅只概念上去追问"如何使无极？如何使太极？如何是阴阳五行？"在此意义上，耿介说"所谓太极者，吾心之理也；阴阳者，吾心之一动一静也；五行者，五行之仁义礼智信也；万物者，吾心之酬酢万变也"②。太极在化育生长万物过程中以气赋物以形体性存在，天地未生人之前便有此理，而"理"在气化成形的过程中同时附着于物，否则"悬空一个理，不着在人身上，则亦不有参赞位育也"③。天地没有产生之前，所存在的只有"理"，并认为"太极"即"人心之理"，"此心有太极焉，即天理也"④，这种观点和孙奇逢一样有调和程朱与陆王思想的倾向。

二 理、仁与孝

天理在天为元亨利贞，在人为仁义礼智，虽表现为四，只是一个"仁心"贯彻上下，"礼履此者也，义宜此者也"。理因"仁心"而条理化为人之孝、忠、悌、信，乃至"视听言动合礼，喜怒哀乐中节，即一出入、起居、动静、食息，莫不各有天然恰好底道理"，耿介承继程颐、朱熹"人人有一太极，物物有一太极"的观点，说"理之在吾心者"，"分而言之，一物各具一太极；合而言之，万物统一体太极也"，天地本然之性纯粹至善，即孟子所说性善；而因气质之私掺杂其中，所以不能"完全此理"才需"克己复礼"工夫。

在理与仁的关系上，耿介认为"中正仁义即天理也，凡事合乎天理便中

---

① 耿介在《与焦十舅》中说："连日觉得'体认天理'四字，极是日用切要功夫。但恐理欲错杂，如何便能体认得到此？须用省察克治。盖私欲不去，则天理不见，所以夫子说克己，孟子说寡欲，周子说无欲。自省日用之间欲念纷扰，正复不少寻求到处，此等功夫方得纯一不间断。"[(清)耿介撰、梁玉玮、孙红强、陈亚校点：《敬恕堂文集》第二卷，中州古籍出版社2005年版，第118页]

② (清)耿介撰，梁玉玮、孙红强、陈亚校点：《〈太极图〉疏义》，《敬恕堂文集》第六卷，中州古籍出版社2005年版，第338—339页。

③ (清)耿介撰，梁玉玮、孙红强、陈亚校点：《〈太极图〉疏义》，《敬恕堂文集》第六卷，中州古籍出版社2005年版，第339页。

④ (清)耿介撰，梁玉玮、孙红强、陈亚校点：《理学要旨·序》，《敬恕堂文集》第二卷，中州古籍出版社2005年版，第110页。

便正，不合乎天理便不中不正。而仁者，天理之体义也，天理之用也"①，"仁，天理也"②，多次说"仁""在天为元"，在人"为仁"，"在我为仁"，"天理流行"即万物生育长养的过程。其在《与万更生寿序》中说："仁，天地生物之心，而在我得之为元善之懿，廓然与物同体。""仁"内之于人则纯粹中和，谓之"好德"；发之外者则惠泽翔洽，谓之"遍德"。"仁为本心之全德，惟敬足以存之……仁则公，不仁则不公"③，为学者要"以仁为本"④。"惟仁则无欲，无欲斯静，静斯明，明斯公，公斯爱，爱斯和气集，和气集则以此引年，以此保世滋大。"⑤ 其在《批乔祇承〈识仁解〉》中认为程颢的"识仁说""深得孔门言仁之旨"，而程颢"教人下功夫处则在承敬存之"，因此学者只要"识得此理，便见得此心与天地相似。盖此理在天为元，而在我为仁"，即使在阴气极盛的十月，也有阳蕴含在天地生物之心之中作为"来岁生物之本"，吾人得天地之心以为心，"虽不睹不闻之中，而恻隐之心未尝不贯。义理智信皆仁也"。⑥

耿介十分认同汤斌，共同"溯源洛闽，穷源洙泗"，认为"斯道平实简易，在日用伦常，作不得一些聪明，执不得一些意见，逞不得一些精采"。在其看来，作聪明便会流于"索隐行怪"，执意见则陷于"罟获陷阱"，逞精采则"近于的然日亡"，因此，学者只要以孔孟为标准，"养得此心如鉴空衡平"⑦，对诸儒观点兼听齐观，自然可以断除这三种问题。

耿介把孝悌当成仁、忠等道德行为的内在根源。其在担任翰林院学士、

---

① （清）耿介撰，梁玉玮、孙红强、陈亚校点：《自课》，《敬恕堂文集》第四卷，中州古籍出版社 2005 年版，第 225 页。

② （清）耿介撰，梁玉玮、孙红强、陈亚校点：《自课》，《敬恕堂文集》第四卷，中州古籍出版社 2005 年版，第 227 页。

③ （清）耿介撰，梁玉玮、孙红强、陈亚校点：《宋体仁、王敬初字说》，《敬恕堂文集》第七卷，中州古籍出版社 2005 年版，第 392—393 页。

④ （清）耿介撰，梁玉玮、孙红强、陈亚校点：《与万更生寿序》，《敬恕堂文集》第四卷，中州古籍出版社 2005 年版，第 224 页。

⑤ （清）耿介撰，梁玉玮、孙红强、陈亚校点：《与万更生寿序》，《敬恕堂文集》第四卷，中州古籍出版社 2005 年版，第 225 页。

⑥ （清）耿介撰，梁玉玮、孙红强、陈亚校点：《批乔祇承〈识仁解〉》，《敬恕堂文集》第十卷，中州古籍出版社 2005 年版，第 514 页。

⑦ （清）耿介撰，梁玉玮、孙红强、陈亚校点：《与姚岳生》，《敬恕堂文集》第三卷，中州古籍出版社 2005 年版，第 167 页。

嵩阳书院院长期间撰写的《重修禹庙碑记》中曾说，大禹承舜之命治理滔天洪水，随山刊木，疏沦决排，最终成就"地平天成，造万世永赖之利"的功绩，很好地完成了舜帝托付的使命，这可以说是禹之忠；禹治理水患的同时，"暨益暨稷画井田、定经制、酌土宜、立赋法、通朝贡、同教化，使六府三事允治锡圭告成"，解决了百姓生计问题，这可以说是禹之仁。因为有"禹之仁"才会有"禹之忠"。但是，是什么原因促使大禹去实践达成"禹之仁"和"禹之忠"呢？耿介认为，正是"禹之孝"使然，"余以为禹之仁禹之忠皆禹之孝也"，禹之仁、忠皆是禹之孝的具体展开与实践。之所以如此，是因为"仁之发而为孝，而以孝可以作忠"，人心所具有的仁爱之情发而为"孝弟"之心，由孝弟之心推而广之，即孟子所说"老吾老以及人之老，幼吾幼以及人之幼"，由于大禹"惟念父功之未就，只自深其羽渊之痛，而信年之中乘四载三过不入，呱呱弗子，克勤克俭，必有一尽。其盖前人之愆，而后罔极之恩始慰，使后世读其书，考其成规，即有以谅其苦衷"①。更何况大禹精一执中，弘扬千古道统之传衍；而《洪范》九畴"开万世彝伦之叙？"因此大禹之功可以说与天地一样同其不朽。由此一斑，可见耿介极其重视孝悌的真正原因。在其看来，后世之人之所以能够安然地"饮于斯、食于斯、耕凿于斯、谈道讲德于斯"，都是受大禹所赐，因此，对禹庙的修缮，是刻不容缓的。同时，通过重修禹庙碑这一行为，在彰显大禹之仁德忠孝的同时，也弘扬了道统。

据《敬恕堂文集》记载，耿介行为十分严谨，汤斌称赞其"坚定之操，守礼之严，斌生平交游未多见也"②，并且，每逢初一和十五，都会到祠堂虔诚敬拜，在父母的忌日之时，则是素服独居，不接待宾客，并会把同门子孙召集一堂，教育子孙祭拜祖先、克尽孝道的道理，认为"人之所以异于禽兽者，以其能尽孝道也"，"五伦惟孝为大"。③到了晚年，更是把"仁孝"看为圣人相传的心得体会，并把这一思想贯彻在其教育理念之中。

---

① （清）耿介撰，梁玉玮、孙红强、陈亚校点：《重修禹庙碑记》，《敬恕堂文集》第九卷，中州古籍出版社2005年版，第479页。

② （清）耿介撰，梁玉玮、孙红强、陈亚校点：《汤孔伯年兄上夏峰先生书》，《敬恕堂文集》第二卷，中州古籍出版社2005年版，第115页。

③ （清）耿介撰，梁玉玮、孙红强、陈亚校点：《敬恕堂劝孝浅说》，《敬恕堂文集》第三卷，中州古籍出版社2005年版，第172页。

与耿介在撰写《重修禹庙碑记》中所表达的强调仁孝思想主旨一致,在教育思想方面,耿介强调仁与孝是一体的,并且由孝而能显"仁",由"仁"而能显"忠"。其在《〈孝经易知〉序》中说每当自己读《孝经》读至"民用和睦,上下无怨,灾害不生,祸乱不作,通于神明,光于四海"都会抚卷流连,作而叹曰:"呜呼,孝之道大矣!"在耿介看来,"一圣一贤一堂问答之际,唐虞雍穆三代熙皞之象"借《孝经》而宛然在目,也因此孔子说"吾行在《孝经》";耿介在读《论语》读到孔门弟子言仁言孝时,也会抚卷流连,作而叹曰:"呜呼,孝道之大,大于此矣!"①

耿介的弟子冉觐祖在说明耿介的教学方法的时候曾说:耿介教学主要以程朱理学思想为宗旨,"诚敬仁孝之外无歧旨",并且还把"孝"看为天地之心,赋予"孝"以更为抽象的含义:

> 孝之理,一仁之理;仁之理,一天之理也。是理在天为元,赋于人为仁。天地生物之心,元气流行,万物无不发生长育。人得天地生物之心,发而为孝,由孩提爱敬之良,充其量直至于胞民与物,参天地,参化育,则可谓分殊而理一,用大而体约矣。②

成克巩在《祝太恭人寿逾八帙序文》中说耿介幼时母亲"授以《孝经》《论语》",出仕后则"惓惓教之以忠孝廉洁",而耿介"性至孝"③,把孔门所言之仁孝看作古往今来千圣之"心传":"窃尝观于孔门言仁言孝,而知千圣心传莫有逾此者也。何也?是在天为元,而元为善之长,亨利贞皆元也。赋予人为仁,而仁为本心之全德。义礼智皆仁也,仁发而为孝,而孝为百行之原,弟忠信皆孝也。"④ 显然,耿介和程颢一样认为"仁"乃天地赋予人之

---

① (清)耿介撰,梁玉玮、孙红强、陈亚校点:《〈孝经易知〉序》,《敬恕堂文集》第六卷,中州古籍出版社2005年版,第336页。
② 徐世昌等编纂,沈芝盈、梁运华点校:《潜庵学案·潜庵交游·耿先生介·孝经易知自序》,《清儒学案》卷九,中华书局2008年版,第454页。
③ (清)耿介撰,梁玉玮、孙红强、陈亚校点:《祝太恭人寿逾八帙序文》,《敬恕堂文集》第二卷,中州古籍出版社2005年版,第80页。
④ (清)耿介撰,梁玉玮、孙红强、陈亚校点:《朱阳书院记》,《敬恕堂文集》第十卷,中州古籍出版社2005年版,第515页。

德行，是本心之全德，在五常之中，但又把"仁"从"仁义礼智信"五常之中提举出来，成为义礼智信之总德，"仁"不单是孟子所说之恻隐之心之端向，也是人之为人之根本，"仁"具于内而发于外则为孝，因"仁"为本心之全德，则孝为百行之始原，悌、忠、信皆孝之体现。在耿介看来，圣人如天，然而圣人"即一二言而包举靡遗，浑沦莫外，教非此无以为教，学非此无以为学"，圣人所教所学即仁与孝，如能"主敬以立其体，穷理以致其知，克己以去其私，躬行以践其实，扩充以达其用"，则仁孝自然流淌而成其圣；相反，如觉不睹不闻之时有一念之不谨，即非仁也，非孝也；纲常伦纪之间有一行之不敦，即非仁也，非孝也；视听言动之际有一端之违理，即非仁也，非孝也；应事接物之顷有一毫之或伪，即非仁也，非孝也。《大学》所说之"明德"，即明此仁孝；《中庸》所说之"诚"，即诚此仁孝；《孟子》所说之"养性"，即养此仁孝。推而至于周敦颐的《太极》，程颢的《定性书》《四箴》，张载的《西铭》，朱熹的《仁说》，"无非贴孔门之旨而一以贯之者也"，因此，为学之人应知用力关键而发挥仁孝之理，"切近精实，淋漓笃挚"而推广其义，如此"藏修游息于诗书礼乐之席"方能真正变化气质，陶镕德性。①

《孝经》一书是"天经地义"，虽然一般都把"孝"解释为"天之常道"，但是并没有很明白地解释清楚"孝"的确切内涵。耿介认为"孝根于仁，发出来合宜便是义"，并认为自己从孔子所言之仁孝领悟到，可以从"孝"看出"仁"之理，从"仁"看出"元"之理，从"元"字看出"天"字，由此而进一步了悟"天"以产生长养万物为常理，而"天"所有的"生物之心"，由"生物之心"而有的"生生之德"从"天"的角度来说称为"元"，从赋予人来说称为"仁"，而"仁主于爱，而爱莫先于爱亲，发出来便是孝"，"仁"是以"爱"为主的，而"爱"之情一般都是先从"爱亲"开始的，对亲人之爱发显出来便是"孝"，由此可见"孝"乃天地"生物之心"，"孝，天之经也，地之义也，民之行也"。因此《孝经》是"天之经"："孝乃天地生物之心，故曰：'天之经也。'"② 这样就把"孝"提升到程朱之"理"、陆王之"心"的

---

① （清）耿介撰，梁玉玮、孙红强、陈亚校点：《朱阳书院记》，《敬恕堂文集》第十卷，中州古籍出版社 2005 年版，第 514—515 页。
② （清）耿介撰，梁玉玮、孙红强、陈亚校点：《自课》，《敬恕堂文集》第七卷，中州古籍出版社 2005 年版，第 397 页。

高度，从而使"孝"成为贯通天道与人道的一种枢纽。

耿介认为仁孝乃人与天地贯通的桥梁和情感纽带，人之所以异于禽兽者，以其"能尽孝道也"①。其在《批李九畹〈神明孝弟不是两事〉文》中说："父母即天地，天地即神明，神明即吾心，要之只是一敬。能敬则仁存，仁存则能敬其身而不辱乎父母矣；不辱乎父母，则不愧乎天地矣；不愧乎天地，则感通乎神明矣。以此观之，神明孝弟一事乎？两事乎？此篇贯《太极》《西铭》，见周程张朱子所以接孔曾思孟之心传者，'仁孝'二字而已，学者其知所以用力矣。"② 其在《批董谷旰〈不自欺〉文》中说："人能'仁孝'二字见得亲切，方不愧天地父母生我之意。"③

因此，在日常的言谈举止和道德修为方面，耿介突出强调"孝"的重要性，认为"孝"在日用伦常，无时不然，无处不在，其"孝"犹如孔子所说"孝弟"是"仁之本"，如果能对"孝"这一字时时体认、仔细理会，人的视听言动、举手投足自然都会合乎礼节，而喜怒哀乐自然都会"中节"，面对挫折逆境之时自然能够"日三省吾身"，以至于博学、审问、慎思、明辨、笃行，等等，都是"孝"的工夫；至于日常生活中"居处恭，执事敬，与人忠"等原则也都是"孝"的发用流行。④ 耿介还把"孝"列入书院的学规之中，指出"孝为德之本"，因此平日应该要求自己以"仁孝"来激励自己、鞭策自己，凡是有在家不能恪守孝道之人都会在书院里作为过错记录下来，并要求弟子仔细领会《理学要旨》《孝经》《辅仁会约》中所说的道理，把这些道理与自己的身心性命日用伦常等行为结合起来时时"温浔玩味，身体而力行之"，而凡有"漫而不加省者，录过"。后来，耿介还根据吕维祺的《孝经本义》和万圣阶的《孝经行注》编纂别的读本，与《孝经易知》相互辉映，从不同层面满足不同人士的智识需要。

---

① （清）耿介撰，梁玉玮、孙红强、陈亚校点：《敬恕堂劝孝浅说》，《敬恕堂文集》第三卷，中州古籍出版社2005年版，第172页。

② （清）耿介撰，梁玉玮、孙红强、陈亚校点：《批李九畹〈神明孝弟不是两事〉文》，《敬恕堂文集》第六卷，中州古籍出版社2005年版，第356页。

③ （清）耿介撰，梁玉玮、孙红强、陈亚校点：《批董谷旰〈不自欺〉文》，《敬恕堂文集》第七卷，中州古籍出版社2005年版，第377页。

④ 参见（清）耿介撰，梁玉玮、孙红强、陈亚校点《书范大中卷》，《敬恕堂文集》第五卷，中州古籍出版社2005年版，第276—277页。

三 本体不离工夫

在人性问题上,耿介认为"性字从心从生,乃吾心之生理也"①,"心性段分不得,性善则心善情善才善。其有不善,皆后起之私,非本然之理也"②。"人性皆善,而觉有先后"③,天之生人,自然而然赋予人以仁义礼智信之性,但因所禀之气的影响而不能自然呈现,需要后天的学习以"复其性质本体",尧授之舜、舜授之禹的"精一执中"、孔子教授颜回的"博文约礼"、《大学》之格物致知、《中庸》之明善诚身、《孟子》之存心养性等皆是复性的关键工夫。此种工夫,要做日用间体认,而不是知行二分。耿介由此认为佛教是"空虚寂灭之教","言心不言性,是无生理矣",最容易影响人心,必须"辟之而后可以入道"。④

儒家之学不是"空寂"枯修,不是单纯的书本上口耳记诵,乃"心学",乃为成己:"凡圣贤说学,皆是说心学,不是记诵辞章便是学,故孔子说:'博学于文,约之以礼。'孟子说:'博学而详说之,将以反说约也。'若离约言博,便不是学,故《论语》首章说'学而时习之',朱子释之曰:'学之为言效也。'"人性虽然皆善,但是因气质之性和外物影响而对本性之善的体认有先后,后觉者必须效法先觉者之所为才可以"明善而复其初",此学即"性命之学",必须时时习之,等到能做到修习之工夫不间断自然会"心与理融,日用间浑是天理流行,无一毫私欲纷扰";相反,如果徒在书本上讲求口耳记诵,揣摩辞章,则"心与理判无干涉",自然不会达到身心合一的"悦"的境界。因此,耿介认为,《大学》"言明德即言新民,言格致诚正即言修齐治平",《中庸》"言戒惧慎独即言中和位育",本体即工夫,工夫即本体,"宇宙内事皆己分内事","心性是体,事功是用,有体必有用,用未尝离体也。譬之种树然,只培

---

① (清)耿介撰,梁玉玮、孙红强、陈亚校点:《自课》,《敬恕堂文集》第四卷,中州古籍出版社2005年版,第226页。
② (清)耿介撰,梁玉玮、孙红强、陈亚校点:《与姚岳生》,《敬恕堂文集》第四卷,中州古籍出版社2005年版,第211页。
③ (清)耿介撰,梁玉玮、孙红强、陈亚校点:《理学举业是一非二解》,《敬恕堂文集》第三卷,中州古籍出版社2005年版,第126页。
④ (清)耿介撰,梁玉玮、孙红强、陈亚校点:《自课》,《敬恕堂文集》第四卷,中州古籍出版社2005年版,第226页。

植其根本，枝叶自然茂盛，故举业理学原只是一事"。耿介以明朝洪永年间颁布"四书"、"五经"、《性理通鉴大全》于天下学官为例说明理学与举业是一非二，互相成就，不相妨碍。当时士人"为秀才便将数部书熟烂胸中，体认精切，政欲明体达用，异日为国家桢干，功名事业皆从此出，所以三百年理学名臣接迹比肩，理学何尝妨举业也？"耿介认为当时社会上"习举业者闻理学二字，则曰恐妨举业"的看法是"拔去根本而求枝叶茂盛"，从而造成"父勉其子，师教其弟，相率以此为取功名之路，而身心性命之学毕生无闻"的社会风气，究其根源，即"理欲之辨不明，义利之界不严"所造成，一事蹉跌，身名俱丧，人心既坏，风俗随坏，日复一日，愈趋愈下。① 因此，必须正本清源，认识到理学与举业、心体与事功、为学与日用、知与行精一匪二。

为学要在"心"上下工夫，耿介认为，"圣学本天，天者，理而已矣。圣人之心浑然天理，便是希天；吾人之心浑然天理，便是希圣。希圣希天，希吾心之天理而已矣"②，"人心、道心无两个心。人心收处便是道心，道心放处便是人心。心为一身主宰，敬字又是一心主宰。吾身之有心，犹天之有日。日者，天之阳气；心者，人之神明"③。"吾心本与天地同体，只为己私间隔，一举一动都从躯壳上起见，则心胸便不开阔，识量便不光大，何能尽己性、尽物性，以至于参赞位育，不愧天地父母生我之意哉？"④ 因此需要"心与理融洽"，"克去己私，然后胞民与物皆已分内事，而浑然与天地万物一体矣"。⑤

那么如何去私呢？耿介认为要从视听言动上用工夫，在其看来，张载《西铭》规模如此宏大，而其所以教学者，即知礼成性，变化气质之道，其具体即落在人伦日用中、视听言动上。而其入手处即通过"居敬穷理"而尽其

---

① （清）耿介撰，梁玉玮、孙红强、陈亚校点：《理学举业是一非二解》，《敬恕堂文集》第三卷，中州古籍出版社2005年版，第126—127页。
② （清）耿介撰，梁玉玮、孙红强、陈亚校点：《"希庵"说》，《敬恕堂文集》第三卷，中州古籍出版社2005年版，第181—182页。
③ （清）耿介撰，梁玉玮、孙红强、陈亚校点：《自课》，《敬恕堂文集》第二卷，中州古籍出版社2005年版，第121页。
④ （清）耿介撰，梁玉玮、孙红强、陈亚校点：《与钟尔知》，《敬恕堂文集》第四卷，中州古籍出版社2005年版，第209—210页。
⑤ （清）耿介撰，梁玉玮、孙红强、陈亚校点：《与钟尔知》，《敬恕堂文集》第四卷，中州古籍出版社2005年版，第210页。

仁义礼智之性，尽恻隐、羞恶、辞让、是非之心，"居敬则涵养得此心常存，穷理则讲求得此性常明"，由此，使"有我之私"不遮蔽四端之心、仁义礼智之性即可，到得"积累深厚，则此心浑然天理，私欲不得以蔽之，遇有善端发见，自能扩充到底，而仁义礼智不可胜用矣"①。

耿介《敬恕堂学规》有六条，其中前四条都与"心"有关：第一条学规说"主敬以收放心，须时时兢兢业业提撕此心，方好为学"，第二条提醒学者当以己心为严师，一举一动不敢欺瞒；第三条告诫弟子读书、讲书、作文、写字都要"用此心"，务求体贴得融洽，穷究得精细，发挥得透彻，结构得严密；第四条要求弟子"发一言，必内而检点于心，当可而发，勿得妄言；行一事，必内而斟酌于心，合理才行，勿得妄行；应接宾客，必存敬谨之心，周旋中礼，勿得疏慢"；第四条要求弟子"遇良友必虚心求教，勿得当面错过"②。《敬恕堂学规》此四条彼此相关，共成一体，第一条求放心以敬为根本，识"心"乃成圣根据，人身之主，古今相同，方能时时刻刻兢兢业业提撕此心，以此心为师，读书、讲书、作文、写字、视听言动、应事接物皆循"心"而为，发而中节；到得此境，自然能虚心待人接物，知行并进，"出则行义达道，处则守先待后，为往圣继绝学，为万世开太平"③。

耿介认为《易经》是圣人"寡过之书"，而"过要寡，只是循理"，《易经》三百八十四爻是圣人从人情事变之中阅历出来的，一一形容出示世人，因此说"爻也者，效天下之动者也"，耿介认为先儒所言"吾人一动便落一爻过"甚好，所以学者要"于观象玩辞时，体验于日用动静语默、应事接物之间"，自省孰者为得？孰者为失？"时存兢业，用惩窒迁改之功，则理日长而欲日消，寡过之学其庶几乎？修身教人俱当如此，若把作举业看，恐三绝韦编，无益身心也。"④

---

① （清）耿介撰，梁玉玮、孙红强、陈亚校点：《自课》，《敬恕堂文集》第三卷，中州古籍出版社2005年版，第184页。
② （清）耿介撰，梁玉玮、孙红强、陈亚校点：《敬恕堂学规》，《敬恕堂文集》第四卷，中州古籍出版社2005年版，第228页。
③ （清）耿介撰，梁玉玮、孙红强、陈亚校点：《与梁树百》，《敬恕堂文集》第四卷，中州古籍出版社2005年版，第217页。
④ （清）耿介撰，梁玉玮、孙红强、陈亚校点：《与焦十舅》，《敬恕堂文集》第三卷，中州古籍出版社2005年版，第146页。

耿介肯定情之当然，认为"人之情不能不有所系，然情有小大，故所系有重轻"，当人情系缚之时，也有不能自知的现象存在，而其后之人不能出于常情之外，也会受其影响而"不得不于昔人之所系者而寄情焉"，这都是合理的常见现象，关键在于要有"远大之见"才不至于因寄情于外物而"无异于身心"；相反，如果有远见卓识，"则艺也而道寄焉，即谓其所系有关于重者大者亦宜也"①。其《闻琴》一诗正说明此种思想："古乐已沦亡，谁复洞元始。中乃和之本，主敬是其旨。大道原非器，真闻不以耳。悠悠陶靖节，深得无弦理。"②

四 为政之道

《论语·为政》中孔子说："道之以政，齐之以刑，民免而无耻；道之以德，齐之以礼，有耻且格。"在治国策略上，孔子明显认为为政以德礼比为政以"政""刑"更可取，后世儒者秉承孔子治国理念，强调德治。耿介也主张德治，认为"法令者，治之具，而非治之意"，"治之具"与"治之意"二者应该"恒相辅而行者也"。在耿介看来，"意之所至，则象魏之布咸具温文；意之所不至，则清静之学流于惨刻"，"治之意"是"治"之根本和目的，但时移世易，治国方式也许与时俱进，相较于结绳记事的治世方式，"文告章程"等外在的治国手段和方式也是"居文明之日，书契既作"环境下导民化俗的最好选择。贤者治国理政应"有其意而又有其具"，如此方可兴利除弊，锄强扶弱，尊贤育才，敬老怀幼，尚节义、敦廉让、崇报功、勤稼事、集流鸿、固疆域，治效厘厘，册不胜书，"落落然参错天下，万物吐气"③。在耿介看来，有志于"策名仕籍"的士君子，要意识到自身职责和使命，以身作则，"小吏者，小民之慈父；而大吏者，又小吏之严督"，因此，大吏严而小吏肃，大吏公而小吏明，大吏刚断慈仁而小吏"整齐

---

① （清）耿介撰，梁玉玮、孙红强、陈亚校点：《跋〈兰亭贴卷〉》，《敬恕堂文集》第三卷，中州古籍出版社 2005 年版，第 144—145 页。

② （清）耿介撰，梁玉玮、孙红强、陈亚校点：《闻琴》，《敬恕堂文集》第三卷，中州古籍出版社 2005 年版，第 145 页。

③ （清）耿介撰，梁玉玮、孙红强、陈亚校点：《嵩阳纪事序》，《敬恕堂文集》第十卷，中州古籍出版社 2005 年版，第 73 页。

得一而休养以洽民生，以遂公也"①。从仕者所司范围可能有广有狭，所被领域有大有小，但"凡有效于职，则必有泽于民"，"令宰一邑，泽被一邑耳；守莅一郡，泽被一郡耳"。②

耿介认为古今天下之治乱兴衰系乎人心，而人心之邪正系乎义利。"义则纯是天理，砥节砺行，敦伦守法而不敢为非。利则纯是人欲，寡廉鲜耻，越礼犯分而无所顾忌。世之治乱关焉。孟子论人心术，首在于辨义利之别，盖为此也。"③ 因此必须首先辨义利之别，规范人心。当时社会"举业之弊"，正是由于"心学不明"。其中《答履泰兄》书信中说，"《禹贡》流弊至于横征暴敛，《周礼》流弊为王安石新法，圣人之道流弊为举业"，所谓"流弊"，是指"法立于一偏，不中不正，已开弊之端，后世之弊皆从此出，故曰流弊"，在耿介看来，圣人"立一法建一议，皆是大中至正"，后人所行与圣人所立之法议相反，导致的问题是后人所行造成的，而非圣人之法议有"流弊"。三代圣人"皆一中相受，明于天理人情之极，《禹贡》《周礼》是也"，后人若能"踵而行之，万世无弊"。《尚书·洪范》所说的国家施政的食、货、祀、司空、司徒、司寇、宾、师"八政"之中，一曰食二曰货，"王者必无不赋于民而能为治之理"，适当的赋税是国家正常运转的基础，是合理的也是必要的，"什一中正之赋，增一分不可，减一分不可"，耿介认为什一之税赋是当时最合适恰当的赋税制度，后世的横征暴敛恰恰与之相反，因税赋所造成的问题不是圣人所立的什一之税本身问题，而是末世执政者人欲炽盛、横征暴敛所致。真正有天德之人，方可施行王道、不产生"举业之弊"。而"举业之弊，由于心学不明"，"圣明之民，上以此教，下以此学，犹是举业也。发而为文章，皆有德之言；建之为事业，皆有本之学。格致诚正、修齐治平，不过举而措之。若至末世，上不以此为教，下不以此为学，人欲炽盛，天理灭绝。犹是举业也，当其为文章时，惟驰志于富贵利达，一旦得志，安能光明俊伟有所建立乎？语曰：天下有道，则行有枝

---

① （清）耿介撰，梁玉玮、孙红强、陈亚校点：《天雄万民感德碑记》，《敬恕堂文集》第二卷，中州古籍出版社2005年版，第76—77页。

② （清）耿介撰，梁玉玮、孙红强、陈亚校点：《天雄万民感德碑记》，《敬恕堂文集》第二卷，中州古籍出版社2005年版，第76页。

③ （清）耿介撰，梁玉玮、孙红强、陈亚校点：《自课》，《敬恕堂文集》第四卷，中州古籍出版社2005年版，第228页。

叶；天下无道，则言有枝叶。世运有升降而人心随之，而归咎于圣人之道有流弊，不亦过乎？"① 因此，效法实施先王之道，其关键则在于如何明"心"循"理"而对治人欲。"心者身之主宰，观其身之止，则心之止可见。凡圣贤说身，皆有心字在内。"② 耿介指出当时之人对"举业"和心性之学的误知，认为吾人心性与圣人无异，但寥寥数千百年却无有一人闻道，原因就是当时仕子"以安常习故，固陋因循，看得举子业便是第一等事，科目便是第一流人物，与之言心性，则不惟群起而疑之，且谤诟之，毁阻之也"，"殊不知方寸一坏，安能复做得天下事？"③ 完全背离孔子所说"学而优则仕"的宗旨，仅使出仕成为"徇私纵欲之资"，如此一生，与草木同腐，如何能博施济众、惠及万民？

经过孙奇逢、耿介等人的努力，中原理学在继承宋明理学的同时也有自身的特点。徐嘉炎描述当时中州理学复兴情形时说："昔二程兴教于伊洛，至元而鲁斋振之，明则安阳之崔（崔铣）、新安之吕（吕维祺），皆醇儒，皆中州产也。去二程数百年而苏门代兴，近者更逸庵先生（耿介）秉铎嵩少之间，礼山（李来章）与中牟冉先生（冉觐祖）实左右之，中州固理学之渊薮也，然吾闻欧阳文忠老于蔡，苏文定卜休于颍，彼所称文章之宗者，亦皆以中州为归。"④ 可以看出耿介等人在理学振兴过程中的重要贡献。

第三节　汤斌的理学思想

汤斌（1627—1687），字孔伯，号荆岘，又号潜庵，清河南睢州（今睢县）人。八岁便立志学习圣贤之学，清顺治年间进士，曾官至江苏巡抚、礼部尚书，与耿介一样，师从苏门山孙奇逢。汤斌一生政绩卓越，道德纯净，

---

① （清）耿介撰，梁玉玮、孙红强、陈亚校点：《答履泰兄》，《敬恕堂文集》第四卷，中州古籍出版社 2005 年版，第 221 页。

② （清）耿介撰，梁玉玮、孙红强、陈亚校点：《答李仁玉》，《敬恕堂文集》第四卷，中州古籍出版社 2005 年版，第 220 页。

③ （清）耿介撰，梁玉玮、孙红强、陈亚校点：《与梁树百》，《敬恕堂文集》第四卷，中州古籍出版社 2005 年版，第 217 页。

④ 徐嘉炎《礼山园文集序》，详见李来章《礼山园文集》卷首，《四库全书》卷一八三，浙江巡抚采进本，第 441 页。

对理学在清朝时期的传承与发展起到了很好的推广作用。

在清代理学人士中,汤斌和张伯行一样是在朝的理学人士,是康熙时期理学名臣之一。康熙九年(1670),汤斌与耿介同被选为翰林院庶吉士,并成至交好友,以圣人之学相互砥砺。汤斌在史学方面也卓有建树,在撰写《洛学编》的同时,撰修《明史》。汤斌的主要著作有《汤子遗书》(十卷)、《洛学编》、《潜庵语录》等。雍正中期,汤斌入"贤良祠";乾隆元年,谥号文正;道光三年,从祀孔子庙。

一 调和朱陆、传承道统

与其师孙奇逢一样,汤斌研习宋儒典籍,并由研习阳明之学转而变为试图调和程朱与陆王,其思想"笃守程、朱,亦不薄王守仁。身体力行,不尚讲论,所诣深粹"①。针对当时推崇程朱者与推崇陆王者水火不相容的治学态度,汤斌认为,"滞事物以穷理,沉溺迹象,既支离而无本;离事物而致知,隳聪黜明,亦虚空而鲜实",拘泥于具体事物而穷其理、沉溺于迹象而求其本质属性的做法,既会导致方法烦琐而不系统,同时还会远离为学的根本;而如果超越事物、离具体日常事物而穷去"致知",又会"隳聪黜明",从而凌虚蹈空而脱离现实。因此,汤斌与孙奇逢一样在调和程朱与陆王两派思想的同时,更强调对传统儒家礼法的恪守与实践,身体力行,在人伦日用等日常生活之中和对仁义礼法等社会规范笃守的"下学"工夫之中涵养操守,以期上达天理,这种做法就为"礼仪与天理之间构建了一道强劲的联系纽带,这是清初帝王治国的文教理念和北方理学的基调,也是明末清初理学的重大变易"②。据《汤斌传》记载,汤斌教育人时必定要先"明义利之界,谨诚伪之关",认为如此之学才是"真经学,真道学",否则即把讲论与践履析分为"二事",从而使"世道"悬空,无所根本。汤斌的这种经世宰物、躬行实践的知行观既是对孙奇逢思想的继承,也是自己反对坐谈心性风气主张的具体落实。

汤斌这种调和程朱与陆王思想的做法是在其对程朱、陆王思想分析的基

---

① (清)赵尔巽等撰:《汤斌传》,《清史稿》卷二六五,中华书局1977年版,第9934页。
② 吕妙芬:《清初河南的理学复兴与孝弟礼法教育》,载高明士主编《东亚传统教育与学礼学规》,台北:台湾大学出版中心2005年版,第5页。

础上得出的。在其看来，程颢、程颐与朱熹是儒家的正宗，这是毋庸置疑的，因此，"欲求孔孟之道，而不由程朱，犹航断港绝"，是不可能到达大海的；另一方面，王阳明提出"致良知"的主张可以说是"圣学真脉"，其与程朱格致之功殊途同归，都是"致知"的方法之一，"不可忽视"。汤斌反对当时学者"或专记诵而遗德性；或重超悟而略躬行"的片面做法，更反对那些提倡"儒佛合一"的观点，认为佛教所讲心性思想虽然与儒家所讲有些相似，但是佛教"外人伦，遗事物，其心起于自私自利，而其道不可以治天下国家"，它和儒家"本格致诚正以为修，而合家国天下以为学"的思想是截然不同的，并且，儒家所讲"复性"是由复己之性而使天下共复其性，此即王道，所谓"体用一源，显微无间"，根本不是佛教所能"比而同之"的。① 汤斌盛赞由成汤、文王、武王、周公、孔子，以至于颜回、曾子、子思、孟子、周敦颐、二程、张载、邵雍、朱熹、阳明所传承的道统，并和其师孙奇逢一样，以弘扬道统、挺立儒家本位为己任。

二 天道本于日用

在"理""心"孰为根本的问题上，宋明诸儒虽也强调天人一贯，但把"理""道""心""性"等范畴抽象化、形上化，比如程颐从理善说性善，由性善证学以成圣②，汤斌强调"天道"（天理）本于日用，"道无外乎人伦日用"③，"道之大原出于天，而仁者天道之元也"，"道无所谓高远"④，从"形而下"的角度言，"道"在具体的现实世界就体现在具体日常饮食、器具服饰等功用，从"形而上"的角度言"道"又"极于无声、无臭之微"，"精粗本

---

① （清）汤斌著，范志亭、范哲辑校：《理学宗传·序》，《汤斌集》第一编《汤子遗书》卷三，中州古籍出版社2003年版，第89—90页。

② 详见李晓虹《理善·性善与程颐的成圣之道》，《郑州大学学报》（哲学社会科学版）2008年第5期。

③ 汤斌在《重修苏州府儒学碑记》中说："宋濂、洛、关、闽诸大儒出，阐天人性道之源流，故天下知性不外乎仁义礼智，而虚无寂灭，非性也；道不外乎人伦日用，而功利词章，非道也。所谓六经之精微，而继孔孟之绝学，又岂汉以后诸儒所可及欤！"[（清）汤斌著，范志亭、范哲辑校：《汤斌集》第一编《汤子遗书》卷三，中州古籍出版社2003年版，第132页]

④ （清）汤斌著，范志亭、范哲辑校：《嵩山书院记》，《汤斌集》第一编《汤子遗书》卷三，中州古籍出版社2003年版，第136页。

末，无二致也"①，"道"虽然超越于具体的有形事物之上，但是同时又遍在于具体的现实世界中的一事一物，"道"就在人伦日用之间，就在人的举手投足之间，当然，一般所说的功利辞章等并不是"道"。②孔子告诉颜回说"非礼勿视，非礼勿听，非礼勿言，非礼勿动"（《论语·颜渊》），告诉樊迟说"居处恭，执事敬，与人忠"（《论语·子路》），从孔子告诉上智之颜回、中材之樊迟内容可以知道，"天命流行，不外动容周旋，而子臣弟友即可上达天德。所谓无行不与者，此也；所谓知我其天者，此也"③。汤斌说自己读到《易经》乾卦象传④和《中庸》首章"天命之谓性，率性之谓道，修道之谓教"后才明白天人同原，"吾心与天天的流通而往来无间"，油然而生"民胞物与"之念，戒慎恐惧，不能自已。

汤斌强调躬行实践等下达工夫以上达天道，认为为学工夫只在"当下"做，比如今日做宰相，便有宰相当下应该做的事情，其他事情也是这个道理，这样就赋予"道"以切实可行的内涵。

汤斌反对把口耳传授等同"识仁""体认"，以功利辞章和举业技艺陷溺人心、"滞事物以为穷理"的做法，认为志在利禄名誉、沉溺迹象的做法不仅"既支离而无本……堕聪黜明，亦虚空而鲜实"，使"天之所与我者茫然"，而且其学"迥非圣人之学矣"。在其看来，"仁之为体，非可口传耳授，在人之默识耳"⑤。孔子一生从十五志于学到三十而立、四十不惑、五十而知天命，"知命"需要人生历练，切实体认，不是坐谈心性所能达成的。而当时社会讲

---

① （清）汤斌著，范志亭、范哲辑校：《嵩山书院记》，《汤斌集》第一编《汤子遗书》卷三，中州古籍出版社2003年版，第136页。

② 汤斌在《重修苏州府儒学碑记》中说："宋濂、洛、关、闽诸大儒出，阐天人性道之源流，故天下知性不外乎仁义礼智，而虚无寂灭，非性也；道不外乎人伦日用，而功利词章，非道也。所谓六经之精微，而继孔孟之绝学，又岂汉以后诸儒所可及欤！"[（清）汤斌著，范志亭、范哲辑校：《汤斌集》第一编《汤子遗书》卷三，中州古籍出版社2003年版，第132页]

③ （清）汤斌著，范志亭、范哲辑校：《嵩山书院记》，《汤斌集》第一编《汤子遗书》卷三，中州古籍出版社2003年版，第136—137页。

④ 《易经》乾卦象传曰："大哉乾'元'，万物资始，乃统天。云行雨施，品物流形。大明终始，六位时成，时乘六龙以御天。乾道变化，各正性命，保合太和，乃'利贞'。首出庶物，万国咸宁。"[（宋）朱熹撰：《周易本义》，中华书局2009年版，第32—33页]

⑤ （清）汤斌著，范志亭、范哲辑校：《汤子遗书》卷三《嵩山书院记》，《汤斌集》第一编，中州古籍出版社2003年版，第136—137页。

学之人聚数十数百人于一堂，而"语之天命云何，心性云何，讲大本大原，皆为口耳影响之谈"，为学之人"于俄顷之间与闻性道之秘，其不至作光景玩弄，视《诗》《书》为糟粕，礼仪三百，威仪三千，为粗迹也几希矣！"① 这种后果正是讲学者造成的。

汤斌认为，"天理"二字不可不时时体察，只要假以时日，工夫久了，自然会"愈见亲切"，并且由此以后"自然仰不愧，俯不怍"②，人欲去尽，天理流行。而此理流行于天地之间，如果没有身体作为载体，此理就会虚悬无附着之处，因此"此身关系最重"，而人不可以不"敬其身"③。在其看来，学问之道，全在于收拾人身所有之"心"，如果此"心"不曾被收拾的话，声色货利等外在诱惑都是戕害此身的潜在因素，即使是读书诵诗，也是玩物丧志。④ 而如果不能身体力行而只是与先儒辩论同异问题的话也是玩物丧志的行为。⑤ 并且提出学者所应该注意的问题最怕"以实未了然之心含糊归依，以实未凑泊之身将就冒认"。而历代先儒之言都是自己用工夫体认出来的，没有一句不是实话。因此，只要树立本心，"源头澄澈"，即使"随时立教"，各有不同，但并相互妨碍对方。此时应当反求诸身，"识其所以同者"，而不是向"话头"上辩驳是非优劣。

因此，在具体的修养工夫上，汤斌和刘宗周、孙奇逢、耿介⑥等儒家人士一样，主张慎独居敬，穷理内省。其在解释君子与小人的区别时曾说"小人只是不认得'独'字"，并且认为学问之事有"为己、为人"之别，真正的

---

① （清）汤斌著，范志亭、范哲辑校：《嵩山书院记》，《汤斌集》第一编《汤子遗书》卷三，中州古籍出版社2003年版，第136页。
② （清）汤斌：《汤子遗书》卷一，载（清）永瑢《景印文渊阁四库全书》第1312册，台北：台湾商务印书馆2008年版，第434页上。
③ （清）汤斌：《汤子遗书》卷一，载（清）永瑢《景印文渊阁四库全书》第1312册，台北：台湾商务印书馆2008年版，第1312—428页上。
④ 参见（清）汤斌《汤子遗书》卷一，载（清）永瑢《景印文渊阁四库全书》第1312册，台北：台湾商务印书馆2008年版，第434页下—435页上。
⑤ 参见（清）汤斌《汤子遗书》卷一，载（清）永瑢《景印文渊阁四库全书》第1312册，台北：台湾商务印书馆2008年版，第425页上—425页下。
⑥ 汤斌在《嵩阳书院记》中说"逸庵之学以主敬为宗，以体天理为要，可谓得程朱正旨矣"［（清）汤斌著，范志亭、范哲辑校：《汤斌集》第一编《汤子遗书》卷三，中州古籍出版社2003年版，第137页］。

君子会脚踏实地地去做,并不为了让别人知道自己才如此,而人也"莫得而知之",直到"遁世,不见知而不悔"才是真实的学问,否则都是为了名利,都是"为人"之学,是与古人为学宗旨相悖的。

针对"主静"与"主敬"的修养方法问题,汤斌认为"天理"是不能以动、静来说的,而"主静"也是不可以"以时位论"的。如果拘泥于"主静"之说而不得其法、不明白"主静"的真正内涵,就会容易流于"禅学"。然而如果"昧主静之意而徒事于标末补缀",就会"隐微多疚",人品虚伪而事功无本,从而流于孔孟坚决反对的"乡愿之伪学"①,因此汤斌提出"学者敬以直内为本",而"敬"即"不苟",即攻击"此心之苟"。针对这种居敬的工夫,汤斌还针对朱熹的格物穷理在后世的影响及王学产生的原因作了进一步分析,从而指出为学之人首先要察识"孔孟之真",然后身体力行,时间久了自然会殊途同归。②

也正因此,汤斌主张践履的修养工夫,反对空谈心性,并融会程朱的践履之功与王阳明的"知行合一"的思想,构建自己的躬行实践的为学方法问题,而所谓的为学方法就是"行得一寸是一寸,积累将去"。汤斌反对当时"空虚无当"的学术风气,指出"今天下大病总坐一伪字",明确提出"学当躬行实践,不在乎讲,讲则必有异同,有异同便是门户争端",并认为如果不从日用伦常躬行实践,不从一言一行中体任天命流行的话,是不可能"上达天德"的,可以说躬行实践是汤斌思想的重要特点。

汤斌在具体政治策略上也体现出"简静,令出必行"的特点,并安抚流亡人口,体恤民生民情,确立纲常规范,振兴儒家教化,同时"除耗羡,严私派,清漕弊,省狱讼,汰蠹役,杜请托,行保甲,革匿费,吏治为之一新"。而在具体的"典浙江乡试"中,汤斌打破门第观念,录取贫寒子弟,认为"治道"重在"变通",应当及时改变用人不当等错误做法,使贤哲在位,小人退位。作为君主则必须"亲君子远小人",与君子接触多了,自然会与小人疏远,而对声色货利之欲、土木兴作之烦、奇技淫巧之物等容易影响自己

---

① (清)汤斌著,范志亭、范哲辑校:《学言》,《汤斌集》第一编《汤子遗书》卷一,中州古籍出版社2003年版,第29页。
② 参见(清)汤斌著,范志亭、范哲辑校《学言》,《汤斌集》第一编《汤子遗书》卷一,中州古籍出版社2003年版,第29页。

的物质欲望自然会不思不谋。从而使自己志向明确，采纳善言，而天下之事自然无为而为。国家大治的关键在于"正人心"，而具体的"正人心"的办法就是"崇经术"，弘传"四书""五经"所蕴含的精神主旨，不应寻章摘句而使自己游离于经典之外。

三 人性论

在人性论上，汤斌认为人从受生以来皆有天命之性，但也有气质之性，"天理纯然至善，气质纯驳不一，皆是与生俱生，难分先后"，气质之性与天命之性因后天人为作用而可以相互转化，"声色臭味固是气质，用事恰好处便是天理。恻隐、羞恶、辞让、是非，天理端倪，遇事随时发露，但如电光石火，转瞬灭没"，因此"察识扩充，必须着力"，天理与气质之间不可一刻疏忽，此处若轻易放过，人欲遂至滋长，虽然天理终无灭绝之时，但天理"锢蔽日深，无能发现，尧、舜尚致儆危，吾人何可自懈？"① 在驳杂的气质之性与纯善的天命之性之间，汤斌强调人性善，认为孟子性善之说"最为精微"②，学者须认得真切，而"认得真切，工夫自不容已"③，"人真明得性善，便真知尧、舜可为"④。

在汤斌看来，人之所以与天命间隔，正是因为有此形体存在，但如果无此形体，则"道无所寄"，因此君子必须"重身以为道"，克去形体之私，"以全我也"。⑤ 汤斌在《志学会约》中援引吕坤关于圣学关键问题的话说："圣学入门，先要克己，归宿只是无我。盖自私自利之心是立人达人之障，此便是舜跖关头，死生歧路。"⑥

---

① （清）汤斌著，范志亭、范哲辑校：《困学录》，《汤斌集》第五编《补遗》，中州古籍出版社2003年版，第1582页。
② （清）汤斌著，范志亭、范哲辑校：《困学录》，《汤斌集》第五编《补遗》，中州古籍出版社2003年版，第1582页。
③ （清）汤斌著，范志亭、范哲辑校：《困学录》，《汤斌集》第五编《补遗》，中州古籍出版社2003年版，第1582页。
④ （清）汤斌著，范志亭、范哲辑校：《困学录》，《汤斌集》第五编《补遗》，中州古籍出版社2003年版，第1585页。
⑤ （清）汤斌著，范志亭、范哲辑校：《困学录》，《汤斌集》第五编《补遗》，中州古籍出版社2003年版，第1582页。
⑥ （清）汤斌著，范志亭、范哲辑校：《志学会约》，《汤斌集》第一编《汤子遗书》卷一，中州古籍出版社2003年版，第27页。

克去形体之私、的方法,"人生而静,天之性也;感物而动,性之欲也"。人身都具有"性善之理",只要随事察理,即可使其所具有的本有之善"保守不失"①。"善"是大家公认的,不是一人自私的,因此,为善是自己自愿担当的,而不是他人强迫的。"性"不外乎仁、义、礼、智,一般所说的"虚无寂灭"并不是"性"的真正内涵。"仁"是生天地万物之心,是不能一言而尽的,必须详加体会涵养才是。

汤斌还从张载民胞物与的思想出发谈论人性问题,认为"吾之身,天实生之,无一体不备;吾之性,天实命之,无一理不全"。从人与物的角度来说,人之身体与万物皆是天之所生,实际上是一体的,而张载所说的"民胞物与"思想如果不能浑合无间的话就是没能"尽性";从自己与尧舜等圣王的角度来说,自己与尧舜同是"天实命之"而"无一理不全",如果在明于庶物、察于人伦方面不能"细大克全"的话,那也是没能"尽性"。因此,为学之人应该从濂、洛、关、闽而追溯到孔子、颜回、曾子、孟子,再由孔子、颜回、曾子、孟子查证尧、舜、汤、文等圣王品性,从中找出其所以相同的地方,然后"返而求之人伦日用之间",在自己的日常生活之中体验扩充,使此心浑然天理而返诸纯粹,此即孟子所说的尽其心而知其性,知其性而知天的工夫。明白了这种道理,也就在明白"四书""五经"精神实质的同时挺立了自己的人格,也就改变以往"我注六经"的模式而为陆九渊所说的"六经注我""六经皆我注脚",确立人的自信与价值。汤斌还说,"道之大原出于天,而仁者天道之元也。知天人同原,则知吾心与天地流通而往来无间,民胞物与之念油然而生,而戒慎恐惧,自不容已。故程子谓:学者须先识仁以此也。然仁知为体,非可口传耳授也,在人之默识耳"②,汤斌认为,圣贤学问只在"心性"上用功,犹如种树,每天在根本上培养灌溉,时间久了枝叶自然会畅茂条达;即便尚未枝繁叶茂,只要根本尚在,仍有繁茂的一天。汤斌认为今人为学"须持心坚牢,如铁壁铜墙,一切毁誉是非,略不为其所动,乃可渐入。若有一毫为人的意思,未有不入于流俗者"(《汤子遗书·常语笔存》),因此,破除流俗便是学者"第

---

① (清)汤斌著,范志亭、范哲辑校:《语录》,《汤斌集》第一编《汤子遗书》卷一,中州古籍出版社2003年版,第15页。

② (清)汤斌著,范志亭、范哲辑校:《嵩山书院记》,《汤斌集》第一编《汤子遗书》卷三,中州古籍出版社2003年版,第136页。

一关键"①，不为流俗所拘，便是豪杰。

此外，汤斌还提倡经道合一，改变元人编纂《宋史》时把凡讲性理之学者归于"道学"、把治经学者归于"儒林"的做法，强调二者是一致的，认为"所谓道学者，《六经》《四书》之旨，体验于心，躬行而有得之谓也，更有不传之道学也。故离经书而言道，此异端之所谓道也，外身心而言经，此俗儒之所谓经也"。汤斌认为"道"即在"六经"之中，并不是在经典之外，如果把"道"理解为在经典之外的话则是异端所谓"道"，而不是儒家所谓"道"了。其在《洛学编》一书中即按照这种思路来撰写，其间既有宋明时期道学主要代表人物，也有汉唐的经学大家。②并且，汤斌反对笃守章句而不求经典大义的做法，把训诂看作末学。汤斌认为，先圣先贤"无闲言语，句句是要义"，只是被千百年来人文训诂之风埋没，结果使圣贤字字句句从"诚意"中发显出来的义理变得晦涩难懂，"亦散漫不得归一"，因此，为学之人应该首先"求得于心证，其所谓千圣同源者"，而不要"牵滞于文义训诂之末"，这样才是真正的为学要领。

汤斌后学林天龄评述汤斌时说汤斌为学"倡明理学，恪宗程朱，于金溪、姚江之学兼有取焉"，其所作《语录》"持论平正，约而可循"，"实能以躬行征讲学而力去夫形体之私者"；汤斌从政期间，把理学理念施于日常，"政事卓卓在人耳目间。其所设施，皆以正人心端风俗为务，足见学术之有本矣"。当时学者读汤斌之书，皆"闻风兴起，由志学以希贤圣，下学上达，日进无疆"③。汤斌对时人和后学的影响从林天龄的评价可见一斑。

第四节　张伯行的理学思想

张伯行（1651—1725），字孝先，号恕斋，晚年号敬庵，仪封（今河南兰考）通安乡崇儒里人，人称"仪封先生"。康熙二十四年（1685）进士，考

---

① 徐世昌编纂，沈芝盈、梁运华点校：《潜庵学案·汤先生斌·语录》，《清儒学案》卷九，中华书局2008年版，第436页。
② 郑颖贞：《汤斌哲学思想初探》，《商丘师范学院学报》2004年第1期。
③ （清）汤斌著，范志亭、范哲辑校：《困学录》，《汤斌集》第五编《补遗》，中州古籍出版社2003年版，第1581页。

授内阁中书,改中书科中书。历任山东济宁道、河苏按察使、福建巡抚、江苏巡抚等,后被任为南书房行走,户部右侍郎兼管国家钱币、仓场,官至礼部尚书。和汤斌一样,张伯行也是清初在朝的重要理学人士,且以兴利除弊为己任,为官清廉,严惩贪官,忧国忧民,被康熙誉为"天下清官第一"①。《清史稿》史臣论曰:"清世以名臣从祀孔子庙,斌(汤斌)、陇其(陆陇其,字稼书,浙江平湖人)、伯行(张伯行)三人而已。"据《清史稿》记载,张伯行中进士之后,回家在南郊构建精舍,"陈书数千卷纵观之",及看到《小学》《近思录》以及二程、朱熹的语录,说"入圣门庭在是矣",于是"尽发濂(周敦颐)、洛(二程)、关(张载)、闽(朱熹)诸大儒之书,口诵手抄者七年"。张伯行一生以弘扬"正学"——程朱理学自任,曾在山东建清源书院、夏镇书院,在任江苏巡抚时建紫阳书院,在任福建巡抚期间建造鳌峰书院,设立学舍,并收集了濂洛关闽等学派的代表著作六十三种,续集又增五种,刊印《正谊堂丛书》,从理学传承的角度出发,对不同学派的典籍进行整理,对当地的士人教育和程朱理学的传播有极大的贡献。张伯行弟子众说,据说及门受学者多达数千人,清世宗雍正三年(1735),张伯行去世,年七十五岁,谥清恪,追赠太子太保②,光绪四年(1878),从祀孔子庙③。主要著作有《道统录》(2卷,附录1卷)、《近思录》(14卷)、《濂洛风雅》(9卷)、《濂洛关闽书》(9卷,辑注)、《广近思录》(14卷,集解)、《困学录集粹》(8卷)、《小学集解》(6卷)、《续近思录》(14卷)、《性理正宗》(40卷)、《小学衍义》(86卷)、《正谊堂文集》(12卷)、《居济一得》(8卷)、《续近思录》(14卷)、《养正类识》(13卷)等。

一 清正廉洁,忠孝仁爱

从史料记载可以看出,张伯行是一位勤政爱民的清廉官员。康熙中叶,贪污贿赂、徇私舞弊之风气日渐盛行,在这种氛围之中,张伯行洁身自好,坚持"我为官,誓不取民一钱"的原则,认为"一黍一铢,尽民脂膏。宽一

---

① (清)蔡世远:《困学录序》,载徐世昌等编纂,沈芝盈、梁运华点《清儒学案》卷六十,中华书局2008年版,第2342页。

② 参见《清世宗实录》,中华书局1985年版。

③ 参见(清)赵尔巽等撰《张伯行传》,《清史稿》卷二六五,中华书局1977年版,第9939页。

分，民即受一分之赐；要一分，身即受一分之污"，"一丝一粒，我之名节；一厘一毫，民之脂膏。宽一分，民受赐不止一分；取一分，我为人不值一文。谁云交际之常，廉耻实伤。倘非不义之财，此物何来？本都院既冰蘖盟心，各司道激扬同志，务期苞苴永杜，庶几风化日隆"。从仁民爱民的角度，废除摊派陋习，并在荒年派人到江浙地带买米，设置义仓，救活大量饥民，深受百姓爱戴。在康熙五十年（1711）秋的辛卯科场舞弊案件中，张伯行因弹劾受贿官员噶礼而被免职，为此，苏州百姓罢市；扬州数千人围集公馆，哭声震野。张伯行离去时，士民扶老携幼送行，并献上果蔬，哭着说："公在任，止饮江南一杯水；今将去，无却子民一点心！"

张伯行为什么会坚守廉洁作风、以民为本，被康熙誉为"天下清官第一"？这既与其父张岩注重其德性教育理念有关，也是其对儒家仁政爱民思想的具体实践。我们从仁孝、守敬的思想本身即可看出。据《碑传集》卷十七记载，张伯行自己曾说："臣父在日，常训臣以廉谨报效朝廷，若受人一钱，不惟不忠，且不孝。"并且说"仁者天地生物之心"，"万善之理统于一仁"①，"君子喻于义，小人喻于利"，君子应该以"义"为上，不应该像小人那样以"利"为上，并且应该做到"不欺"，张伯行曾说"天下惟不欺最难"，具体即要上不欺君，下不欺民，内不欺己，外不欺人，只有如此才能算是"不欺"，这不是可以随意说说就行了的。②《困学录集粹》序文中评价张伯行说其"躬行实践之功不可及也，立必以忠信不欺为主本"③，正是这种忠孝、重义思想使其无论担任什么职务都恪守职责、廉洁自律，并把收受贿赂视为不忠不孝的表现，由此确立了自己的义利观和处世哲学，于俸禄之外，分文不取。④

二 提倡理学，弘扬道统

针对理学所讲的太极、理、气、性、命问题，张伯行在继承程朱观点的

---

① （清）张伯行：《困学录集粹》，《正谊堂全书》第157册，福州正谊书局左氏增刊本，清同治年间，第20页。

② （清）张伯行：《困学录集粹》，《正谊堂全书》第157册，福州正谊书局左氏增刊本，清同治年间，第47页。

③ （清）张伯行：《困学录集粹·蔡序》，《正谊堂全书》第157册，福州正谊书局左氏增刊本，清同治年间，第5页。

④ 王兴亚：《清朝前期名臣张伯行简论》，《商丘师专学报》1999年5期。

同时，又做了自己的发挥，认为"太极"即"天理"，君子"修之吉"，即所谓"存天理"，而小人"悖之凶"，即"违天理"。① 君子遵循天理而为，因此仰不愧而俯不怍，举止自如而常安泰自然；小人则徇人欲之私，势必趋利而为，必定附盛气，从而为"气"所局限而常骄横。因此，圣人"定之以中正仁义而主静"，为人确定了一个人之所以为人的标准，从而使人恢复天理之本善，去除人欲之私。并说"天以气生人，即命人以理，理不在气之外，人人得气以成形，得理以成性，性亦在气之中"，从"天"命人以理、人得气成形、得理成性的角度来说与程朱观点一致，但是张伯行认为"理"不在气之外而独立存在，"性"也不是与"气"二分，"理"与"性"都在"气"之中。

张伯行还根据王阳明的"无善无恶心之体，有善有恶意之动，知善知恶是良知，为善去恶是格物"而提出自己的看法，认为"有善无恶心之体，有善有恶意之动，知善知恶是致知，为善去恶是力行"②，"心之体"是只有善而没有恶的，"意之动"则是有善有恶的，而其所解释的"致知"是知善知恶、"力行"是为善去恶，从而更突出其重视躬行实践的思想特点。

蔡世远在《困学录集粹》序言中评述张伯行时说：张伯行之学"以立志为始，复性为归，生平所自勉及所以勉人者，一以程朱为准的，拳拳然服膺不懈，深悯世俗之沽没于势利，或溺于辞章，其高明者又为姚江顿悟之学所误，大声疾呼，如救焚拯溺"③。可以看出张伯行提倡理学主要是因为当时之人为学或是为了名利权势，或是为了辞章训诂，抑或者空谈顿悟，流于禅学，因此，其生平以"程朱思想"自勉或勉人，并且"拳拳然服膺不懈"，对程朱所讲"天理"及格致工夫笃守实践，认为"格物、穷理、存敬"是为学的工夫，而自古以来善于学习者"无如朱夫子"④。并且"恪守程朱是入圣贤的

---

① （清）张伯行：《困学录集粹》，《正谊堂全书》第157册，福州正谊书局左氏增刊本，清同治年间，第28页。
② （清）张伯行：《困学录集粹》，《正谊堂全书》第157册，福州正谊书局左氏增刊本，清同治年间，第44页。
③ （清）张伯行：《困学录集粹》，《正谊堂全书》第157册，福州正谊书局左氏增刊本，清同治年间，第4页。
④ （清）张伯行：《困学录集粹》，《正谊堂全书》第157册，福州正谊书局左氏增刊本，清同治年间，第21页。

大道，泛滥诸家便错走了路"①。正是这种精神使其重新提倡儒家的道统思想，并按照自己的意向对道统作了系统的分析和诠释。

"道统"一词首先见于朱熹《中庸章句序》中（1189），但道统思想的来源却是《孟子》。孟子在《公孙丑下》中曾说五百年必有王者兴，其中必定会有留名于世的人，孟子在讲具体的传承时指出由尧、舜到成汤，再到文王与孔子，并认为自己就是继孔子之后承继道统的人。到唐代韩愈正式提出道统，认为"道统"在孟子以后便失传了，而韩愈的学生李翱则认为在孔子与孟子之间还有子思，是子思把道统传到了孟子，张伯行大力宣传道统观念②，并著《道统录》进行具体发挥。

张伯行宣传道统，提倡程朱理学，更突出道统的重要性。张伯行通过《道统录》、《道南源委》（六卷）、《伊洛渊源续录》（二十卷）等建立了较为完整的道统系谱，被称为清初"传道四先生"之一。在《道统录》中，张伯行把道统的源头追溯到伏羲、神农、黄帝，其所说道统系谱主要包括伏羲、神农、黄帝、汤尧、虞舜、夏禹、文王、武王、周公、孔子、颜回、曾子、子思、孟子、周敦颐、程颢、程颐、张载、朱熹、杨时、罗豫章等。曾说颜回之学"四方响和者，方靡然不知所止"。从张伯行的道统思想可以看出，他推尊程朱理学为正统思想，排斥荀子、董仲舒与陆九渊、王阳明等人的思想，认为只有程朱得到孔孟真传，因此为学之人应该对此笃守而不失；而陆九渊和王阳明提倡的默坐澄心方法虽可以"证道"，但其所讲"心即理"、"六经"皆我注脚以及阳明所说"致良知"等观点却不是圣贤的"正学"，更重要的是以墨家思想扰乱儒家正统思想，用学术来扰乱天下，因此，不能"惑于其说"，而应该有自己的立言宗旨。张伯行还指出当时"圣学"不明的具体原因。陆王心学空疏，特别是王阳明的致良知思想易于流于禅学；而以颜元为代表的事功学派又扰乱天下正道，无异于杀人。他认为只有理学中的濂洛关闽四派，特别是程朱思想才是正学，张伯行的《道统录》《道南源委》《伊洛渊源续录》三书是对程朱一脉比较完备的记述，他以廓清异学为己任，反对李贽、颜元的言论以及佛教道教之学，认为李贽的书"一字一句皆可杀人"，

---

① （清）张伯行：《困学录集粹》，《正谊堂全书》第157册，福州正谊书局左氏增刊本，清同治年间，第23页。

② 参见韦政通主编《中国哲学辞典大全·道统》，台北：世界图书出版公司1989年版，第661页。

而颜元的言论和李贽的书一样,"亦可杀人";而"老氏贪生,佛者畏死,烈士殉名,皆刊也"(《国朝学案小识》卷二《张孝先先生》),凡此种种皆不是"正学",张伯行的道统观也是清初提倡的较为纯正的儒家道统观。①

三 主敬穷理、重视《小学》

张伯行认为,"天理"二字是个"定盘针",虽然人的世运有升有降,遭遇有常有变,但"天理"二字却是"移易不得"的,因此为学之人应该循天理而行。在张伯行看来,"道""天理"在天地之间是永不停息、生生不已的,"道"流行于天地之间犹如日月经天而行,犹如江河附地而流,是不为尧存,不为桀亡的。因此志于"道"之人的"体道"工夫也应该是"无时或息"②、精进不已的,即不应该"以货利损行""以嗜欲忘生""以骄奢败德",只有这样才可以使自己"求进于向上一路"。张伯行为学宗旨是"主敬"以确立其根本,认为"万善之理,统于一仁,千圣之学,括于一敬"③,并因此改其号为"敬庵"。在主敬的同时,与朱熹一样,主张"穷理"以致其知,反躬内省以践其实。并提出"存天理,遏人欲,是学者最切要工夫",因此时时刻刻,在起心动念之际都要存天理,在举手投足、视听言动等具体的每一事上都存天理。《困学录集粹》记载张伯行自少年到老年"发言制行,表里洞达",遵守其诚信"不欺"的为人宗旨,同时,整齐严肃、主一无适,"自私居以至群萃未尝戏言戏动"。④ 纵观张伯行一生所为,可以看出其是对"敬"身体力行的典范。

张伯行和孙奇逢、汤斌一样,重视《小学》的教育,并在对《小学》的学习、身体力行的过程中提出《小学》主要在"敬"。张伯行认为,朱熹的《小学》主要分为内篇与外篇,合起来共三百八十五篇,主要目的是"以立教、明伦、敬身、稽古为纲;以父子、君臣、夫妇、长幼、朋友、心术、威

---

① 参见潘志锋《王船山道统论与张伯行道统论之简要比较》,《高校理论战线》2003年第9期。
② (清)张伯行:《困学录集粹·蔡序》,《正谊堂全书》第157册,福州正谊书局左氏增刊本,清同治年间,第21—22页。
③ (清)张伯行:《困学录集粹》,《正谊堂全书》第157册,福州正谊书局左氏增刊本,清同治年间,第20页。
④ (清)张伯行:《困学录集粹》,《正谊堂全书》第157册,福州正谊书局左氏增刊本,清同治年间,第5—6页。

仪、衣服、饮食为目"，如此纲举而目张，是为学之人步入大学学习阶段的必由之路，主要是就"做人底样子"而言的。并且，张伯行认为如果要进入入德之门，看孔子之书，必须以"大学"为"统宗"，否则"无以知孔子教人之道"；而看朱熹的书，如果不以《小学》为基本的话，则"无以知朱子教人之道"，进一步来说就"无以知孔子教人之道"。而《小学》记载的"立教、明伦、敬身、稽古，井井乎有条，循循乎有序者"，即孔子教育弟子"以入孝、出弟、谨信、爱众、亲仁、学文之旨也"。

之所以强调《小学》，是因为人在幼年的时候如果不学习《小学》，就无从收敛其心、养其德性，也就无从奠定大学的根基。因此，朱子的教人之道也即孔子的教人之道。而《小学》的主旨即"敬"字，因此必须把《小学》内外两篇章章节节、句句字字都"看得敬字义理，此地分明。体之于身而实践之，方知人之所以为人"，以"敬"的态度做督导，才能明白人之为人的根本所在，然后以其身周旋于父子、君臣、夫妇、长幼、朋友之中，而"心术、威仪、衣服、饮食"无不各有"当然不易之则"，按照这种方法"修之则吉，悖之则凶，然后有以收其放心，养其德性，而大学之基本以立"。①《大学》的三纲八目主要就是让人明白这种道理。陈荣捷认为朱熹教育门人弟子特别重"敬"的工夫，朱熹晚年修礼也以"敬"为主要，但是，张伯行认为《小学》主要在敬的这种看法，并没有了解朱熹"以立教明伦为体，敬其用耳"的深意。②

张伯行认为，圣人之学是可以学而至的，但圣人之功却不是可以一蹴而就的，必须坚持循序渐进，随事体察，随时涵养，存其善而去其恶，朝夕省思，不使一理不融于心。张伯行反对专务科举、增饰文辞、究心势利的作风，主张躬行在先，正己修德，笃守孝悌忠信之道，以礼义廉耻规范自己。

此外，在对于鬼神的看法问题，张伯行坚持张载的说法。其在注张载"二气之良能"时指出张载的解释很精到，"上下千古未曾有人道得"。张伯行把"神气"解释为一种不专属"气"、比阴阳二气精微的存在，唯其如此才能称为"二气之良能"。并进一步解释说《中庸》中说"视之而弗见，听

---

① （清）张伯行：《小学集解·序文》，《正谊堂全书》第160册，福州正谊书局左氏增刊本，清同治年间，第5页。

② 韦政通主编：《中国哲学辞典大全·小学》，台北：世界图书出版公司1989年版，第79页。

之而夫闻"是从理上讲"鬼神";而又说"体物而不可遗"则是"落在气分上"说。他还指出程颐对鬼神的解释只是解释清楚了后者,只是在"天地功用上见之",相比之下张载关于鬼神的界定则是"直究其性情,合理与气而为言也",对此,陈荣捷认为张伯行的注解"真能达张子理学之精义,然彼本人于鬼神之理之诠释,究乏兴趣。故其《续近思录》采集朱子之言,竟不依朱子《近思录·道体篇》采入'鬼神'条"①。

张伯行清正廉洁,仁德爱民,推崇程朱理学,重视《小学》《近思录》主敬的教育,并反对祭祀淫祠,肃正风俗,其价值观与汤斌及当时的主流价值观相近。张伯行反对思想多元化,而是主张归本于程朱之学,这与清初把程朱思想当作正统思想是一致的。②

---

① 韦政通主编:《中国哲学辞典大全·道统》,台北:世界图书出版公司1989年版,第448页。
② 参见王泛森《明末清初思想中之"宗旨"》,《晚明清初思想十论》,复旦大学出版社2004年版。

第六章　中原理学的现实关怀功能

"理"即"天理"是二程（程颢、程颐）思想体系中的最高范畴，是宇宙万有的最高法则和形上依据，"仁"是天所赋予、己心所禀之"仁性""仁德""生理""明德"，"礼"是现实生活中践行"仁性""仁德""生理""明德"的行为规范和生活准则，而作为"礼"之一种的"孝悌"则为"仁之本"，是践履"天理""仁性""仁道"的具体行为，在实践孝道的过程中，一方面要本己心所禀赋之"仁性""仁德""生理"，实有孝悌之情，另一方面要践履孝悌之仪——孝之礼。由此可见，二程的孝道思想是其形上的天理观在形下的现实社会中的具体展开，它既是对先秦儒家孝道观的继承，又是对先秦儒家孝道思想的发展，更使儒学落实到现实、成为人人身体力行的准则成为可能。二程在突出诠释"孝道"的实践价值和意义的同时，更是从孔子所罕言的"性与天道"的角度对现实生活中行为规范的"孝悌"作了形上的论证，使"孝"之外在的行为仪式具化为人之内在的道德自觉，从而使"孝"这一具体的人伦规范具有了形上的本体论依据和价值源头，并在此基础上对佛道"抛家弃子""遁世弃俗"的行为作了批评。正是基于此种思路，本章从"理与孝""仁与孝""礼与孝"三个层面对二程的孝道思想进行探讨和分析，由此反观二程孝道思想在宋明理学孝道思想及儒家孝道思想中的地位和价值，进一步探讨儒学及理学所可能有的现实关怀功能。

第一节　"理"与"孝"

关于"理"的问题，北宋五子展开了不同的诠释路向。周敦颐把"太极"作为世界的本体，借由本体论及宇宙论的知识体系来解说圣人境界；邵

第六章 中原理学的现实关怀功能

雍把本体的"太极"归之于"心"或"道"("心为太极,又曰道为太极"①),借由《易经》哲学与宇宙论建立其历史哲学;张载从气论的角度入手,系统论述其"知太虚即气,则无无"②的哲学思想;程颢、程颐则与三者不同,把"心"或"道"归于"理"或"天理"。并且,二程所说之"道"包含着"理"与"性"两层含义。但是通过细致的比较研究可以发现,二程所讲之"理"却有着不同。如唐君毅先生所说,程颢之"理"更能扣紧生命之"生"来看性与气、性与神不相离,由自然之道见当然之理;而程颐则更侧重指出"性即理之义,及理与气之或不相即,而为二之义"③,以当然之理言自然之理。此后的朱熹则综合前此诸儒对理的论述,特别是对程颐"性即理"的论述,由当然之理、自然之理来说明不同事物的能然与必然之理,从而成为理学的集大成者。

程颢曾言,"吾学虽有所授受,'天理'二字却是自家体贴出来"④,并提出"天者理也"⑤的命题。"天"是最高存在者的名称,以天为理,也就是说"理"是天地万物的最高存在和唯一根源。而我们从程颢所说"天理"是"自家体贴出来","性与天道,非自得之则不知,故曰'不可得而闻'","大抵学不言而自得者,乃自得也。有安排布置者,皆非自得也"⑥这些话可以看出,作为宇宙本原和抽象本体的"天理"对程颢来说并不是一个外在的、与其有隔离感的东西,而是已与生命融为一体,是生命中最真切笃实的感悟,程颢自己已经实践了天理、体认了天理,因此,程颢反对人为的安排布置、私意揣度,强调自己生命的真切体验和实际感受。

程颐则认为"理"是人之所以为人的根本,是事物的"所以然",是自然和社会的最高法则,大至山河大地,小至一草一木,其间都有理的存在。程颐

---

① (宋)邵雍著,郭彧整理:《观物外篇下之中》,《邵雍集》,中华书局 2010 年版,第 152 页。
② (宋)张载著,章锡琛点校:《正蒙·太和篇第一》,《张载集》,中华书局 1978 年版,第 8 页。
③ 唐君毅:《中国哲学原论·原性篇》,中国社会科学出版社 2005 年版,第 220—221 页。
④ (清)黄宗羲著,(清)全祖望补修,陈金生、梁运华点校:《明道学案上》,《宋元学案》,中华书局 1986 年版,第 569 页。
⑤ (宋)程颢、程颐著,王孝鱼点校:《河南程氏遗书》卷十一,《二程集》,中华书局 2004 年版,第 132 页。
⑥ (清)黄宗羲著,(清)全祖望补修,陈金生、梁运华点校:《明道学案上》,《宋元学案》,中华书局 1986 年版,第 560 页。

曾多次讲到这一点,"一草一木皆有理"①,"天下之物皆能穷,只是一理","万物皆是一理,至如一物一事,虽小,皆有是理"②,"天下之物,皆可以理照。有物必有则,一物须有一理"③,"凡眼前无非物,物物皆有理。如火之所以热,水之所以寒,至于君臣父子之间皆有理"④。理遍在于万物,是事物本身具有的必然属性:"凡物有本末,不可分本末为两段事。洒扫应对是其然,必有所以然。"⑤ 这里的"然"是事物呈现出来的外部表现或现存状态,如火之热与水之寒;"所以然"则是事物之所以呈现如此状态或有如此表现的内在根据和原因,如火之所以是热而不是寒或者水之所以是寒而不是热。"然"与"所以然"是一而二、二而一的,是不可以分割为二的,而之所以有本与末的划分,主要是从事物的实然状态(现存状态:"然")与内在根据("所以然")而言的。就"洒扫应对"来说,它是主体行为呈现出来的状态和结果,此是"末";而这一行为本身所具有的礼节规范则是这一行为本身之所以"如此"而不是"如彼"地展现于世人面前的内在根据和原因,此是"本";而一个事物之所以如此的内在原因和根据就是这个事物所具有的"理"。并且,"实有是理,故实有是物;实有是物,故实有是用;实有是用,故实有是心;实有是心,故实有是事"⑥。理、物、用、心、事之间就这样建立了逻辑联系。

但总的来说,二程认为"天理"是众理的总称,它既是自然万物所具有的物理和自然法则("天道"),也是社会的道德原则("义理")和人的道德本质("性理")。它"在天为命,在义为理,在人为性,主于身为心,其实一也"⑦,

---

① (宋)程颢、程颐著,王孝鱼点校:《河南程氏遗书》卷十八,《二程集》,中华书局2004年版,第193页。
② (宋)程颢、程颐著,王孝鱼点校:《河南程氏遗书》卷十五,《二程集》,中华书局2004年版,第157页。
③ (宋)程颢、程颐著,王孝鱼点校:《河南程氏遗书》卷十八,《二程集》,中华书局2004年版,第193页。
④ (宋)程颢、程颐著,王孝鱼点校:《河南程氏遗书》卷十九,《二程集》,中华书局2004年版,第247页。
⑤ (宋)程颢、程颐著,王孝鱼点校:《河南程氏遗书》卷十五,《二程集》,中华书局2004年版,第148页。
⑥ (宋)程颢、程颐著,王孝鱼点校:《河南程氏经说》卷八,《二程集》,中华书局2004年版,第1160页。
⑦ (宋)程颢、程颐著,王孝鱼点校:《河南程氏遗书》卷十八,《二程集》,中华书局2004年版,第204页。

在自然来说是不可违抗的"命运",在社会来说是规范行为的"义";对于个体之人来说是人人禀受的先天之"性"(又称仁性、仁心、诚、良知、本心等),对于个体之身来说则是作为一身主宰之"心"。

因此,天理并不是高高地远离世人或悬挂在遥不可及之处,它在人伦日用之间,在物之理与在己之理都是"天理"的不同体现,而不是截然不同、不类的,相较于形上之天理,人类社会的道德规范则是"天理"在现实社会的具体表现形态,"父止于慈,子止于孝,君止于仁,臣止于敬,万物庶事莫不各有其所,得其所则安,失其所则悖"①,"男女有尊卑之序,夫妇有倡随之礼,此常理也"②,"洒扫应对便是形而上者,理无大小故也。故君子只在慎独"③。父慈子孝、君仁臣敬、尊卑之序、倡随之理乃至洒扫应对等生活琐事皆是"天理"的具体体现,得其所则安,失其所则乱;顺此"天理"而行,则易则昌;逆此"天理"而行,则难则亡。

对此,二程解释孔子所说"父子之道天性也"说:"此只就孝上说,故言父子天性。若君臣兄弟宾主朋友之类,亦岂不是天性?只为今人小看,却不推其本所由来故尔。己之子与兄之子,所争几何?是同出于父者也。只为兄弟异形,故以兄弟为手足。人多以异形故,亲己之子,异于兄弟之子,甚不是也。"④ 在解释"尽性至命,必本于孝弟"一句时程颐说:"后人便将性命别作一般事说了;性命孝弟只是一统底事,就孝弟中便可尽性至命。至如洒扫应对与尽性至命,亦是一统底事,无有本末,无有精粗,却被后来言性命者别作一般高远说。故举孝弟,是于人切近者言之。然今时非无孝之人,而不能尽至命者,由之而不知也。"⑤ 性命孝悌和日常的洒扫应对一样皆是天理、天道的显现,其间并无本末之分、精粗之别,只是一般人不明这种道理,所以把性命天

---

① (宋)程颢、程颐著,王孝鱼点校:《周易程氏传》卷四,《二程集》,中华书局2004年版,第968页。
② (宋)程颢、程颐著,王孝鱼点校:《周易程氏传》卷四,《二程集》,中华书局2004年版,第979页。
③ (宋)程颢、程颐著,王孝鱼点校:《河南程氏遗书》卷十三,《二程集》,中华书局2004年版,第139页。
④ (宋)程颢、程颐著,王孝鱼点校:《河南程氏遗书》卷十八,《二程集》,中华书局2004年版,234页。
⑤ (宋)程颢、程颐著,王孝鱼点校:《河南程氏遗书》卷十八《伊川先生语四》,《二程集》,中华书局2004年版,第223—224页。

道看成高深玄奥之谈，圣人之所以举孝悌之事说明此理，是因为孝悌乃人最切近之事，也是最应为最易为之事。而一旦体认此"理"，即可在应事接物、举手投足之间达到从心所欲而不逾矩的境界："得此义理在此，甚事不尽，更有甚事出得！"① 因此，理即一切，一切即理，理在心外，又在心中。

第二节　仁与孝

"仁"是孔子思想的核心思想，对儒家哲学产生了深远影响。孔子对此有不同的表述，比如仁者"爱人"，"克己复礼为仁"，"泛爱众而亲仁"，"仁者，己欲立而立人，己欲达而达人"等，但显而易见，"仁"在孔子的思想中，不仅仅指具体的德目、做人的标准和原则，更是一种理念和境界。

与孔子把仁提升解释为忠、孝、义、礼、智、信等众多德目的总德、汉代训"仁"为"爱"、韩愈训"仁"为"博爱"、张载使"仁"扩充而涵盖整个宇宙不同，程颢进一步发挥"仁"的意蕴，提出"仁者，浑然与物同体，义、礼、智、信皆仁也"②，认为"义、礼、智、信"皆是"仁"之表德，把"仁"从通常所说的仁、义、礼、智、信五常之中单提出来，把仁解释为一体连贯、生生不息之德，并从生命的感受和情感角度赋予流于形式、抽象的"仁"以真情实感。程颢认为，先秦儒家讲仁学只注意了博施济众和克己复礼，这还不是"仁"的最高境界，而只是仁之"用"（表现）的具体体现，仁的"体"（根本）在于"与万物为一体""浑然与万物同体"的精神境界。"博施济众，乃圣人之功用。仁至难言，故曰：'己欲立而立人，己欲达而达人。能近取譬，可谓仁之方也已。'欲令如是观仁，可以得仁之体。"③ 在程颢看来，孔子所向往的博施济众的政治理想正是圣人体达天理而在现实社会施行的功用。这种境界是很难用言语加以表达的，但通过"己欲立而立人，

---

① （清）黄宗羲著，（清）全祖望补修，陈金生、梁运华点校：《明道学案上》，《宋元学案》，中华书局1986年版，第569页。
② （清）黄宗羲著，（清）全祖望补修，陈金生、梁运华点校：《明道学案上》，《宋元学案》，中华书局1986年版，第540页。
③ （清）黄宗羲著，（清）全祖望补修，陈金生、梁运华点校：《明道学案上》，《宋元学案》，中华书局1986年版，第553页。

第六章　中原理学的现实关怀功能

己欲达而达人",能近取譬的忠恕之道就可以达识仁之本体,而"为仁以孝弟为本。论性,则以仁为孝弟之本"①,孝悌则是人之"仁性""仁之体"发育流行的具体体现,"由孝弟可以至仁"。程颐则认为"仁者,天下之正理．失正理,则无序而不和"②。由此可见,二程在继承孔子仁学思想的同时,更赋予"仁"以形上学意蕴,也开启了宋明理学本体论的思辨方式,后世无论是提倡"性即理"之朱熹还是提倡"心即理"之陆王,皆以此种诠释路向为圭臬。

在二程看来,"天地之大德曰生"③,"万物之生意最可观"④,"生生之理,自然不息"⑤,"生生之谓易","万物皆有春意"⑥,此"生德""生意""生理"即孔子所说之"仁",《中庸》所说之"诚",人与万物都禀赋此"生德""生理""仁""诚"以生,也正因此,个人的"仁德""仁性"与天地之间的万物之性相贯通,与形上之天之理、天之道也建立了联系,从而使人的仁性、善性、仁心具有了超越的价值和意义。并且,一个自觉到自身所禀赋的"仁德""仁性""仁心"并能"观天地生物气象"⑦ 的"仁者"在依据此"仁德""仁性""仁心"而实践修为时会自然地贯通天人,融摄物我:一方面,仁者之"仁心""仁性"具有一种不容已之万物一体之情,所以"仁者"能以天地万物为一体,亦即把天下生民万物看成与自己息息相关的一部分,予以关切和关爱;另一方面,仁者之"仁心""仁性"的发动、展开表现为"亲亲而仁民,仁民而爱物"这样一种自然的次第与条理,此自然的次

---

① （宋）朱熹撰:《论语章句集注·学而》,《四书章句集注》,中华书局1983年版,第48页。
② （宋）程颢、程颐著,王孝鱼点校:《河南程氏粹言》卷一,《二程集》,中华书局2004年版,第1173页。
③ （宋）程颢、程颐著,王孝鱼点校:《河南程氏遗书》卷十二,《二程集》,中华书局2004年版,第137页。
④ （宋）程颢、程颐著,王孝鱼点校:《河南程氏遗书》卷十二,《二程集》,中华书局2004年版,第137页。
⑤ （宋）程颢、程颐著,王孝鱼点校:《河南程氏遗书》卷十五,《二程集》,中华书局2004年版,第167页。
⑥ （宋）程颢、程颐著,王孝鱼点校:《河南程氏遗书》卷二上,《二程集》,中华书局2004年版,第29页。
⑦ （宋）程颢、程颐著,王孝鱼点校:《河南程氏遗书》卷六,《二程集》,中华书局2004年版,第83页。

第与条理在社会生活中则体现为亲亲长长尊贤之道、父子兄弟夫妇朋友之伦，其具体表现也就是礼。① 在亲亲、仁民、爱物这样三种次第中，把看似高远具有理想化的万物一体之情落实在由亲亲而仁民、由仁民而爱物的次第修为之中，这就使其理想具有了现实的可操作性和可实践性，而践行孝道、恪守孝悌则是实践这一理想的始端。

二程在解释《论语·学而》"有子曰：其为人也孝弟，而好犯上者，鲜矣。不好犯上，而好作乱者，未之有也。君子务本，本立而道生。孝弟也者，其为仁之本与"时说，"'孝弟也者，其为仁之本与！'言为仁之本，非仁之本也"②，程颢在这里明确指出"为仁之本"（行仁或实践仁之本）与"仁之本"的区别，认为"仁"是本，孝悌是用，是实践"仁"的具体的方式之一，尤其是实践"仁"的重要方式之一，二者是不可混为一谈的。而当有人问程颐"孝弟为仁之本"是不是意味着"由孝弟可以至仁"时，程颐果断地回答说"非也"，并指出："谓行仁自孝弟始。盖孝弟是仁之一事，谓之行仁之本则可，谓之是仁之本则不可。盖仁是性（一作本）也，孝弟是用也。性中只有仁义礼智四者，几曾有孝弟来？仁主于爱，爱莫大于爱亲。故曰：'孝弟也者，其为仁之本欤！'"③ 孝悌是实践"仁"的开始和起点，是"仁"这个总德中诸德之一，因此说孝悌是"行仁之本"是可以的，但说孝悌是"仁之本"却是不可以的。因为，仁是性，是本，而孝悌是用。在人性中只有仁、义、礼、智四德，而没有孝悌。又因为仁以爱为主，而"爱莫大于爱亲"，"仁者，人也，亲亲为大"（《中庸》），所以说"孝弟也者，其为仁之本与！"

程颐在平日教育弟子的过程中常常让弟子思考"孝悌为人之本"这句话，让弟子明白人在初生禀受五行之秀之时，既已禀赋"仁"，及其初生之后，"幼而无不知爱其亲，长而无不知敬其兄，而仁之用于是见乎外"，此时只知爱敬并没有事物之累，等到情欲动于中，事物诱于外，事物之心日厚，爱敬之心日薄，于是"本心失而仁随丧矣"，因此圣人教弟子"修为其仁者，必

---

① 参见郭齐勇编著《中国哲学史》，高等教育出版社2006年版，第248页。
② （宋）程颢、程颐著，王孝鱼点校：《河南程氏遗书》卷十一，《二程集》，中华书局2004年版，第125页。
③ （宋）程颢、程颐著，王孝鱼点校：《河南程氏遗书》卷十八，《二程集》，中华书局2004年版，第183页。

本于孝弟"的道理。在其看来,"敬亲者不敢慢于人,爱亲者不敢恶于人",而"不敢慢于人,不敢恶于人,便是孝弟。尽得仁,斯尽得孝弟,尽得孝弟,便是仁"。在"为仁"是不是先从爱物上推广实践问题上,程颢说:"人各亲其亲,然后能不独亲其亲。"① 程颐说,"不敬其亲而敬他人者,谓之悖礼,不爱其亲而爱他人者,谓之悖德,故君子'亲亲而仁民,仁民而爱物'",能亲亲者,自然能仁民,能仁民者,自然能爱物,这是自然而然的次第;如果像弟子所说"为仁先从爱物"上推延、"以爱物之心推而亲亲"的话,则是墨子一派的做法,不是儒家做法。②

"仁"既是一个人自然具有的德行,也是人之所以成为人的根本,而孝悌是实践"仁"的具体行为,是日常生活中应该遵守的最根本的道德伦常:"仁,人此;义,宜此。事亲仁之实,从兄义之实,须去一道中别出。"③ 侍奉父母是"仁之实",尊敬兄长则是"义之实",事亲从兄皆是天理的体现,在事亲从兄的日常行为中,自然可以体认天理,践履仁道,从而使自己达到"亲亲而仁民,仁民而爱物"的境界。

第三节 礼与孝

人是现实中的人,在现实生活中扮演着不同的角色,有着不同的名分和所应遵守的伦理规范和仪则。孔子一再强调,礼是一个人"成人"所必需的,"不学诗,无以言","不学礼,无以立"(《论语·季氏》),"不知礼,无以立也"(《论语·尧曰》)。孔子说自己"吾十有五而志于学,三十而立","立"即立于世。三十而立就是到三十岁才懂得了礼,言行都很恰当,成了一个合格的人,为社会所接受,可以在社会上立住脚跟。可见,一个人要"成人",就要学礼、知礼、立于礼。

---

① (宋)程颢、程颐著,王孝鱼点校:《河南程氏遗书》卷十一,《二程集》,中华书局2004年版,第133—134页。

② (宋)程颢、程颐著,王孝鱼点校:《河南程氏遗书》卷二十三,《二程集》,中华书局2004年版,第309—310页。

③ (宋)程颢、程颐著,王孝鱼点校:《河南程氏遗书》卷六,《二程集》,中华书局2004年版,第80页。

"孝"作为实践人之仁德、仁性的具体德目和礼节，是最应遵守的伦常准则。《论语·为政》记载孟懿子问孝于孔子时，孔子回答，"无违"，并以"生，事之以礼；死，葬之以礼，祭之以礼"作具体的说明，这里所讲之"孝"就是按孝之礼事亲。而在以孝事亲之时，不仅要尽己所能给父母提供优裕的物质条件，更要有发自内心的爱亲敬亲之情，而不是表面的虚与委蛇："今之孝者，是谓能养。至于犬马，皆能有养；不敬，何以别乎？"（《论语·为政》）又："色难。有事弟子服其劳，有酒食先生馔，曾是以为孝乎？"（《论语·为政》）内心确有尊敬亲爱之情，流露于外，才是自然的和颜悦色和尊亲之礼。没有尊敬亲爱之情，容色就不悦且恭，这是不知孝之礼的表现。

二程继承了先秦儒家的这种孝道思想，并作了自己的诠释。二程认为，从人子的角度来说，孝道在日常生活中表现在各个方面，概括来说即"安亲"，即使亲安，按孔子所说"生，事之以礼；死，葬之以礼，祭之以礼"而言，具体应包括三方面内涵，一是使父母体安，二是使父母心安，三是事亲以礼。下面试对之进行具体分析。

（一）体安

所谓体安，不仅要求子女在父母在世时尽己所能给父母提供优裕的物质生活，赡养父母，而且包括父母去世之后在礼节允许的范围内"葬之以礼，祭之以礼"的慎终追远，比如父母去世之后要给父母准备经久耐用的棺椁，以使父母之体不受损伤等。

二程认为，赡养父母是人人所应做之事："今人多不知兄弟之爱。且如闾阎小人，得一食，必先衣食父母，夫何故？以父母之口重于己之口也。得一衣，必先以衣父母，夫何故？以父母之体重于己之体也。至于犬马亦然。待父母之犬马，必异乎己之犬马也。独爱父母之子，却轻于己之子，甚者至若仇敌，举世皆如此，惑之甚矣。"① 二程不止一次称赞王安石"事亲至孝"的行为，但却又批评其以孝事亲而洋洋自得、"以为孝有余"的心理："介甫平居事亲最孝，观其言如此，其事亲之际，想亦洋洋自得，以为孝有余也。臣子身上皆无过分事，惟是孟子知之，如说曾子，只言'事亲若曾子可矣'。不

---

① （宋）程颢、程颐著，王孝鱼点校：《河南程氏遗书》卷十八，《二程集》，中华书局2004年版，第242—243页。

言有余，只言可矣。"① 二程认为，侍奉父母是人人所应做应为之事，是不足为向外人称道炫耀的事，如果把自己侍奉父母的行为向别人称道那么其所谓孝就背离了本意，是不应该提倡的。

当有人问"人子事亲学医"怎么样时，程颐回答说："最是大事。"并比喻说："今有璞玉于此，必使玉人彫琢之。盖百工之事，不可使一人兼之，故使玉人彫琢之也。若更有珍宝物，须是自看，却必不肯任其自为也。今人视父母疾，乃一任医者之手，岂不害事？必须识医药之道理，别病是如何，药当如何，故可任医者也。"当弟子疑惑问道："己未能尽医者之术，或偏见不到，适足害事，奈何？"程颐回答说："且如识图画人，未必画得如画工，然他却识别得工拙。如自己曾学，令医者说道理，便自见得，或己有所见，亦可说与他商量。"② 在其看来，人子学医虽未必精通医道，但学过之后在医生陈说父母病情、开治药方之时，自己却可以听明白，也可以与医生商量，更深一步地了解父母的病情。

二程认为，"养亲之心则无极，外事极时须为之极，莫若极贵贵之义，莫若极尊贤之宜"③。在二程看来，相较于具体的立身行事之有极，养亲之心是没有极限的，因此，人子应尽己所能侍奉父母，使父母在有生之年身康体健，衣食无忧。

慎终追远既是儒家的重要传统，也是孝道思想的重要体现。为人子者在父母在世之时要尽其所能孝敬父母，在父母去世之后仍要慎重对待。程颐认为，"送死"是天下至重的大事，如果一个人能在"送死"一事上"竭力尽此一事"，那说明此人可以"当天下之大事"，并说："'养生'，人之常，此相对而言。若舜、曾子养生，其心如此，又安得不能当大事？人未有自致，必也亲丧乎！"④

---

① （宋）程颢、程颐著，王孝鱼点校：《河南程氏遗书》卷二十二上，《二程集》，中华书局2004年版，第281页。
② （宋）程颢、程颐著，王孝鱼点校：《河南程氏遗书》卷十八，《二程集》，中华书局2004年版，第245页。
③ （宋）程颢、程颐著，王孝鱼点校：《河南程氏遗书》卷六，《二程集》，中华书局2004年版，第92页。
④ （宋）程颢、程颐著，王孝鱼点校：《河南程氏遗书》卷六，《二程集》，中华书局2004年版，第93页。

程颐还单独撰写《葬说》《葬法决疑》《记葬用柏棺事》《祭礼》[①]论说父母去世后墓地选择的重要性、营建墓室所应注意事项，认为"葬者藏也，一藏之后，不可复改，必求其永安。故孝子慈孙，尤所慎重"[②]。好的葬地不仅可以使父母神灵永安，还可以使子孙繁盛，就好像"培壅其根儿枝叶茂"的道理一样。"父祖子孙同气，彼安则此安，彼危则此危，亦其理也"[③]。程颐经过考察得知柏木最经久耐用，因而主张选用最坚实耐用的柏木做棺椁，并用油漆漆好，以防泥土损污亲人遗骨，防水、虫侵蚀亲人遗骨。

在《祭礼》中，程颐详细指出"四时祭""始祖（冬至祭）""先祖（立春祭）""祢季秋祭"的具体细节，认为凡是祭祀，皆应"洒扫庭事，设几案于阶下，设盥盆帨手巾"，在祭祀前一天，"视涤濯，五更起"，安排各种事项，准备时令果蔬，并准备"菜三钉或五钉，盏盘匙筋"，然后"设香草"，再"设盥盆茅缩"，并更换祭服，焚香祷告，然后"奠酒焚香，跪执事者过酒。左手把盘，右手以酒浇酹于灌盆茅缩处。俯伏兴，再拜，左避位，遂行献。执事者注酒，下食二味，或一味，随人家贫富。顷之再拜，亚献如前，三献如前"。祭祀结束后，焚香说"祭祀已毕"，然后"揖执事者彻馔"[④]。我们从这些仪式规定中可以看出祭祀的神圣性以及二程对祭祀的重视程度。

（二）心安

《孝经·开宗明义章第一》曰："身体发肤，受之父母，不敢毁伤，孝之始也。立身行道，扬名于后世，以显父母，孝之终也。"[⑤] 所谓心安，不仅包括使父母在有生之年无个人的衣食患痛之忧，而且敬畏自己的生命，延续父母生命，光前裕后。这段话向我们点出了为人子者就自身而言所应做的事情：

[①] 详见（宋）程颢、程颐著，王孝鱼点校《河南程氏文集》卷十，《二程集》，中华书局2004年版，第622—629页。

[②] （宋）程颢、程颐著，王孝鱼点校：《河南程氏文集》卷十，《二程集》，中华书局2004年版，第625页。

[③] （宋）程颢、程颐著，王孝鱼点校：《河南程氏文集》卷十，《二程集》，中华书局2004年版，第623页。

[④] （宋）程颢、程颐著，王孝鱼点校：《河南程氏文集》卷十，《二程集》，中华书局2004年版，第628页。

[⑤] （唐）李隆基注，（宋）邢昺疏：《孝经注疏》，北京大学出版社2000年版，第4—5页。

一是爱护自己的身体，延续父母的生命；二是立身行事，光前裕后。

孝道体现在使父母心安方面，首先，自己的生命是父母"全而生之"，因此为人子者自当戒慎谨惧，"全而归之"，爱护己身，不让父母为己担忧，这是"孝之始"，"身者资父母血气以生者也。尽其道者则能敬其身，敬其身者则能敬其父母矣。不尽其道则不敬其身，不敬其身则不敬父母"①，对此，程颢说："子曰：疾而委身于庸医，比之不慈不孝，况事亲乎？"为人子者生病之后求治于庸医便是不慈不孝，更何况是侍奉父母呢？因此，爱护自己的身体，不使父母忧心也是孝子所应做之事。

其次则是立身行道，光前裕后。《论语·为政》记载孔子回答弟子子夏问孝时说，"色难，有事弟子服其劳"，对此，二程解释说："'色难'形下面'有事服劳'而言，服劳更浅。若谓谕父母于道，能养志使父母说，却与此辞不相合。然推其极时，养志如曾子、大舜可也，曾元是曾子之子，尚不能。"② 二程认为，相较于从衣食住行、温清定省方面赡养父母，让父母心情愉悦更为不易，而树立远大理想，使善名扬于后代，光宗耀祖则更为不易，因此，从人子的角度来说，"养志如曾子、大舜"，让自己功成名就、有所作为是对父母尽孝的很好体现，这是"孝之终"，因此，二程说"尽其道谓之孝弟"③。

（三）事亲以礼

对父母之孝虽应从自己的情感出发，但"安亲"之道关键要践之以礼，尤其是慎终追远方面，要丧尽其礼，祭尽其诚，不能因自己的私情而做违礼之事。因此，在三年之丧问题上，程颢认为三年之丧是"礼之至，义之尽"④，是人人都应该遵守的。但当有人问程颐，女子出嫁之后是否可以为生身父母服三年之丧时，程颐回答说，"不可"，因为"既归夫家，事它舅姑，

---

① （宋）程颢、程颐著，王孝鱼点校：《河南程氏遗书》卷二十三，《二程集》，中华书局2004年版，第310页。

② （宋）程颢、程颐著，王孝鱼点校：《河南程氏遗书》卷六，《二程集》，中华书局2004年版，第94页。

③ （宋）程颢、程颐著，王孝鱼点校：《河南程氏遗书》卷二十三，《二程集》，中华书局2004年版，第310页。

④ （宋）程颢、程颐著，王孝鱼点校：《河南程氏遗书》卷十一，《二程集》，中华书局2004年版，第127页。

安得伸己之私?"①

二程论及孟子所说"事亲若曾子"一语时说,"盖子之事父,臣之事君,闻有自知其不足者矣,未闻其为有余也",忠与孝各有其所应遵守之礼节。就忠而言,成王因为周公功勋卓著,因此赐周公以天子之礼,但对成王来说,周公功勋再大也毕竟是臣子,建功立业是臣子所当为,其子伯禽以臣子身份行天子之礼便是僭越,会导致名实紊乱。结果"其因袭之弊,遂使季氏僭八佾,三家僭雍彻",因此孔子批评说"周公其衰矣"②。就孝而论,孟子说"事亲若曾子可也",以曾子之孝,孟子才赞许其说"可也",就是因为子女侍奉父母,其孝行即使大于曾子,但毕竟因有父母之身才有子女之身,因此孝敬父母是分内之事,如果子女所作仅仅"若曾子者",也只能说是"仅可以免责"而已。臣子对于君主来说,正如子女对于父母。臣子之所以能建功立业,就是因为"君之人民也,以君之势位",即使是功业大于周公,也是因为"君之人民势位做出来",是不可以"恃功而怀悚怏怏之心"③ 的。

在"安亲"的过程中,在事亲以礼、葬亲以礼、祭亲以礼等"孝"的外在的形式和内在的情感之间,二程更强调真挚的爱亲之情。这不仅是"持己之道",是作为人子对父母之情的真情流露,也是对父母生身之恩知恩图报的体现。二程认为,"夫以一身推之,则身者资父母血气以生者也"④,"生人大伦"是根本,犹如乾坤定位,是不能变易也不以人意推移的,否则人理灭而人道绝,因此,至诚之人尽父子之道,感先祖之恩,这是至情的体现,因此,践履孝道之时并不是"只守着一个孝字",必须知道"所以为孝之道,所以侍奉当如何,温清当如何,然后能尽孝道",所谓"内外一理,岂特事上求合义也?"⑤ 孝之仪节与孝之情感是截然不可分的,唯其如此,才是真正的孝。

---

① (宋)程颢、程颐著,王孝鱼点校:《河南程氏遗书》卷十八,《二程集》,中华书局2004年版,第245页。
② (宋)程颢、程颐著,王孝鱼点校:《河南程氏遗书》卷四,《二程集》,中华书局2004年版,第71页。
③ (宋)程颢、程颐著,王孝鱼点校:《河南程氏遗书》卷六,《二程集》,中华书局2004年版,第235—236页。
④ (宋)程颢、程颐著,王孝鱼点校:《河南程氏遗书》卷二十三,《二程集》,中华书局2004年版,第310页。
⑤ (宋)程颢、程颐著,王孝鱼点校:《河南程氏遗书》卷十八,《二程集》,中华书局2004年版,第206页。

二程极力反对佛教抛家弃子的行为，认为佛教"逃父出家，便绝人伦，只为自家独处于山林，人乡里岂容有此物？"并且"释氏自己不为君臣父子夫妇之道，而谓他人不能如是，容人为之而己不为，别做一等人，若以此率人，是绝类也。至如言理性，亦只是为死生，其情本怖死爱生，是利也"①。认为佛教的出家行为是绝人伦、灭族类的自私自利的做法。在二程看来，孝不仅是人之为人的特性，也是践履儒家成圣之道的现实起点："孝其所当孝，弟其所当弟，自是而推之，则亦圣人而已矣。"② 君子之学必以学至圣人而后已，否则便是对自己自暴自弃，而现实之人只要笃守孝道，孝其所当孝，弟其所当弟，自然可以成就自己，达到圣人的境界。

孝道思想涉及理论、实践以及社会制度等多个层面的问题，是中国文化传统中的主流意识形态之一。二程的孝道思想在传承中国固有孝文化传统的同时，予以形上学的解释，以新的思想激发了传统文化的活力，对后世儒家、中国哲学及中国文化产生了深远的影响。

---

① （宋）程颢、程颐著，王孝鱼点校：《河南程氏遗书》卷十五，《二程集》，中华书局2004年版，第149页。
② （宋）程颢、程颐著，王孝鱼点校：《河南程氏遗书》卷二十五，《二程集》，中华书局2004年版，第318页。

结　语

　　在经济飞速发展、物质文明丰富、信息发达、个体意识萌发的当今社会，在"天下熙熙，皆为利来；天下攘攘，皆为利往"，"人为财死，鸟为食亡"，金钱至上的场景中，作为个体之我究竟应该以一种什么样的姿态和方式立足于社会？其存在是为口腹之欲、耳目之色、个体精神的最大化，还是为了彰显人作为"万物之灵"所应该具有的价值和意义？如何抉择才使个体之我之人生存在具有价值和意义？儒学所塑造的积极进取、自强不息、仁以为己任、修己以敬以安人以安百姓的人生理想和伦理精神是不是真的已经失去了它赖以存在的生存土壤，失去了它适应的生存环境而成了束缚人性的高调的空泛的清规戒律？传统儒家所倡导的修齐治平的人生理想和价值追求在主体意识清晰、个人伦理至上的当今社会是不是真的已经成了"剥夺""生性弱小的人的生活希望"，"没有给被出生就生性脆弱的人有自己的生活想象的余地"的道德律令而失去了它本所应有的存在价值？作为个体存在的主体在现代的两种叙事伦理中是应该选择"人民伦理的大叙事"还是应该选择"自由伦理的个体叙事"[①]？应该如何处理理想与现实、自由与负累之间的关系？

　　在当今社会，大约三千年前的"十字路口上的赫拉克勒斯（Herakles）"所遇到的问题似乎重新摆在每一个人面前。卡吉娅与阿蕾特是当时的赫拉克勒斯遇到的让他面对两条同名"幸福"但却截然不同的生命道路（一条通向美好，一条通向邪恶）的两个女人。其中"卡吉娅生得'肌体丰盈而柔软，

---

　　① 人民伦理的大叙事的教化是动员、规范个人的生命感觉，让民族、国家、历史目的变得比个人命运更为重要；而自由伦理的个体叙事的教化是"抱慰"、伸展个人的生命感觉，它不提供国家化的道德原则，只提供个体性的道德境况，让每个人从叙事中形成自己的道德自觉。［详见刘小枫《沉重的肉身》，华夏出版社2004年版，第1—9页］

结　语

脸上涂涂抹抹'，'穿着最足以使青春光彩焕发的袍子'，走路时女性体态的性征显得格外突出。……阿蕾特生得质朴，恬美，气质剔透，'身上装饰纯净，眼神谦和，仪态端庄，身穿白袍'。她自称与神明有特殊关系"，与阿蕾特在一起可以让人"听到生活中最美好的声音，领略到人生中最美好的景致"。①卡吉娅与阿蕾特是从世俗价值判断上截然不同的两种人物的代表。在苏格拉底的叙事中，卡吉娅的身体为了感觉的感觉被判为邪恶、淫荡，在感觉价值的谱系上与阿蕾特的身体处于对立的低下位置。是应该选择卡吉娅"轻逸的丰润"，还是选择阿蕾特"沉重的美好"？这不仅是摆在赫拉克勒斯面前的问题，也是摆在每一个现代人面前，值得人们反思而又让人难以抉择的问题。

　　静心思考，我们会发现这一问题其实是东西方学者早就关注的古老话题。魏晋时期玄学对"名教"与"自然"的论争、宋明理学时期对"天理"与"人欲"的探讨以及当今社会对社会主义荣辱观的大力弘扬在某种程度上来说都是对人所应有的存在样态的探索。

　　与佛教、道教、基督教等任何一种宗教超越程度相比，儒学创始人——孔子的超越是在对经验世界执着的过程中实现的，孔子执着于经验世界但又在经验世界中体悟超越经验世界的价值和意义。孔子在对礼的实践、传承过程中展现的人格形象和蕴含的伦理精神成了弟子景仰、体认的榜样和典范，其所蕴含的仁义礼智信等道德规范和价值导向则成了每一个人所应具备的基本素养。颜渊叹曰："仰之弥高，钻之弥坚；瞻之在前，忽焉在后。夫子循循然善诱人，博我以文，约我以礼。欲罢不能，既竭吾才，如有所立卓尔，虽欲从之，末由也已。"（《论语·子罕》）。魏晋时期，在"名教"与"自然"的论争中，无论是王弼、何晏的"贵无"，还是裴頠的"崇有"，抑或是郭象的"独化"，在这些理论的究极之处，无不透显出孔子所塑造的儒家理想人格的烙印。

　　仁道是孔子在对古礼进行熔铸时所揭示的文化精神，他自己又以全部的生命去承担这种文化精神，使其在人格上得以彰显，而儒学终于由仁礼合一而转向心性之学。

　　在儒学理论的这一转向中，中原地区以程颢、程颐为代表的儒家人士自觉担当起这个仁道，开创了宋明理学，并形成了中国哲学的繁荣时期。从周、

---

① 刘小枫：《沉重的肉身》，华夏出版社2004年版，第75—76页。

张、程、朱、陆、王，到刘宗周、黄宗羲，乃至清代的李颙、孙奇逢等，无不以"得实理，造实境"而卓然自立，这也充分说明孔子所创的仁道、程颢所"体贴"的"天理"并非虚妄。

孔子的人生志向和精神主旨及其所塑造的儒家人格的人生理想，成了后世儒家倾心向往的楷模，也成了支撑其不懈进取、杀身成仁、舍生取义行为的精神动力。在孔子那里，这种理想志向的确立是一种自然而然的自觉和自发过程，是在当时动荡的社会局面下由对人性的觉醒和对文明的认可而生发的对人自身命运和生存样态的一种自觉选择和实践。当时规范人行为举止、视听言动的"礼"对孔子来说并不是他在的道德律令，而是每一个社会中人所应该依循的生存样态，是人伦日用之中自然流露和若合符节的行为。对孔子来说，对礼的实践和倡扬是一种实然状态的现实描述而不是应然理想的他在要求。孔子之所以一再批判当时实践礼的形式而违背礼的精神实质的行为，就是因为当时很多礼的实践者把"礼"当作一种外在于自身的仪式，而这种做法潜在的隐患就是不仅使"礼"成了空泛的理想，而且日渐变成束缚人本来真实情感的僵化的条文甚至后世所责难的"礼教"。在理学那里，"礼"不仅是一种行为规范，更是人本心本性的自然流淌，是"诚明"的自然条理，是"率性之谓道"，我们从二程的孝道思想中即可看出。

儒家为后人提供了一种近乎理想的生存样态，在这种理想的生存样态中，主体以一种社会人的姿态和精神呈现，人的生命价值和意义得到极大的彰显。我们从"朝闻道，夕死可也"，"富与贵，是人之所欲也；不以其道得之，不处也。贫与贱，是人之所恶也；不以其道得之，不去也。君子去仁，恶乎成名？君子无终食之间违仁，造次必于是，颠沛必于是"（《论语·里仁》），"存，吾顺也；没，吾宁也"等表述中，从孔子对生与死、义与利、财富与理想的对比评价中可以看出，孔子在其中掺入了其潜在的价值预设：在理想与道义面前，个人的生死、名利和物质享受都是次要的，这种价值选择经过孟子"杀身成仁，舍生取义"的进一步强调之后，更是成了后世儒者恪守的人生真谛和价值追求。

作为儒学发展阶段之一的宋明新儒学——理学研究的基本话题是"儒学（理学）是什么"，这一基本话题很自然地划分为儒学（理学）的历史是什么，儒学（理学）的当下如何，以及儒学（理学）的明天可能会怎么样。从

结　语

个体的儒学（理学）研究历程来看，按照时序来依次展开研究也是自然的。因此，本书以中原理学这一既具有地域特点又具有普遍特质的理论视角为切入点，重新审视作为中国文化发展源头、理学发展源头的中原地区的儒家人士的思想脉络，尽可能系统全面地深入分析其在儒学发生转向之际的生命体验、思想历程，也为儒学研究、理学研究略尽绵薄之力。

儒学（理学）是什么？有人说儒学（理学）是哲学、是理论、是政治、是意识形态，更是道德思想体系，笔者更赞成崔大华先生所说，儒学是一种生活态度，是一种周延的生活方式。作为文化和生活形态，儒学（理学）在当代中国是当下的存在，一如儒学在先秦、在两汉、在隋唐、在宋元明清各个时期的当下存在一样，虽然在不同时期不同当下儒学所展示的生活形态不尽相同，但其精神无异。如陶渊明《饮酒》第二首所说，"不赖固穷节，百世当谁传？"可以看出，宋元明清时期中原地区的理学人士在顺逆穷达之际为了传承儒学、振兴儒学作出了杰出的贡献，从而使儒学成为影响深远的文化形态之一。儒学是历史的，因为它有几千年的传承；儒学又是当下的，因为它关乎当下每一个人的立身行事、身心性命。本书研究发现四个方面内容。

第一，宋元明清时期的中原儒学不仅是儒佛道三教融合的产物，而且是对汉唐儒学的一种超越，更是对先秦孔孟儒学精神的回归。在汲取佛道、回归经典的过程中，中原儒家人士不仅关注经典本身，更重要的是结合个人的生命体验，发掘经典本身所蕴含的精神要义，并用生命去践履，使儒学走出意识形态的桎梏，成为士人倾心相向的人生信仰和精神归宿。同时，彰显个性（"六经注我"的精神）、重个人体悟（程颢"吾学虽有授受，天理二字却是自家体贴出来"）、从天道角度诠释心性和人事等精神特质，赋予儒学以新的内容和特色。程颢和程颐所开创的理学端向奠定了宋明儒学的主要发展方向。

第二，元代的中原儒家人士姚枢和许衡其理学体系相对于两宋理学虽无出其右，但无论在经典的守护还是在程朱之学的传承方面都为两宋儒学作出了不可磨灭的贡献。

第三，清代中原儒家人士张伯行所塑造的"清官"形象（康熙评其为

"天下清官第一"①）不仅是儒家人士政治人格的实践，而且是对心性儒学与政治儒学复杂关系问题的很好的处理方式，更是生命儒学的一种体证。

第四，不同学术流派、不同宗教信仰团体若想获得更长足的发展，必须不断与外界进行交流、融合，吸取别的学术流派、别的宗教派别的思想的精华，完善自己理论体系。从先秦时期儒道的同源异流，到佛教传入之后儒佛道三教相互冲突、相互对立与融合，再到宋元明清时期理学的兴起，充分说明了这一点。

可以发现，宋、元、明、清不同时期的中原理学人士在挺立儒学、批判佛教和道教的过程中，对理学的产生、发展和传承作出了杰出的贡献，从而形成了不同时期不同的理学特征：两宋时期重点在开创、元代时期重点在守护和推广、明代时期重点在诠释、清代重点在会通，而这些特点也是整个宋明理学的特点。因此，在某种程度上来说，中原理学是整个中国哲学史中宋明理学的写照。

儒学的未来寓于过去和现在。生活世界的复杂性和不确定性决定了儒学未来的不确定性，我们只能就儒学的过去和当下作出描述，当下如何以及选择什么，一定程度上决定了将来如何。我们能知道的是儒学的过去如何，现在如何，我们现在能够做什么，以及基于此而对未来的期望。

儒学作为文化和生活形态，在当代中国是当下的存在。儒学自身也在不断地谋求复兴和新的生长，由生长而获得新生，是生活世界本身所有的生命循环。中华文化的复兴离不开儒学复兴，而儒学复兴又必然寓于中华文化复兴，二者与其他文化元素构成多重"赋格"的纠缠关系。而今，历史的相似性使我们又一次处在不同文化碰撞、交融的时期，面对西方强势文化的浸染，中国本土文化在对西方文化进行批判的同时，如何汲取西方文化的精华，完善自己的理论体系，消融外来文化，使其形成不弱于外来文化的有中国特色的文化形态，我们从传统儒家对外来佛教文化的批判——汲取——消融这一动态过程中、从中原理学人士面对佛道浸染而挺立儒学的努力中，也许能够得到些许有益的启发。

---

① （清）蔡世远：《困学录序》，载徐世昌等编纂，沈芝盈、梁运华点校《清儒学案》卷六十，中华书局 2008 年版，第 2342 页。

主要参考文献

（晋）葛洪著，王明校释：《抱朴子内篇校释》，中华书局1985年版。

（晋）郭象注，（唐）成玄英疏，曹础基、黄兰发点校：《南华真经注疏》，中华书局2016年版。

（东晋）僧肇著，张春波校释：《肇论校释》，中华书局2010年版。

（南朝梁）僧祐撰，李小荣校笺：《弘明集校笺》，上海古籍出版社2013年版。

（唐）李隆基注，（宋）邢昺疏：《孝经注疏》，北京大学出版社2000年版。

（唐）姚思廉撰：《梁书》，中华书局1973年版。

（宋）陈抟著，（宋）邵雍述，陈明点校：《康节说易全书》，学林出版社2003年版。

（宋）程颢、程颐著，王孝鱼点校：《二程集》，中华书局2004年。

（宋）程颢、程颐撰：《二程遗书》，上海古籍出版社1992年影印版。

（宋）程颢、程颐撰：《二程外书》，上海古籍出版社1992年影印版。

（宋）洪迈著，孔凡礼点校：《容斋随笔》，中华书局2015年版。

（宋）黎靖德编：《朱子语类》，中华书局1986年版。

（宋）陆九渊著，钟哲点校：《陆九渊集》，中华书局1980年版。

（宋）吕希哲著：《吕氏杂记》，载（清）永瑢《景印文渊阁四库全书》第863册，台北：台湾商务印书馆2008年版。

（宋）邵雍著，（明）黄畿注：《皇极经世书》，中州古籍出版社1993年第2版。

（宋）邵雍著，郭彧整理：《邵雍集》，中华书局2010年版。

（宋）邵雍著：《击壤集》，载（清）永瑢《景印文渊阁四库全书》第1101册，台北：台湾商务印书馆2008年版。

（宋）邵雍著，陈明点校：《康节说易全书》，学林出版社2003年版。

（宋）邵雍著，郭彧、于天宝点校：《邵雍全集》，上海古籍出版社 2021 年版。

（宋）谢良佐：《上蔡语录》，载（清）永瑢《景印文渊阁四库全书》第 698 册，台北：台湾商务印书馆 2008 年版。

（宋）尹焞：《和靖集》，载（清）永瑢《景印文渊阁四库全书》第 863 册，台北：台湾商务印书馆 2008 年版。

（宋）张载著，章锡琛点校：《张载集》，中华书局 1978 年版。

（宋）周敦颐著，陈克明点校：《周敦颐集》，中华书局 2009 年第 2 版。

（宋）朱熹：《昌黎先生集考异》，上海古籍出版社、安徽教育出版社 2001 年版。

（宋）朱熹：《伊洛渊源录》，载（清）永瑢《景印文渊阁四库全书》第 448 册，台北：台湾商务印书馆 2008 年版。

（宋）朱熹撰：《四书章句集注》，中华书局 1983 年版。

（元）脱脱、阿鲁图修撰：《宋史》，中华书局 1977 年标点版。

（元）许衡：《鲁斋遗书》，载（清）永瑢《景印文渊阁四库全书》第 1198 册，台北：台湾商务印书馆 2008 年版。

（明）曹端：《曹月川集》，载（清）永瑢《景印文渊阁四库全书》第 1243 册，台北：台湾商务印书馆 2008 年版。

（明）曹端著，王秉伦点校：《曹端集》，中华书局 2003 年版。

（明）高拱著，岳金西、岳天雷编校：《高拱全集》，中州古籍出版社 2006 年版。

（明）何瑭：《伯斋集》，载（清）永瑢《景印文渊阁四库全书》第 1266 册，台北：台湾商务印书馆 2008 年版。

（明）吕坤：《呻吟语》，中国社会出版社 2005 年版。

（明）王世贞：《嘉靖以来首辅传》，载（清）永瑢《景印文渊阁四库全书》第 452 册，台北：台湾商务印书馆 2008 年版。

（明）王廷相著，王孝鱼点校：《王廷相集》，中华书局 1989 年版。

（明）宋濂撰：《元史》，中华书局 1976 年版。

（清）崔述：《洙泗考信录》，载王云五主编《丛书集成初编》，上海商务印书馆 1937 年版。

（清）黄宗羲著，沈芝盈点校：《明儒学案》，中华书局 2008 年版。

（清）黄宗羲著，（清）全祖望补修，陈金生、梁运华点校：《宋元学案》，中华书局1986年版。

（清）孙奇逢：《四书近指》，载（清）永瑢《景印文渊阁四库全书》第208册，台北：台湾商务印书馆2008年版。

（清）孙奇逢著，张显清主编：《孙奇逢集》（上、中、下），中州古籍出版社2003年版。

（清）耿介撰，梁玉玮、孙红强、陈亚校点：《敬恕堂文集》，中州古籍出版社2005年版。

（清）汤斌著，范志亭、范哲辑校：《汤斌集》，中州古籍出版社2003年版。

（清）汤斌：《汤子遗书》，载（清）永瑢《景印文渊阁四库全书》第1312册，台北：台湾商务印书馆2008年版。

（清）汤斌：《汤潜庵集》，中华书局1985年版。

（清）张伯行：《正谊堂全集》，福州正谊书局左氏增刊本，清同治年间。

（清）张廷玉等撰：《明史》，中华书局1974年版。

（清）赵尔巽等撰：《清史稿》，中华书局1977年版。

陈鼓应：《老子注译及评介》，中华书局1984年版。

陈鼓应、辛冠洁、葛荣晋主编：《明清实学思潮史》，齐鲁书社1989年版。

陈来：《宋明理学》，辽宁教育出版社1991年版。

陈荣捷编著：《中国哲学文献选编》，江苏教育出版社2006年版。

陈寅恪：《金明馆丛稿初编》，上海古籍出版社1980年版。

崔大华：《儒学引论》，人民出版社2001年版。

崔大华：《儒学的现代命运——儒家传统的现代阐释》，人民出版社2012年版。

冯友兰：《中国哲学史新编》，人民出版社1982年第3版。

冯友兰：《贞元六书》，华东师范大学出版社1996年版。

冯友兰：《三松堂全集》（第三版），中华书局2014年版。

冯友兰：《新理学》，生活·读书·新知三联书店2007年版。

高明士编：《东亚传统教育与学礼学规》，台北：台湾大学出版中心2005年版。

郭沫若：《十批判书》，科学出版社1956年新一版。

郭齐勇编著：《中国哲学史》，高等教育出版社2006年版。

葛兆光：《中国思想史》，复旦大学出版社 2001 年版。
洪修平：《中国佛教文化历程》，江苏教育出版社 1995 年版。
侯外庐、邱汉生、张岂之主编：《宋明理学史》，人民出版社 1997 年版。
侯外庐、赵纪彬、杜国庠：《中国思想通史》（五卷），人民出版社 2022 年版。
贾丰臻：《中国理学史》，上海书店 1984 年版（据商务印书馆 1937 年版复印）。
金景芳、吕绍纲：《周易全解》，吉林大学出版社 1989 年版。
赖永海：《中国佛教文化论》，中国青年出版社 1999 年版。
劳思光：《新编中国哲学史》，广西师范大学出版社 2005 年版。
李晓虹：《圆融二谛——梁武帝思想研究》，中州古籍出版社 2008 年版。
李之鉴：《孙奇逢哲学思想新探》，河南大学出版社 1993 年版。
林忠军：《象数易学发展史》，齐鲁书社 1998 年版。
刘小枫：《沉重的肉身》，华夏出版社 2004 年版。
刘文英：《儒家文明——传统与传统的超越》，南开大学出版社 1999 年版。
吕思勉：《理学纲要》，东方出版社 1996 年版。
牟宗三：《心体与性体》，吉林出版集团有限责任公司 2013 年版。
牟宗三：《从陆象山到刘蕺山》，吉林出版集团有限责任公司 2010 年版。
钱穆：《国史大纲》，商务印书馆 1994 年第二次修订本。
潘富恩：《吕祖谦评传》，南京大学出版社 1992 年版。
任继愈主编：《中国哲学史》，人民出版社 1964 年版。
唐君毅：《中国哲学原论·导论篇》，中国社会科学出版社，2005 年版。
唐君毅：《中国哲学原论·原教篇》，中国社会科学出版社，2006 年版。
唐君毅：《中国哲学原论·原性篇》，中国社会科学出版社 2005 年版。
王泛森：《明末清初思想十论》，复旦大学出版社 2005 年版。
王国维：《观堂集林》，中华书局 1959 年影印版。
韦政通主编：《中国哲学辞典大全》，台北：世界图书出版公司 1989 年版。
向世陵：《理气性心之间——宋明理学的分系与四系》，人民出版社 2008 年版。
肖萐父、李锦全主编：《中国哲学史》，人民出版社 1983 年版。
徐敬修编辑：《理学常识》，大东书局 1928 年版。
徐世昌等编纂，沈芝盈、梁运华点校：《清儒学案》，中华书局 2008 年版。
谢无量：《中国哲学史》，中华书局 1940 年版。

张君劢：《新儒家思想史》，中国人民大学出版社2009年版。
张立文：《宋明理学研究》，中国人民大学出版社1985年版。
章太炎：《国学略说》，上海文艺出版社2001年版。
钟泰：《中国哲学史》，辽宁教育出版社1998年版。
周叔迦辑撰，周绍良新编：《牟子丛残新编》，北京中国书店2001年版。
杜保瑞：《北宋儒学》，台北：台湾商务印书馆，2005年版。
欧崇敬：《中国哲学史》，台北：洪叶文化事业有限公司2003年初版。
［德］恩斯特·卡西尔：《人论》，上海译文出版社1985年版。

后　记

　　中原理学是我 2005 年从南京大学博士毕业到郑州大学工作时跟崔大华老师交流的过程中确定的研究方向。因为我博士研究生阶段跟着洪修平老师研究儒佛道三教关系，博士学位论文是以梁武帝为切入点分析魏晋南北朝儒佛道三教关系，所以工作之后面临着是接着做儒佛道三教关系还是重新选择研究方向的问题。崔老师建议我做中原理学，一是因为理学本身是儒佛道三教融合的产物，研究理学可以接续博士的研究方向和问题，还可以把硕士（先秦）、博士（魏晋南北朝）阶段的研究贯通起来；二是因为身处河南，作为一位河南哲学学人，有责任、有义务挖掘中原文化资源，研究中原哲学。崔老师跟我说了很多中原哲学对于中国哲学的重要性，也正因此，入职之后我的研究方向选择了中原理学，也因此得以参与撰写郑永扣教授主编的《中原文化大典·哲学篇》一书中宋元明清四个时期的中原哲学内容，我所主持完成的河南省教育厅人文社会科学研究项目、河南省哲学社会科学规划项目也皆与中原理学相关。2010 年我以《中原理学史》为题申报并获批教育部人文社科基金项目（项目批准号：10YJC720020），该立项为我的研究提供了很大的帮助，本书即该项目的主要结项成果。也是在研究中原理学的过程中，我对理学的发生问题产生了浓厚的兴趣，在 2015 年申报获批并完成了国家社科基金项目"儒佛道三教关系视域下理学发生问题研究"（项目批准号：15BZX048），完成了近六十万字的结项成果。凡此种种，是对 2005 年以来自己所做研究的总结，也是对崔师多年关心和教诲的回报。今年是崔大华先生逝世十周年，对我而言，本书的出版是对崔师最好的追思和感念！

　　当然，即便如此，《中原理学史》一书仍不可能尽善尽美，存在问题主要有以下方面。

后　记

首先，不同时期篇幅着力不均。两宋时期理学尤其是理学开创者程颢、程颐理学研究最为深入，花费时间精力最多，篇幅也最大，相较之下元代理学稍显薄弱，有些人物应该研究却没能来得及；其次，在研究条目设置上，虽有意采取同情的理解、忠于文本的态度，尽可能用理学人士常用的范畴和概念（诸如天理、仁性、心性、格物、穷理、为学、修身、省察、慎思等）去诠释其思想，但也不可避免地沿用了学界常用的范式（如教育思想、政治思想、历史观等）去条分缕析，难免与理学语境有隔。

原因是多方面的，一则个人才疏学浅，二则中原理学博大精深，三则时间有限，在有限的时间内要全面搜集所有中原理学人士的原典资料并深入研读作出分析研究难度很大，只能尽己所能，在所可能搜集到的中原理学人士的思想文本的基础上把中原理学人士的主要思想呈现给大家。诸如此类，也为后期进一步的研究奠定了基础、留下了空间。

本书的出版得到郑州大学人文社会科学精品学术著作 2021 年度资助项目（项目批准号：2021JPZZ05）全额资助，得到中国社会科学出版社出版支持，得到中国社会科学出版社郝玉明老师鼎力相助，得到家人和同事的诸多关怀，在此一并感谢！

李晓虹

2023 年 5 月 1 日